Bildungsraum Schule

Herausgegeben von Hartmut Köhler und Karl Röttel

Band 3

Hartmut Köhler

Bildung und Mathematik in der gefährdeten Welt

Annäherungen an die Wirklichkeit

Polygon - Verlag   Buxheim / Eichstätt

© 1993 by Polygon-Verlag Buxheim / Eichstätt

Satz: Hartmut Köhler
Titelbild: Roland Köhler (nach Paul Klee)
Druck: Oehler Offset, Fellbach 5
Gedruckt auf chlorfrei gebleichtem säurefreiem Papier
Printed in Germany
Alle Rechte vorbehalten
ISBN 3 - 928 671 - 05 - 7

Im Andenken meiner Mutter,

für eine Zukunft von Lothar und Roland

Übersicht

■	**Zur Perspektive**	**16**
I	**Grenzen der Mathematisierung**	**17**
I.0	Zur Berechtigung (Betroffenheit)	17
I.1	Das Diktat: Mathematisierung	21
I.2	Elimination des Menschen	60
I.3	Erziehung: Hilfe zur Selbstfindung	73
I.4	Schule für das Leben	76
II	**Der Ausgang bei den Griechen**	**81**
II.1	Mathematik zur Zeit Platons; Mathematik bei Platon	81
II.2	Aristoteles und die Naturwissenschaften	104
III	**Descartes und die Mathematisierung aller Wissenschaft**	**118**
III.1	Descartes' Aufbau der Naturwissenschaften	119
III.2	Verengungen im Gefolge Descartes'	125

IV	Mathematikunterricht: Die Situation	144
IV.1	Eine Mathematikdidaktik (H. Freudenthal)	145
IV.2	Bildung und Mathematik / Der existentielle Hintergrund (A. I. Wittenberg)	208

V	Mathematikunterricht: Eine Perspektive	256
V.0	Zur Darstellung	256
V.1	Zur Bildungs- und Erziehungsaufgabe des Mathematikunterrichtes	257
V.2	Zur Gestaltung eines pädagogisch orientierten Mathematikunterrichtes	296

| ▪ | Hinweis auf Beispiele | 391 |

Inhalt

- **Vorwort**   15

- **Zur Perspektive**   16

I   **Grenzen der Mathematisierung**   17

I.0   **Zur Berechtigung (Betroffenheit)**   17

I.1   **Das Diktat: Mathematisierung**   21

a) Wahrheit und Wirklichkeit: Verlust der Einheit durch Reduktion auf Widerspruchsfreiheit   22
Modell (22) Wirklichkeit (25) Experiment (27) Wahrheit (28)

b) Entthronung der Götter   31

c) Ersatzreligion Naturwissenschaft   35
Priester und Opfer (36) Schule als Stütze (40)

d) Fortschritt   43
Vermehrung und Verminderung (43) Opfer (44)
Lebensqualität (46) Möglichkeiten (48)

e) Turmbau zu Babel   50
Aussonderung (50) Ziel (51) Bilanz (52)

f) Widersprüche als Folge der Elimination der Widersprüche   53
Beispiele (53) Beschränkung (58)

I.2 **Elimination des Menschen** 60

a) Intersubjektivität 62
Aussonderung (62) Kollektivität (64)

b) Der Mensch als Objekt 66
Vermessung (66) Verfügung (67)

c) Welt ohne den Menschen 69
Weg (69) Überwindung des Paradoxen (70) Grauen (71)

I.3 **Erziehung: Hilfe zur Selbstfindung** 73
Weite (73) Sinnfrage (74)

I.4 **Schule für das Leben** 76
Perspektiven (76) Vielschichtigkeit (79)

II **Der Ausgang bei den Griechen** 81

II.1 **Mathematik zur Zeit Platons; Mathematik bei Platon** 81

a) Was ist Mathematik 82

aa) Einordnung und inhaltlicher Überblick 82
Beweisen (82) Geometrie (84) Geometrische Algebra (85)
Inkommensurabilität (86)

ab) Die Erkenntnisweise der Mathematik nach Platon 88

ac) Mathematik und Philosophie 90

ad) Matematik bei Platon 94

b) Wozu lernt man Mathematik 96

c) Wie lernt man Mathematik 98
Sokrates (98) Verunsicherung (102) Zusammenhänge (102)

II . 2	**Aristoteles und die Naturwissenschaften**	**104**
	a) Naturwissenschaften	104
	Wahrnehmung (104) Würdigungen (105) Anregungen (107) Phänomene (109)	
	b) Methodisierung der Forschung	110
	Forschungsprozeß (110) Einordnung (112)	
	c) Anmerkungen zur Mathematik	113
	d) Forschung - Wissenschaft - Leben	115
III	**Descartes und die Mathematisierung aller Wissenschaft**	**118**
III . 1	**Descartes' Aufbau der Naturwissenschaften**	**119**
	a) Mathematik als Vorbild	119
	b) Umfassende Strukturen	120
	c) Die Einheit der Wissenschaft	123
III . 2	**Verengungen im Gefolge Descartes'**	**125**
	a) Verengung in seiner Bestimmung von Mathematik und Naturwissenschaften	125
	Blickfeld (125) Weltverlust (126) Fortschritt (127) Mathematik (128)	
	b) Verengungen durch die Abgrenzung der Methode	129
	Gegenstand und Methode (129) Methodik: Die "Cartesianische Kürzungsregel" (130) Korrektive (132)	

c) Von Descartes nicht wißbare Entwicklungen 134
Rahmen (134) Moral (135) Bescheidung (137) Moralität (138)

d) Was ist zu tun? 140
Be-sinnung (140) Unterricht (141) Erziehung (143)

IV Mathematikunterricht: Die Situation 144

IV.1 Eine Mathematikdidaktik (Hans Freudenthal) 145

a) Zum Befund 145
Intention (145) Wissenschaftlichkeit (147) Der Ansatz (151)

b) Unterricht / Erziehung / Bildung 152
Wissen als eigener Besitz (153) Aktives Lernen (156) Prüfen des Besitzes (159) Testunwesen (161) Grenzüberschreitungen (162) Mastery Learning (165) Lernziele (166) Taxonomien (170) Lehrprogramme? (172) Unterrichtsorganisation (172) Aufgabe der Didaktik (176)

c) Mathematikdidaktik - Wissen vom Mathematikunterricht 177

ca) Ziele des Mathematikunterrichtes 177

cb) Didaktische Analyse 179
Lernprozeß (180) Lokale und globale Sicht (182) Qualitative und quantitative Sicht (184) Apprehension und Komprehension (185) Paradigmen (187) Genetischer Unterricht: Sokratische Methode (189) -: Stufen im Lernprozeß (192) -: Beziehungshaltigkeit (196) Didaktische Phänomenologie (198)

cc) Mathematisierung 201
Mathematisieren (201) Entmathematisieren (203) Axiomatik (204) Modelle (206)

IV.2 Bildung und Mathematik / Der existentielle Hintergrund (Alexander I. Wittenberg) — 208

e) Zum Anliegen — 208

a) Analyse — 210

aa) Verlauf der Untersuchung — 211
Inhaltliche Auffassung (211) Preisgabe? (213) Versagen (213) Sprache (214) Wissenschaft (217) Begriffskritik (219) Unlösbarkeit (221) Begriffskritische Untersuchungen (222)

ab) Grenzen — 224
Erleben (224) Sinnfrage (226) Perspektiven (227)

ac) Inhaltlichkeit / Formalismus — 229

b) Synthese — 232

ba) Die Idee des Gymnasiums — 232
Demokratische Gesellschaft (233) Allgemeinbildung (234) Erlebnisfähigkeit / Verpflichtung auf Wahrheit (237) Gesellschaftliche Aufgabe (239) Der Auftrag (240)

bb) Mathematik im Gymnasium — 242
Beitrag der Mathematik (242) Unterrichtsgestaltung (244) Genetischer Unterricht (246)

bc) Ein Entwurf — 249
Beispiel Geometrie (249) Der Ertrag (252) Genetischer Unterricht (252)

V	**Mathematikunterricht: Eine Perspektive**	**256**
V.0	**Zur Darstellung**	**256**
V.1	**Zur Bildungs- und Erziehungsaufgabe des Mathematikunterrichtes**	**257**

a) Naturwissenschaftliche Bildung 258
Mathematik und Naturwissenschaften (258) Urteilsermöglichung (260)
Widerspruchsfreiheit: Lösung (262) Mechanistisches
Naturverständnis (265) Anthropozentrik (267) Der Weg (269)

b) Offenhalten / Erziehen / Freigeben 274
Offenhalten (274) Tragweite der Freigabe (276)

c) Bildung durch Mathematikunterricht 279
Beitrag zur Bildung (280) Was ist Mathematik? (282)
Urteilsgrundlage (283)

d) Wissen und Haltung 286
Handlungsgrundlage (286) Selbstbetrachtung (289) Vorbild (291)

e) Fertigkeiten und Gewohnheiten 294

V.2 **Zur Gestaltung eines pädagogisch orientierten Mathematikunterrichtes** **296**

a) Genetischer Unterricht 296

aa) Phänomene und Begriffe 296
Erlebnisfähigkeit (297) Der Weg zum Begriff (299) Unverkürzbarkeit
des Weges (303) Verfremdung/Sprache (305) Negativbeispiele (309)

ab) Genetischer Unterricht als Leitprinzip ... 320
Pädagogische Begründung (320) Bewährung (326): 1. Heuristik (326) 2. Problemorientierung (330) 3. Anwendungsorientierung (331) 4. Exemplarisches Vorgehen (333) Leitprinzip (333)

ac) Mitte statt Mode ... 334
Negativbeispiele (335) Beispiel (338)

ad) Zur praktischen Durchführbarkeit ... 340
Gegenargumente/Möglichkeit (340) Zwingende Hinweise (345)

b) Lehrerbildung und Mathematik-Lehren ... 347
Persönlichkeitsbildung (348) Offenheit (351) Orientierung (353) Verfügung des Schülers (359) Unterrichtsvorbereitung (360)

c) Zum Lehrplan ... 362
Kanon (362) Lebenssituationen/Gesellschaft (364) Begrenzung (366) Beispiel Lehrplanarbeit (368) Beispiel Neue Mathematik (377)

d) Zum institutionellen Rahmen ... 384
Gymnasium (385) Differenzierung (385) Aufgabe (389)

- **Hinweis auf Beispiele** ... 391

- **Anmerkungen** ... 392

- **Literatur** ... 416

Die vorliegende Arbeit entstand auf Anregung von und in Ermutigung durch Helmut Konrad in den Jahren 1981 und 1982 als Dissertation bei Marian Heitger in Wien. Der Entschluß, sie zu veröffentlichen, von Martin Wagenschein 1983 angeregt ("... ein Buch wird es, hoffe ich, einmal werden ..."), erwuchs schließlich aus der Erfahrung des seitdem vergangenen Jahrzehnts in und mit Schule, Lehrerbildung, Lehrerfortbildung, Schulverwaltung, Bildungspolitik und anderen Bereichen in Deutschland und Lateinamerika.

Trotz inzwischen möglicher aktuellerer Beispiele (besonders im ersten Kapitel) wurde die Arbeit nur leicht überarbeitet: Der Vergleich der 1981 zu Papier gebrachten Aussagen mit dem Stand von 1993 kann schon einen ersten Impuls zur Aufnahme des gestellten Themas für den Leser geben. Schließlich fehlten in diesen 12 Jahren nicht neue Erkenntnisse, sondern es fehlte vielmehr entsprechendes Handeln angesichts längst ausreichender Erkenntnislage. - Vermehrt wurde währenddessen das Bruttosozialprodukt.

Urbach im Januar 1993   Hartmut Köhler

Zur Perspektive

Bei aller Bildung geht es wesentlich immer um Einsicht in Grenzen, die durch unsere Existenz gezogen sind, und andererseits um das Überschreiten von Grenzen, in denen wir aus Gewohnheiten, aus unbedachter Übernahme von Vorurteilen u.ä. befangen sind.

Der Weg der abendländischen Wissenschaft - insbesondere in der Nachfolge Descartes' - eröffnete uns eine ungeheure Chance für die Gestaltung unseres Lebens. Aber er muß(te) zum Fluch werden, wenn (da) man nicht sieht, wo die Grenzen seiner Gestaltungsmöglichkeiten für ein humanes Leben verlaufen. Der Weg erlegte uns Verpflichtungen auf, denen wir nachkommen müssen. Etwa diese: Mit der leichten Lösbarkeit von Detailproblemen die Verpflichtung, das Detail als Detail im Auge behalten zu können, d. h. dieses Können für die Gesellschaft zu sichern. Oder diese: Mit der Entwicklung der Großtechnik die Verpflichtung, die Auswirkungen dieser Großtechnik auf Mensch und Natur *vor* ihrer Nutzung zu beurteilen (also zunächst: beurteilen zu können) und die Gesellschaft so zu gestalten, daß dann wirklich normativ über die Nutzung (oder den Verzicht!) entschieden wird. Kommen wir den Verpflichtungen nicht nach, trifft uns der Fluch.

Als Pädagogen sind wir in der heutigen Zeit speziell vor die Aufgabe gestellt, dem Schüler diese Verpflichtung deutlich werden zu lassen und ihm Hilfestellung zu geben für die Aneignung der Voraussetzungen, die er braucht, um den Verpflichtungen nachkommen zu können.
Dazu ist mathematisch-naturwissenschaftliche Bildung nötig und zwar in zweierlei Weise: Sie muß Wissen und damit Einblicksmöglichkeiten verschaffen und sie muß ermöglichen, philosophisch nach der eigenen Existenz zu fragen im Hinblick auf eine Bestimmung durch Naturwissenschaft und Technik.

Diese Bildung darf aber nicht schon auf ihrem Weg ganze Lebensbereiche ausklammern, sondern sie muß im Gegenteil in einer Einordnung allen Wissens in ein volles, vielfarbiges und vielschichtiges Leben bestehen.

I Grenzen der Mathematisierung

I.0 Zur Berechtigung (Betroffenheit)

In unserer Lage sind wir verpflichtet, mit der Katastrophe zu rechnen und mit ihr schlafen zu gehen, damit sie uns nicht zur Nacht überrascht. Nur dadurch werden wir zu einem Vorrat an Sicherheit gelangen, der das vernunftmäßige Handeln möglich macht.

Ernst Jünger 1951
(Der Waldgang)

Es ist nötig, ein paar Worte zu sagen zur Berechtigung, eine Arbeit zum Mathematikunterricht mit dem vorliegenden ersten Kapitel zu beginnen, und zur Berechtigung eines Mathematiklehrers, über Dinge zu sprechen, die weder (direkt) seinem Fach zu entnehmen sind, noch seinem Studium der Pädagogik. Ich leite das Recht zu erstem aus der Pflicht zum Handeln ab, die uns allen aufgegeben ist angesichts einer Welt, die sich immer schneller auf einen Zustand hin entwickelt, in dem der Fortbestand der Menschheit aufs äußerste gefährdet ist; die besonders uns Pädagogen aufgegeben ist, angesichts einer Welt, die sich immer schneller auf einen Zustand hin entwickelt, in dem individuelle Freiheit zugunsten des nackten biologischen Lebens zu verschwinden gezwungen werden wird. Das Recht zu zweitem, zu Aussagen zu Gebieten, auf denen ich kein durch Ausbildung erworbenes Heimatrecht habe, leite ich ab aus dem durch die eben angedeutete Entwicklung deutlich werdenden Versagen der Spezialisten und ihrer Wissenschaften in bezug auf eine humane Entwicklung der Welt. (Vgl. das Wittenberg-Zitat S.225)

Ich habe das erste Kapitel gegen mich selbst schreiben müssen. (Das ist einer der Schritte auf dem Weg, den wir von unserer engen heutigen Weltsicht hin zur Wahrnehmung der vollen Wirklichkeit gehen müssen. Vgl. auch S.256) Völlig unbefriedigt von dieser gemischten Betrachtung von Phänomenen, Gedanken, Entwicklungen, hätte ich ständig aufhören mögen zugunsten einer stringenten Aufarbeitung eines der vielen Ansätze. Ständig starrten mich die fragenden Augen eines skeptischen Lesers an: Ist das so haltbar? Ist diese Entwicklungslinie wirklich vorhanden? Ist jener Ausdruck dort nicht in ganz anderem Sinne gebraucht als hier? Warum folgt jetzt ein Zitat, das eher einen ganz neuen Gedanken anreißt, als den Gedanken der augenblicklichen Ausführung zu stützen und fortzuspinnen? Aber nach dem Versagen der einseitigen Vorgehensweisen der Wissenschaften müssen wir eine Neuorientierung versuchen. Diese Neuorientierung ist nicht schon damit geleistet, daß einige neue Gesichtspunkte eingeführt werden, die einzelne offensichtliche Fehlentwicklungen verhindern, sondern sie muß *radikal* sein. Radikal heißt von den Wurzeln ausgehend, umfassend, ohne gleich nach einer Stringenz auf den eingefahrenen Wegen überkommener Disziplinen zu schauen.

Der im vorliegenden ersten Kapitel erhobene Befund soll uns auf diese Notwendigkeit hinweisen, er sollte uns von ihr überzeugen. Ich versuche das durch eine Fülle von sehr verschiedenen Beispielen, die nachhaltig darauf hinweisen, daß es eben nicht einzelne Fehlentwicklungen sind, denen wir uns gegenübersehen. Der Befund sollte uns so betroffen machen, daß die Notwendigkeit daran orientierter mathematisch-naturwissenschaftlicher Bildung hernach nicht nur eingesehen, sondern *Anlaß zum Handeln* in dem durch das letzte Kapitel gezeichneten Horizont wird.

Da die eigene Gesundheit niemanden unberührt läßt, wähle ich viele Beispiele aus dem Bereich der Medizin. Die notwendige Radikalität der Neuorientierung wird dort oft dadurch angezeigt, daß medizinische Eingriffe nicht Notlösungen angesichts des beschränkten Wissens sind, sondern überhaupt keine Lösungen und damit methodisch nicht zu rechtfertigen. An dieser Stelle könnte der Einwand erhoben werden, daß solcher Verstoß gegen die Methoden der Medizin doch wiederum (später) von der Medizin erkannt wird und daher keine Neuorientierung, sondern nur eine Weiterentwicklung nötig sei. Der Befund wird anders aussehen.

Dazu muß die methodische Enge der Einzeldisziplinen verlassen werden. Das stellt die Frage nach der Methode des Vorgehens. Unsere Methode wird zunächst sein der Vergleich des Anspruches (der Wissenschaften) mit dem Entspruch. Wir werden dabei Widersprüche aufweisen. Diese

Widersprüche sind fast immer eliminierbar, wenn man den Ausschnitt größer wählt, in dem man (wissenschaftlich) arbeitet: Das ergibt eine Kette von immer neuen Widersprüchen, deren Elimination, wieder neuen Widersprüchen usw. Indem diese Widersprüche zugleich lebensfeindliche Gegebenheiten unseres Alltags darstellen, wird durch eine derartige Kette unser Leben zunehmend gefährdet. Das kann nur durchbrochen werden, indem ganz neue Bereiche der Forderung nach Widerspruchsfreiheit unterworfen werden, indem also Daten gemeinhin getrennter Bereiche miteinander konfrontiert werden. (Aus solchem Vorgehen entspringen z.b. auch die grundsätzlichen Kritiken Ivan Illichs.) Damit gehen wir nicht von streng abgegrenzten Gegenständen und einer a priori (von ihnen als Gegenständen einer Disziplin jeweils) geforderten Methode aus. In Besinnung und Verpflichtung auf das *insgesamt* vorgefundene Objektive (das ist uns Wissenschaftlichkeit), versuchen wir eine vernünftige Beurteilung durch vernünftige Ausgrenzung solcher neuen Bereiche. (Im vierten Kapitel werden wir sehen, daß mehr grundsätzlich nicht möglich ist.) Vorgefundenes objektives Datum ist dabei aber auch, daß es ein Leben ohne Widersprüche nicht gibt. Unsere Methode ist nicht die Elimination aller Widersprüche; wir schaffen nur widerspruchsfreie Bereiche. Besser noch: Wir weisen auf Widersprüche in gewissen Bereichen hin, um aus dieser Kritik Regulative zu bekommen. Die Stringenz, die in diesem Vorgehen waltet, wird im vierten und fünften Kapitel klar werden.

Das vorliegende Kapitel ist daher zunächst nicht auf Stringenz unter der Optik herkömmlicher Disziplinen zu beurteilen. Es sollte daraufhin befragt werden, ob es Wesentliches anreißt und offenläßt bzw. eröffnet. Es sammelt Phänomene unter bestimmten Gesichtspunkten, mehr nicht.

Gleichzeitig soll durch das erste Kapitel und seine oftmals nicht den Fachgebieten des Autors entstammenden Beispiele gezeigt werden, daß Laienurteile über Fragen mit tiefgreifender naturwissenschaftlicher Relevanz möglich sind; davon werden wir im Kapitel V starken Gebrauch machen.

Dabei nehmen diese Gedanken in der Hauptsache nur auf wenige z.Zt. der Niederschrift aktuelle Veröffentlichungen Bezug und zeigen damit gleichzeitig, daß jeder Lehrer schon durch eine begrenzte Lektüre den notwendigen Aufbruch zur Wirklichkeit[1] leisten könnte; diesen Nachweis erbringt die vorliegende Arbeit zumindest.

Das in Grenzen verfestigte
fällt der Unwesentlichkeit anheim.

Anaximander

Die Torheit liebt nur sich,
wird ihr ein Kind geboren,
erzieht sie es korrekt
zu einem neuen Toren.

Nögge

I.1 Das Diktat: Mathematisierung

> *Die Wissenschaft hat ... immer Unrecht. Sie löst ein Problem nie, ohne zehn neue aufzurollen.*
>
> G.B.S. 1930

Je mathematischer etwas formuliert ist, desto wissenschaftlicher klingt es dem Zeitgeist; denn hat man einen Bereich mathematisiert, können Folgerungen exakt abgeleitet und eindeutig überprüft werden. Mit *mäßigem* denkerischen Aufwand kommt man zu widerspruchsfreien Ergebnissen, deren man *sicher* ist. So mehrt man den Fortschritt. In diese Welt des Fortschrittes sollen natürlich auch die Nachfolgenden eingeführt werden. Also müssen sie damit vertraut gemacht werden, daß die wünschenswerte Verwissenschaftlichung eine Mathematisierung ist.

Was ist dann die Aufgabe des Mathematikunterrichtes? Der von dem Vorsitzenden der "Vereinigung der Mathematiklehrer" Frankreichs, A. Revuz, noch methodisch für den *Weg* im Mathematikunterricht gemeinte Ausspruch, der Mathematiklehrer müsse "suchen, ein Lehrer für Mathematisierung zu sein"[2], wird bestimmend als einziges *Ziel* des Mathematikunterrichtes. Gelingt das Programm, dehnt sich der Bereich einer zur Hilfswissenschaft verkommenden Mathematik ungeahnt aus, und ganze Schülergenerationen wachsen heran, die in der Lage und bereit sind, alles zu mathematisieren, was noch nicht mathematisiert wurde; damit endlich möglich werde, daß alles von Technik erfaßt und zu Technik werde; denn schrankenlose Mathematisierung liefert letztlich stets an Technik aus.

So lernen 14jährige Schüler, daß die Frage, was ein Bauer anbauen solle, als lineare Optimierungsaufgabe lösbar sei. Damit ist der Bauernhof auf einen Industriebetrieb reduziert, der - wie die Hühnerfarm, die der Strumpffabrikant zur Diversifikation seines Unternehmens aufbaut - nach wenigen quantifizierbaren Kriterien (Anbauflächen, Arbeitszeit, Produkterlös, . . .) geführt wird. Wir wollen hier nicht gleich fragen, was demgegenüber der Schüler (nicht nur intellektuell) *erführe*, arbeitete er einmal auf einem nicht industrialisierten Bauernhof. Wir fragen aber nach den Grenzen solchen Mathematisierens im Hinblick auf menschenwürdiges

Leben. Sofern Mathematikunterricht seine Bildungsaufgabe ernst nimmt, muß er diese Grenzen sichtbar machen. Andernfalls überantwortet er einerseits den Schüler einem Leben, das nicht ahnt, daß es vielfarbiger sein kann als der monochrome Ausschnitt, der durch mathematisierte Sachverhalte bestimmt wird, andererseits nimmt er seine Aufgabe der Weitergabe der Kultur nicht ganz wahr und trägt mit dazu bei, daß eines Tages nirgendwo mehr sichtbar ist, was jenseits dieser Grenze liegt. Der nicht mathematisierbare Rest der Welt geht verloren, die Gesellschaft fällt weit hinter die schon erreichte Höhe der Ermöglichung menschlichen Lebens zurück.

Damit wird zugleich die Frage beantwortet, ob eine bestimmte Art von Unterricht für den Schüler nicht nur Gewinn, sondern auch Verlust bedeutet. Jene Frage, von der Freudenthal sagt, sie sei bis heute nicht einmal gestellt worden.

a) Wahrheit und Wirklichkeit: Verlust der Einheit durch Reduktion auf Widerspruchsfreiheit

> *Verletzt man Lebenskreisläufe, so wird damit eine Ganzheit angegriffen und die lineare Kette von Ursache und Wirkung als anorganische Gesetzmäßigkeit in Bewegung gesetzt.*
>
> Theo Schwenk 1962
> (*Das sensible Chaos*)

Modell

Etwas zu mathematisieren heißt, es in einem Modell zu fassen, das mathematisch beschreibbar ist. Die *Wirklichkeit*[3] wird durch das Modell ersetzt; die Frage nach der Wahrheit reduziert sich im Modell auf die Frage nach der Widerspruchsfreiheit. In dieser Bescheidung auf das Modell und seine Widerspruchsfreiheit liegt die Chance, einen durch das Modell gefaßten (wesentlichen?) Aspekt der Wirklichkeit in einer Weise sehr viel genauer kennenzulernen, als das ohne diese Reduktion möglich wäre. Hat man aber nun diesen einen Aspekt (im Modell) isoliert von anderen die Wirklichkeit mitbestimmenden Aspekten untersucht, so muß man die Ergebnisse in Bezug setzen zur ganzen Wirklichkeit, wenn das neue Wissen tatsächlich eine Erweiterung und nicht nur ein Neuerwerb bei gleichzeitigem Verlust von Früherem sein soll. Erst bei dieser Konfrontation wird ersichtlich, ob wirklich eine Erweiterung stattgefunden hat, oder ob der Neuerwerb nicht irrelevant im Hinblick auf die (ganze) Wirklichkeit ist. Gerade diese Prüfung versäumen aber die modernen Wissenschaften mehr und mehr. Und so führt die "Cartesianische Kürzungsregel"[4] - zerlege jedes Problem in so kleine Teile, wie du sie leicht in den Griff bekommst - dazu, immer mehr von immer weniger zu wissen. "Der Idealzustand, dem wir uns asymptotisch nähern, ist, alles über nichts zu wissen" (Ch 230)*. Das hat so praktische Konsequenzen wie die völlige Überraschung des Präsidenten der USA durch den Putsch gegen Gorbatschow im August 1991 aufgrund fehlender Informationen durch den CIA. Ein Eingeweihter dazu: "Die Leute erfahren viel zu viel, deshalb wissen sie am Ende nichts." Diese Entwicklung hat eine *totalitäre* Folge für die gesamte Lebenswelt, "als ja in der Tat die Wissenschaft der zentrale Beschleunigungsfaktor unserer Zivilisation ist."[6]

Was nützt es etwa, wenn die Medizin herausbekommt, daß bei einer Krankheit ein spezieller Bakterienstamm vermehrt im Körper auftritt, und sie nun durch Experimentieren mit einer Monokultur ein Medikament findet, mit dem dieser Stamm bekämpft werden kann, wenn dieses Auftreten der Bakterien für die Gesundung eher dienlich ist, oder - falls diese Bakterien nur selbst das Übel stiften - wenn man gleichzeitig andere Bakterien tötet und dadurch die Heilung stört oder gar neue Krankheit schafft? Ganz fragwürdig wird es beispielsweise, wenn die Nebenwirkungen eines Wehen fördernden Mittels wegen gewisser Unregelmäßigkeiten im weiblichen Hormonhaushalt nur an (17!) Männern getestet werden und danach das Mittel als für Frauen unbedenklich eingestuft wird. Welche Fülle von unbewiesenen Annahmen hier stillschweigend hingenommen wird! (Vom sofort ins Auge springenden Widerspruch ausgehend, daß man ja gerade Männer untersucht, weil Frauen anders reagieren,

---

* Die Gedanken des Kapitels I werden auf vier zur Zeit der Niederschrift aktuelle Veröffentlichungen bezogen. Da dieser Bezug beim Lesen nachvollziehbar sein soll, werden im Text vier Abkürzungen verwendet, und die Seitenzahl wird direkt vermerkt.[5]

stellen sich die Fragen von allein.) Dieses Beispiel ist zwar schon innerhalb der Naturwissenschaft hart kritisierbar, es zeigt aber, welche Blindheit die Gewöhnung an Reduktionen bringen kann. Welcher unverbildete Laie käme auf den Gedanken, die Ungefährlichkeit eines speziell auf den weiblichen Organismus wirkenden Mittels an Männern nachweisen zu wollen?

Nun werden in der Medizin Irrwege (sofern es - noch - eine Vorstellung von Gesundheit gibt) am ehesten irgendwann aufgedeckt, da (und solange) der Patient gesund werden will und soll. In anderen Bereichen tritt diese Irrelevanz des vermehrten Wissens über verengte Wirklichkeitsausschnitte allerdings nicht so schnell zutage. Da das neue Wissen eine Technik erzeugt, für die der verengte Wirklichkeitsausschnitt über das Modell zur Grundlage und damit zu deren "ganzer Wirklichkeit" geworden ist, kann sich das Modell an die Stelle der Wirklichkeit setzen. Verwechseln wir so Modell und Wirklichkeit, haben wir einen Teil der Wirklichkeit aus dem Blickfeld verloren, wiederholt sich der Vorgang, verlieren wir einen Teil des Blickfeldes selbst.

Erschwerend tritt hinzu, daß im Fortgang der Wissenschaft Modelle nicht mehr nur als "Modell von", sondern auch als "Modell für" auftauchen. So schaffen etwa die Modelle der Atomphysik eine neue Wirklichkeit, "machen Dinge" (Pi 86) in zweifacher Hinsicht: Einmal finden wir die durch die Modelle beschriebenen Atome nicht in unserer täglichen Erfahrung vor, zum anderen beschreiben Atommodelle nicht, was im Sinne der Physik wirklich ist; die von der Quantentheorie einheitlich beschriebenen atomaren Phänomene lassen sich mit Modellen ja nur vermöge des Widerspruches (Dualismus') Welle/Korpuskel beschreiben.

Schulz bezeichnet diese Physik des Atomforschers, die nicht mehr eine gegenständlich feststehende Natur erkläre, als "verwissenschaftlichte Physik", die sich ihr Gebiet selbst geschaffen habe. Für sie tritt die Frage nach dem Wesen einer Sache zurück, wird "vergleichgültigt".[7]

Wirklichkeit

Durch die immer weitergehende Verwechslung der Modelle, der Abbilder von Wirklichkeit, der Konstruktion von Wirklichkeit (diesem "neuzeitlichen Turmbau zu Babel") mit der Wirklichkeit selbst, "bauen wir ein Vorurteil immer stärker aus: Wirklich ist, was weniger Widersprüche enthält" (Pi 86).

Das Vorurteil hat Konsequenzen: Widersprüchliche Phänomene werden als unwirklich beiseite geschoben (... daß nicht sein kann, was nicht sein darf), Wirklichkeit wird mit mathematischer Beschreibbarkeit gleichgesetzt. Und nur der Zeitgenosse mit dem solcherart verengten Blickfeld gilt noch als mit beiden Beinen in der Wirklichkeit stehend. So gilt (1980) der Förster als realistisch, der reine Fichtenforste anlegt, da die Rendite da am höchsten sei. (Damit nimmt er ohne zu zögern an, daß 60 Jahre später das gesamte dafür relevante Preisgefüge unverändert gelten werde, was schon 10 Jahre später durch einen relativ viel höheren Buchenholzpreis zunichte geworden ist.) Eine "kleiner" Sturm belehrt dann zwar (1990) die Branche, daß die Rechnung ohne die Natur (und deren Chaotisierung durch den Menschen) gemacht worden war, aber solche Vorkommnisse ändern die allgemeine Haltung nicht. (Wenn auch einige Förster danach entdecken, daß es in Deutschland noch naturgemäßen Wald gibt, der sogar profitabler ist.)

Wenn Einstein sagt, die Natur sei "die Realisierung des mathematisch denkbar Einfachsten"[8], wenn er sagt, daß man von "inneren" Qualitäten der Gegenstände abgesehen habe[9], um zur mathematischen Beschreibung zu gelangen, und wenn er schließlich sagt, daß man auf diesem Wege den Schlüssel für das Verständnis der Naturerscheinungen bekäme, dann wird hier "Verständnis der Naturerscheinungen" von vornherein eingeschränkt auf die Natur, soweit sie mathematisch beschreibbar ist. Wobei Einstein das allerdings nicht für eine Einschränkung hält. Er geht davon aus, daß aus den Grundgesetzen, auf die die theoretische Physik gegründet ist, "auf dem Wege rein gedanklicher Deduktion die Abbildung, d.h. die Theorie eines jeden Naturprozesses einschließlich der Lebensvorgänge" gefunden werden könnte, wenn diese "Deduktion nicht weit über die Leistungsfähigkeit menschlichen Denkens hinausginge". Also wäre die Einschränkung rein technisch und historisch zu sehen. Einstein sagt: "Der Verzicht des physikalischen Weltbildes auf Vollständigkeit ist also kein prinzipieller.[10] (Noch einmal zum Wald: O.g. Förster stellten fest, daß zur Betreuung solchen naturgemäßen Waldes Einfühlung in dessen "innere Qualitäten" nötig ist!)

Die Sicht auf die Natur als die Realisierung des mathematisch denkbar Einfachsten schafft eine "neue Art von Naturforschung", etwa eine "normative Biologie, in der die Realität nur dazu dient, Voraussagungen zu bestätigen; und wenn sie das nicht tut, wird sie durch eine neue Realität ersetzt." (Ch 141) (Das kann zu solchem Dogmatismus führen, daß man deduziert, ohne überhaupt an der Realität zu prüfen.) In der Atomphysik ist so etwas aufweisbar als Verkehrung der Stellung von Natur und sie beschreibender Theorie: Die Theorie wird zur Bedingung, das Objekt der Beobachtung zu finden (Beispiel: Dirac'sche Voraussage der Positronen).

Das Absehen von "inneren" Qualitäten, die Selbstbeschränkung der Naturwissenschaften auf meßbare Eigenschaften, das Beiseiteschieben der Fragen nach dem Wesen einer Sache und nach einem Sinn, ja sogar der Grundfragen des eigenen Faches* ("Die Physik fragt mormalerweise nicht, was Natur, was Raum, Zeit, Gegenstand eigentlich ist, die Biologie fragt normalerweise nicht, was Leben ist, die Psychologie nicht, was man mit Seele meint, was Bewußtsein eigentlich ist." - v. Weizsäcker[11]), sind verantwortlich für den Erfolg, die technische Macht, die die Naturwissenschaften entwickeln konnten, sind aber auch verantwortlich für die Haltung des Forschers, der seine Ergebnisse nicht mehr in Bezug setzt zur ganzen Wirklichkeit, um ihre Relevanz zu prüfen. Und wenn der Forscher seine Ergebnisse sozusagen von der Forschung her bzw. für die Forschung nicht mehr in die ganze Wirklichkeit einzuordnen für notwendig empfindet, ist er natürlich erst recht überfordert, wenn man das von ihm dann unter politischen Vorzeichen fordert. Die oft geforderte moralische Verantwortung des Forschers für seine Ergebnisse und deren gesellschaftliche Auswirkungen stößt da ins Leere.

---

* Andererseits sind diese Grundfragen aber auch nicht von außerhalb für die Wissenschaften zu klären: Durch den Forschungsprozeß und seinen Umgang mit Begriffen wie Raum, Leben usw. liegt fest, welches Bedeutungsfeld sie für die Wissenschaft haben.

Experiment

Die Griechen begannen die Natur zu beobachten, um Ordnung durch Maß und Zahl zu finden: Ordnung durch Beobachtung von Einzelheiten, von Teilen. Insofern wurde die Einheit der Welt vernachlässigt zugunsten von Aussagen über Teile. Sprachlich drückt sich das im Ringen um abgegrenzte Begriffe aus. Aber die Griechen bemühten sich noch darum, die Natur angemessen zu denken. Das logisch-begriffliche Denken strukturierte die Natur zwar nach Beobachtung und Erfahrung, aber der Forscher wurde noch nicht durch das Experiment von der Natur zur Technik geführt. Der Versuch, die Natur angemessen zu denken, die wahren Wesenheiten der Dinge zu ergründen, hält den Fragenden offen: Es ist ein prinzipiell unabschließbarer Versuch. Nähert man sich so der Natur, wird man nur behutsam gemäß ihrem Gesetz in sie einzugreifen wagen. Das Experiment hingegen führt direkt zu einer Verfügung über die Natur und zu einer Ausrichtung an Zwecken. Ist der Zweck erreicht, ist man zufrieden und schließt (über einen Teil) die Akten. Neuen möglichen Einwänden, Änderungsvorschlägen, Weitungen u.ä. ist man keineswegs geöffnet: Was sollen die noch bewirken?

Wenn Kepler nach einem Gesamtplan der Schöpfung fragte, wenn er Forschung als Nach-Denken der von Gott vorgedachten Naturgesetze verstand, dann war er noch kein moderner Forscher, insofern er gerade jene "inneren" Qualitäten einbezog, ganzheitlich forschte, nach Sinn fragte. "Für Kepler war die Astronomie eine Anbetung des Schöpfers durch das Medium der Mathematik. Im mathematischen Gesetz denkt der Mensch, der nach Gottes Bild geschaffen ist, Gottes Schöpfungsgedanken nach."[12]. Einstein meinte zwar auch, daß er dem "Alten seine Linien nachzeichnete"[13], doch das war Nebenbetrachtung und nicht Grund seines Vorgehens. Keplersche Wissenschaft verzichtet nicht auf unmittelbare Erfahrung. Sie experimentiert zwar, hält es aber auch nicht für unter ihrer Würde, in verschiedensten Bereichen vorgefundene Ergebnisse zu ordnen. (". . . Keplers verwickeltes System der Sphärenharmonien . . . ein Werk künstlerischer Mathematik, vielleicht Bachs Kunst der Fuge vergleichbar, aber . . . nicht Naturwissenschaft im modernen Sinn und darum wohl zu Recht von der heutigen Wissenschaft trotz seiner Schönheit vergessen." - v. Weizsäcker[14]) Sie kann dann auch nicht so stark auf Einfachheit fixiert sein, wie die modernen Wissenschaften (für ihre Modelle). Es war gerade die Einfachheit des neuen Weltbildes, die die Entscheidung für Kopernikus und gegen Ptolemäus begründete. (In einer Zeit, als das Ptolemäische System genauere Vorhersagen lieferte als das Kopernikanische!)

An Chargaffs Feststellung "Die meisten Studenten erforschen nicht mehr die Natur; sie überprüfen Modelle", sieht man, wie weit wir uns in der heutigen Wissenschaft davon entfernt haben, die Natur angemessen denken, *ganz* verstehen zu wollen; wir wollen sie *verfügbar* machen. Und "das paradoxe, aber entscheidend wirksame Verfahren, um der Natur ihre Geheimnisse zu entreißen und ihre Kräfte uns fügsam zu machen, ist: auf die Erkenntnis ihres "Wesens" zu verzichten". (Becker)[15] So sehen wir nur noch auf Experimente, die immer schon auf dem Boden unserer Vorentscheidungen fragen, sehen auf Widerspruchsfreiheit von Modellen, *hören* nicht mehr auf die Natur. Hörend (=folgend) könnten wir etwas empfangen, sehend machen wir uns zum Herren (Wolfgang Struve). An unserer Reduktion zerbricht die Einheit der Natur. (Das ist nach Anaximander *der* Fluch[16]). So zerstören wir die Natur (eingeschlossen den Menschen) mit unserer Macht.

Wahrheit

Hörten wir auf die Natur, erführen wir sie nicht in Form strenger (linearer) Kausalketten, wie sie die Wissenschaften suchen, um sie zu einem Netz zu verflechten. Aber bringen wir es denn wirklich so weit mit den Kausalketten? Sind sie nicht nach hinten endlich? Es bleibt die Ursache der Ursache doch offen. Und ist die Ursache wirklich die Ursache - d.h. gibt es wirklich die jeweils gesuchte Ursache? Freudenthal schreibt nach einer Bemerkung, daß die griechische Medizin (nur) eine Sammlung von Erfahrungsregeln verbrämt mit einer Hintergrundsphilosophie gewesen sei, dann kurz und sicher, seit einem Jahrhundert kenne man den Ursprung von Infektionskrankheiten[17]. Es ist klar, daß er mit dem Ursprung gewisse Bakterien meint. Sind sie Ursache? Was ist denn die Ursache ihres (vermehrten) Auftretens, in welcher Konstellation anderer Faktoren können sie denn überhaupt ursächlich wirken? Wenn man nun Konstellationen herbeiführen kann, die die Wirkung verhindern, ist dann nicht eine nicht zu solchen Konstellationen gehörende Konstellation die Ursache? Und ein Faktor in einer solchen Konstellation ist mit Sicherheit die Seele des Menschen. (Vgl. dazu etwa die Erfahrung, daß ein Kind eine Kinderkrankheit bekommt, wenn bzw. wann und wie es sie für seine Entwicklung braucht.[18])

Wir werden ganzheitlichen Fragen nicht entrinnen können. Das Auffinden einer Kausalkette gereicht uns nur dann zum Segen, wenn dadurch der Blick für das Ganze *erweitert*, der eingebundene Bereich durchschaubarer wird und wenn sie uns die Ordnung der Natur ein Stück weit eröffnet. Starren wir nur auf Kausalketten, verlieren wir (über die Teilordnungen von Ausschnitten) den Blick für diese Ordnung.

Dabei war die mathematisierende Naturwissenschaft ausgegangen vom Glauben an eine göttliche Ordnung, die Alles trägt. Nur so konnte man ja nach (also vorhandenen) Naturgesetzen suchen. Allerdings vergaß man nach der Aufteilung und Einteilung und nachfolgender Untersuchung der Teile und Teilchen, daß die gefundenen Gesetze nur Gesetze der eingeteilten Welt sind und daß die nicht Alles ist. So kann Walther Nernst, der Begründer des "dritten Hauptsatzes der Wärmelehre", sagen "am Anfang war das Naturgesetz" (Pi 172), dokumentierend, was alles von Allem man aus dem Blick verloren hatte. Die Einheit von Wort, Sinn, Kraft und Tun, in Goethes "im Anfang war die Tat" (Faust) noch geborgen, war einem Raster von Einzelheiten gewichen, die eine Welt (ohne Menschen) ausmachten, deren Ursprung (oder doch nur Beginn?) Heisenberg dann erfragte als "Aber was war dann am Anfang? Ein Naturgesetz, Mathematik, Symmetrie?"[19]. Und wenn Heisenberg damit an den "Timaios" anknüpfen will, dann ist das doppelt fraglich: Einmal in bezug auf das Verständnis von Anfang als Ursprung oder als Beginn und zum anderen in Bezug auf das Alles oder eine Zusammenfassung von Ausschnitten.

Hat die mathematisierende Naturwissenschaft also Wahrheit über die Natur, über die Welt erfragt und gefunden? Der Physiker Pietschmann, der die Richtigkeiten der Physik als Gesetze einer eingeteilten, in Einzelphänomenen beobachteten, widerspruchsfrei beschriebenen Welt sieht, sagt dazu: "Die Wahrheit, die Weisheit ist ein Weg. Sie kann nicht festgehalten werden, sie kann nicht in Büchern aufgeschrieben werden, sie kann nicht abgebildet, in Bildern oder Modellen gefaßt werden. Nur als Weg, als Handlung, kann sie gelebt werden, gewissermaßen immer nur als Ziel,

nie erreichbar. Und darum ist sie auch Leben, stetige Veränderung."
Pietschmann zitiert den Indianer Rolling Thunder:
"Man muß die Wahrheit leben und ein Teil von ihr werden. Dann erst hat man - vielleicht - die Chance, ihr wirklich auf den Grund zu gehen. . . . 'Wirklich verstehen' heißt nicht, all die Fakten zu kennen, mit denen Euch Eure Schulbücher und Lehrer ständig überschütten. 'Verstehen' fängt bei Liebe und Achtung an, Achtung vor dem Großen Geist; und der Große Geist wiederum ist das Leben, das in allen Dingen steckt - in allen Lebewesen und Pflanzen, ja selbst in Steinen und Mineralien. Alle Dinge, und ich unterstreiche 'alle', haben ihren eigenen Willen, ihren eigenen Weg und ihre eigene Bestimmung, und das sollten wir endlich respektieren."
Die Dinge der Naturwissenschaftler aber "haben keinen eigenen Willen, keinen eigenen Weg und keine eigene Bestimmung, denn sie sind tot." (Pi 166/167).

Doch haben selbst unsere Anschauungen ein eigenes Leben: Die Vorstellung von einem kontinuierlichen Raum werden wir kaum übersteigen können. Aber die mathematische Beschreibung von Vorgängen im Raum kommt ohne Messung und damit ohne Annahme von diskreten Punkten nicht aus. In Zenons Paradoxien zeigt sich, wie der Übergang vom kontinuierlichen Vorgang zur diskreten Beschreibung zu Aporien führen kann. Leibniz und Newton umgingen diese Schwierigkeiten durch ihre differentielle Fassung der diskreten Beschreibung. Dazu sagt Courant: "Zwischen der intuitiven Idee und der mathematischen Formulierung, welche die wissenschaftlich wichtigen Elemente unserer Intuition in präzisen Ausdrücken beschreiben soll, wird immer eine Lücke bleiben." (Pi 202).[20] Der Widerspruch kontinuierlich/diskret schafft im Problem der irrationalen Zahlen eine schroffe Klippe für die Mathematik und er wird - wenn man den Anspruch einer von der sonstigen uns umgebenden "physikalischen Welt" her verstehbaren Atomphysik stellt und sich nicht auf den Boden der Kopenhagener Deutung stellt - in der Quantenmechanik schließlich als unüberwindbar akzeptiert.

Das sollte einmal mehr zur Bescheidenheit mahnen. Wenn wir schon in solchen Bereichen mit der Mathematisierung Schwierigkeiten bekommen, sollten wir nicht alles und jedes mathematisieren wollen. Nimmt man die oben angesprochene Irrelevanz gewisser Ergebnisse dazu, wird verständlich, daß Chargaff mit Blick auf die Geisteswissenschaften von der Leichtigkeit spricht, mit der "geistige Dinge trivial werden können, indem sie sich Mathematik zuziehen". Er sagt: "Das unglaubliche Geschwätz, das von all diesen computerisierten Humanisten auf uns losgelassen wird, ist wahrscheinlich nicht ärger als das der Naturwissenschaftler; aber da jene erst angefangen haben, einen Koteriejargon oder eine eigene Tiersprache zu entwickeln, müssen sie noch immer mehr oder weniger verständliche Wörter verwenden, und diese entlarven sie" (Ch 234).

Mathematisieren bedeutet auch Vernachlässigen der nicht in die sonst passende Struktur einordenbaren Nebensächlichkeiten. - Von welcher Warte aus gesehen "Nebensächlichkeiten", von der Sache her oder von dem Wunsch nach Mathematisierung? Dabei zeigt pikanterweise die mathematische Chaostheorie, wie kleinste Störvariablen ein System völlig verändern können.

b) Entthronung der Götter

Wenn jedoch der Zufall der Schöpfer aller Dinge ist, wie es die Naturwissenschaft lehrt, dann ist Verantwortung gegenüber der Welt wissenschaftlich widerlegter Unsinn, lediglich Opium fürs Volk.
Letzteres wird natürlich nicht gelehrt und auch nur ausnahmsweise gedacht. Aber es ist die Konsequenz der wissenschaftlichen Lehre und daher wirksam.

W. Schaumann

"Mir scheint, daß der Mensch nicht ohne Geheimnisse leben kann. Man könnte sagen, die großen Biologen arbeiteten geradezu im Lichte der Geheimnisse (im Lichte der Dunkelheit). Wir sind dieser fruchtbaren Nacht beraubt worden. Schon gibt es keinen Mond mehr; nie wieder wird er Busch und Tal still mit Nebelglanz füllen! Was wird als nächstes gehen? Ich fürchte, ich werde mißverstanden werden, wenn ich sage, daß durch jede dieser wissenschaftlich-technologischen Großtaten die Berührungspunkte zwischen

Menschheit und Wirklichkeit unwiederbringlich verringert werden."
(Ch 153)
Denn was gehen uns tote Gegenstände schon an, was haben wir mit ihnen zu tun? Wir wollen das am Beispiel des Mondes durch ein Zitat von Wolfgang Struve noch ein wenig ausführen:

"Schießt man eine Rakete zum Mond und landet eine Sonde auf ihm, welche Aufnahmen macht und sie zur Erde zurückfunkt, so bleibt zu fragen, ob es noch wirklich der Mond ist, mit dem man es hier zu tun hat, oder ob nicht der *wirkliche* Mond - der, von dem etwa Matthias Claudius in seinem "Abendlied" spricht - längst geschwunden und für uns verschwunden ist? Zwar wird der Mond uns durch die moderne Raumforschung sozusagen handgreiflicher, aber damit, daß er Objekt der Astronautik und zugleich auch der totalen Propaganda geworden ist, hat er in Wirklichkeit aufgehört, Mond zu sein. Die Kapsel funkt zwar Bilder, aber keine vom Mond. Das meint nicht etwa nur, daß der Mond von einem Vorwurf der Poesie zu einem Gegenstand der Technik geworden sei. Zwar besingt Matthias Claudius den Mond dichterisch, aber darum ist der so besungene Mond keineswegs etwas Dichterisches, sondern das, von woher der Vers von Matthias Claudius seine unvergleichliche Sagkraft erhält, ist die Wirklichkeit des Mondes."[21]

Wir sollten aber nicht vergessen: Wieviel der Mond von seinem Geheimnis verlor, hängt mit davon ab, wo wir die Grenzen naturwissenschaftlicher Forschung und ihrer Aussagen sehen.

Schon die Mythen kannten und schufen Ordnung im Kosmos. Aber in dieser Ordnung hatten die Götter ihren Platz als Mächte, die für den Menschen unberechenbar wirkten. Ehrfürchtig stand der Mensch dem von den Göttern regierten Kosmos gegenüber. Die Welt war voller Gefahren und Unwägbarkeiten, als die Griechen begannen, die Natur zu beobachten, um Ordnung durch Maß und Zahl zu finden, durch strenge Beobachtung von Einzelheiten (von Teilen) Ordnung in das Chaos zu bringen. Durch messende Beobachtung der Gestirne etwa wurde deren Lauf so erfaßt, daß Voraussagen möglich waren. Etwas, dessen Gang ich vorausberechnen kann, das ich kalkulieren kann, werde ich aber nicht mehr mit Ehrfurcht betrachten: Es hat von seiner geheimnisvollen Erhabenheit eingebüßt, die so lange bestand, wie ich die Wiederkehr jedesmal als über meine Macht hinausgehend erleben konnte.

Die Macht der Götter war damit ein Stück beschnitten, die Entthronung der Götter hatte begonnen.

Anaxagoras, Naturphilosoph und Lehrer des Perikles, betrachtete die Himmelskörper als tote und "unregelmäßig" umhergewirbelte Gegenstände. Zwar fand er heraus, daß der Mond sein Licht von der Sonne erhält, konnte er Sonnen- und Mondfinsternis richtig erklären, doch nicht einmal für die Naturwissenschaft war sein Ansatz günstig: Was gab es schon an solchen toten und regellos bewegten Gegenständen zu untersuchen? Fruchtbar beeinflußt wurde die Astronomie vielmehr durch die Gedanken der Phythagoreer, die "im Lichte der Geheimnisse (Dunkelheit)" forschten, die die göttlichen Regeln zu ergründen suchten, nach denen der Kosmos geordnet ist, die in den Gestirnen beseelte, vernunftbegabte Wesen, Götter sahen. (v. d. Waerden[22])

Doch wurden durch die von den Pythagoreern eingeleiteten Forschungen, durch den Glauben an göttliche Gesetze, die in Maß und Zahl faßbar seien, schließlich die Götter auch entthront: Kann man den Gang der Sonne berechnen, hat sie von ihrer göttlichen Erhabenheit verloren. Und seitdem die Sonne ihre Wärme durch die Umwandlung von Materie in Energie erzeugt (Einstein), ist sie uns endgültig zum toten Ding geworden.

Aber ist wirklich die ganze Wahrheit, daß dort eine Kettenreaktion abläuft, wie wir sie demnächst vielleicht auf der Erde im Reaktor ablaufen lassen können? Versuchen wir nicht damit die Erde radioaktiv und *gefährden* damit die Möglichkeit menschlichen Lebens auf ihr? Ist dagegen die Sonne nicht göttlich, indem sie das Leben auf der Erde *ermöglicht*?

Warum geht darüberhinaus durch so wenig Wissen auf einer einzigen Ebene mit der Entthronung "einzelner Götter" alles Göttliche für uns verloren? Pietschmann sieht Galilei einen Bruch vollziehen zwischen dem Himmel der Heiligen, der der Religion überlassen wird, und dem Himmel der Gestirne, der allein den Naturwissenschaftler interessiert; Newton vertieft diesen Graben, indem er gleiche Gesetze findet für den vom

Baum fallenden Apfel und die bewegten Himmelskörper (Pi 17/24). Aber diese Trennung allein hätte ja nicht notwendig zur Verdrängung alles Göttlichen (und damit jeglicher Ehrfurcht) führen müssen. Das war vielmehr die Folge dessen, daß dem "Himmel der Heiligen" immer weniger Platz überlassen wurde in unserem Leben, daß nicht nur für die naturwissenschaftliche Forschung dem "Himmel der Gestirne" alleiniger Einfluß auf unser Denken und Fühlen zugestanden wurde, sondern daß wir begannen, fast ausschließlich naturwissenschaftlich mit dem Leben umzugehen.

Natürlich kann man das ganze Leben unter einem einzigen Gesichtspunkt betrachten, und das ist sicher ein fruchtbares Unterfangen. (Aber die dabei zu erntenden Früchte machen nicht den ganzen Herbst aus, sie sind eher mit den im Winter unsere Supermärkte beherrschenden geschmacklosen standardisierten Delicious-Äpfeln vergleichbar.) Solche Betrachtung gibt aber auch nur für diesen Gesichtspunkt Einsichten; die Wahrheit über das Leben (den Kosmos) setzt sich aus Einsichten aus der Betrachtung unter einer (unendlichen) Vielzahl von Gesichtspunkten zusammen.

Vielleicht liegt es an der Schnelligkeit der Entwicklung, daß wir nicht merken, daß mit der Zerstörung von Geheimnissen durch naturwissenschaftliche Forschung eigentlich immer wieder neue Geheimnisse sich auftun. Wir sehen die neuen Geheimnisse (oder die alten tieferen?) nicht. Wir verlieren einzelne Geheimnisse und erleben die Welt daraufhin ganz geheimnislos. Aber (s.o.) "mir scheint, daß der Mensch nicht ohne Geheimnisse leben kann." "Daß besonders naturwissenschaftlich und technisch orientierte Jugendliche für Heilsversprechen der sogenannten Jugendsekten aufgeschlossen sind"[23], wirft auf diese Aussage ein aktuelles Licht.

Vielleicht liegt es nicht an der Schnelligkeit der Entwicklung, vielleicht ist es unsere Hybris. Descartes sah die Methode der Naturwissenschaft geradezu darin, die Geister aus der Natur auszutreiben (Pi 25f). Nun war mancher Schrecken, manche auf uns lastende Angst genommen mit der Austreibung der Geister. Aber die Welt hatte damit ein Stück Leben eingebüßt. Mehr noch, wir sehen, daß wirklich Elfen ein Tal bewohnt hatten, wenn nach dem Bau einer Autobahn Tod und langsames Dahinsiechen mannigfachen Lebens und die Schlaflosigkeit seiner Bewohner das Ende der Elfentänze dokumentieren. Fortschritt durch Entthronung der Götter? Ein Schritt fort von der Natur, vom Menschen, in den Tod.

c) Ersatzreligion Naturwissenschaft

Die Gefahr einer allzu entwickelten materiellen Zivilisation hat ihren Grund nicht in dieser Zivilisation selbst, sondern in der Gleichgewichtsstörung, welche eintreten muß, wenn die Entwicklung des geistigen Lebens nicht das unerläßliche Gegengewicht für die Entwicklung der materiellen Zivilisation bildet.

Louis de Broglie 1932
(*Licht und Materie*)

Nernsts oben erwähnter Ausspruch "am Anfang war das Naturgesetz" ist einer der ungezählten Aussprüche, die belegen, daß die Naturwissenschaft die Religion unserer Zeit geworden ist. Das merkt man täglich und überall im öffentlichen Leben. So fragt ein Rundfunkreporter den Techniker, der zum ersten Mal bei Wohnwagen-Gefährten die Formunabhängigkeit (!) des Energieverbrauchs untersuchte, keineswegs nach Argumenten dafür, daß der Test vernünftig sei, nein er fragt, ob er (natur-)wissenschaftlich fundiert sei; *das* Gütesiegel genügt, (eigene) Einsicht ist nicht nötig. Und wehe demjenigen, der dieses Gütesiegel nicht als solches anerkennt! Wehe dem, der sogar die Zuständigkeit der Naturwissenschaft in irgendeinem Bereich in Frage stellt: Mit Ungläubigen geht unsere Zeit nicht sanft um. Unter dem Glauben an das naturwissenschaftliche Weltbild sind wir nicht freier als zu Zeiten kirchlicher Macht. Wer im Mittelalter nicht glaubte, war ungläubig oder abtrünnig, war Heide, Ketzer, Hexe; später war er andersgläubig (Lessing); heute ist er irrsinnig, geistig anormal. Und über die geistige wie überhaupt über die Gesundheit wird heute ausschließlich von Ärzten entschieden. Nur sie haben das Recht festzustellen, wer gesund ist und welche Heilverfahren "anerkannt" werden dürfen: Auch das ein Zug alter Staatsreligionen.

Priester und Opfer

Zu einer Religion gehören Priester und Opfer. Die Priesterhaltung von Naturwissenschaftlern erkennt man unschwer an der dogmatischen Verkündung und Verteidigung von gefundenen "Wahrheiten". Es ist zwar mit den Methoden der Naturwissenschaften nicht im Einklang, nichtsdestoweniger üblich, Auseinandersetzungen um den Vorrang einer Theorie vor einer anderen durchaus mit unsachlichen emotionalen Mitteln bis hin zur persönlichen Diffamierung des Kontrahenten zu führen. Alte Theorien sterben oft eher mit den sie jeweils verkündenden Priestern aus, als daß sie wegen besserer Argumente fallengelassen würden. Als Priester zeigen sich so die Wissenschaftler, die den schnellen Brüter in Kalkar geradezu beliebig zu rechtfertigen in der Lage sind. Das Wissenschaftsministerium erstaunt: "Besonders bemerkenswert erscheint . . . , daß die Sachverständigen die Physikalischen Argumente austauschen konnten, ohne ihre Schlußfolgerungen und ihr Endergebnis - abgesehen von einigen Nebensätzen - antasten zu müssen."[24]

Die Priester sind mächtiger als zu Zeiten kirchlicher Macht. Die heutigen Priester werden in der Praxis geradezu als Götter angesehen. Man baute zum Beispiel Atomkraftwerke, wissend, daß sie einen für Generationen lebensgefährlichen Müll produzieren werden, auf die Zusage der Priester hin, die Probleme der Müllbeseitigung werde man in der erforderlichen Zeit, - d.h. ehe der Müllberg zu groß wird - lösen. Das ist der Glaube an die Verläßlichkeit der Vorhersage zukünftiger Ereignisse durch die Priester und an die Fähigkeit der Priester, sich ein von ihnen gewünschtes Wissen garantiert zu besorgen. (Indessen ist es gerade beim angeführten Problem um die tatsächlichen Möglichkeiten der Priester schlecht bestellt. Bis 1980 "hat keine Nation ein Modellprogramm für die zufriedenstellende Lagerung radioaktiver Abfälle entwickelt . . . Es ist bisher nicht demonstriert worden, daß sich all diese . . . Abfälle . . . sicher lagern und ohne Unfall beseitigen lassen" (Glob 85f).

Da gibt der wissenschaftliche Direktor des Max-Planck-Instituts für Plasmaphysik 1990 an, daß die Stromproduktion mit Hilfe der Kernfusion wahrscheinlich wesentlich billiger sein werde als die Nutzung der Sonnenenergie. Das prophezeit er, obwohl die immer wieder korrigierten Prophezeihungen der Möglichkeit solcher Fusionsreaktoren zu dieser Zeit das Jahr 2250 nennen. Man weiß also über die letztendliche Realisierung praktisch nichts; und da wüßte man schon, wie sie in 60 Jahren im wirtschaftlichen Vergleich abschneidet? Handleserei hat auch keine schlechteren Trefferquoten. (Häfele prophezeite einst, der Atomstrom werde so billig sein, daß sich die Installation des Zählers nicht lohne.)

Und die Opfer? Gehen wir in den Bereich der naturwissenschaftlichen Medizin, in dem mehr als anderswo "wir wissen" als "wir wissen heute" formuliert wird: Wieviele Kinder wurden z.b. Opfer von Impfaktionen, ehe wir "heute wissen", daß das gestrige Wissen Unwissen war und die entsprechenden Impfungen viel zu gefährlich? Wieviele Ungeborene wurden geschädigt, ehe wir "heute wissen", daß jene von naturwissenschaftlich-kindlicher Neugier, von Freude am Spielen mit Apparaten diktierten Untersuchungen zur Früherkennung des Geschlechts gefährliche Nebenwirkungen haben? Heute (1978) verbietet das Bundesgesundheitsamt das Herzinfarkt-Medikament Clofibrat, nachdem gestern (1962 bis 1978) das Mittel "die Sterblichkeit der Infarktkandidaten nachweislich erhöht" hatte.[25] Heute (1980) wissen die Mediziner, daß gewisse Krebsfrüherkennungsmaßnahmen geradezu Krebs fördern können - gestern (1978) bestritten sie das noch[26]: Die Notlösungen waren keine Lösungen, den Opfern wäre weniger Medizin besser bekommen.

Hier sei eine methodische Bemerkung eingeschoben. Das eben angeführte Medikament brachte einen Umsatz von zuletzt 110 Millionen DM pro Jahr[27]. Das deutet darauf hin, daß für seine Verabreichung ganz andere als wissenschaftliche Gründe eine entscheidende Rolle spielten. Und eigentlich müßte für alle Beispiele des ersten Kapitels die *Rolle des Geldes* mitbedacht werden. Es ist zu vermuten, daß das Geld die stärkste Rolle spielt für die Diskrepanz zwischen unseren Möglichkeiten und der kläglichen Wirklichkeit. Doch das Bedenken dieser Beziehung würde den Umfang der Arbeit über das Maß ausweiten, ohne für die späteren pädagogischen Folgerungen Neues zu bringen. Wir lassen es daher bei einzelnen Andeutungen in dieser Richtung bewenden, obgleich sicher die letzten Jahrzehnte gesellschaftlich vor allem durch eine fast totale Unterordnung unter ökonomische Betrachtungsweisen ausgezeichnet waren.

Konsequent wird von den Priestern alles als nicht möglich angesehen, was (bis jetzt!) nicht durch ihre Religion erklärt wurde. So galt ohne Untersuchung lange Zeit unter Medizinern das ideologische Vorurteil, daß Akupunktur eine Narkose nicht ersetzen könne, sie wurde einfach als Schwindel abgetan. Mit zunehmender Ausbreitung der Akupunktur handeln die Priester aber genauso konsequent als solche: Sie fordern nun die alleinige Verfügung über die Akupunktur. War ihr Argument gestern Wirkungslosigkeit, so ist es heute die gefährliche Wirkung, die dazu herhalten muß, etwa Heilpraktikern den Umgang mit der Akupunktur zu verbieten: Tun sich Pfründe auf, sorgen die Priester für sich. Ihnen ist die Religion Broterwerb; das gab es auch in anderen Religionen.

Ein anderes Beispiel für ideologische Vorurteile führt Pietschmann an: Obwohl niemand je untersuchte, ob zwischen den Regentänzen der Hopi und dem Einsetzen des Regens irgendein Zusammenhang besteht, gehen alle, die darüber schreiben, davon aus, daß es keine Wirkung der Tänze auf den Regen gibt (und stufen damit die Hopi *ungeprüft* als in diesem Punkte unwissend und abergläubisch ein).

Noch eine zweite Seite hat diese neue Religion mit anderen gemein, die geheimnisvolle Unverständlichkeit, mit der sie dem Laien gegenübertritt; die Priester überziehen die Welt mit einem undurchdringlichen Nebel von "Plastikwörtern" (Pörksen). Daher kann er sich z.B. kein Urteil darüber bilden, ob die Akupunktur im Sinne naturwissenschaftlicher Medizin etwas bewirkt oder nicht, ist also auf das "wir wissen heute" der Priester angewiesen.

Wie konnte sich die neue Religion an die Stelle des Christentums setzen? Vielleicht konnte sie es, weil das Christentum inzwischen als Kirche, als festgehaltene, abgegrenzte, mitgeteilte Lehre, die weniger als Religion gelebt und vorgelebt wurde, der Logik und also dem Diktat der Widerspruchsfreiheit in unangemessener Weise unterworfen worden war. Die Wahrheit als Einheit der Gegensätze war bei der Elimination von immer mehr Widersprüchen verlorengegangen, das in Grenzen verfestigte der Unwesentlichkeit anheimgefallen. Die Kirche hatte nicht mehr die Kraft, die neuen wissenschaftlichen Ergebnisse mit ihrer eigenen Überlieferung zu vereinen. Aber auch die neue Wissenschaft hatte nicht die Kraft, ihr Weltbild ohne Ausschluß der religiösen Fragen, ohne Ausschluß der

menschlichen Widersprüche aufzubauen. Und hat sich zu diesem Bruch
Galilei nicht gerade der Methoden der Kirche (zur Konstitution einer
widerspruchsfreien Lehre) bedient, also gerade nicht eine neue Methode
eingesetzt? (Pi 23/175)

Der Boden des Christentums war geeignet für die neue Religion: Das
Christentum als wohl anthropozentrischste Religion kann einen Glauben
nähren an eine Wissenschaft für eine Technik, mit der der Mensch die
Natur beherrschen will.[28]

Lassen wir einen der neuen Priester selbst zu Wort kommen. Richard
Feynman zeigt, wie alles der Lächerlichkeit preisgegeben wird, was nicht
auf dem Boden der neuen Religion wächst. Er sagt zur Philosophie:

"Sie hat einen Hang zum Pompösen, einen Hang, alles tiefgründig
und inhaltsschwer erscheinen zu lassen. Mein Sohn hört eine Vorlesung in Philosophie, und gestern abend sahen wir uns etwas von
Spinoza an - und da gab's höchst kindische Schlüsse!

Da waren alle diese Attribute und Substanzen, all das sinnlose
Herumgerede, und wir begannen zu lachen. Nun, wie konnten wir
so etwas tun? Da haben wir den großen holländischen Philosophen
vor uns, und wir lachen ihn aus. Ja, es gibt eben keine Entschuldigung für ihn! Im gleichen Zeitraum lebte Newton, lebte Harvey,
der den Blutkreislauf studierte, lebten Leute, die mit Methoden der
Analyse Fortschritt erzielten! Man kann jede einzelne Aussage Spinozas nehmen und die gegenteilige dazu, und die Welt betrachten
und kann nicht sagen, welche Aussage richtig ist.

Sicher, die Leute hatten Ehrfurcht, weil er den Mut hatte, diese
großen Fragen aufzuwerfen, aber der Mut nützt nichts, wenn man
die Fragen dann nicht lösen kann."[29]

Nun, zu seiner Zeit beschimpfte man Spinoza. Feynman kann nur töricht
über ihn lachen: Er ahnt gar nicht, daß man seinem Leben einen Sinn geben kann, daß man mehr wollen kann, als "Fortschritt zu erzielen". Für ihn
zählt nur dieser Fortschritt, und sei er Leerlauf - aber darüber kann er
nicht nachdenken. Dieses Vorgehen, das etwa gestattet, den Blutkreislauf
zu studieren, ist zweifellos eine Möglichkeit, Wissen zu erlangen. Aber es
ist kein Mittel, um zur Vollkommenheit zu gelangen, wie Spinoza in seinem Traktat "Wie man seinen Verstand verbessert" ausführt: Höher als

dieses Vorgehen, das das Wesen einer Sache aus einer anderen Sache zu erschließen sucht, dabei aber nicht wirklich der Sache angemessen vorgeht, ist für den Weg zur Vollkommenheit jenes zu bewerten, das eine Sache nur "durch ihr Wesen" zu begreifen sucht, "durch die Erkenntnis ihrer nächsten Ursache"[30]. Und hätte Feynmann, statt zu lachen, einmal bei Spinoza nachgelesen, hätte er gesehen, daß zu dieser Erkenntnis ein anderer Methodenbegriff gehört als der, der Methode als Werkzeug zur Vermehrung von Mitteln für Fortschritt begreift! Damit sind wir unversehens wieder beim Thema: Nicht absehen dürfen wir von "inneren" Qualitäten (wie Einstein es nannte), wir müssen im Gegenteil die Sache "durch ihr Wesen" zu begreifen trachten.

Schule als Stütze

Als wir in der sechsten Klasse in Biologie vom Lehrer gesagt bekamen, daß der Mensch ein intelligenter Affe sei, schmiß ich ihm das Heft an den Kopf und verließ den Klassenraum. Jede Lernlust erlahmte. Ich schrieb in mein Heft: BlaBlaBla. In der zehnten Klasse flog ich. Errare humanum est.

Nögge

Wer sichert die Öffentlichkeit des naturwissenschaftlichen Weltbildes in solchem Maße? Es ist unser Lehrsystem, das die Kinder frühzeitig anpaßt, unser Lehrsystem, das zunächst aus der Schule besteht, dann aber auch aus Vorschule, Kindergarten und gezielter "Förderung" durch die Eltern (Stichwort: "Didaktisches Spielzeug"), all den "Zusatzhilfen", die erreichen sollen, daß das Kind nur ja nicht ausbricht. In der Schule unserer Zeit zerfällt der Käfer, der jedem Kind etwas ganz anderes bedeutet, unter dem Mikroskop für alle in die gleichen (leblosen) Einzelteile. Dabei lernt der durchschnittliche Schüler aber keineswegs die Einzelteile kennen, noch lernt er irgend etwas, das ihm die Welt des Käfers erschlösse bzw. seine eigene Welt, in der der Käfer bis dahin einen Platz hatte, bereicherte. Er lernt aber, daß nur so anerkanntes Wissen erworben werden kann, und er wird später den solcherart vorgehenden Spezialisten fragen und dessen Auskunft gläubig konsumieren.

Wie weit die Schule dabei geht, sei an zwei Beispielen gezeigt. Das erste Beispiel ist einem Lesebuch für das dritte Schuljahr entnommen[31]. In dem Buch stehen folgende Aussagen:
>"Magnete ziehen Eisen an.
>Mädchen sind fleißiger als Jungen.
>Raupen haben 20 Beine.
>Pygmäen sind Zwergmenschen in Afrika.
>Heute ist mir zu heiß.
>Die Sonne dreht sich um die Erde.
>Das Buch ist spannend."

Daran schließen sich folgende Aufgaben an:
>"Überlege, welche dieser Aussagen immer, welche nur manchmal oder gar nicht zutreffen!
>Wie kannst du einige dieser Aussagen beweisen?
>Bei welchen Aussagen ist der Beweis schwierig oder unmöglich?"

Im Alter staunend-weltzugewandter Erfahrungsweise, gefühlsbezogener Weltwahrnehmung auch durch Hören auf das, was durch die Sprache spricht, wird hier versucht, das Kind darauf abzurichten, die Sprache auf ein logisches Gerüst hin zu analysieren. (Die gleiche Passage könnte übrigens in einem Mathematikbuch für das 5. Schuljahr stehen.) Man sollte die Aussagen auch inhaltlich analysieren: Zu überlegen wäre etwa, wie gut es ist, Kindern dieses Alters auszureden (denn um mehr handelt es sich nicht), daß sich die Sonne um die Erde dreht: Auch das ist frühzeitige Kanalisierung auf unseren augenblicklichen naturwissenschaftlichen Standpunkt hin. Es ist das gleichzeitig ein massiver Angriff auf die (Entwicklung der) Persönlichkeit des Kindes, das noch keine kognitiven Verstehensmöglichkeiten für diesen im Widerspruch zu seiner Erfahrung stehenden Sachverhalt hat. Diese Welt ist dem Kind später *dogmatisch* bekannt", ohne daß es je die Chance zur *Erfahrung* gehabt hätte. Es kann dann mangelnder eigener Erkenntniskraft wegen nur zum Gläubigen der neuen Priester werden.

Das zweite Beispiel ist eine Aussage aus den Vorbemerkungen eines Lehrplanes für den Technikunterricht[32] (die Einführung dieses Schulfaches sagt für sich schon etwas aus): "Dabei ist es für die gegenwärtige Situation kennzeichnend, daß fast ausschließlich Experten über das erheblich erweiterte technische Wissen und Können verfügen, während viele Menschen häufig nur unzureichend in der Lage sind, z.B. (die) Notwendigkeit und Eignung technischer Mittel für den privaten Gebrauch zu erkennen, . . ." Den Menschen wird also abgesprochen, daß sie selbst über ihr Leben, über die Notwendigkeit eines technischen Mittels für ihren privaten Gebrauch entscheiden können! Diese Unfähigkeit kennzeichne die gegenwärtige Situation, heißt es weiter. Die Zukunft soll vermöge Technikunterricht anders aussehen: Die Menschen werden dann von der Notwendigkeit, *alle möglichen* Mittel auch zu benutzen, dank Technikunterricht überzeugt sein. Damit haben sie die Expertenmeinung übernommen und sich als "zureichend in der Lage, die Notwendigkeit technischer Mittel für den privaten Gebrauch zu erkennen" qualifiziert. (D. h. sie tragen durch gesteigerten Konsum zur Erhöhung des Bruttosozialproduktes - und der Müllhalden - bei.)

Diese Vorbemerkungen geben übrigens auch die Beeinflussung der Berufswahl im Sinne einer Hinführung zu technischen Berufen explizit als Ziel des Technikunterrichts an; - solche *Verfügung* über den Schüler wird in keinem anderen Fach so unverblümt formuliert. (Die Umbenennung von Werkunterricht in Technikunterricht war eben viel mehr, als viele wahrhaben wollten.)

Nicht nur der Unterricht, auch die Erziehung selbst stützt die Verengung auf naturwissenschaftliche Betrachtungsweisen. Wenn (antiautoritäre) Erziehung Anordnungen zugunsten von Erklärungen zurückweist, dem Kind also nicht abverlangt, was es nicht begreifen bzw. einsehen kann, dann verkehren Erzieher und Zögling vornehmlich auf rationaler Ebene miteinander. Damit erfährt der Zögling die Welt nur als rational begründbar, d.h. er lernt nicht, sich auch anderen Lebensbereichen anzuvertrauen[33]. Für den so Erzogenen existiert dann nur der rational faßbare Teil der Welt, und er wird ein gläubiger Jünger der Naturwissenschaft: Wie sollte er je erfahren, daß es mehr zwischen Himmel und Erde gibt, als er sich erklären kann (Shakespeare)? Das kann nur erfühlen, wessen emotionale Seite auch ausgebildet wurde, mitschwingen kann. Was passieren kann, wenn das Kartenhaus zusammenfällt, zeigt die obige Bemerkung (S.34) zu den Jugendsekten.

d) Fortschritt

> *Vom Handlungszwang der Besessenen kommen die Katastrophen.*
>
> György Konrád 1988
> (Stimmungsbericht)

> *Es fehlt die Selbständigkeit des Politischen. Die Autonomie der Lebensbereiche. Wir sind die Opfer eines totalitären Monismus der Naturwissenschaften bzw. ihrer Transformatoren. Die Sprache spiegelt diesen Vorgang und bereitet ihn vor.*
>
> Uwe Pörksen 1988
> (Die Mathematisierung der Umgangssprache)

Vermehrung und Verminderung

Feynman charakterisiert die positiv gegen diesen abgehobenen Zeitgenossen Spinozas dadurch, daß sie Fortschritt gebracht hätten (s.o.). Was ist Fortschritt? Einen Hinweis finden wir bei Feynman selbst: Sich mit Fragen - und seien sie noch so wesentlich - zu beschäftigen, die nicht eindeutig, widerspruchsfrei beantwortet werden können, bringt keinen Fortschritt. Aber Fragen - und seien sie noch so unwesentlich - eindeutig und widerspruchsfrei zu beantworten, das ist Fortschritt. Das Weiterschreiten, das Fortschreiten der Naturwissenschaften vermehrt ständig unser Wissen. Aber das vom vorherigen Stand Wegschreiten bedeutet auch einen ständigen Verlust. Alles, was als widerspruchsvoll ausgeschlossen wird, jeglicher "Glaube", der durch "Wissen" "überwunden" wurde, alles, was durch die Kanalisierung unserer Aufmerksamkeit aus dem Blickfeld gerät, geht verloren. Von dieser Problematik des verschiedenen Wissens abgesehen, bedingt die Quantität ein Vergessen vorherigen Wissens.

Bei der ungeheuren Quantität heutiger Forschung wirft allein das Übersehen des vorhandenen Wissens Probleme auf, die man durch neue Forschung glaubt lösen zu müssen. Zum Beweis: Ein Chemielaborant ist 1973 zu einem Jahr Gefängnis und 40.000 DM Geldstrafe verurteilt worden, weil er im Laufe der Jahre etwa tausend wissenschaftliche Beiträge aus Fachzeitschriften abgeschrieben und wieder an Fachzeitschriften - teilweise an die gleichen! - verkauft hatte; sie waren erneut gedruckt worden (Tr 230).

Die Vermehrung des Wissens durch Forschung verbildlicht Wolfgang Struve: Ein Kreis wächst aus einem Punkt heraus immer weiter. Während er sich ausbreitet, ist aber nur noch der Kreisbogen sichtbar, das Innere verschwindet. Das Bild zeigt zugleich: Das Wissen hat kein Zentrum mehr, auf das es bezogen ist, und je weiter es fortschreitet, desto weiter sind die einzelnen Bereiche voneinander entfernt; desto schwieriger ist es, Verbindungen zu sehen. (Gerade hier muß Bildungsarbeit einsetzen, hier ist die Schule gefordert!)

Opfer

Ein Merkmal (der Geschwindigkeit) heutiger Forschung ist der rasante Wertverfall der ihm zu dankenden Produkte. So ist das Lebenswerk eines Forschers schon zu seinen Lebzeiten "tot und vergangen" (Ch 117), eine Maschine wertlos, sobald sie vom Folgetyp abgelöst wird, wobei dieser auf dem Papier festliegt, kaum daß die Maschine produziert ist.

Nehmen wir das Bild vom Kreisring noch einmal auf: Da das Wissen mehr und mehr unverbunden und nicht auf eine Mitte bezogen ist, gibt es auch keinerlei Richtung mehr für die Forschung. Insoweit die Naturwissenschaften selbst zur Religion geworden sind, gibt es keine Grenzen für die Forschung aus einer außerhalb des Wissenschaftsethos liegenden Moral heraus. Geforscht wird daher (längst nicht mehr nur als Kriegsforschung) nach Mitteln aller Art, den Menschen zu manipulieren bis hin zu seiner Vernichtung. Chargaff sagt dazu: "Die Majestät des Buches Genesis ist durch die Technologie der Biopoiese (Lebenserschaffung) ersetzt worden. die wahrscheinlich aus den kommenden Jahrhunderten einen Alptraum machen wird, von dem sich jetzt niemand etwas träumen läßt." (Ch 130). - Ja, sofern man überhaupt noch von kommenden Jahrhunderten träumen kann! "Ein Teil dessen, was sich jetzt für "biomedizinische Forschung" ausgibt, gehört in die Annalen der Kriminalität." (Ch 136).

Aber es ist eben ein Zeichen fortschrittlicher Wissenschaft, daß sie alles irgendwo gesehene laut verkündet, und daß alles technologisch verwertet wird: Wir schreiten fort, indem wir alles tun, was getan werden kann. Die alte Weisheit, daß es Dinge gibt, über die schweigen sollte, wer sie gesehen, gehört zu dem Wissen, von dem wir *fort* schritten.

Das geht so weit, daß eine Expertenkommission, die das Für und Wider einer Einführung des Kabelfernsehens untersuchen soll, "aus der Sicht einer primär am Menschen orientierten Zielsetzung", in der "das soziale Zusammenleben allgemein und besonders das Zusammenleben in intakten Familien sowie die gesunde Entwicklung der Kinder und Jugendlichen sowohl in körperlicher als auch in seelischer, geistiger und sozialer Hinsicht einen besonders hohen Stellenwert" besitzt, die Einführung nicht billigen kann[34]. Die Kommission warnt mit einer langen Aufzählung aller Gefahren bis hin zur politischen Instabilität der Gesellschaft eindringlich vor den Folgen einer Einführung. Sie stellt fest: "Wichtiger als die Ausweitung medialer Angebote erscheint die Pflege und Förderung der persönlichen Kommunikation als Grundlage der gesellschaftlichen Integration, des Familienzusammenhaltes, des Vereinslebens und eines positiven Verhältnisses der Generationen zueinander."[35] Und obwohl sie außerdem konstatiert "Für ein vermehrtes massenattraktives Programmangebot durch die Neuen Medien besteht kein ausgeprägter und dringender Bedarf",[35] *empfiehlt* sie am Ende des Berichtes die Einführung und zwar auf einem Wege, der "eine schnelle Realisierung erlaubt"[36]. Dafür werden wirtschaftliche Begründungen gegeben: Die Wirtschaft dient also nicht dem Menschen, sondern der Mensch muß sich einer einmal gewählten Wirtschaftsform und deren Auswirkungen unterordnen. Man kapituliert aber nicht nur vor dem als gefährlich erkannten Fortschritt, man hilft ihm sogar möglichst schnell auf die Beine: Das hypnotisierte Kaninchen reicht der Schlange den Giftzahn. Das oben über die neuen Priester Gesagte bestätigt sich auch hier: Diese Priester opfern insbesondere die Kinder und Jugendlichen dem Fortschritt. (Zwölf Jahre später haben sich die Voraussagen schon bewahrheitet, die für jene Einführung verantwortliche Seite aber lügt, diese Entwicklung sei nicht vorhersehbar gewesen.[37] - ! -) Und sie sorgen gleichzeitig für Pfründe der Priesterkaste. Denn sie empfehlen ein riesiges Programm wissenschaftlicher Begleitung für die Einführung des Kabelfernsehens und fordern überdies eine großangelegte pädagogische Anleitung der gesamten Bevölkerung. (Dabei zeigen die eigenen Analysen der Kommission, daß solche schon in der Vergangenheit geforderten und teilweise geleisteten Begleitungen die negativen Folgen nicht verhindern konnten.)

Lebensqualität

> *Ich spüre es immer wieder: Hier ist die Luft leichter. Wirklich, sie ist's. Man lebt leichter als droben. Es ist, als gehe das Leben hier unmittelbar aus seinem Mittelpunkt in die Zeit hinein, in die Arbeit, in den Frohsinn, ins Kranksein und Sterben. es ist mehr Leben, wenn Du das Wort in seinem einfachen, klingenden Sinn nehmen willst. . . . Freilich, wie lange wird es hier noch bleiben? . . .*
>
> Romano Guardini 1925
(Briefe vom Comer See)

Wie wir alles tun, was getan werden kann, so haben wir uns auch daran gewöhnt, alles als Bereicherung zu sehen, was durch den Fortschritt geschaffen wird. Man nennt das dann Erhöhung der "Lebensqualität". Lebensqualität ist dabei aber gerade als das festgelegt, was uns der Fortschritt bringt. Dieser Zirkel ist ein Tabu der neuen Religion. Als die interdisziplinäre Monatsschrift "Wissenschaft und Fortschritt" das Tabu durchbricht und die Frage, formuliert als "ob Wissenschaft wirklich Fortschritt bringt" aufnehmen will, bestellt sie ein Prof.Dr. deswegen ab (September 1991). Solcher Lebensqualität nachzurennen, bescherte uns keineswegs ein farbiges, tiefes, sinnvolles Leben, sondern es erreichte im seelischen Bereich, "daß eine langweilige, nasse Decke teilnahmsloser Rationalität jetzt die ganze Welt bedeckt" (Ch 36), in der Gestaltung der Gesellschaft und Umwelt aber setzt sich ein irrationaler technischer Automatismus durch. Da wir doch alles messen: Wie mißt man Lebensqualität? Über die Gleichsetzung mit dem "Lebensstandard" am Energieverbrauch pro Einwohner: So soll im Erdkundeunterricht des Gymnasiums der Zusammenhang von Lebensstandard und Energiebedarf herausgearbeitet werden[38]. Man messe und sehe: Die US-Amerikaner haben eine doppelt so große Lebensqualität wie die Deutschen in der Bundesrepublik!

Diese beispielhafte Betrachtung dessen, was der Fortschritt bringt, wäre zu unvollständig, würde nicht wenigstens noch ein Punkt berücksichtigt: Der Fortschritt bringt den Menschen Sicherheit, sagen die neuen Priester. Er bringt Sicherheit vor Naturgewalten - durch Erklärung von Naturgeschehen auch eine Eindämmung der Angst vor den unberechenbaren Naturmächten. Aber bringt er nicht auch neue Ängste? Und nimmt nicht der gleiche Fortschritt keinerlei Rücksicht auf diese Ängste der Menschen? Daß etwa aus Rücksichtnahme auf die Ängste der Bevölkerung ein Kernkraftwerk nicht gebaut würde, käme niemandem in den Sinn. Und wie steht es mit der Sicherheit? Kann eine Mutter ihr Kind vor dem Verkehrstod (jedes Jahr "Verluste" in der Größenordnung von Hitlers Polenfeldzug) heute besser schützen, als sie es vor 2000 Jahren vor dem Wolf hätte schützen können? Die einstmals schützende Stadt hat sie deswegen verlassen und ist aufs Land gezogen. Doch hat die damit veränderte Siedlungsstruktur den Verkehr nur erhöht, die Flucht vor der Gefahr diese nur total auf die gesamte Fläche ausgedehnt. (Erst dann begann man über Sicherheitsinseln im Kampfgebiet nachzusinnen.) Birgt die sich "anarchisch, unvorhersehbar, irrational" (Tr 163) entwickelnde Großtechnik keine Gefahren? Wie kann sich der einzelne Mensch gegen die allgegenwärtige Vergiftung seiner biologischen Lebensgrundlage schützen? Er ist ihr ausgeliefert. Schlimmer noch: Mit der Bedrohung durch den Wolf verschwand auch die Chance, daß das Kind, das davonkommt, gesunde Nachkommen haben könnte: So schreiten wir fort von der Natur. Wir prägen ihr sogar eine weit größere Krisenanfälligkeit auf, als wir etwa durch Technik beseitigt hätten.

Zur Sicherheit vor Naturgewalten: "Die Welt wird anfälliger sein für Naturkatastrophen" und "der Verlust an diversem Protoplasma in lokalen Sorten und wildwachsenden Ausgangsvarietäten von Nahrungsmittelpflanzen zusammen mit der Tendenz zur Monokultur bringt die wachsende Gefahr massiver Mißernten mit sich" (Glob 89f).

Wir sehen, daß die Priester uns höchstens für eine gewisse Zeit eine erhöhte Sicherheit gegenüber Naturgewalten schufen; aber das geschah unter Vernichtung des auf der Erde vorgefundenen Kapitals. Lebt man aber vom Kapital, kommt die Zeit, in der man weniger hat als je zuvor (eine Einsicht aus dem Unterricht über Zinsrechnen). Wir stehen an der Schwelle zu dieser Zeit!

Möglichkeiten

Fortschritt ist hingegen sehr wohl als weitere Gestaltung ohne allzu großes Entfernen von der Natur und den damit verbundenen Schattenseiten denkbar. Ein Kriterium für einen humanen Fortschritt wäre etwa, daß die Möglichkeiten der menschlichen Sinne erweitert würden. Insbesondere unter Berücksichtigung der (als Grundlage vieler Therapien unangefochtenen) Tatsache, daß unsere Sinne in vieler Beziehung am Denken beteiligt sind, erweist sich dieses Kriterium als humanes. Eine an einem solchen Kriterium orientierte Beurteilung hätte stets die Bilanz im Auge. Demgegenüber ist es üblich, Schattenseiten und Sonnenplätze getrennt zu betrachten. Entweder preist man die Segnungen des Fortschrittes, um dann die Schattenseiten als verbleibende Aufgabe hinzustellen, oder man erwähnt die Schattenseiten und schiebt sie dann durch die Aufzählung der Vorteile beiseite. Beide Varianten verhindern, daß die Bilanz sichtbar würde. Zu fragen wäre wenigstens, ob das Positive das Negative überwiegt: und *wenigstens* im Sinne unserer heutigen Wissenschaftsorientierung. Dabei wäre die Frage der Berechtigung einer beliebigen Verfügung der Natur (ausgehend von der Frage der Möglichkeit solcher Verfügung bei Erhalt *humanen* Lebens), die Frage nach der Notwendigkeit einer Ehrfurcht vor der Natur noch gar nicht gestellt. Das Negative überwiegt aber sicher, "wenn die Menge und die Bedrängnis der Probleme, die es ohne die Wissenschaft gar nicht gäbe, größer wird als die Menge und die Bedrängnis der Probleme, für deren Lösung uns die Wissenschaft nützlich ist."[39]

Es sei angedeutet, wie ein erster Schritt zu humanem Fortschritt aussehen könnte. Eine Waschmaschine kann die Arbeit des Waschens erleichtern. (Aber muß man wirklich 228 Millionen Mark (1987) in die Werbung stecken, um den Waschmittelverbrauch künstlich in die Höhe zu treiben?) Gerade ihre Benutzung macht aber die Verwendung synthetischer Waschmittel mit all ihren katastrophalen Folgen für die Natur überflüssig. Vollends unvernünftig ist eine Parfümierung solcher Waschmittel, durch die der Geruchssinn der Menschen verkümmert, so daß der Mensch etwa den feinen Duft der trotz chemischer Vergiftung noch verbleibenden Sommerblüten nicht mehr riechen kann. Oder: Natürlich ist eine Sprühdose für vielerlei Verrichtungen bequem. Aber muß man mit dem Fingerdruck dabei ein Treibgasventil öffnen und so die Atmosphäre zerstören

(Ozonschicht) statt damit einen einfachen Pumpmechanismus auszulösen? Oder: Wenn einerseits unter unglaublicher Umweltverwüstung eine Versorgungsstruktur aufgebaut wurde, die jedem jedes Nahrungsmittel jederzeit bereitstellt, muß dann jeder noch eine Kühltruhe haben? Und wiederum: Wenn alles in Kühlhäusern gelagert wird, braucht man dann noch radioaktive Bestrahlung? Fällt eigentlich niemandem auf, daß wir heute mit riesigem Volumen an schnellsten Transporten weniger als zu früheren Zeiten in der Lage sind, das Gemüse frisch auf den Tisch zu bringen? Oder ein anderes Beispiel: Die Stahlschüssel, die mehrere Generationen halten kann, macht uns frei von der Notwendigkeit, immer neue (Ton)Schüsseln herstellen zu müssen. Die Plastikschüssel tut das nicht und sie vergiftet unsere Welt unmäßig bei ihrem Rohstoff verschlingenden, immer erneuten Herstellungsprozeß. (Gerade hier: Welche Rolle spielt das Geld, der augenblicklich niedrige - aber langfristig enorm hohe - Preis von Plastikschüsseln?) Im zweiten Schritt ist allerdings - am Beispiel der Tonschüssel gesagt - zu fragen, was "Freiheit von" bedeutet: Wäre nicht mancher Arbeitslose glücklicher, könnte er mit seinen Händen etwas Nützliches formen? Möglichkeiten gäbe es viele. Wieviele Pflanzen produzieren ihr je verschiedenes Fett, mit dem bei entsprechender Forschung auf dem Wege einer "sanften Chemie", das heißt unter evolutionsüblichen Bedingungen eine Vielzahl neuer Produkte geschaffen werden könnte, bei denen von vornherein nicht mit dermaßen ausufernden Schäden zu rechnen ist, wie sie bei der harten Chemie unserer modernen Wissenschaft auftreten, die gemäß Bacons Maxime "die Natur auf die Folter spannt"! Doch der Aufweis anderer Gestaltung der Lebenswelt ist hier nicht unser Thema.

Aber es muß die Bilanz betrachtet werden, um solche Beispiele zu beurteilen, und zwar die Bilanz eines jeweils möglichst großen Bereiches. Wir zeigen am Beispiel der Medizin, wie unsinnig hingegen oft beurteilt wird: Die gestiegene Lebenserwartung wird als Positivum für unseren Fortschritt angeführt. Es sei gar nicht untersucht, ob das als Argument für speziell medizinischen Fortschritt gelten könnte, auch nicht, ob langes Leben (am Ende u.U. monatelang bewußtlos im Krankenhaus) schon unabhängig von seinen Umständen besser als kurzes Leben ist. Es sei auch davon abgesehen, daß die Steigerung der durchschnittlichen Lebenslänge mehr auf die Beseitigung hoher Säuglingssterblichkeit zurückzuführen ist, als auf langes Leben derer, die eine übliche Zeit auf Erden lebten. Es sei nur darauf hingewiesen: Hier wird das lange Leben derer, die in ihrer Jugend dem heutigen Fortschritt (etwa der Exzessivität moderner Medizin) noch gar nicht ausgesetzt waren, als zu erwartende Lebenslänge heute mit viel Gift (bei der vergifteten Muttermilch angefangen) aufwachsender Menschen angesetzt. - Eine reine Hoffnung, für die wenig spricht.

e) Turmbau zu Babel

Aussonderung

Das Mosaik des Lebens hat dunkle Stellen, hat sogar Stellen, an denen die Steine nicht sichtbar sind. Es kann ergänzt werden, es können Steine herausbröckeln, es lebt mit allen hellen und dunklen, klaren und verschwommenen, vielfarbigen und wenigtönigen Bereichen. Das Weltbild der Naturwissenschaften wird nicht als Mosaik gedacht. Es hat ein Fundament, auf dem es ruht, und es wird ständig daran weitergebaut: Ein Turm des Wissens. Bei einem Turmbau muß man sortieren: Nur geeignete Steine dürfen Verwendung finden, eindeutig als fest erkannte. Was man nicht zum Bauen gebrauchen kann, muß man aussortieren. Der Turm ist kein Mosaik, er verträgt keine "Schwachstellen".

Und man kann vieles nicht gebrauchen. Der Mensch mit seinen Widersprüchen ist natürlich auszuschließen und die Götter sowieso. Wie fragwürdig jeglicher Ausschluß aber ist, wird am leichtesten klar, wenn man historisch zuschaut: Im 18. Jahrhundert gab es für die Wissenschaft zum Beispiel keine Meteorite. Konsequent wurden Steine, die vom Himmel gefallen sein sollten, aus den Sammlungen der Museen entfernt (Pi 117). Wir sind heute Zeuge der allmählichen Anerkennung des Zusammenhanges von Lebensvorgängen (Pflanzenwachstum) und kosmischen Konstellationen. Wird man über die Regentänze der Hopi dereinst auch anders denken? Offensichtlich ändert sich das Eignungsprädikat für die Steine beim Turmbau allmählich; könnte sich eines Tages auch das Fundament als ungeeignet erweisen?

Ziel

Das stellt die Frage nach dem Ziel des Turmbaus. Moderne Naturwissenschaft führt schon aus dem Experimentierzwang heraus zur Technik. Die Technik dient dazu, die Natur und den Menschen zu verbessern. Chargaff sagt zu diesen Naturwissenschaften: "Aus einem Unternehmen, dessen Ziel es war, die Natur zu verstehen, sind sie ein Beruf geworden, der sich damit betraut fühlt, die Natur zuerst zu erklären und dann zu verbessern" (Ch 167). Da schimmert durch, welche Hybris hinter diesem modernen "Turmbau zu Babel" steht.

Die mit dem Turmbau einhergehende Sprachverwirrung durch die Sprachen der Spezialisten sorgt dabei zunächst gerade für den ungestörten Fortgang der Bauarbeiten: Da der Laie die Sprachen nicht versteht, ist er den Spezialisten ausgeliefert. Das wird nicht nur an der Anerkennung des Weltbildes manifest, sondern auch an der historisch beispiellosen Finanzierung des neuen Priestertums. Gerade die Größe der heutigen Wissenschaftsfabriken aber garantiert den bestürzend sich beschleunigenden Turmbau; das Zögern eines Einzelnen, der in Muße nachdenkt, wird dabei von der Flut der Masse einfach überspült.

Das Den-Experten-ausgeliefert-Sein hat ganz praktische Folgen, wie dieses Beispiel zeigt: Es gibt (1981) Augentropfen, die jahrelang haltbar sind, und es gibt Menschen, die in Abständen von Wochen einmal ein paar Tropfen dieser Art für ihre Augen brauchen. Für wenig Geld hatten jene Menschen früher für Jahre die Tropfen für ihre Unpäßlichkeit. Neuerdings müssen sie erheblich mehr Geld aufwenden. Die Tropfen sind nämlich laut Expertenangabe jetzt nach vier Wochen verfallen; man muß sich also alle vier Wochen neue Tropfen kaufen, denn wie soll man nachprüfen, ob die Aussage richtig ist? In diesem Fall handelte es sich bei der Änderung des Verfallsdatums um eine offensichtliche Sicherung der Pfründe der Priester. Der "Kaufzwang" wird damit begründet, daß der Patient bei der Anwendung der Tropfen nicht mit Sicherheit die Berührung des Auges mit der Pipette vermeide (der Laie ist ja immer ein wenig dumm) und damit bei erneuter Benutzung eine frühere Entzündung erneut gesetzt werden könne. - Ein hervorragendes Argument, läßt sich damit doch der Verfall ganz nach angestrebter Profitrate noch bis nach einmaliger Benutzung vorverlegen.

Der Wille, die Natur zu verbessern, machte "Körpermechaniker aus Ärzten", "Zellmechaniker aus Biologen" und wenn man trotz der allgemeinen Mechanisierung "den Philosophen noch nicht einen Gehirnmechaniker nennen kann, so ist das nur ein Zeichen seiner Rückständigkeit" (Ch 168). Und wie diese "Verbesserung der Natur" schließlich aussieht, formuliert der Chemiekonzern Ciba-Geigy 1985, indem er für die nächsten 10 -15 Jahre Chemikalien zur Verkürzung und Verlängerung des Gedächtnisses, zur Erzeugung von Furcht, zur Erzeugung oder Unterdrückung mütterlicher Gefühle, zur Manipulation der Dauer der Kindheit u.v.m. verspricht.[40] Der Biologe Chargaff deutet es mit ähnlichen Aussichten an, die wegen der augenblicklich stärker beachteten Vergiftung der Erde durch Physik und Chemie weniger im Vordergrund stehen (vielleicht, weil man gar nicht mehr die Kraft hat zu hoffen, daß das Leben diese Vergiftung übersteht): "Heute das Bakteriunkulum, morgen der Homonunkulus. Heute die Heilung genetischer Krankheiten, morgen die experimentelle Verbesserung des menschlichen Charakters" (Ch 168). Bei Experimenten mit Bakterien können für den Menschen extrem gefährliche Arten entstehen, und solche neuen Lebensformen "können nicht zurückgerufen werden. . . . Eine irreversible Attacke auf die Biosphäre ist etwas so Unerhörtes und wäre früheren Generationen so undenkbar erschienen, daß ich mir nur hätte wünschen können, daß unsere Generation sich dessen nicht schuldig gemacht hätte" (Ch 255). Wir fragen mit Chargaff: "Haben wir das Recht, unwiderruflich der evolutionären Weisheit von Jahrmillionen entgegenzuwirken, um den Ehrgeiz und die Neugierde einiger Wissenschaftler zu befriedigen?" (Ch 256). Ein behutsames Einfügen von Steinchen in das Mosaik, daß heißt eine "kleine Wissenschaft" (Ch 168) statt der gigantischen Bauhütten der Turmbauer könnte andere Perspektiven eröffnen.

Bilanz

Wäre die Enträtselung des Bauplanes der Natur das Ziel des naturwissenschaftlichen Weltbildes, stünde es schlecht um das Vorwärtskommen. Wir sahen, daß die Naturwissenschaften immer nur isolierte Aspekte betrachten. Wie sollte aus der Betrachtung von lauter Einzelheiten die (ganze) Wahrheit über das Ganze erschlossen werden können? Es ist noch schwieriger: Die Beobachtung zerstört ja gleichzeitig etwas, durch Beobachtung wird eingegriffen. Nehmen wir ein Beispiel aus der Biologie: Bei der Untersuchung der Zelle müssen Kohäsion und Kompression zerstört werden, ehe sie untersucht werden (Ch 115). Man untersucht also gar nicht mehr die Natur, die man untersuchen wollte. Aber auch aus ganz anderer Richtung kommen Bedenken bei der Enträtselung des Bauplanes. Insbesondere seit der Entwicklung elektronischer Rechenautomaten scheint es für die Mathematiker keine grundsätzliche Grenze bei ihrer rechnerischen Hilfestellung zu geben. Aber der Schein trügt: "Es sieht so aus, daß wir viele praktisch wichtige Probleme von großem Umfang nie lösen werden. Wegen der Kleinheit des Universums und der Endlichkeit der Lichtgeschwindigkeit sind unserer Rechenmacht absolute Schranken gesetzt."[41]

Doch ist die Enträtselung des Bauplanes ja auch längst nicht mehr Ziel der Naturwissenschaften. Sie legitimieren sich vielmehr durch die Verwendbarkeit ihrer Ergebnisse. "Man kann diesen Grundzug neuzeitlicher Wissenschaft als ihre 'Instrumentalisierung' bezeichnen, als ihre Profilierung zum *Produktionsmittel der materiellen und sozialen Lebensproduktion*"[42]. - Dazu dient der neuzeitliche Turmbau zu Babel.

f) Widersprüche als Folge der Elimination der Widersprüche

Beispiele

Die Elimination von Widersprüchen zeichnet die neuzeitlichen Wissenschaften aus. Auf der jeweils bearbeiteten Ebene, in dem jeweils ausgesonderten Bereich, für den jeweils untersuchten Aspekt brachte das großartige Erfolge.

Aber die Wissenschaften wollen ja die Natur und unser Leben verbessern, wollen das dazu nötige zweckrationale Handeln leiten. Doch aus der Verkennung der Grenzen für solches aus wissenschaftlichen Erkenntnissen gespeistes Handeln resultieren Widersprüche, die dem Unternehmen der Widerspruchselimination Hohn sprechen. Die den Großforschungszentren entsprechende Großtechnik entwickelt sich nicht nur völlig irrational (Traube), sondern sie vergiftet auch die Natur, die sie verbessern wollte, global; sie vernichtet Natur durch den Mord ganzer Arten, vernichtet Natur auch durch Abstumpfung unserer Sinne (tötet sogar Menschen in großer Zahl).

"Eine für "Global 2000" angefertigte Schätzung deutet darauf hin, daß bis zum Jahre 2000 zwischen einer halben Million und 2 Millionen Arten - 15-20 % aller auf der Erde lebenden Arten - ausgestorben sein können ... Ein Artenrückgang dieses Ausmaßes ist in der Geschichte der Menschen ohne Beispiel ... Der potentielle Wert dieses genetischen Reservoirs ist immens. Wenn man sie bewahrt und bei sorgfältigem Umgang könnten die Arten des tropischen Waldes eine dauerhafte Quelle neuer Nahrungsmittel (besonders Nüsse und Früchte), pharmazeutischer Chemikalien, natürlicher Schädlingsvertilger, von Baustoffen, Spezialhölzern, Brennstoffen usw. bilden. Auch eine sorgfältige Pflege der verbleibenden biotischen Ressourcen kann die schnellen, umfangreichen Verluste nicht wieder ausgleichen, zu denen es voraussichtlich kommen wird, wenn die gegenwärtigen Trends anhalten." (Glob 86).

In Erkenntnis dieser Sachlage hat die Firma Merck 1993 pauschal die Nutzung der gesamten genetischen Ressourcen der Urwälder Costa Ricas (für lächerliche 1 Million Dollar) gekauft. Natur wird heute pauschal verhökert !!

Hält man seinen Blickwinkel eng genug, treten die Widersprüche freilich nicht ins Gesichtsfeld. Träumend entgehen wir ihnen noch besser. So fühlt (träumt) sich der Autofahrer als Pilot (das "Styling" unterstützt ihn dabei) und merkt gar nicht, daß er gewöhnlich nur mit einer Durchschnittsgeschwindigkeit von 50 km/h fährt, hält sein Blickfeld so eng, daß ihm nicht auffällt, was I. Illich ihm vorrechnet, daß er nämlich - alle Zeit, die er insgesamt für das Autofahren aufbringen muß eingerechnet - nicht schneller mit dem Auto fährt, als er mit dem Fahrrad führe. Und rechneten wir sogar wirklich alle Folgekosten ein, stellte sich heraus, daß das Verkehrssystem Auto uns bei weitem nicht die Fortbewegungsgeschwindigkeit des Verkehrssystems Fahrrad bringt. Obwohl wir in öffentlichen Belangen stets mit irgendeiner Rentabilität argumentieren, stets wissenschaftlich errechnen, welcher Effekt zu erwarten ist, bauen wir technische Systeme auf, die völlig unrentabel sind, gemessen in der gleichen Weise, allerdings unter Kenntnisname *aller* relevanten Fakten.

Wieviele Wissenschaftler haben ausgerechnet, wie rentabel es ist, Strom in Kernkraftwerken zu erzeugen, ehe man überhaupt wußte, wie man die zur Stromerzeugung gehörende Beseitigung des atomaren Mülls lösen könnte: Ein Fehler, die Kosten der Wasserversorgung ohne die Kosten der Abwasserklärung zu berechnen? Für den nur für die Wasserzuleitungen zuständigen Spezialisten endet die Welt beim Wasserverbrauch. So endet für den Wissenschaftler im Wetteramt die Prüfung, ob ein Ort als Luftkurort eingestuft werden kann, mit der vorgeschriebenen Überprüfung von Kriterien wie Wärmebelastung, Sonnenscheindauer und Nebelhäufigkeit. Aber selbst für den zuständigen Minister, an den Klagen über die extrem abgasbelastete Luft eines Luftkurortes herangetragen werden, ist mit der Prüfung des Wissenschaftlers das Problem erschöpfend behandelt. Was gilt schon die Nase eines Menschen gegenüber einem wissenschaftlichen Gütesiegel! Und so kann es dann vorkommen, daß in einem Luftkurort die Luft durch Autoabgase so vergiftet ist, daß Menschen sich kaum auf der Straße aufhalten können.

Ist es kein Widerspruch zur Aufgabe der Medizin, wenn Menschen in Kliniken solange leben müssen, wie eine Maschine einige ihrer Körperfunktionen noch aufrechterhält, solange, bis sich die Maschine an einem anderen Patienten, der nach irgendwelchen Kriterien Priorität bekommt, amortisieren soll? Die Würde eines Menschen aber ist nicht meßbar, insofern ist solcher Widerspruch innerhalb naturwissenschaftlicher Medizin gar nicht formulierbar. Ist es kein Widerspruch zum Ziel der Medizin, daß "fünfzig Prozent aller Krankheiten in den entwickelten Ländern durch Maßnahmen der Ärzte erst hervorgerufen werden"? (I.v.Uexküll)[43]. Dieser Widerspruch ist sogar innerhalb dieser Medizin formulierbar, genau wie jener, daß eine Blutkrebstherapie angewendet wird, die zwar manchen Patienten hilft, anderen aber schadet (und im statistischen Mittel "nichts" bewirkt)[44]. Da gibt es also Patienten, die durch den Arzt schneller zu Tode kommen. Man könnte über die sich "dramatisch" ausweitende neue (von der Medizin gleichsam gezüchtete) penicillinresistente "Super-Gonorrhöe"[45] oder die verschiedenen sich erschreckend ausbreitenden (teils äußerst gefährlichen) Allergien lange fortfahren in der Aufzählung solcher Widersprüche, die uns gerade am Auftreten von Krankheiten bewußt werden.

Ein technisches Großprojekt sei angeführt. Der Assuan-Staudamm, der Ägypten Energie für Industrien bringen sollte, die dem Lande zu Reichtum zu verhelfen gedacht waren, der außerdem durch Bewässerung die landwirtschaftliche Anbaufläche vergrößern sollte, bewirkte letztlich keines von beiden. "Letztlich" heißt dabei, falls man die gesamte technologisch-industrielle Entwicklung des Landes im Auge hat: "Im gleichen Maße, wie zusätzliche Ländereien mit Wasser aus dem Assuan-Staudamm bewässert wurden, sind alte ertragreiche Gebiete am Nil der Stadtausdehnung zum Opfer gefallen." (Glob 80). Dazu kommt aber, daß der Staudamm insgesamt die landwirtschaftliche Basis Ägyptens ruiniert. Mit der Energie, die der Staudamm liefert, erzeugt Ägypten in einem "der energieintensivsten und am wenigsten arbeitsintensiven industriellen Prozesse" Aluminium aus Bauxit. Damit schaffen die Ägypter weder Arbeitsplätze, noch ein für das Land notwendiges Produkt, sondern "sie bezahlen damit den Russen die Baukosten des Staudammes" (Tr 273). (Ganz davon zu schweigen, daß der Damm bei Erdstößen 1981 Haarrisse bekam und 1984 begonnen wurde, Evakuierungspläne für Kairo auszuarbeiten, weil Erdbebenfachleute eine Dammbruch für möglich halten, einige sogar derart, daß der Stausee selbst solche Erdbeben auslöste.)

Bleiben wir bei der Landwirtschaft. Für den Landwirtschaftschemiker ist der größte Teil der Schöpfung schädlich. Ihm gilt es Schädlinge aller Art, Unkräuter und "Ungräser" (Ausdruck der BASF-Agrarchemie) zur Ertragssteigerung zu vernichten. Als Folge leben durch den Einsatz von DDT in vielen Gewässern keine Fische mehr. Aber auch auf den Feldern selbst zeigt sich die Ambivalenz chemischer Schädlingsbekämpfung. Als Beispiel: "Auf den kalifornischen Farmen sind heutzutage 17 der 25 wichtigsten landwirtschaftlichen Schädlinge gegen ein oder mehrere Schädlingsbekämpfungsmittel resistent, und die natürlichen Feinde der Schädlinge sind (durch die gleichen Mittel - d.Verf.) stark reduziert. Jährlich werden in Kalifornien Ernteschäden, die sich auf viele Millionen Dollar belaufen, von resistenten Schädlingen verursacht, deren natürliche Feinde ausgerottet worden sind." (Glob 81). Aber das Thema kennt heute schon die Bauersfrau im Schwarzwald, die über die früher dort unbekannte

Nacktschneckenplage nachsinnt. Und "leider erhöhen große Monokulturen genetisch uniformer Pflanzensorten die Gefahr katastrophaler Verluste durch Insekten oder Pflanzenkrankheiten, ... während gleichzeitig die genetischen Ressourcen, die helfen könnten, solchen Katastrophen zu begegnen, verlorengehen" (Glob 81/87).

Die chemisierte Landwirtschaft vergiftet unser Trinkwasser. Und das, obwohl viele der auf diese Weise erzeugten Produkte nicht einmal gebraucht werden und um Arbeitskräfte zu sparen, obwohl die hohe Arbeitslosigkeit ein soziales Problem ist. Ist es nicht ein unerträglicher Widerspruch, wenn der Bauer, der uns ernähren sollte, durch wissenschaftliche Forschung angeleitet unser wichtigstes Lebensmittel vergiftet?

Noch heute lernen Schulkinder, die Rheinregulierung durch Tulla zu bewundern. Was war diese Regulierung indessen? Der Anfang einer Kette von Regulierungsbauwerken, deren jedes wieder ein neues notwendig macht in nie endender Folge. (In Südfrankreich gab es 1992 schwerste schadensreiche Hochwasser als Folge von Flußregulierungen.) Wieviel Geld mußte der Steuerzahler dafür bezahlen, daß über allerlei "Entwicklungsvorhaben" (Straßen, Zentralmolkereien) mit massivem Einsatz verschiedenster Technik heute selbst der Dorfbewohner mindestens vier Tage alte Milch als "Frischmilch" kaufen muß. Wieviel Geld zahlte er dafür, daß die jahrhundertealte liebliche und fruchtbare Weinlandschaft des Kaiserstuhls in Großterrassen umgebaut wurde wobei diese "Abraumhalden" so häßlich sind wie sogar fragwürdig in bezug auf die großspurig versprochene Produktionsverbesserung.

Die durch diese Beispiele angedeuteten Widersprüche resultieren alle aus dem verengten Blickfeld (soweit nicht Eigeninteressen einzelner dafür verantwortlich sind) und der Hybris gegenüber der Natur. (Die Natur, die gemäß Bacons Forderung von den Naturwissenschaftlern auf die Folter gespannt wurde, schlägt zurück.) Ferner gibt es Widersprüche, die eher aus der Selbstgefälligkeit der neuen Priester zu erklären sind. Als Beispiel sei etwa die foltergleiche Elektroschocktherapie angeführt, die sich auch innerhalb der Wissenschaft nicht rechtfertigen läßt.

Da sie die dem Menschen "nächste" Wissenschaft ist, sehen wir die Widersprüche der messenden Medizin am ehesten. Deswegen ist das Unbehagen an ihr wohl auch weiter verbreitet, als das Unbehagen an anderen Wissenschaften. Hier merkt der Laie schneller, daß Aussagen zwar für eine "Symptomebene" richtig sein mögen, daß sie aber das tiefer verborgene Problem nicht fassen. Und letztlich kommt man nicht ohne Betrachtung geistig-seelischer Ursachen aus. (Siehe etwa die oben angeführte Bemerkung über Kinderkrankheiten.) Da aber Gesundheit keine meßbare Größe ist, wird auch ein psychosomatischer Ansatz der messenden Medizin nicht grundsätzlich weiterhelfen. Der Indianer Rolling Thunder hat etwas anderes im Blick, wenn er sagt: "Was sich im Körper abspielt, ist nicht das Wesentliche, deshalb verlangt die Fähigkeit zu heilen mehr als nur das bloße Wissen um den Körper." - mehr als Körpermechaniker.

Beschränkung

Der durch die Modelle verstellte Blick aber sieht keinen Ausweg aus diesen Widersprüchen als erneutes wissenschaftlich-technisches Eingreifen, und zwar desto mehr, je stärker willkürliche Eingriffe in Entwicklungsprozesse umgedeutet und dann nachgerade als Naturprozesse empfunden werden[46]. Und so laufen wir den davoneilenden Problemen nach, lösen eines und schaffen viele neue. Wir brauchen die Technik, um die Schäden der Technik zu beseitigen; die Schäden der neuen Technik sind aber größer als die dadurch beseitigten. Der Teufelskreis kann nicht anders durchbrochen werden, als durch Anerkennung der Grenzen. Das "rasende Messen und Rechnen" (Heidegger[47]) ist das Zeichen der neuen Wissenschaften. Was nicht meßbar ist, wird ausgesondert, es taugt nicht zum Weltbilde der Naturwissenschaften und entschwindet damit unserem Blick überhaupt. Die andere Möglichkeit formulierte Goethe: Das Unerforschliche still verehren! Diese Haltung kann allein jene Ehrfurcht vor der Natur garantieren, die wir zum Überleben dringend brauchen. Nach allem, was inzwischen geschah, müssen wir sogar einen Schritt weitergehen als Goethe: Wir müssen *vor* jeglicher Forschung fragen, ob sich solche Forschung mit dem Schöpfungsplan vereinbaren läßt. Und da würde schon simpler Darwinismus genügen, um die ersten Ungereimtheiten zu zeigen. Also ist diese Forderung sogar aus der Wissenschaft selbst abzuleiten, wenn sie auch nicht darin befangen bleiben darf. Da es hier um die Schule geht, möge ein Beispiel aus diesem Bereich die Forderung erläutern: Dürfen wir erforschen, wie einem Schüler ohne dessen Zutun Wissen (Faktenmaterial) eingeflößt werden kann? Wie in diese Frage eine Vorstellung vom Menschen, von der Person eingeht, gingen überall entsprechende normative Entscheidungen ein.

Wollen wir die Huxley'sche "brave new world" vermeiden[48], dürfen wir *nicht alles tun, was getan werden kann*. Wenn Weizsäcker sagt "Nicht der Verzicht auf wissenschaftliche Entdeckungen . . . ist die Lösung, sondern die Veränderung der politischen Weltordnung, die, so wie sie heute ist, einen Mißbrauch wissenschaftlicher Ergebnisse nahezu erzwingt."[49], so stellen wir dem entgegen, daß allerdings (in der augenblicklichen so geordneten Welt) der Forscher nur durch solchen Verzicht seiner Verantwortung gerecht wird (vielleicht dadurch, daß er nicht an Wissenschaft, sondern an Gott glaubte, also die Wissenschaft ernst nähme, wie Max Thürkauf sagt[50]). Dabei ist zu bedenken, daß gerade die fragwürdigsten Forschungen nicht der Einzelentscheidung des Forschers entspringen, daß er vielmehr ausführender Sklave in einem Gewinn versprechenden hochdotierten industriellen Programm ist. ("Spezialwissen ist nämlich überhaupt kein Wissen, sondern eine Lizenz zum Geldverdienen", sagt Chargaff.)

Wir verstehen die von Weizsäcker angesprochene heutige politische Weltordnung in Ansehung der aufgeführten Phänomene außerdem vor allem als eine Ordnung, in der die Durchsetzung immer neuer Großtechniken ein (irrationales) Eigenleben hat, das weitgehend (andere) politische Entscheidungen bestimmt. Die Irrationalität, die in dieser faktischen politischen Entscheidungsabstinenz zugunsten des Eigenlebens der Technik waltet, wird etwa deutlich an solchen Widersprüchen: Ein riesiger Betonsendemast, der einen der wenigen noch relativ ursprünglichen Berge und damit ein ganzes Erholungsgebiet zerstört, wird zur gleichen Zeit mit dem Argument, eine Verkabelung sei demgegenüber zu teuer, gebaut, wie eine Verkabelung für neue Kommunikationsmittel trotz dadurch zu erwartender schädlicher Wirkungen auf die Menschen in die Wege geleitet wird mit dem Argument, das schaffe Arbeitsplätze. Mit dem wechselseitigen Vorbringen der Argumente "zu teuer" und "schafft Arbeitsplätze" läßt sich jede beliebige Entscheidung "begründen" und so das Diktat der Technik-Ökonomie verbrämen. Dem ist nur durch rationale Aufarbeitung der entstehenden und inhärenten Widersprüche im Horizont *menschenwürdiger*

Gestaltung zu begegnen, durch unsere Entscheidung, daß wir in einer solchen inhumanen Welt einfach nicht leben wollen.

I.2 Elimination des Menschen

Die Technik ist auf dem Wege, eine solche Perfektion zu erreichen, daß der Mensch ohne sich selber auskommt.

S.J. Lec 1964
(Neue unfrisierte Gedanken)

I almost think it is the ultimate destiny of science to exterminate the human race.

Thomas Love Peacock 1860
(Chargaff: Warnungstafeln)

Suchen wir den Menschen unseres naturwissenschaftlichen Zeitalters! Wir finden ihn, wie er die Entwicklung betrachtet:
Seit Galilei und Newton ist der Fortschritt ungeheuerlich und unaufhaltsam: Die Naturwissenschaften als mathematisierende Wissenschaften fassen und erklären immer mehr von der Welt immer genauer und machen eine ungeahnte technische Entwicklung möglich. Die Mathematik setzt mit Boole und Frege zu einer Art Mathematisierung ihrer selbst an, um schließlich zu ermöglichen, daß sie nicht nur eine widerspruchsfreie Struktur für die Formalisierung der Naturgesetze bereitstellt, sondern daß die formale Logik einen widerspruchsfreien Kalkül zur mechanischen Ableitung aller mathematisch wahren Sätze also zur Formalisierung der Mathematik (Metaformalisierung) bereitstellt.
Seit Galilei und Newton ist der Verlust ungeheuerlich und unaufhaltsam: Die Naturwissenschaften als mathematisierende Wissenschaften fassen und erklären durch ihre Kausalketten immer weniger von der Welt, können immer weniger Sinn aufweisen und leiten die schon im 13. Jahrhundert von einem Franziskaner erahnte* immer primitivere Technik ein:

---

* Bonaventura sagt den Verlust der Einsicht, daß die Welt mehr ist als Rohmaterial für Produktionsprozesse, voraus.[51]

Eine Technik, die in sich steigernder Verschwendung von unwiderbringlichen Rohmaterialien und fossilen Energien, in ungeheuerlicher Zerstörung von Leben auf der Erde, in Verbindung mit einer spezifischen Konsumwirtschaft recht klägliche Krücken für eine schon rein biologisch morbider werdende Gesellschaft liefert. Die Mathematik beweist mit Russel und Gödel, daß sie selbst viel weniger leisten kann, als sie zunächst zu leisten hoffte: Nur gewisse Bereiche sind so kalkülisierbar, daß man alle "wahren" Sätze mechanisch ableiten kann: Es bleibt schon für die formalen Strukturen ein unausschöpfbarer Bereich, der nicht formalisierbar ist.

Wo findet *sich* der Mensch in dieser naturwissenschaftlich-technischen Welt? In der technischen Welt findet er sich als Konsument und Maschinendiener wieder. (Im Zukunftsbild des Systemanalytikers Häfele "kommen Menschen nur als statistisches Material vor, sie werden über Relationen von Bruttosozialprodukt und Energieverbrauch mit ihrem Wohlergehen korreliert, subtileres gesellschaftliches Verhalten gehört nicht zum Thema" - Tr 271). Wo kommt der Mensch im naturwissenschaftlichen Weltbild vor?

a) Intersubjektivität

> *Überall um uns ist Schönheit, aber wie viele sind blind für sie. Sie sehen die Wunder dieser Erde und scheinen nichts zu erblicken. Die Menschen sind in hektischer Bewegung, aber wohin die Reise führt, bedenken sie kaum. . . . Jede Sekunde, die wir in diesem Universum verbringen, ist einzigartig. Und was bringen wir unseren Kindern bei? Daß zwei mal zwei vier ist . . . Wann wird man sie lehren, was sie selber sind? Jedem dieser Kinder sollte man sagen: Weißt du auch, was du bist? Du bist ein Wunder! Du bist einmalig! Auf der ganzen Welt gibt es kein zweites Kind, das genauso ist wie du!*
>
> Pablo Casals 1974
> *(Licht und Schatten auf einem langen Weg)*

Aussonderung

So wie es für den "Erfolg" der Naturwissenschaften nötig war, die Ganzheit der Natur zu zerstören und nur jeweils Einzelaspekte zu untersuchen, vom "Wesen" abzusehen und nur "äußere" Merkmale zu berücksichtigen,* so war es nötig, auch vom Wesen des einzelnen Forschers abzusehen, seine Ganzheit zu vergessen und nur die "äußeren" seiner Fähigkeiten zu berücksichtigen. Nur die "äußeren", die intersubjektiven, also prinzipiell jederzeit von jedem (mittelmäßigen) nachvollziehbaren Wahrnehmungen sind zugelassen. Der Forscher muß von sich selbst absehen, seine individuellen Regungen und Bedürfnisse - die ihn z.B. auch zur Forschung motivieren - dürfen im Forschungsprozeß keine Rolle spielen. Freude, Besorgnis, Angst o.ä. gibt es für den Forscher nicht: Er muß sauber trennen: Nur sein rationaler Geist ist an der Forschung zu beteiligen. Alles andere

---

* Es wäre auch ein Erfolgskriterium denkbar, das z.B. der vom "Wesen" nicht absehenden Forschung den Vorzug einräumt, die uns eine Landwirtschaft ermöglicht, die noch heute den Gehalt an polychlorierten Kohlenwasserstoffen (DDT...) in der Muttermilch auf 80 % der für Kuhmilch erlaubten Werte halten kann, während sonst bis zu 3000 % vorkommen.[52]

gehört in sein "Privatleben". Wird er von seinem Beruf stark beansprucht, geht er in seinem Beruf auf, ist der Beruf gar nicht trennbar von seinem "Privatleben", dann wird er überhaupt auf einen Träger intersubjektiver also auch austauschbarer Lebensregungen reduziert. Die Trennung in Forscher und Privatmensch, in Geist und Trieb ist für den Forscher ein Privatproblem, ist eines jener Probleme, bei deren Lösung die Wissenschaft nicht helfen kann, weil sie es gar nicht formulieren darf.*

Als geradezu klassisches Beispiel sei Ch. Darwin zitiert. Darwin beschreibt in seiner Autobiographie ausführlich, ein wie guter Arzt sein Vater gewesen sei, der gar nicht nach den Kriterien der Wissenschaft vorging, und er hält ihm zugute, wievielen Menschen er geholfen habe. Wenige Seiten später erfahren wir aber von Darwin, daß für ihn selbst nichts existierte, was nicht (und zwar extrem) intersubjektiv gesichert sei. Bei seinen Überlegungen zur Existenz Gottes schreibt er: "Dieser Beweisgrund würde gültig sein, wenn alle Menschen aller Rassen dieselbe innerliche Überzeugung von der Existenz eines Gottes hätten; wir wissen aber, daß dies bei weitem nicht der Fall ist. Ich bin daher nicht der Ansicht, daß derartige innerliche Überzeugungen und Empfindungen als Beweis von irgendwelchem Gewicht für das angesehen werden können, was wirklich existiert."[53] Wäre sein Vater mit dieser Einstellung an seine Patienten herangegangen, hätte er ihnen nicht so helfen können, wie er es tat. Und Darwin wurde im Laufe seines Lebens ein Mensch, der für ganze Bereiche des Lebens abgestorben war; das wird später noch auszuführen sein.

Auf der Habenseite der Intersubjektivität sollte dafür eine grundsätzliche Einbeziehung aller Menschen in den Kreis derer stehen, die Zugang zum Wissen über die Natur haben. Das Prinzip der Intersubjektivität sollte eine befreiende Gleichheit aller Menschen bringen: Jeder müßte (prinzipiell) in der Lage sein, die Ergebnisse der Wissenschaft einzusehen. Doch die Spezialisierung hat diese Möglichkeit längst zunichte gemacht. Wir sagten es schon: Die Abhängikeit von Experten ist das Gegenteil dessen, was erreicht werden sollte. Brennend stellt sich das Problem für die Schule: Wie weit ist das Ausgeliefertsein zu mildern durch Einführung in

---

* Pietschmann weist auf Hesse hin, der die Trennung etwa im Steppenwolf (Mensch/Wolf) aber auch sonst thematisiert.

die Wissenschaften? Ist dem überhaupt auf diesem Wege beizukommen? Da man die Spezialisierung im Unterricht nicht einholen kann, muß man exemplarische Erhellungen anstreben. Das ist allgemein akzeptiert. Aber wird dadurch nicht andererseits die intersubjektive Seite des Schülers so stark angesprochen, daß er ähnlich wie o.g. Forscher reduziert wird auf sie? Dann wäre er erst recht den Experten ausgeliefert.

Kollektivität

Für unsere durch Wissenschaft geprägte Öffentlichkeit ist der Mensch sowieso in dieser Art reduziert. In der Öffentlichkeit gilt jemand nur solange als vernünftig, wie er zunächst - solange er damit in so engen Bereichen bleibt, daß keine Widersprüche sichtbar werden - rational, logisch, emotional unbeteiligt auftritt, wenn er sich jenseits solcher Bereiche aber den Tabus der naturwissenschaftlich-technischen Welt unterwirft. In der Öffentlichkeit mit unlogisch anmutenden, mit emotional eingefärbten Argumentationen aufzutreten, gibt jeden sofort der Lächerlichkeit preis. So schafft sich die Wissenschaft ein weiteres Tabu zur Ausgrenzung des Lebens. (Exzellentes Beispiel: Anhörung für ein Kernkraftwerk[54])

Es ist nicht verwunderlich, daß Jugendliche, die sich diesem Zwang nicht unterwerfen wollen, sich heute verstärkt fernöstlichen Einflüssen öffnen. Steht doch bei den Völkern des Ostens das Erleben im Vordergrund, tritt doch dort das logische Denken zurück gegenüber der Suche nach Wahrheit, die im Erleben der Einheit aller Gegensätze, nicht in deren Elimination gesehen wird. Die bewußte Abwendung vieler von unserer Zivilisation, die verbreitete Zivilisationsmüdigkeit wirft die Frage nach den wirklichen Bedürfnissen des Menschen auf und den Bedürfnissen, die unsere technisierte Umwelt befriedigt. Die Naturwissenschaften wollen die Welt verbessern; das heißt nichts anderes, als Bedürfnisse des Menschen zu befriedigen. Aber der Mensch wird dabei intersubjektiv belichtet. Das heißt wiederum, daß nur ein kollektives Bedürfnis als solches gesehen wird.

Die Befriedigung ihrer Bedürfnisse versprach ebenfalls, eine befreiende Gleichheit aller Menschen herbeizuführen. Wenn etwa noch vor hundert Jahren nur wenige ihren Reisedrang befriedigen konnten, so schafft die

Technik mit dem Auto allen die Möglichkeit zu reisen. Nur ist solche Bedürfnisbefriedigung bei näherem Hinsehen mit allerlei Fragezeichen zu versehen. Im angeführten Beispiel etwa: Mit dem Auto ist das Reisen möglich und Mode geworden. Man erreicht daher damit vornehmlich Ziele, die wegen des kollektiven Reisestroms gar nicht mehr die lockende Fremde sind. Sucht man diese wirklich noch, muß man sehr individuell reisen und dazu ist noch immer eigene Initiative nötig, wie in früheren Zeiten auch. Wo es in dieser Beziehung leichter ist, spielt aber das Geld eine Rolle, jenes Mittel, das erneut eine Ungleichheit der Menschen in Bezug auf die Möglichkeit, Bedürfnisse zu befriedigen, schafft. Das Geld ist übrigens ein Unterscheidungsmerkmal für Menschen, das die Unterschiede *meßbar*, intersubjektiv aufweisbar macht. (Man bedenke die doppelte Bedeutung des Wortes Vermögen.) Beiseite bleibt bei diesen Überlegungen außerdem die weltweite Ungleichheit: Sklaven und Herren leben heute (in Größenordnungen von Völkern) auf verschiedenen Kontinenten.

Eine ungeheure Einebnung geht mit dieser kollektiven Bedürfnisbefriedigung einher. Kam die Technik mit dem Telefon dem Wunsch nach Nähe, nach Verbindung mit anderen Menschen nach, hat das Telefon andererseits über die Möglichkeit, ständig mit jedem reden zu können, die Fähigkeit, miteinander zu reden, eher verringert. Zwingt ein Brief noch zur Einstellung auf den Gesprächspartner, reguliert sich am Telefon ein Geplapper fast von selbst ein. Mußte die Tochter früher nach der alten Mutter schauen, ist das heute mit ein paar unverbindlichen Worten durchs Telefon zu erledigen. Die Worte sind leicht zu wählen, sie sind intersubjektiver Telefonjargon. Genügend Abhandlungen haben inzwischen die substanziellen Veränderungen unserer Lebenswelt durch die Kollektivität des Fernsehkonsums aufgewiesen, etwa die Verkümmerung des politischen Dialogs, was für die Mittelmäßigkeit heutiger Politiker mitverantwortlich ist.

Das Heraustreten aus dem Kosmos, die Individualität war die erste Schuld, für die nach Anaximander Buße eingefordert wird. Das durch die Naturwissenschaften eingeleitete Absehen vom Menschen als Person verschärft den Fluch. Das ganze "Kollektiv Mensch" ist nun sogar aus dem

Kosmos herausgetreten. Das kommt auch in einem anderen Spezifikum unserer heutigen wissenschaftlich-technischen Welt zum Ausdruck: Die kollektiven Bedürfnisse werden inzwischen gar nicht mehr vom Menschen erfragt, sondern sie werden durch die Technik erzeugt, sie werden im Menschen erst hervorgerufen. Ein allumspannendes System der Bedürfnisweckung bestimmt unser Leben dermaßen, daß kaum aussonderbar scheint, was eigene Bedürfnisse des einzelnen Menschen sind. (Vgl. dazu die Vorbemerkung zum Lehrplan für den Technikunterricht aus I.1.c : Dem Schüler soll eingeredet werden, daß er die technischen Geräte braucht.)

b) Der Mensch als Objekt

Vermessung

Aussagen über den (oder einzelne) Menschen sind in der durch die Wissenschaft bestimmten Öffentlichkeit natürlich nur als wissenschaftliche Aussagen möglich. Dazu muß die Wissenschaft den Menschen erforschen. Die Verpflichtung auf die Intersubjektivität filtert dabei einen großen Teil möglicher Aussagen über den (oder einzelne) Menschen heraus. So wird das Intersubjektivitätskriterium in einer zweiten Richtung Anlaß zur Reduktion des Menschen. Da nur Meßdaten intersubjektiv feststellbar sind, wird der Mensch also nach der Definition skalierfähiger Eigenschaften vermessen. Wenn man eine skalierfähige Eigenschaft nicht findet, geht man ohne Skrupel umgekehrt vor: Man mißt etwas und erklärt dadurch eine Eigenschaft des Menschen. Da z.B. nicht meßbar ist, was ein Mensch vermag (in den Bereichen, in denen das noch nicht durch das Geld, als das "Vermögen" allein bestimmbar ist), unterwirft man ihn einem Test und definiert "Intelligenz ist, was der Intelligenztest mißt." (Siehe Anm.![55])

Der so vermessene Mensch ist nicht mehr von der *Einheit der Person* her bestimmt. Er ist die Zusammenfassung der jeweils wissenschaftlich bestimmbaren Eigenschaften, eine *Meßdatenkonstellation*.

So auch der Schüler, wenn man öffentlich über ihn nachdenkt. Da werden vermöge aller möglichen Tests Schulsysteme verglichen, um die bestgeeigneten herauszufinden. (Wobei das Testverfahren die ursprüngliche Frage stets verändert: Die letztlich beantwortete Frage und damit die Entscheidungsgrundlage wird also vom technischen Mittel diktiert. Die Vermessung geschieht außerdem mit einer "Präzisionsskala auf einem Gummilineal", soll heißen, die Meßmethoden werden dabei ihren eigenen Ansprüchen nicht einmal gerecht[56].) Und Schullaufbahnen werden gesteuert, um den Schüler "optimal zu fördern", d.h. hier, seine meßbaren Eigenschaften möglichst weitgehend für den Nutzen der technisierten und weiter zu technisierenden Welt einzuspannen. (Dabei auftretendes *Leid* ist nicht meßbar.)

Die Elimination des Menschen (Pi 228, 234) zeigt sich in einer curricular festgelegten Schule, in der Automatisierung einer Zensurengebung wie in der Auflösung von Klassenverbänden oder der Forderung nach Unterricht durch den Computer: Der Schüler wird nur als manipulierbares Objekt gesehen und der Unterricht an den den Menschen eliminierenden Wissenschaften orientiert (Pi 105).

Im Beruf wird der Mensch dann nach einer Arbeitsplatzanalyse und Arbeitsplatzbewertung so eingesetzt werden, daß die Arbeitsplatzdaten mit seinen Kennziffern möglichst gut übereinstimmen - in dieser Richtung der Zuordnung (!).

Verfügung

Damit ist der Mensch ein Objekt der Natur neben anderen, die die Naturwissenschaften untersuchen. Und da sie ausgezogen sind, die Natur zu verbessern, werden sie auch den Menschen verbessern wollen; es gilt also, die Meßdatenkonstellation durch Änderung einzelner Daten zu optimieren. Hier müßte man der Frage nach dem Maßstab für die Optimierung nachgehen. Sie wurde aber durch die Wahl der Skalen weitgehend vergleichgültigt. In o.g. Beispiel wäre ein möglichst hoher Intelligenzquotient sicher als wünschenswert anerkannt. Die Frage wird außerdem dadurch beiseite gedrängt, daß für richtig gehalten wird, jeweils alles zu machen, was gemacht werden kann*, d.h. der technische, sich selbst produzierende Prozeß ersetzt die Entscheidung.

Diese Verbesserung des Menschen ist im Einzelfall stark vom jeweiligen Stand der Wissenschaft abhängig. So wird etwa ein unter vereiterten Mandeln leidender Mensch üblicherweise durch den Chirurgen von diesem Übel befreit: Die "funktionslosen" Mandeln drohen, mit ihrem Eiter den Menschen zu vergiften, also werden sie entfernt, wonach sie nicht mehr mit ihrem Eiter vergiften können, also ein verbesserter Mensch entstanden ist. Nun wird diese Darstellung heute schon ("wir wissen heute") auf einigen Widerspruch stoßen. Nehmen wir stattdessen den Wurmfortsatz des Blinddarmes, ist die Nutzlosigkeit und also die Verbesserungsmöglichkeit noch weniger bestritten. Schon heute aber ist abzusehen, daß die Wissenschaft eines Tages anerkennen wird, daß Mandeln und Wurmfortsatz als Teile des Lymphsystems ihre wohlbestimmte Funktion haben und die Operation so sinnvoll ist, wie die Demontage des Feuermelders, um die Zahl der Feuerwehreinsätze zu mindern. Zwar kommen die Menschen immer wieder mit Mandeln und Wurmfortsatz zur Welt, die von Chargaff angesprochene Verbesserung des menschlichen Charakters dagegen könnte über Gen-Manipulationen endgültig sein. Angesichts dessen ist die Abhängigkeit vom jeweiligen Stand der Wissenschaft sogar für die Wissenschaft prekär: Man könnte früh zerstört haben, womit man später noch etwas hätte anfangen können. Aber woran soll man die Legitimität von Eingriffen messen, wenn man nur tote Dinge betrachtet?

Auch die Meßlatten selbst entfernen sich immer mehr vom Menschen. Zunächst maß man ja die Dinge wenigstens noch mit auf den Menschen bezogenen Maßen: In Fuß und Elle gemessene Längen sind am Menschen ausgerichtet. Das auf den Erdumfang bezogene Meter ist vom Menschen wenigstens noch vorstellbar, die Wellenlänge eines schwingenden Moleküls, die heute die Längeneinheit definiert, nicht.

Gänzlich zum verfügbaren Objekt wird der Mensch innerhalb technischer Prozesse reduziert. Der technische Prozeß ist grundsätzlich darauf ange-

---

* Man spricht dann auch von "Machern" und schätzt an ihnen nicht, *was* sie tun, sondern *daß* sie machen.

wiesen, daß der in ihn eingebundene Mensch unmenschlich funktioniert. "Menschliches Versagen", das zu Unglücksfällen führt, zeigt an, daß das nicht immer ganz gelingt.

c) Welt ohne den Menschen

Weg

Nach der Erklärung des Menschen zur Meßdatenkonstellation gibt es ihn als Person (mit all seinen Widersprüchen und Unwägbarkeiten) nicht mehr. Er ist aber nicht nur als Objekt der Wissenschaft verschwunden, die Forderung nach Intersubjektivität hat ihn, wie wir sahen, auch als handelndes Subjekt in den Wissenschaften und wegen des Einflusses der neuen Religion überhaupt in der Öffentlichkeit eliminiert.

Wir wollen die Entwicklung noch einmal unter diesem Gesichtspunkt nachzeichnen. Am Anfang des Weges zur heutigen Naturwissenschaft, bei den Griechen, stand der Mensch als fragender der Welt gegenüber. Seine Erlebnisse und Erfahrungen zu ordnen, das Wesen der ihm begegnenden Dinge zu ergründen, war zunächst das Ziel. So ordnete die aristotelische Erfahrungswissenschaft den Kosmos, in den sich der Mensch gestellt fand. Aber der Weg führte zum Experiment. Und im Experiment sieht man gerade von der natürlichen, der vom Menschen vorgefundenen Umwelt ab und untersucht eine aufbereitete Welt. Dabei ist der Mensch für Erfahrungen nicht mehr nötig, er ist sogar störender Beobachter, von dem man soweit als möglich abzusehen sucht. Je weiter man ihn ausschließt, desto besser gelingt die mathematische Beschreibung der Natur.

Hatte der Mensch zunächst die Geister aus der Natur ausgetrieben, um die Welt dadurch heimisch für sich zu machen, so war dadurch am Ende nicht nur die Welt für ihn ärmer geworden, was anders gewendet besagt, daß er aus einem Stück Welt vertrieben wurde, es begann damit überhaupt seine Elimination in der Welt. Wie könnte er auch geduldet werden, erscheinen ihm doch so viele Dinge paradox, die die Naturwissenschaften widerspruchsfrei erklären. Dabei braucht man noch gar nicht gleich so diffizile Dinge zu nennen, wie die Verkürzung bewegter Maßstäbe als relativistischen Effekt (ein zur Bescheidenheit mahnender Hinweis darauf, daß der Mensch nicht Maß der Dinge ist: Die Elle kann nur in Grenzen Längen messen!). Es genügt schon das (hydrostatische) Paradoxon, daß der Flüssigkeitsdruck auf den Boden eines Gefäßes unabhängig von der Form der Flüssigkeitssäule über diesem Boden ist.

Überwindung des Paradoxen

An dieser Stelle sei ein Wort zur Abgrenzung dieser Gedanken gesagt. In engsten Grenzen gesehen, hat Meschkowski natürlich recht, wenn er in "Mathematik als Bildungsgrundlage" den Paradoxien (nicht echten Antinomien) in der Mathematik lediglich die Rolle in der Erziehung zuweist, daß sie vor unzulässigen Verallgemeinerungen warnen (welcher Bildungsaspekt nicht bestritten sei). Da für ihn Paradoxien nur unzulässige Verallgemeinerungen sind, ist für ihn klar, daß sie alle vermeidbar bzw. überwindbar sind: Durch Einbeziehung neuer Tatsachen, Einordnen in einen größeren Zusammenhang kann das Paradoxe jeweils zum Verschwinden gebracht werden. Und er sagt es am Beispiel des (Galileischen) Paradoxons, daß die natürlichen Zahlen einer echten Teilmenge ihrer selbst (etwa den Quadratzahlen) umkehrbar-eindeutig zugeordnet werden können. Für einen Mathematiker, der genügend viel mit unendlichen Mengen umgegangen sei, sei das nicht mehr paradox. Wenn Meschkowski dann sagt, die Feststellung, daß ein mathematischer Satz paradox sei, sei eine psychologische These, keine mathematische, dann heißt das bei ihm, daß der Satz dem noch nicht genügend Wissenden paradox erscheint, durch das Studium der Sache verflüchtige sich dieser Eindruck. Vom jeweiligen Gegenstand her ist die Paradoxie also nicht als solche zu denken. Und wenn solche Überwindung des Paradoxen bisher nur in der Mathematik und den Naturwissenschaften gelungen sei, dann müsse man von daher die anderen Bereiche aufrollen: Meschkowski sieht geradezu eine "wichtige Möglichkeit des mathematischen Unterrichts" darin, daß der hier gebildete Schüler dann versucht, "die Präzision der Begriffsbildung auch auf andere Bereiche zu übertragen, in denen Paradoxien gedeihen". Wir stimmen dem zu, insoweit er z.B. an Ideologien denkt. Aber Meschkowski meint mehr, wie man an seiner Bemerkung über Kierkegaards "ausgesprochen unklaren Sprachgebrauch" sieht.[57]

Dagegen fragen wir zunächst, ob ein Mathematiker, der das Paradoxe o.g. Zuordnung nicht mehr fühlt, noch genug Schöpferkraft für neue Gedanken auf diesem Gebiet hat, ob er nicht nur noch zur Rezeption der vorgefundenen Theorien imstande wäre. Das ist eine mathematikdidaktische Frage. Wir fragen sogar allgemein, ob sich auf dem Wege der Überwindung einer Paradoxie wirklich nur eine Weitung des Bewußtseins vollzieht, oder ob damit nicht eine Reduktion des Menschen einhergeht, die ihm ein Stück Wirklichkeit verdunkelt; mit der Überwindung alles Paradoxen wäre der Mensch nicht mehr ganz Mensch. Und so steckt in dem von Meschkowski an den Anfang seines Kapitels über die Bildungsfunktion der Paradoxie gesetzten Zitat Dürrenmatts "Wer dem Paradoxen gegenübersteht, setzt sich der Wirklichkeit aus." mehr als die oben angesprochene erzieherische Aussage, die Warnung vor unzulässiger Verallgemeinerung, es steckt eine Aussage über die Wirklichkeit und den Menschen darin.

In einer Welt ohne den Menschen gibt es auch keine Philosophie mehr. Stärker: Die Philosophie muß eliminiert werden für die naturwissenschaftliche Welt, stellt in ihr der Mensch doch die Fragen, "die nicht gestellt zu haben, die Erfolgsbedingung des wissenschaftlichen Verfahrens war"[58], womit also auch von daher der Mensch eliminiert wird; zeichnet das Philosophieren doch den Menschen aus.

Grauen

> *Man kann sich jedoch nicht darauf beschränken, im oberen Stockwerk das Wahre und das Gute zu erkennen, während im Keller den Mitmenschen die Haut abgezogen wird.*
> *Ernst Jünger 1951*
> *(Der Waldgang)*

In einer Welt, in der es den Menschen als Person nicht mehr gibt, wird dann die Atombombe möglich, ebenso wie die behavioristische Verplanung des Menschen oder die Manipulation seiner Erbanlagen. Der wohl grauenvollste Beleg für diese Entwicklung ist die Schaffung der Neutronenbombe, die es ermöglicht, den Menschen unter Schonung der von ihm geschaffenen Technik massenweise zu vernichten. Daß die Atombombe in einer Welt gebaut wurde, in der es den Menschen nicht mehr gibt, belegt Pietschmann mit der Reaktion Otto Hahns auf die Nachricht von Hiroshima: Hahn sagte zunächst zu dem ihm die Botschaft überbringenden britischen Offizier: "Ich verliere fast wieder etwas die Nerven bei dem Gedanken an das neue große Elend". Unmittelbar darauf aber zu den deutschen Physikern, also in der Öffentlichkeit, sagte er: "Wenn die Amerikaner eine Uranbombe haben, dann sind Sie alle zweitklassig. Armer Heisenberg... Auf jeden Fall, Heisenberg sind Sie eben zweitklassig, und Sie können einpacken." (Pi 233) Hier zählt nur noch der Erfolg, der technische Erfolg der Wissenschaft; der Mensch existiert nicht. Angesichts der zur Zeit auf der Erde lagernden Zahl von Atombomben, die die Menschheit mehrfach vernichten können, ist es ja auch ein Zufall, daß Menschen noch biologisch existieren, daß das letzte Experiment der Physik noch nicht stattfand. (Wobei das definitiv gar nicht feststeht, wir können uns durchaus in einem endlichen Nachlauf befinden.)

Als die Ozonkonzentration im August 1992 über den geltenden Grenzwert stieg, empfahl man den Menschen, sich nicht im Freien aufzuhalten (Kindern, Sportlern, . . .); das ("von niemandem bezweifelt") die Ozonkonzentration steigernde Autofahren wurde hingegen nicht eingeschränkt: Welt ohne den Menschen.

Bei den Überlegungen zur Intersubjektivität kamen wir auf die zunehmende Verweigerung von Menschen dieser Welt gegenüber. Angesichts einer höchst komplizierten computerisierten technischen Welt ohne Menschen, angesichts der eben angesprochenen grauenvollen Entwicklungen verwundert nicht, daß wir nicht nur überlegte Verweigerung, sondern sogar von Entsetzen und Angst getriebene blinde Flucht feststellen können. Und es ist sogar möglich, auch jene andere in unserer Zeit feststellbare Flucht, die nicht abreißenden Flüchtlingsströme auf der ganzen Erde, aus dem technisierten Umgang mit der Welt zu erklären.

I.3 Erziehung: Hilfe zur Selbstfindung

Weite

In einer Welt ohne den Menschen kann sich der Mensch nicht finden. Insoweit die modernen Wissenschaften eine solche Welt erbauen, kann Erziehung, die Hilfe zur Selbstfindung sein soll, keinesfalls innerhalb einer Einführung in diese Wissenschaften stattfinden. Wird der Bereich, den diese Wissenschaften in der Schule beanspruchen, zu groß, und eröffnet die Begegnung mit ihnen nicht zugleich eine philosophische Besinnung auf sie, wird der Schüler einen Verlust erleiden, der eine Selbstfindung überhaupt in Frage stellt.

Der Naturwissenschaftler Darwin sei als Zeuge dafür aufgerufen: Darwin teilt in seiner Autobiographie mit, daß ihm im Laufe seines Lebens der bis zu seinem dreißigsten Lebensjahr vorhandene Genuß an "Poesie verschiedenster Art", an Malerei und Musik völlig verlorengegangen sei. Er schreibt:

> "Mein Geist scheint eine Art Maschine geworden zu sein, allgemeine Gesetze aus großen Sammlungen von Tatsachen herauszumahlen; warum dies die Atrophie desjenigen Teils meines Gehirns verursacht haben könnte, von dem die höheren Geschmacksentwicklungen abhängen, kann ich nicht verstehen . . . wenn ich mein Leben noch einmal zu leben hätte, würde ich es mir zur Regel machen, wenigstens alle Wochen einmal etwas Poetisches zu lesen und etwas Musik anzuhören . . . Der Verlust der Empfänglichkeit für derartige Sachen ist ein Verlust an Glück und dürfte möglicherweise nachteilig für den Intellekt, noch wahrscheinlicher für den moralischen Charakter sein, da er den gemütlich erregbaren Teil unserer Natur schwächt"[59].

Die Schule muß sich darum bemühen, den Schüler allseitig so anzuregen und zu fördern, daß er aus der ganzen möglichen Palette wählen kann für das Bild, als das er sein Leben entwirft. Allerdings kann die Schule nur das offenhalten oder anregen, was in der heutigen Welt noch vorhanden ist. Sie kann nicht als Reparaturbetrieb für politisches Versagen fungieren. Der Hinweis sei durch ein Beispiel verdeutlicht. Kein Lehrer wird Resonanz für "Über allen Wipfeln ist Ruh" erwecken können in Schülern, die solche Ruhe nie erlebt haben. Fehlt die Möglichkeit der Resonanz, klingen die Dinge nicht mehr. Die im Abschnitt "Intersubjektivität" angesprochene Einebnung der Bedürfnisse zum mittelmäßigen Ausschnitt verhindert viele Resonanzmöglichkeiten.

Wir wollen das Intersubjektivitätskriterium einmal speziell auf die Erziehung beziehen. Die Selbstfindung des Schülers, insoweit sie stets erneut von ihm geforderte Entscheidung für sein Leben ist, fordert gerade das Gegenteil von Intersubjektivität. Hier muß er intersubjektiv u.U. nicht ausweisbare Akte vollziehen. Er darf also nicht durch eine Einführung in die Wissenschaften, die das Intersubjektivitätskriterium als Basis setzen, sozusagen auf Intersubjektivität reduziert werden. Die Grenzen des Intersubjektivitätskriteriums müssen deutlich bleiben. Chargaff sei als weiterer Zeuge angerufen für die Gefahr, daß der Bereich der angesprochenen Wissenschaften in der Schule zu groß wird. Er spricht die Auswirkungen der *rückhaltlosen* Beschäftigung mit solcher Wissenschaft auf den Menschen an: "Man könnte fast sagen, daß mit sehr wenigen Ausnahmen es nicht Menschen sind, welche die Wissenschaft machen; es ist die Wissenschaft, welche den Menschen macht. Was A heute tut, das können B oder C oder D sicherlich morgen tun" (Ch 90).

Sinnfrage

Hilfe zur Selbstfindung ist nicht möglich, wenn Sinnfragen ausgeklammert werden. Hier liegt die eigentliche Schwierigkeit des Unterrichts in den den modernen Wissenschaften korrespondierenden Fächern. Beschränkt sich der Unterricht auf wissenschaftliches Vorgehen, weist er die auftretenden Sinnfragen ab (und etwa dem Religionsunterricht zu - eine oft beobachtete Praxis), wird er seiner Erziehungsaufgabe nicht gerecht. Gibt er den Fragen allerdings zu viel Raum, wird er u.U. dahin gedrängt, die von uns angerissene Problematik moderner Wissenschaft ohne einen genügenden Einblick in sie zu diskutieren.

In diesen Zusammenhang gehört auch die Gefährlichkeit von "Erklärungen", die diese Wissenschaften dem Schüler anbieten. Die Gefahr besteht, daß die einseitigen, engen, rationalen Erklärungen frühzeitig Fragen im Schüler verschütten, ihn frühzeitig kanalisieren und damit z.b. Sinnfragen verhindern durch Angabe von Ursachen.

Zum Bei-sich-Sein gehört eine gewisse Harmonie. Durch Überbetonung der rationalen Seite des Menschen wird die Harmonie gestört. Die Verkürzung des Menschen durch die naturwissenschaftliche Welt ist ein Grund mit für die wachsende Zahl verhaltensauffälliger Kinder (Störung der Harmonie! - Pi 160). Man diskutiert, welche Psychopharmaka man ihnen geben sollte, man füttert sie bereits mit solchen: So wird man das Problem nicht lösen können; so *darf* man die Lösung nicht einmal versuchen.

Daß der Mensch die naturwissenschaftliche Reduktion überhaupt nur schwer durchhält, wird dadurch beleuchtet, daß immer wieder auch fehlerhafte Experimente intersubjektiv bestätigt werden, daß also Forscher messen, was sie messen wollen im Gegensatz zum objektiv vorliegenden Befund.

Hier sei einmal innegehalten und ausdrücklich einem Mißverständnis vorgebeugt: Es geht um Mathematikunterricht. Selbstverständlich lernt der Schüler Mathematik auch, um mathematisieren zu können. Selbstverständlich soll ihm die Mathematik den Zugang zu und das Verständnis der mathematisierenden Wissenschaften ermöglichen. Und zweifellos liegt auch in einer Beschäftigung mit diesen Wissenschaften die Möglichkeit zu Erziehung im Sinne der Selbstfindung. Die Intersubjektivität und die innerhalb gewisser Grenzen mögliche Wertfreiheit erziehen zur Distanz von sich selbst, zur Überwindung bloßen Wunschdenkens, zur Vorsicht gegenüber eigener Ideologie, sie halten zur Selbstkritik an: Solche Distanzgewinnung bedeutet auch einen Schritt zur menschlichen Reife. In diesem ersten Kapitel geht es aber zunächst um die Grenzen und Schranken mathematisierender Wissenschaft, um die Konfrontation der Wissenschaften mit dem (unverkürzten) Leben, letztlich um einen "Dialog der Disziplinen und Kulturen"[60] im Horizont mathematischer Bildung.

I.4 Schule für das Leben

Perspektiven

Der alte Spruch, daß der Schüler für das Leben lerne, begreift noch alles ein. Schon dadurch, daß der Schüler (in der Schule) zu sich selbst finden soll und damit frei ein Leben wählen, können zukünftige Lebenssituationen dieses Schülers - insoweit er diese Situationen als Handelnder ja mitbestimmen soll - nicht vorhergesehen werden. Die curriculare Lesart, der Schüler lerne für zukünftige Lebenssituationen, die man nur zu analysieren brauche, um zu wissen, was man ihm bei-*bringen* müsse, sieht von dieser Freiheit des Schülers ab; wie wäre sonst eine solche Analyse möglich? Sie birgt sogar die Gefahr, solcher Freiheit die Grundlage zu entziehen. Die Analyse geschieht wissenschaftlich nach all den angeführten Kriterien. Danach wird extrapoliert. Obwohl mit solchen Extrapolationen fast jede denkbare Zukunft vorhergesagt werden kann (es werden ja stets Funktionen extrapoliert; die Auswahl der Funktionen beinhaltet soviel Willkür, daß die mathematische Auswertung pure Hochstapelei ist), prophezeit man doch erstaunlich einheitlich eine Entwicklung in Richtung weiterer naturwissenschaftlich-technischer Lebensveränderung der betrachteten Art. Nun genügt aber ein Blick auf andere Extrapolationen, um zu sehen, daß bei Fortschreibung der in diesen Analysen angenommenen Trends das Leben auf der Erde zusammenbrechen wird. Schon aus diesem Grunde taugen diese Analysen zukünftiger Lebenssituationen nichts. Davon ganz abgesehen, könnten sie schließlich irgendein Bild zukünftigen Lebens entwerfen: Der daraufhin ausgebildete Schüler *müßte diesem Bilde entsprechend leben*, insoweit er nur dafür das Rüstzeug mitbekam.

Heute wird der für zukünftige Lebenssituationen erzogene Schüler letztlich für die Technik abgerichtet. (Daß etwa auch Distanz zur Welt als Voraussetzung für späteres eigenes Handeln eine Seite gelungener Bildung ausmacht, geht völlig verloren.[61] Wittenberg weist darauf hin bei der Frage, welche Nähe zu welchem Leben als *Lebensnähe* des Gymnasiums anzusehen wäre.[62]) Hinzu kommt ein ganz unverhohlen ausgesprochenes Argument für die Verfügung des Schülers. Nach dem "Sputnik-Schock" wurde es üblich, die westlichen Ausbildungssysteme für technich-wissenschaftlichen Nachwuchs als gegenüber östlichen benachteiligt anzusehen, und Wirtschaftsgremien nutzten das, um den "entscheidenden Produktionsfaktor Bildung", "der wirtschaftliches Wachstum in dem verlangten Ausmaße überhaupt erst ermöglicht", zu planen. Sie forderten eine "Planwirtschaft der Bildung, mit dem Ziel, das Arbeitskräftepotential (human manpower) bereit zu stellen, das eine moderne hochentwickelte Wirtschaft verlangt." Ziel der Bildung waren "besser qualifizierte Menschen" als "human capital".[63] Gerade für den Mathematikunterricht kann ein Einfluß dieser Gremien auf Lehrpläne und Unterricht nachgewiesen werden. Und die Situationen wiederholen sich. Die Argumentationen fanden sich im Vorfeld der Schaffung des europäischen Binnenmarktes 1989 alle wieder ein.

Hier wird die Ausbildung für zukünftige Lebenssituationen zur Vorbereitung auf ein einseitiges, dem naturwissenschaftlich-technischen Fortschritt heutigen Zuschnitts anheimfallendes Dasein. Wenn der Schüler aber fürs Leben lernen soll, muß er mindestens wissen, daß die Zukunft nicht einfach die Fortsetzung augenblicklich erkennbarer Trends sein muß, muß er ahnen, wie Zukunft aussehen könnte, damit er wählen kann, wie er Zukunft durch sein Leben gestalten will. Er muß für die Welt von morgen gerüstet sein; aber die ist vermöge seiner Wahl nicht notwendig die Welt galoppierenden naturwissenschaftlich-technischen Fortschritts, und sie ist es auch wegen der angesprochenen Unmöglichkeit, die Erde weiterhin so zu plündern, ohne das Leben insgesamt aufs Spiel zu setzen, nicht notwendigerweise, von der Nord-Süd-Problematik ganz zu schweigen.

Der Schüler muß infolge dieser Unmöglichkeit heute mit Sicherheit lernen, von verengten (linearen) Betrachtungen zu lassen, wie sie sich etwa Max Eyth leisten konnte, der glaubte, desto mehr Fruchtbarkeit bewirken zu können, je tiefer er mit seinem Dampfpflug pflügte.[64] Er muß offen sein, sich einfühlen, neue Dimensionen erschließen können (was oft heißt, alte Weisheiten berücksichtigen zu können). Nehmen wir auch hier die Medizin als Beispiel: Das Krankheitswesen ist heute der größte Posten in der volkswirtschaftlichen Bilanz, und es zeichnet sich die Gefahr eines nicht mehr bezahlbaren Systems der medizinischen Versorgung ab. Es gibt nur einen Ausweg aus dieser Misere: Die Abkehr von der engen naturwissenschaftlichen Betrachtungsweise der Medizin und eine veränderte

Einstellung der Bevölkerung zur Krankheit. Das heißt aber: Eine Erweiterung, eine Öffnung für neue Ansätze. Die Öffnung deutet sich an z.B. in der Aufforderung der Gesundheitsministerin der Bundesrepublik Deutschland (Jan.1981), in der Krebsforschung auch von der Schulmedizin bislang abgelehnte Ansätze zu untersuchen, einer Antwort auf die jahrelang mit Millionen geförderte nahezu erfolglose Krebsforschung und die kaum noch verschweigbaren Erfolge von Medizinern mit einem erweiterten Krankheitsverständnis. Allerdings muß der Schüler auch um die Schwierigkeiten wissen, solche neuen Entwicklungen anzuregen und durchzutragen, damit er (als Erwachsener) nicht nach den ersten auftretenden Fehlschlägen entweder die Flinte ins Korn wirft, oder aber revolutionär abgleitet. Und so sollte er auch Dinge erfahren, wie den Kampf gegen die Naturheilmittel etwa im Falle der Aristolochia-Säure, wo Mediziner, die sonst hohe homöopathische Verdünnungen für völlig wirkungslos erklären, diese Verdünnungen plötzlich als lebensgefährlich verbieten.

Wird so die *Notwendigkeit* deutlich, dem Schüler alle Perspektiven offenzuhalten, so soll hier gleich auch noch etwas zu deren *Möglichkeit* gesagt werden. Ein gern gebrauchtes Gegenargument in der Diskussion um nicht zu enge Lehrpläne ist etwa, wir könnten nicht immer wieder bei Pythagoras anfangen, wollten wir die Schüler an den Stand des Wissens heranführen, denn das Wissen vermehre sich ständig. Ganz abgesehen davon, daß sich tiefe Erkenntnisse keineswegs so arg vermehren, daß vielmehr eine Explosion von Einzelheiten stattfindet, wird ja gleichzeitig der Ruf nach einer Freizeitpädagogik laut, die die Leere der zunehmenden Freizeit füllen soll, ist es doch mehr und mehr unser Problem, Zeit zu füllen, statt Zeit bereitzustellen. Während viele heutige Freizeitanleitungen nur wieder einen weiteren Schritt vom Menschen weg bedeuten, wäre ein Unterricht, der eben doch immer noch bei Pythagoras anfinge, vielleicht in der Lage, Schüler zu befähigen, eine Welt so zu gestalten, daß nicht eine immer stärker lebenstötende Technik die notwendigen Verrichtungen auf immer unmenschlichere Arbeitsplätze und immer weniger Arbeitszeit reduzierte und dem Menschen immer mehr Freizeit schaffte, die im Gitterwerk einer verplanten und technisierten Welt gar keine in Freiheit zu menschlicher Verwirklichung zu nutzende Zeit mehr ist.

Es ist aber kein Zufall, daß das oben angeführte Gegenargument nicht etwa lautet, wir könnten nicht alles lehren, was gelehrt werden könne, sondern speziell der historische Aspekt angesprochen wird. Die Betrachtung des "woher" ist nämlich am ehesten geeignet, den jetzigen Stand nicht zu einseitig zu sehen. Die Kenntnis der möglichen Ansätze relativiert *den* Ansatz, der jeweils weiterverfolgt wurde und der den Weg zum heutigen Stand bedeutet. Gemäß Musil müssen wir einen *Möglichkeitssinn* entwickeln[65]. Das Wissen um die Herkunft kann Überlegungen für eine sinnvolle Zukunft ermöglichen.

Vielschichtigkeit

Für das oben angesprochene Offenhalten des Schülers muß die Schule die Wissensvermittlung wieder einordnen in einen Werdegang des Schülers, in dem das Staunen genauso seinen Platz hat wie die Erklärung. Das Staunen führt einerseits zur dringend nötigen Bescheidenheit gegenüber dem uns Begegnenden, macht andererseits frei für eigene Sichtweisen und regt zum Handeln an; es ermöglicht also Kreativität, um dieses oft mißbrauchte Wort zu verwenden. (Also wird Kreativität gerade nicht durch kanalisierte Wissensvermittlung bewirkt, und "Kreativitäts*training*" ist der untaugliche Versuch, die Kreativität mit den Methoden zu fördern, mit denen sie gerade zerstört wurde.)

Weiterhin müssen die Unstetigkeiten im Vorgehen genauso ihre Berechtigung haben wie die systematisch vom Leichten zum Schweren, vom Einfachen zum Komplizierten fortschreitende Betrachtung. Die Regeln Descartes' (Discours de la Méthode), jedes Problem in so viele Einzelteile zu zerlegen, bis es leicht lösbar ist, und stets mit den am leichtesten zu durchschauenden Problemen zu beginnen, haben ja gerade die Wissenschaften befördert, die nun zu ändern (erweitern und begrenzen) der Schüler in die Lage versetzt werden soll. Außerdem wäre bei aller Berechtigung dieser Regeln für das methodische Vorgehen in den modernen Wissenschaften noch nicht deren Legitimation für die Didaktik (selbst dieser Wissenschaften) gesichert. Das Dienes'sche Prinzip des Lernens "vom tiefen Ende her" stellt die zweite der angeführten Descartes'schen Regeln z.B. gerade auf den Kopf. Und es wird selbst für einen angehenden Wissenschaftler, der in der Wissenschaft auch nur im herkömmlichen Sinne etwas leisten will, von Vorteil sein, eine so gestaltete Schule durchlaufen zu haben. Einziges Gegenargument gegen eine solche Schule wäre, daß sie möglicherweise nicht genügend viele Schüler zu den neuen Wissenschaften hinführte - ein müßiges Argument angesichts der Forderung nach Rückkehr zu einer "kleinen Wissenschaft" und der Einsicht, daß Wissenschaft augenblicklicher (Un)Art nicht mehr lange bestimmend sein kann für unsere Technologie.

Schließlich muß die Schule offenhalten, daß es auch anderes Wissen gibt, als das wissenschaftlich "erzeugte". Jenes Wissen, das durch Wissenwollen, durch Lernen unter methodischer Anleitung eher verdrängt oder verschüttet wird, das in keiner Weise meßbar und kaum überprüfbar ist, trägt aber genauso bei zum Leben, für das der Schüler in der Schule erzogen werden soll.

Zum Schluß sei zur Perspektive, die dem Schüler eröffnet werden soll, noch etwas gesagt im Hinblick auf die begrenzte Kraft des Menschen, das als gesollt Erkannte auch zu verwirklichen. Die Kraft, ohne Erfolg zu arbeiten, ist begrenzt. Daher ist neben dem Glauben der Erfolg Motor jeder Initiative, die über den Hunger hinausgreifende Probleme anpackt. Erfolg wird aber durch den Anspruch definiert. Wollen wir nicht zu Geld-, Macht- und Ehrverdienern erziehen, die den einseitigen Weg der modernen naturwissenschaftlich-technischen Welt dem Abgrund näher treiben, dann müssen wir auf den angedeuteten anderen Wegen Erfolgsmöglichkeiten zeigen. Also müssen wir durch Darstellung auch der düsteren Wirklichkeit zunächst vor utopischen Ansprüchen bewahren, durch Darstellung der Notwendigkeiten und von Möglichkeiten zu mutigem Weg freimachen. (Das ist aber nicht zu verwechseln mit dem unsinnigen Versuch, eine gegen den Herstellungswahn unserer Welt gerichtete Einstellung von Schülern durch Umwelterziehung *herstellen* zu wollen.[66]) Durch Darstellung der Tabus der Wissenschaften als Tabus etwa können wir den Weg freihalten zu einer "mehrdimensionalen" wissenschaftlichen Arbeit.

II Der Ausgang bei den Griechen

II.1 Mathematik zur Zeit Platons; Mathematik bei Platon

Wenn auch Pendelausschläge zu extremen Positionen jede Entwicklung begleiten, so ist doch aus pädagogischer Verantwortung, da es um das Schicksal von Menschen geht, für die Entwicklung der Didaktik das Bemühen um die Vermeidung solcher Pendelausschläge zu fordern. Wie etwa der Umschlag der Struktureuphorie in die Forderung nach Anwendungsbezogenheit in jüngster Zeit zeigt, ist die Mathematikdidaktik vor solchen Moden keineswegs gefeit. Der historische Bezug könnte ein Regulativ gegen zu starke Pendelausschläge liefern. Er könnte andererseits den Blick öffnen für die Einbindung der Mathematik in philosophische Fragen und dadurch einer heute verbreiteten Verengung der Mathematikdidaktik entgegenwirken. Wir haben nach dem im ersten Kapitel erhobenen Befund ein besonderes Ziel für eine Betrachtung des historischen Weges der Mathematik und des (naturwissenschaftlichen) Denkens: Die Betrachtung soll uns darüber verständigen, woher Fehlentwicklungen rühren und wie ihnen demnach abgeholfen werden könnte. Dazu ist vor allem zu fragen nach der Auffassung von Mathematik und nach der Art der Weitergabe der Mathematik in der historischen Entwicklung.

Beispielhaft soll hier gefragt werden, was durch das Studium Platons zu diesem Problem beigetragen werden kann. Warum wählen wir gerade Platon? Die vorgriechische Mathematik - es sei besonders an die recht weit gediehene babylonische Algebra gedacht - wurde vor allem entwickelt, um praktische Probleme zu lösen. (Das heißt nicht, daß die Mathematiker aller Zeiten nicht immer schon mehr gewollt hätten, als nur praktische Probleme zu lösen: Der Mensch "spielt" seit jeher, und auch die Babylonier suchten schon Einsichten, die über die vordergründige Lösung eines Problems hinausgehen.[1]) Diese Mathematik wurde niedergeschrieben als Anleitung zum Lösen von Aufgaben (Rechenbücher). Gerade deshalb stellt sich hier eine spezielle Vermittlungsfrage noch nicht. Die

Mathematik hatte noch nicht ihre innere Form der beweisenden Wissenschaft, als die sie uns seit zweieinhalb Jahrtausenden erscheint. Die Griechen systematisierten die Mathematik der Babylonier (vdW 147)* und gaben ihr jene charakteristische innere Form. Sie stellten die Frage nach dem Wesen der Mathematik wie nach ihrem Bildungswert[3] und machten sich Gedanken über ihre Vermittlung. Wesentliche dieser Gedankenkreise sind bei Platon niedergelegt.

Auch im Hinblick auf eine exemplarische Arbeit in der Schule, die die ausgewählten Beispiele möglichst mehrfach nutzt, in diesem Falle mit Blick darauf, daß eine Behandlung Platons im Philosophieunterricht einer bildenden Schule nicht fehlen sollte, sei Platon als Beispiel unserer Betrachtungen gewählt.

a) Was ist Mathematik

aa) Einordnung und inhaltlicher Überblick

Ein kurzer Abriß der zur Zeit Platons vorfindbaren Mathematik sei an den Anfang gestellt. Er wird schon die meisten der inhaltlich mathematischen Fragen aufleuchten lassen, die in der Folge (bis hin zur von Wittenberg aufgearbeiteten Grundlagenkrise in Kap.IV) eine Rolle spielen.

Beweisen

Das Neue an der griechischen im Vergleich zur babylonischen und ägyptischen Mathematik sind zunächst nicht Inhalte, sondern ist der durch Thales begründete logische Aufbau. Die Methode hat sich geändert: Mathematik ist nicht mehr so sehr Sammlung von Anleitungen zur Lösung

---

* Wir benutzen auch im vorliegenden Kapitel Abkürzungen, um bequeme Nachprüfbarkeit zu ermöglichen.[2]

von Einzelproblemen, sie stellt sich jetzt vielmehr als ein System von untereinander durch logische Ableitung verbundenen Aussagen dar.

Die Babylonier verwendeten z.b. den "Satz des Pythagoras" in Aufgaben (1000 Jahre vor Pythagoras, der ihn vielleicht in Babylon kennenlernte), sprachen ihn aber nicht als allgemeinen Satz aus.* Nun handelt es sich hierbei nicht um einen offensichtlichen und unmittelbar einleuchtenden Sachverhalt. Freudenthal wird daher zwar zu Recht annehmen, daß das Wissen dieses Sachverhaltes über einen Beweis erworben wurde[5]; aber dieser Beweis als Schaffung von Wissen, ist von der Methode her nicht mit einem Beweis gleichzusetzen, der Wissen nachträglich aus einer Grundlage sichern soll, er wurde in diesem Sinne nicht bewußt als Beweis geführt. Von daher erfährt Beckers Aussage, die Ägypter und Babylonier hätten Beweise nicht gekannt[6], ihre Berechtigung. Die Griechen, die den Satz des Pythagoras als allgemeinen mathematischen Satz formulierten und bewiesen, bewiesen deswegen auch Sätze, die offensichtlich einsichtig schienen. In diesem Sinn hat Thales den Beweis in die Geometrie eingeführt (vdW 146f)[7]: Er fragte nach den logischen Grundlagen jedes mathematischen Satzes. Folgerichtig führte dieses Vorgehen in der Nachfolge von Thales zum Aufbau der Mathematik (die von den Pythagoreern in der Idee der "freien Lehre" als exakte Wissenschaft verstanden wird) als einem deduktiven System und zur Frage nach den Grundlagen dieses Systems. Zur Zeit Platons war dieses Reflexionsniveau in der Mathematik erreicht.

Die Frage nach den Grundlagen war seit Zenons Paradoxien besonders aktuell. (Wir werden in ac) sehen, inwiefern das Auswirkungen auf Euklids Axiome hatte.) Wie kam es dazu? Die als "freie Lehre" betriebene Mathematik führte natürlicherweise weg von endlichen Anwendungsaufgaben und entdeckte das Unendliche. Anders als bei einem Beweis des "Pythagoras", der nur endlich viele Flächenstücke betrachtet (und um einen solchen hat es sich wohl bei dem oben angenommenen babylonischen gehandelt[8]), erzwingen die nun von den Griechen gestellten Probleme geradezu (allgemeine) Beweise, da das Unendliche explizit auf-

---

* Allerdings haben 800 Jahre früher die Inder den Satz schon formuliert[4], aber das spielt für die vorliegende Betrachtung keine Rolle.

tritt[9]. (Womit wir eine zweite Unterscheidung des Beweises vor und bei den Griechen haben.) Als Beispiel sie die "Dichotomie" des Zenon genannt, die konvergente Reihe $1/2 + 1/4 + 1/8 + \ldots$ [10] Die explizite Betrachtung des Unendlichen und die Forderung allgemeiner, von den Grundlagen ausgehender Beweise hängen so eng zusammen, daß es müßig ist zu streiten, ob der beweisende Aufbau aus Grundlagen oder die explizite Behandlung des Unendlichen das Neue und Typische der griechischen Mathematik ist[11].

Beim ersten expliziten Auftreten des Unendlichen entdeckte man auch gleich Paradoxien. (Die unendlichen Reihen machen 2000 Jahre später erneut Schwierigkeiten: Welche Summe hat die Reihe 1-1+1-1+1..., als (1-1)+(1-1)+(1-1)+ ... = 0+0+0 ... die Summe 0 oder als 1-(1-1)-(1-1)-(1-1)- ... = 1-0-0-0 ... die Summe 1?) Wenn es hier auch noch nicht um echte Antinomien ging, die fundamentale Bedeutung des Unendlichen für die Mathematik (und die Philosophie) war von nun an gesetzt; sie war den Griechen bewußt[12]. Unter diesem Gesichtspunkt sei die zur Zeit Platons bekannte Mathematik skizziert; sie ist im wesentlichen zusammengefaßt in den Elementen des Euklid.

Geometrie

Die Elementargeometrie des Euklid I* war schon den Pythagoreern bekannt (vdW 223). Dinge wie die Winkelsumme im Dreieck und die Konstruktion der mittleren Proportionalen standen bereits in der "Überlieferung des Pythagoras", einem Lehrbuch der Pythagoreer (vdW 191ff). Von ihnen stammt auch Euklid IV, in dem die Konstruktion regulärer Polygone behandelt wird (vdW 192). Am vorläufigen Abschluß einer systematischen Begründung der ebenen Geometrie steht Hippokrates von Chios (430 v.Chr.), der Teile von Euklid III und IV über den Kreis und seine einbeschriebenen Polygone kannte wie auch allerhand Ähnlichkeitsgeometrie (etwa, daß sich die Flächeninhalte ähnlicher Figuren wie die Quadrate entsprechender Seiten verhalten, oder die Verallgemeinerung des "Satzes von Pythagoras" für stumpfwinklige und spitzwinklige Dreiecke -

---

* "Euklid I" heißt "Euklid, Kapitel I"

Euklid II, 12. u. 13.). Hippokrates zeichnet sich durch eine hervorragende Beweistechnik aus. Er beweist, (bei seinen Möndchenquadraturen) exakt Ungleichheiten - was die moderne Mathematik erst sehr spät gelernt hat.

In der Stereometrie war so viel bekannt, daß Anaxagoras (450 v.Chr.) und Demokrit (430 v.Chr.) Abhandlungen über die Perspektive verfassen konnten (vdW 226). Von Theaitetos (390 v.Chr.) stammt Euklid XIII, worin die fünf platonischen Körper behandelt werden. Davon kannten Würfel, Pyramide und Dodekaeder schon die Pythagoreer, Oktaeder und Ikosaeder gehen auf Theaitetos selbst zurück.

Geometrische Algebra

Geometrie der Ebene und des Raumes wurde von den Griechen nicht nur als eigentlich geometrische Problematik behandelt, sondern als "geometrische Algebra" wurden hier algebraische Fragestellungen formuliert, die bei den Babyloniern zwar teils auch geometrisch, zumeist aber algebraisch formuliert worden waren. Die babylonischen Regeln zur Lösung quadratischer Gleichungen etwa formulierten die Pythagoreer mit Hilfe der Methode der Flächenanlegung geometrisch und bewiesen sie (vdW 203). Analog wurden raumgeometrische Hilfsmittel zur Lösung kubischer Gleichungen benutzt. Daher war zum Beispiel das Problem der Würfelverdoppelung, das Archytas (390 v.Chr.) dann zu Ende führte, so zentral.

Ihren Grund hatte die Methode der geometrischen Algebra in der konsequenten Anwendung (im starren Festhalten an) der griechischen Definition der Zahl nach der Entdeckung der Irrationalitäten: Als Anzahl ist arithmos ganze Zahl. (Hingegen käme die ursprüngliche Bedeutung von arithmos als "Gefüge" (ararisko = ich füge) einer Zahlbereichserweiterung entgegen: "Zahl bedeutet etwa soviel wie eine bestimmte, arithmetisch beschreibbare Struktur, die in den Dingen steckt und deren eigentliches Wesen ausmacht."[13]) Also ist $x^2 = 2$ im Bereich der Zahlen nicht lösbar. Da es aber im Bereich der Strecken lösbar ist, (man kann die Diagonale ja konstruieren) ergibt sich hier eine Möglichkeit, auch mit Irrationalitäten exakt umzugehen. Die logisch saubere Handhabung der Definition und das Ziel, trotzdem eine exakte Theorie aufzubauen, die die Irrationalitäten einschließt, sind also für die geometrische Formulierung algebraischer Probleme verantwortlich (vdW 206).

Diese Strenge forderte ihren Tribut: Die geometrische Algebra war zu wenig praktikabel, als daß sie losgelöst von mündlicher Überlieferung (mit der dort möglichen heuristischen Einkleidung) aufgenommen und verarbeitet werden konnte. Mit dem Abbruch der mündlichen Weitergabe geht eine Unterbrechung der Entwicklung um tausend Jahre einher[14]. Aber dieses Wogen zwischen Strenge und Intuition - hier zwischen babylonischer und griechischer Art, Mathematik zu treiben - ist ja typisch für die Entwicklung der Mathematik überhaupt und zwar historisch wie individualgenetisch. (Archytas etwa, der ungemein schöpferisch war, hatte mit der Exaktheit zu kämpfen (vdW 249).) Die Frage, ob diese Strenge einem möglichen Fortschritt zur Naturwissenschaft des 17. Jahrhunderts im Wege stand, ist daher mindestens als "zunächst im Wege stand" zu formulieren. Denn später erwies sich gerade die hier begründete Strenge immer wieder als notwendig für weiteren Fortschritt[15].

Inkommensurabilität

Das Verhältnis der Diagonale zur Seite eines Quadrates, das die Babylonier bereits rational approximieren konnten, approximierten die Pythagoreer durch eine unendliche Folge von Näherungen, deren Genauigkeit unbegrenzt wuchs; sie entwickelten eine Theorie dazu und bewiesen den zentralen Satz durch vollständige Induktion (vdW 209). Mit Hilfe der Lehre von Gerade und Ungerade aus Euklid IX, einem pythagoreischen Stück Mathematik, läßt sich beweisen, daß Seite und Diagonale kein gemeinsames Maß haben (Euklid X). Wahrscheinlich stammt der Beweis von den Pythagoreern (vdW 180-182). Auf sie geht auch Euklid VII zurück, das Lehrbuch der Grundlagen der Zahlentheorie, das in der Schule der Pythagoreer gebraucht wurde. Euklid VIII beinhaltet die Zahlentheorie des Archytas, in der er zeigt, daß es zwischen gewissen Zahlen keine mittleren Proportionalen gibt.

Geht man von der pythagoreischen Vorstellung aus, daß "alles Zahl" ist, und nimmt man an, daß alle Strecken durch Zahlen darstellbar sind, müßte es Strecken geben, zwischen denen keine mittlere Proportionale existiert. Nun kann man diese aber geometrisch stets konstruieren (die Konstruktion war lange vor Archytas bekannt), also gibt es untereinander inkommensurable Strecken. So scheint die Grundthese der Pythagoreer schon auf ihrem ureigensten Gebiet, der Geometrie, widerlegt zu sein* (vdW 260f)[17]: Eine gewiß tiefgreifende Erkenntnis. Damit bricht auch ein erstes Mal eine Hoffnung auf eine mit "einfacher" Quantifizierung auskommende naturwissenschaftliche Welterklärung zusammen. Die messende Beschreibung erwies sich hier als unmöglich bzw. als prinzipiell nur angenäherte Beschreibung. (Das wird dann noch einmal verschärft durch das Ergebnis von R. Furth aus dem Jahre 1933, daß auch die Näherung prinzipielle Schranken hat.) Ein analoger Fall ist die Entdeckung der Heisenbergschen Unbestimmtheitsrelation.

Die Inkommensurabilität behandelt Theaitetos mit der Methode, daß er, um Eigenschaften von Strecken zu beweisen, auf ihnen Quadrate errichtet und die Eigenschaften dieser Quadrate untersucht (vdW 277). Von ihm stammt Euklid X über die Klassifikation der Irrationalitäten (vdW 282).

Mit dem Hinweis auf eine herausragende Leistung des Analytikers Eudoxos (370 v.Chr.) sei die Skizze abgeschlossen: Eudoxos müssen Euklid V (Proportionenlehre) und Euklid XII (Rauminhalte mit infinitesimalen Methoden) zugeschrieben werden. In seiner Exhaustionsmethode ist der moderne Limesbegriff in "seiner vollen Schärfe" enthalten (vdW 306).

---

* Die These ist nach Einführung der reellen Zahlen aber an dieser Stelle nicht mehr verletzt. Und von dem Zahlenverständnis her, das Zahl als "Gefüge" ansieht (s. o.), kann man sogar sagen, daß bis in die neueste Physik hinein sich die pythagoreische Denkweise "bewahrheitet" hat: Was wir letztlich physikalisch über die Materie wissen, ist eine mathematische Struktur, also etwas, das die Symmetrie von Zahlengesetzen hat, mit der wir sie beschreiben können, nichts anderes. Und schon Platon beschreibt die Materie in mathematischer Form durch seine vier Elemente im "Timaios"[16] (Timaios 53c ff).

ab) Die Erkenntnisweise der Mathematik nach Platon

Platon teilt das Wissen ein in praktisches (herstellendes[18]), das in Handlungen eingebunden ist und Handlungen bestimmt (etwa das Wissen von Handwerkern), und in von jeder Handlung unabhängiges, gnostisches (bildendes) Wissen, das reine Erkenntnis beinhaltet. Als Beispiel hierfür führt er die Mathematik an (Pol 258de)[19]. Anwendungen sind für die Mathematik nicht wesentlich. (Was nichts damit zu tun hat, daß man zum Leben Anwendungen der Mathematik braucht: Mit Ideenwissen baut man kein Haus (Phi)[20].) Dadurch unterscheidet sich der Mathematiker etwa vom Architekten, der bei einer weiteren Einteilung des gnostischen Wissens in beurteilendes, bei dem es mit der Einsicht in richtiges Urteil sein Bewenden hat, und gebietendes, das dazu bestimmt ist, daß man auf Grund von Einsicht jemanden etwas zu tun gebietet, als Beispiel dessen angeführt wird, der seine Erkenntnis in letzterer Weise von anderen in Handlung umsetzen läßt (Pol 259d-260b)[21].

Für die heutige Erziehung als Hinführung zu verantwortlichem Handeln ist wegen der direkten technischen Verwertung von Erkenntnissen in der modernen Welt besonders im Feld mathematisierender Wissenschaften deutlich zu machen, daß die Unterscheidung von praktischem Wissen und gnostischem Wissen eine Unterscheidung nach dem Ursprung und nicht nach der möglichen gesellschaftlichen Relevanz dieses Wissens ist. Der von Wissenschaftlern oft als Alibi gebrachte Hinweis darauf, daß *sie* das von ihnen Erkannte nicht angewandt hätten und also für diese Anwendung nicht verantwortlich zu machen seien, geht an der heutigen Problematik vorbei.

Betrachtet man das Vorgehen der Mathematiker, wird eine weitere Abgrenzung mathematischen Wissens möglich: Die Mathematiker gehen von Grundbegriffen und von Voraussetzungen aus, die sie nicht beweisen, und schließen von dort auf die zu zeigenden Sachverhalte. Als Hilfsmittel verwenden sie dabei sichtbare Figuren, doch geht es letztlich nicht um diese, sondern um jenes, dem diese Figuren "gleichen" (Polt VI 510ce)[22] und das man nur im Geiste sehen kann. (Platon unterscheidet die denkbaren Figuren, die gezeichneten Figuren und (Spiegel-)Bilder (etwa im Wasser) der gezeichneten Figuren, entsprechend im Liniengleichnis den Gegenständen der Wissenschaft, den sichtbaren Dingen und den Bildern der sichtbaren Dinge.) Damit erwerben die Mathematiker (und die Vertreter solcher Wissenschaften überhaupt) Verstandeswissen, das zwischen bloßem Meinen (dóxa) einerseits und Vernunftwissen andererseits liegt.

Vernunfterkenntnis wäre den Mathematikern erreichbar, wenn sie bei ihren Betrachtungen die Voraussetzungen nicht unbefragt als Prinzipien hinnähmen, sondern, sie wirklich nur als Ansatzpunkt setzend, dialektisch hinter alle Voraussetzungen bis zu den Anfängen von allem vordrängen und von daher ihr Wissen aufbauten (Polt VI 511ad) und VII 533c). Das kann einerseits heißen, daß sie die Voraussetzungen bewiesen, und zwar bewiesen aus wenigen wirklichen Prinzipien, die schlechterdings nicht geleugnet werden können, soll der Aufbau von Wissen überhaupt möglich sein. (Ein solches Prinzip wäre etwa der von Aristoteles gesetzte Satz vom Widerspruch.)[23] Platon gibt keinen Hinweis darauf, wie das möglich wäre[24]. (Wenn das Platons Programm des Liniengleichnisses ist, dann bleibt es unerfüllt.[25]) In moderner Terminologie gesprochen: So kann höchstens Metamathematik, aber keine inhaltliche mathematische Theorie erstellt werden. Die Forderung kann andererseits heißen, daß die Mathematiker, die nur von gewissen Hypothesen ausgehend ihre Gegenstände untersuchen, aber nicht nach dem Ursprung, dem Sein dieser Gegenstände fragen, eben diese Fragen stellen müßten. (Reidemeister weist nach, daß einige Untersuchungen des Sophistes und des Parmenides der Forderung nach einem derartigen dialektischen Vorgehen genügen: Sie "bemühen sich um eine strenge, formale Ontologie."[26]) Die Voraussetzungen als Problem aufzunehmen, das ist die Methode, das Vorgehen, das zum Sein führt. Insofern das die Methode aller Wissenschaft wird, wird damit Wissenschaft zur Erzeugungsbedingung für das Sein. Zu diesem Begriff der Methode gelangte Platon gerade an der Mathematik[27].

Wenn die Dihairesis (Begriffsaufspaltung) ein für Platons (Vernunft-)Erkenntnisgewinnung wesentliches methodisches Instrument ist[28], wird die Differenz zwischen der Verstandeserkenntnis der Mathematiker und einer Vernunfterkenntnis verdeutlicht durch das Bedenken der Unmöglichkeit solchen Vorgehens in der Mathematik, was die Eingrenzung von Begriffen anbelangt: Der Mathematiker geht vom Begriff aus und bildet (neue)

Unterbegriffe durch schrittweise Adjunktion von Prädikaten (beim allerersten Aufbau: Gruppe - abelsche Gruppe; beim logischen Aufbau: Parallelogramm - Rechteck - Quadrat); bei der Dihairesis wird der Unterbegriff, nach dem gefragt wird, analytisch (als bereits vorhandener) aus dem Begriff herausgearbeitet (Tierjagd, Wassertierjagd, ..., Angelfischerei) (Soph 219a ff).

Ein weiteres Zeichen des Aufbaus von Vernunftwissen ist, bei der Ableitung sich nicht des sinnlich Wahrnehmbaren - wie gezeichneter Figuren - zu bedienen, sondern nur der Ideen selbst (Polt VI 511c). (Modernes axiomatisches Vorgehen (Hilbert) erfüllt diese Forderung!) Wir werden sehen, daß eine dieser Forderung genügende Geometrie dann auch als zur Bildung geeignet erkannt wird.

Schließlich ist in der Geometrie der Gegenstand verantwortlich für diese Zwischenstellung des Wissens zwischen dem Meinen (dóxa), das sich auf sinnlich Wahrnehmbares, auf die Welt des Werdens und Vergehens (horatón) bezieht, und dem Wissen (nous), das sich auf rein gedanklich Gegebenes, auf das (ewig) Seiende (noëtón) bezieht: Der Raum ist für Platon ein Drittes neben dem Reich des sinnlich Wahrnehmbaren und dem nur Denkbaren, insofern er selber unveränderlich, unvergänglich ist wie das ewig Seiende, das *noëtón*, als aber in ihm das Bewegen, das Werden und Vergehen stattfindet (Tim 50cd)[29].

Für Platon haben die Gegenstände der Mathematik ein Sein, das zwischen den Dingen der sinnlichen Wahrnehmung und den Ideen einzuordnen ist[30]. Damit ist in der Geometrie letztlich die Frage aufgeworfen, wieweit sie empirische Theorie (Physik) ist. Insgesamt wird von Platon die inhaltliche Auffassung der Mathematik als einer auf vorgegebene Inhalte des Denkens bezogenen Wissenschaft vertreten.

ac) Mathematik und Philosophie

Trotz der in o.g. Trennung von Vernunfterkenntnis und Erkenntnis der Mathematiker den Mathematikern vorgehaltenen mangelnden dialektischen Aus- bzw. Aufarbeitung liegt die Nähe von Mathematik und Philosophie zur Zeit Platons gerade in methodischer Gemeinsamkeit begründet. In der Dialektik (hier als Methode im engeren Sinne gemeint) der platonischen Dialoge wird von der Hypothesis ausgehend eine Entscheidung der Verträglichkeit von Folgerungen aus der Hypothesis mit der Hypothesis bzw. untereinander allein negativ nach dem Kriterium der Widerspruchsfreiheit getroffen[31], d.h. einzige Möglichkeit zu entscheiden ist, auf Grund eines auftretenden Widerspruchs (nach stringenter Folgerung) eine Hypothesis zu verwerfen. Das ist aber nichts anderes als eine indirekte Beweisführung und die wiederum ist charakteristisch für deduktive Mathematik.

Zur Frage, wo diese indirekte Beweisführung historisch gesehen herkommt, wurden alle drei möglichen Alternativen angenommen: Die Mathematik habe sie aus Platons Philosophie übernommen (genauer gesagt, im Zuge einer "Platonischen Reform" der Mathematik sei diese mit Hilfe jener Methode deduktiv gestaltet worden), Platon habe die Methode aus der Mathematik für seine Philosophie entlehnt und schließlich, die deduktive Mathematik und Platons Philosophie gingen methodisch auf einen gemeinsamen Ursprung zurück. Während die erste Annahme (Zeuthen) kaum zu untermauern ist[32], ist die von Reidemeister vorgetragene zweite Version einleuchtender belegt[33], sie wird aber irrelevant gegenüber der von Szabó in seiner Untersuchung des euklidischen Axiomensystems ausgewiesenen dritten Alternative. Danach gehen die Hypothesis-Anwendung und der indirekte Beweis auf die Eleaten zurück[34]. Die frühgriechische Mathematik ist ein Teilgebiet der eleatischen Dialektik. In der Zeit nach Parmenides/Zenon machte diese eleatische Lehre über die Widerspruchsfreiheit eine doppelte Entwicklung durch: sie erblühte einerseits in der Mathematik, entartete andererseits zur Sophistik. Es ist klar, zu welcher Richtung sich Platon bekannte, und das erklärt manchen Hinweis Platons auf die Mathematik, der für die zweite Version reklamiert wurde.

Die Gegenstände der Erfahrung sind widerspruchsvoll. Das Kriterium der Widerspruchsfreiheit kann also nur für Gedachtes in Anspruch genommen werden. Die Hypothesis-Anwendung, deren entscheidendes Kriterium die Widerspruchsfreiheit ist, ist daher eng an die Ablehnung sinnlicher Wahrnehmung gebunden. (Wir sahen im ersten Kapitel die Tragweite dessen!) Szabó weist in diesem Zusammenhang darauf hin, daß in der frühgriechischen Mathematik eine auffallende antiempirische und anschauungswidrige Tendenz zusammen mit den ersten indirekten Beweisführungen aufgetreten sei[35].

Hieraus erwächst dann auch die Grundlegung der Geometrie: Um vom Anschauungsraum abstrahieren zu können, um geometrisches Wissen ohne sinnliche Wahrnehmung zu ermöglichen (um von der Geometrie als *historie* - als durch Sehen gewonnenem Wissen - wegzukommen), mußte solche Grundlegung geleistet werden[36]. Dabei war es nötig, auf dieser (abstrakten) Ebene die eleatische Zurückweisung jeglicher Bewegung aufzuheben:* Das leisten die euklidischen "Postulate" (Euklid I: etwa, daß man von jedem Punkt zu jedem Punkt die Strecke ziehen kann), die den "Definitionen" folgen. Und für die Sicherung der empirischen Gleichheitssätze brauchte man die "Axiome"[38]. (Vgl. etwa "das Ganze ist größer als der Teil" gegen Zenons "die halbe Zeit ist der doppelten gleich"[39]**.) An dieser Stelle ist anzumerken, daß also die mathematischen Axiome ("Postulate" und "Axiome" bei Euklid) ursprünglich Setzungen als Ausgangsbasis für ein deduktives System waren, nicht mehr. Es handelt sich keineswegs um allgemein für wahr gehaltene Sätze, von denen man ausgehen kann. Das meinte man erst zur Zeit Platons (und es stimmte dann mit seiner inhaltlichen Auffassung von der Mathematik überein), als die eleatische Problematik nicht mehr präsent war[40].

Diese in die vorplatonische Zeit zurückreichenden Versuche, allgemeine Grundlagen der Mathematik zusammenzustellen, sind - die Mathematik als Teilgebiet der Dialektik gesehen - ganz analog dem Vorgehen des Sokrates, der seinen Untersuchungen "besonders starke" Behauptungen zugrundelegte (Phai 200A)[41]. So wurde etwa der Satz von der Unteilbarkeit der Eins zur Grundlage, Hypothesis der pythagoreischen Arithmetik[42].

---

* Vgl. auch Freudenthal: Die Abbildungen wurden wegen des kinematischen Untertones von Euklid ausgemerzt.[37]
** Man denke an die Mengenlehre: Die Menge der Zahlen (das Ganze) ist nicht "größer" als die Menge der geraden Zahlen (echter Teil), sondern die Teilmenge, die aus "jeder zweiten Zahl" besteht, also gewissermaßen ihre Hälfte, ist so "groß" wie ihr Doppeltes.

Mit der arithmetischen Definition "Zahl ist die aus Einheiten zusammengesetzte Menge" glaubte man eine ausreichende Grundlage für die Arithmetik geschaffen zu haben[43]. Und zwar glaubte man wegen der Anschauungsunabhängigkeit der Arithmetik allein mit dieser Definition auskommen zu können[44]. Diese Anschauungsunabhängigkeit hatte Konsequenzen für den Existenzbeweis: Man konnte dann nämlich einen indirekten Beweis (Widerspruchsfreiheitsbeweis) führen analog dem bei den Eleaten (Parmenides)[45].

In der Geometrie, deren Postulate und Axiome (ursprünglich) dialektische Setzungen waren, für die die Zustimmung des Dialogpartners in der Schwebe blieb (Postulate (aitémata) und Axiome (axiómata) sind Synonyme für Hypothesen (hypotheses)), die also echte Forderungen waren, wurde der Existenzbeweis durch Konstruktion geführt, ausgehend von den Fundamentalkonstruktionen (Existenzforderungen) des 1. und 3. euklidischen Postulates (d.i. praktisch die Benutzung von Zirkel und Lineal). Die Frage, ob die so konstruierten Figuren im Sinne einer spekulativen Philosophie wirklich "existierten" wurde zunehmend vergleichgültigt (Szabó)*[47]: Mit der Grundlegung der Geometrie machte sich die Mathematik mehr und mehr selbständig und unabhängig von der Philosophie [48]. Das wird zum Beispiel bei Archimedes dokumentiert, der die Einführung des Axiomes vom Messen ("Archimedisches Axiom") rein innermathematisch begründet mit der Fruchtbarkeit dieses Axioms bzw. mit seiner Unentbehrlichkeit für die Begründung offensichtlich gültiger Sätze über Kreis- und Kugelinhalt[49].

Die enge Verbindung zwischen Mathematik und Philosophie, wie sie für Platon bestand, könnte (unabhängig von einer zu diskutierenden Notwendigkeit für die Mathematik der Gegenwart) didaktisch die nötige *Relativierung übertriebener Wissenschaftsbestimmung der Schule* (als enger Aus-

---

* Ist das nicht schon der Ansatz, der später in der Hilbert'schen Axiomatik verfolgt wird? Ja sogar der weitergehende Ansatz der Hilbert'schen Beweistheorie könnte das sein. Andererseits wollen wir offenlassen, ob Szabó nicht zu sehr durch die heutige Brille der Hilbert'schen Gedanken schaut. Wir können das hier nicht aufarbeiten. Die Vergleichgültigung hätte eine überraschende Nähe zur modernen Physik.[46]

richtung an den Ergebnissen heutiger Einzelwissenschaften) schaffen. Die Besinnung auf diese Verbindung könnte eine Trennung von Schule und Wissenschaft im Sinne der Ablehnung monobasaler Unterrichtsbestimmung durch die Einzelwissenschaft ermöglichen.

ad) Mathematik bei Platon

Hier seien zunächst zwei Bemerkungen Platons über mathematische Inhalte eingeordnet, die zeigen, wieweit die mathematische Forschung von Platon an der Akademie gefördert wurde. (Bemerkungen, die bei der Platon-Lektüre aus dem Kontext allein übrigens kaum verständlich sind.)

Im nächsten Abschnitt wird von Gegenständen die Rede sein, die bei der Ausbildung der Philosophen eine Rolle spielen. Dabei werden die Geometrie und die Stereometrie erwähnt. Im Text (Polt 528a-d) ist dabei die Klage über die Vernachlässigung der Stereometrie auffällig. Dazu muß zunächst gesagt werden, daß Platon mit Geometrie hier die geometrische Algebra meint, die quadratische, und mit Stereometrie die geometrische Algebra, die kubische Ausdrücke umfaßt. Und für letztere ist die dem Lösen gewisser kubischer Gleichungen analoge Aufgabe die Konstruktion eines Würfels mit vorgegebenem Rauminhalt. Diese Aufgabe aber wurde zur Zeit Platons gerade bearbeitet, und Platons Klage sollte wohl die Akademie anregen, sich diesem Problem zu widmen (vdW 228ff).

Aus der Unteilbarkeit der Einheit (Polt 525e) - Körper kann man teilen, aber es entstehen dann viele, die Zahl wird dabei also vervielfacht, die Eins ist also nicht teilbar - resultiert die Verbannung der Brüche aus der griechischen Mathematik; man operiert statt dessen mit Zahlenverhältnissen. In der Praxis der Kaufleute und Ingenieure werden die Brüche aber sehr wohl benutzt. Platon trennt stets technische und wissenschaftliche Mathematik. Im Philebos weist er darauf hin, daß die einen Dinge zählen, die alle voneinander verschieden sind, die anderen Einheiten betrachten, die sich in keiner Weise voneinander unterscheiden: lauter reine Einsen. Er spricht damit das Abstrahieren bei der Bildung des Zahlbegriffs an. Dazu trifft er folgende Einteilung: Die praktische Logistik ist die Rechenkunst, vor allem das Bruchrechnen. Die theoretische Logistik befaßt sich demgegenüber mit den Zahlen. Die praktische Arithmetik ist das Zählen und die theoretische Arithmetik behandelt die (pythagoreische) Lehre von Gerade und Ungerade (Euklid IX), und hierhin gehört für die Griechen auch die Auflösung von Gleichungssystemen ersten Grades (für uns Algebra). (vdW 189f)

Bei aller Achtung, die Platon der Mathematik entgegenbrachte, bei allem Wissen um die Mathematik und allem Umgang mit ihr und mit Mathematikern, bei aller Förderung, die die Mathematik durch ihn in der Akademie erfuhr: Platon selbst wird allgemein nicht als Mathematiker gesehen. Als Beispiel sei hier ein drittes Mal auf van der Waerden verwiesen (vdW 266ff). Eutokios schreibt eine bestimmte Lösung des Problems, zwei mittlere Proportionalen zu konstruieren, Platon zu, was aber wohl nicht haltbar ist. Doch beim Nachweis der Unhaltbarkeit dieser Bemerkung durch van der Waerden spielt gerade wieder Platons Einsicht in das Wesen der Mathematik eine Rolle, nämlich daß er sich mit Entschiedenheit dagegen wehrt, daß man Mathematik als empirische Wissenschaft treibt, indem man einen Beweis durch Konstruktion eines mechanischen Apparates erbringt: Die reine Geometrie werde an solchen Methoden zuschanden.

Die Pythagoreer erzeugten die Zahlen aus der Einheit, diese wiederum aus dem Begrenzten (peras) und dem Grenzenlosen (apeiron). Wenn Platon das Unbegrenzte durch die Zweiheit von groß und klein ersetzte[50], dann scheint das keine der Entwicklung der Mathematik dienliche Variation zu sein. Auch die Ansicht Platons, die Einheit präge nur einmal, erscheint mathematisch weniger fruchtbar als die gegenteilige, aristotelische Auffassung. Falls hingegen Otto Toeplitz mit seiner These, daß die Ideenzahlen Platons die erkenntnistheoretische Inkarnation der mathematischen "Verhältnisse" (lógoi) seien, ins Schwarze trifft, dann besagt das, "daß Platon im Begriff war", die griechische Mathematik "in einem aus dem Euklid nicht unmittelbar zu erkennenden Maße irgendwie zu dem heutigen Zahlbegriff hinzuführen, und es besagt weiter, daß Aristoteles mit seinem Kampf dagegen die griechische Mathematik von diesem Wege abgedrängt hat". Dann hätte die Autorität des Aristoteles "durch zwei Jahrtausende eine Umformung hintangehalten, die Platos Akademie zu vollziehen im Begriff war."[51]

Und andererseits: Wenn Platon auch selbst kein Mathematiker gewesen wäre, so gelangte er doch an der Mathematik zum Begriff der Methode (s.o.) als dem Bewußtsein, durch das Denken zum Sein vorzudringen. Und indem die Mathematik dieser Reflexion dient, ist sie weit mehr als Mittel für technische Zwecke. In diesem Verhältnis von Mathematik und Philosophie liegt eine *Aufgabe*, die Platon uns hinterlassen hat[52].

b) Wozu lernt man Mathematik

Welchen Stellenwert hat nun diese Mathematik in Platons Bildungsplan (dem "ersten Curriculum der Bildung" - Schurr[53])? Zunächst wird im Staat (Polt 521c-526c) die Arithmetik auf ihre Eignung für die Bildung befragt. Sie erweist sich in zweierlei Beziehung als geeignet. Betreibt man sie nicht auf gemeine Weise (wie Handelsleute und Krämer), sondern fragt man nach der Natur der Zahlen, also danach, was eine Zahl ist, so wird dabei die Seele genötigt, sich der Vernunft zu bedienen, um die Wahrheit zu finden. Man wird auf diese Weise vom Werdenden loskommen und zur Wesenheit, zum Sein durchdringen. Zu dieser Anleitung zur Methode des Denkens kommt die Schulung der Denkkraft selbst: Mit der Vermehrung der Rechenfertigkeit geht die Ausbildung einer guten (schnellen) Auffassungsgabe einher.

Auch die (ebene) Geometrie wird (Polt 526c-527c) für die Bildung als geeignet erkannt, da auch sie "uns nötigt, das Sein anzuschauen". Diese Tatsache wird lediglich verdeckt durch die Art, wie in der Geometrie geredet wird: Man spricht von empirischen Gegenständen und von menschlichen Handlungen, meint aber etwas rein Gedankliches: Es geht dem Geometer letztlich nicht um Gegenstände der Anschauung, sondern um Erkenntnis des ewig Seienden. Ganz analog werden die Stereometrie, die Astronomie und die Harmonielehre behandelt (Polt 527d-531c). Dabei wird die Astronomie - um es in heutiger Terminologie zu sagen - als theoretische Mechanik gefordert (Autolykos von Pitane (ca.320 v.Chr) treibt in seinem Buch "Über die sich drehende Sphäre" in solcher Weise Astronomie - vdW 310f) und auch die Harmonielehre nur als mathematische Theorie für die Bildung anerkannt. Allen diesen Disziplinen gemein ist, daß durch die Beschäftigung mit ihnen "ein Sinn der Seele gereinigt wird und angeregt, der unter anderen Beschäftigungen verlorengeht und erblindet, und an dessen Erhaltung mehr gelegen ist, als an tausend Augen; denn durch ihn allein wird die Wahrheit gesehen." (Polt 527de) Diese Disziplinen sollen nicht nur alle als Mathematik betrieben, sondern sie sollen auch unter einer sie vereinenden Systematik betrachtet werden. Nur wenn dies geschieht, ist die Beschäftigung mit ihnen keine unnütze Mühe (Polt531d). Das ist ein weiterer Punkt: Nicht um einzelner Gebiete willen, um der *Gesamtschau*, das *Überblicks* willen sollen diese Wissenschaften betrieben werden.

Insgesamt liegt für die Bildung der Sinn der Beschäftigung mit den mathematischen Wissenschaften darin, von den zusammenhangslos auftretenden Einzelheiten, von den Wahrnehmungen, zu den Wesenheiten, zum Sein zu gelangen. Erkenntnis ist Erkenntnis von Verhältnissen, sie ist synthetischer Natur wie das Wesen der Arithmetik (Zahl ist aus lauter "reinen" Einsen aufgebaut) und der Geometrie. Man kann an der Mathematik lernen, daß man nicht durch Sinneswahrnehmung zum Sein gelangen kann[54], die Mathematik kann das Denken für die Dialektik schulen. Diese Wissenschaften bereiten auf die Dialektik vor ("Vorspiel" zur eigentlichen "Melodie"), sie sind "Mitdienerinnen und Mitleiterinnen" der Dialektik. (Polt 531e,533d).

In ganz anderer Richtung ist das "wozu" der Mathematik zu sehen, wenn man Platons Betrachtung über die Lust im Philebos nachgeht. *Das Gute* wird weniger in der gemischten Lust gefunden, die nur als mit Unlust verbunden oder auf sie bezogen möglich ist, als vielmehr in der reinen Lust. Beispiele für die reine Lust sind die Lust an mathematischen Formen und die Lust an Kenntnissen. Bei den mathematischen Formen werden hier geometrische Formen wie Kreise, Zylinder, Rechtecke, Würfel u.ä. angesprochen; damit ist genau die "Schönheit der Mathematik" gemeint, die uns heute auch in der Eleganz eines Logikkalküls oder eines Beweises für einen mathematischen Satz erscheint. (Phil 51a-52a).

c) Wie lernt man Mathematik

Sokrates

Hierzu erfahren wir durch das Sklavenbeispiel im Menon Platons grundsätzliche Haltung. Die Interpretation dieser Stelle steht allerdings in einer Beziehung in der Literatur meistens in offensichtlichem Widerspruch zum Text. Da dieser Widerspruch gerade die Mathematik angeht (und die Mathematikdidaktik, wie wir im Kap. IV sehen werden) bzw. insbesondere durch Beachtung des mathematischen Gehalts gewisser Aussagen offenbar wird, werden wir die Interpretation hier zurechtzurücken suchen.

Wir wählen Bröcker und Reich als Beispiele. Bröcker schreibt, daß Sokrates aus dem Sklaven "ohne ihn dogmatisch zu belehren, einen geometrischen Satz herausholt". Und: "Der Knabe wird zwar durch Fragen angeleitet, doch wird ihm keine Antwort vorgesagt. Alle Antworten findet er selbst."[55] Reich: "... ein pädagogisches Experiment ..., das das mathematische Lernen als einen Prozeß der Selbsttätigkeit, nämlich des Selbstdenkens, erscheinen läßt, wobei Sokrates' Gesprächskunst nur Hilfestellung leistet, aber nichts sachlich lehrt ..."[56]. Letzteres stimmt eben nicht! Der entscheidende Gedanke der Flächenverdopplung liegt im Ziehen (Betrachten) der Diagonale des vorgelegten Quadrates. Und darauf kommt der Sklave nicht selbst, sondern Sokrates schlägt es ihm vor. Aber sogar in kleineren Fragen präsentiert Sokrates die Lösung (wenn auch als Frage formuliert und damit) als Vorschlag. Zwar ist im ersten Satz von Bröcker (s.o.) das "dogmatisch" so interpretierbar, daß der Satz mit unserer unten zu gebenden Interpretation übereinstimmt, Bröckers zweiter Satz irrt aber. Dem Knaben werden sogar mehrere Antworten vorgesagt (inhaltlich gesehen - wörtlich gesehen nicht, da die Inhalte wie gesagt als Vorschläge gesetzt werden und der Sklave zustimmt oder ablehnt; aber so ist das bei Bröcker wohl nicht gemeint).
Beispiele dafür sind: Sokrates:
"... enthielte dann nicht der ganze Raum einmal zwei Fuß?" (Men 82c)

"Da er nun aber auch hier zwei Fuß hat, wird er nicht von zweimal zwei Fuß" (sein)? (82d)
"Wie groß ist er also? Nicht viermal so groß?" (83b) (Paradebeispiel!)
"... so wird das ganze Viereck von dreimal drei Fuß" (sein) (85e)
"Schneidet nun nicht diese Linie, welche aus einem Winkel in den anderen geht, jedes von diesen Vierecken in zwei gleiche Teile?" (84e/85a) (Diagonale!)
"Und werden nicht dieses vier gleiche Linien, welche dieses Viereck einschließen?" (85a)
"Hat nicht von diesen vieren von je einem jede Seite die Hälfte nach innen zu abgeschnitten? Oder nicht?" (85a)
Also schöpft der Knabe das Wissen zunächst nicht aus sich heraus. Damit wird natürlich auch die Interpretation fragwürdig, hier werde gezeigt, daß man sich an solches Wissen nur (wieder) zu erinnern brauche (anamnesis), um es zu besitzen. Etwa Bröcker: "Er holt sie" (die Antworten) "aus sich selbst hervor, als hätte er dies Wissen schon besessen und müsse sich nur daran erinnern."

So direkt dürfen wir die anamnesis nicht sehen. Wir fragen daher zunächst nach dem Stellenwert des Sklavenbeispiels innerhalb des gesamten Dialogs.

Sokrates geht es darum, dem eristischen Satz, weder was ein Mensch wisse, könne er suchen, denn er wisse es ja; noch was er nicht wisse, denn er wisse ja dann auch nicht, was er suchen solle (80e), etwas entgegenzusetzen, das Wissensuche als sinnvoll begründet. (86b,c,d). Von daher muß das Beispiel schon zeigen, daß es möglich ist, Wissen über Neues zu erlangen, Wissen von noch nicht (durch Erfahrung) Erhaltenem zu bekommen; aber das muß keineswegs im oben angesprochenen äußerlichen Sinn geschehen, daß gezeigt würde, daß der Sklave einen mathematischen Sachverhalt findet, ohne daß er ihn von jemandem erfährt. Vielmehr ist hier am Beispiel der Mathematik gezeigt, daß *apriorisches Wissen möglich* ist. Und das wird der Intention des Sokrates an dieser Stelle des Dialogs ausreichend gerecht.

Der apriorische Charakter der Mathematik ist also angesprochen. Daher die Sätze des Sokrates:

"Es waren doch diese Vorstellungen in ihm. Oder nicht?"
"In dem Nichtwissenden also sind von dem, was er nicht weiß, dennoch richtige Vorstellungen?" (85c)
Und in dem Satz "Dieses nun, selbst aus sich eine Erkenntnis hervorholen, heißt das nicht sich erinnern?" (besinnen?) (85d) definiert Sokrates "sich erinnern" überdeutlich im von uns hier angenommenen apriorischen Sinn. Demgegenüber wird der Satz "wenn er sie" (die Vorstellungen) "aber in diesem Leben nicht erlangt hat und daher nicht wußte, so hat er sie ja offenbar in einer anderen Zeit gehabt und gelernt." (85e), der das Wiedererinnern über eine Seelenwanderung als Erinnern von in früheren Leben Geschautem annimmt, durch die spätere sich darauf beziehende Bemerkung ". . . das Übrige freilich möchte ich nicht eben ganz verfechten für diese Rede . . ." (86b) zurückgenommen. ("Einsehen" (apriorisch gesehen) als der Erfahrung vorausliegend wird u.U. von Platon hier zunächst noch zeitlich gesehen und daher vom Gedächtnis aus interpretiert.[57]) Und daher hätte Becker[58] noch einen Schritt weitergehen und in dem Satz ". . . Sklavenszene . . . , in der Platon . . . den "apriorischen" Charakter der mathematischen Erkenntnis auf das klarste herausarbeitet, auf die man sich nur zu *besinnen* braucht, um sich ihrer wieder zu "er-innern"." das "wieder" weglassen sollen: Dann zeigte auch der Bindestrich in "er-innern" erst wirklich an, was hier nur gemeint sein kann.

Damit nun dieser durch die beiden eben zitierten Sätze über die in dem Jungen vorhanden gewesenen richtigen Vorstellungsmöglichkeiten (in unserer Interpretation) ausgesagte Sachverhalt wirklich zutrifft, darf der Sklave nicht einfach nachreden, was ihm der Lehrer vorsetzt, sondern darf nur das sagen, wovon er selbst überzeugt ist, was er selbst eingesehen hat. Sokrates: "Hat dieser irgendeine Vorstellung, die nicht die seine war, zur Antwort gegeben?" (85b).

Der Sklave darf nur eigene Vorstellungen ausgeben; der Lehrer darf nicht "eintrichtern". (Auch der Satz: "Und gib wohl acht, ob du mich je darauf betriffst, daß ich ihn lehre und ihm vortrage und nicht seine eigenen Gedanken nur ihm abfrage." Ist nur so zu verstehen). Also ist das Lehren in "ohne daß ihn also jemand lehrt, sondern nur ausfragt, wird er wissen und wird die Erkenntnis nur aus sich selbst hervorgeholt haben." als ein mit dem Anspruch blinder Übernahme Vorsetzen zu sehen; desgleichen das "dogmatisch zu belehren" in dem Eingangs zitierten Satz von Bröcker. Das wird auch durch die folgende Bemerkung des Sokrates gestützt: "Siehst du wohl, Menon, wie weit er schon fortgeht im Erinnern?" Die Bemerkung zeigt nämlich, daß es darauf ankommt, daß der Junge schließlich den Sachverhalt einsieht. Daß der Sklave den Gedankengang nachvollziehen kann, darin zeigt sich die Möglichkeit apriorischen Wissens! (Die Möglichkeit in der Welt der Ideen geschaute Wesenheiten zu erkennen, sich ihrer zu erinnern. - Das nennt Kant synthetisches Apriori[59].)

Und damit ist das Sklavenbeispiel auch *didaktisches Vorbild*: Es zeigt, daß es möglich ist, den Schüler über eigene Einsicht, über selbstbegründendes Nachvollziehen zum Wissen zu bringen, ohne ihn dogmatisch zu belehren, ohne ihm etwas einzutrichtern. Demzufolge ist klar, wie Mathematik zu lehren ist. Sokrates *lehrt* den Sklaven die Quadratverdoppelung. Sein Vorbild zeigt die Methode: Er leistet Hilfestellung beim Prozeß des Denkens. Dazu muß er - wenn es gelingen soll - den Lehrgegenstand vor (in) dem Schüler entstehen lassen in "genetischer" Weise (vgl. Kap.IV). Sokrates gibt durch sein Lehren die wissenschaftliche Tradition weiter (Diagonale). Er zwingt den Schüler durch zweifelndes Nachfragen, den Weg von bloßer (u.U. vorschneller und zunächst zu korrigierender) Mutmaßung über wahre Meinung zu fundiertem Wissen zu gehen.

Denn das ist ein zweites mit dem Sklavenbeispiel verfolgtes Anliegen des Sokrates: zu zeigen, daß es möglich ist, richtige Vorstellungen (wahre Meinungen) durch "Beziehung des Grundes" als *Erkenntnisse* zu binden (98a). (Vgl. auch Reich: Der Anamnesisbegriff bezeichnet den Übergang von bloßer Mutmaßung zu eigentlichem Wissen.[60]) Und auch dieses nennt er "Erinnerung" (98a), womit die Zurückweisung der Vorstellung der Seelenwanderung und die ganze obige Argumentation über das Apriorische andermal gestützt wird.

Also zeigt das Sklavenbeispiel, daß es *möglich* ist, jemanden *Mathematik zu lehren*. Wir müssen dazu im anderen die Möglichkeit der Einsicht in die jeweiligen Zusammenhänge antizipieren. Und die Kunst des Lehrens besteht darin, dieses, das durch transzendentale Voraussetzung im anderen antizipiert wurde, (durch Hebammendienst) zu erwecken. Dabei werden dem anderen selbstverständich mathematische Gedanken und Sachverhalte auch immer schon vorgelegt, wesentlich ist, daß diese "mitzuteilende Erkenntnis als eine eigene in dem Jüngling aufschießt". (Copei[61])

Verunsicherung

Sieht man das Sklavenbeispiel in der angegebenen Art (auch) als didaktisches Vorbild, wird noch eine fundamentale pädagogische Überlegung sichtbar: Sokrates fragt "Indem wir ihn also in Verlegenheit brachten und zum Erstarren, wie der Krampfrochen, haben wir ihm dadurch etwa Schaden getan?" Hier ist die Frage nach der Verunsicherung (Entfremdung) gegenüber dem bisherigen subjektiv sicheren Grund aufgeworfen. Diese Verunsicherung tritt notwendig bei der Sokratischen Methode ein, da durch Zweifel der bisherige objektiv unsichere Grund zerstört wird. Warum hat Sokrates im Beispiel keinen Schaden zugefügt? Weil es bei der Zerstörung nicht blieb, sondern ein neuer Grund gelegt wurde, weil die Entfremdung durch eine neue Einwurzelung aufgehoben wurde: Deswegen war das Vorgehen pädagogisch verantwortbar.

Verunsicherung als Methode ist grundsätzlich zu fordern, um Erkenntnis zu begründen. (Dem korrespondiert eine Verfremdung des Erscheinungsbildes von Gegenständen.) Der Pädagoge steht aber in der Verantwortung für den Schüler, er muß dessen Individuallage im Auge behalten, darf nicht blind verunsichern, und ist an das Ziel einer neuen "Einwurzelung" gebunden.

Zusammenhänge

Auf einen weiteren Punkt, wie die Mathematik zu lehren sei, sind wir schon eingegangen: Im Übergang von der Betrachtung der mathematischen Wissenschaften zur Dialektik (Polt 531d) sagt Sokrates, daß die Bearbeitung der mathematischen Gegenstände "auf deren Gemeinschaft unter sich und Verwandtschaft" gerichtet sein muß. (Hier ist Dialektik in einem weiten Sinne verstanden, sie bezeichnet hier nicht nur die Methode, sondern die gesamte Vernunfterkenntnis mit Hilfe dieser Methode - also die Philosophie.) Das Lehrgut soll also in seinen systematischen Zusammenhang eingeordnet werden, es darf kein unbezogen im Raum stehendes Einzelwissen entstehen; der Überblick ist letztes Ziel! Allerdings gibt Platon für dieses Ziel auch ein Alter an, das der Tiefe der Aufgabe und den zu fordernden Voraussetzungen (an Einzelwissen z.B.) angemessen ist: Wenn der Schüler zwanzig Jahre alt ist, soll solches beginnen. (Polt 537b,c) (Diese Zeitüberlegung ist jedoch nicht unabhängig vom zu absolvierenden Militärdienst, der vorher liegt.) Der Überblick hat nicht nur einen Sinn in sich, sondern ist auch didaktisches Prinzip: Nur so werde das Erlernte, die Einzeltatsachen, "fest sein", möchten sie gleichwohl einzeln schon beigebracht worden sein (537c).

Vorher hat der Schüler also bereits die Bausteine für dieses Vorhaben (den Überblick) gesammelt. (536d-537a). Pädagogisches Prinzip ist dabei, daß sich die Schüler spielend mit dem Stoff beschäftigen. Dafür werden zwei Gründe genannt: Erstens, daß "kein Freier irgend eine Kenntnis auf knechtische Art lernen muß" damit ist die *Anerkennung des Schülers als Person* angesprochen, und zweitens, damit man desto besser sehen könne, in welcher Richtung sich der Schüler entwickelt, "wohin ein jeder von Natur sich neigt", das ist die *Freigabe der Person zur Entfaltung*. Insgesamt wird hier eine Verfügung über den Schüler zurückgewiesen.

Der vom zwanzigsten Lebensjahr an zu schaffende Überblick wird nur den "Vorzüglichen" (Polt 537b,e) angeboten. Hier wird (wie an anderen Stellen) klar, daß die Schüler für die Elitebildung immer weiter ausgelesen werden. (Auf dieses Problem gehen wir insbesondere anläßlich der Bildungsvorstellungen Wittenbergs für das Gymnasium in Kapitel IV ein.) Der Überblick ist dann der Prüfstein, für die Eignung zur Dialektik (=Philosophie) (Polt 537c): Wer nicht in der Lage ist, sein Einzelwissen systematisch einzuordnen, ist von vornherein ungeeignet für dialektische Studien, bei denen die Beziehungen der Gegenstände untereinander wesentlich über den reinen Aufweis von Einzeldingen hinausgreifen.

Mit 30 Jahren erst ist der Schüler reif für die Philosophie (Polt 239/240). Das wird mit der Notwendigkeit einer gewissen charakterlichen Festigung begründet, die der Gefahr steuern soll, daß der Schüler durch das philosophische Fragen moralisch verwirrt und einer Beliebigkeit des moralischen Urteils ausgeliefert wird. (In diesem Alter konstruieren heutige Wissenschaftler neue Gene, experimentieren mit menschlichen Embryos etc.) Damit ist erneut die Entfremdungsgefahr angesprochen: Nur wer dem Zweifel gewachsen ist, darf ihm ausgeliefert werden.

II . 2 Aristoteles und die Naturwissenschaften

a) Naturwissenschaften

Wahrnehmung

Wir betrachten die Mathematik im Hinblick auf Mathematikunterricht in der Schule. Wie aus dem ersten Kapitel deutlich wird, muß der Schüler unter dem Gesichtspunkt der Bildung die Mathematik vor allem auch als Möglichkeit zur Mathematisierung der so greifbaren Welt beurteilen lernen, soll er nicht orientierungslos einer Technisierung der Welt gegenüberstehen. Das lenkt den Blick auf die Naturwissenschaften. Es ist daher angebracht, den Ausführungen über Platon einige Betrachtungen zu Aristoteles folgen zu lassen, kann man doch Platon und Aristoteles in gewisser Sicht gegenüberstellen als Mathematiker und Naturwissenschaftler. Platon wäre der Mathematiker, dessen Blick nicht am Vorfindbaren, am sinnlich Wahrnehmbaren haftet, der jenseits dieser "Schatten" das wahre Wesen der Dinge sucht. Aristoteles hält als Naturwissenschaftler diese Suche nicht für falsch, aber er muß zunächst das Vorfindbare ernst nehmen. Er setzt gegen Platons übersteigerte Entwertung des Hiesigen die Anerkennung der Vernunft im Gegebenen und Wirklichen; er bestimmt das Sein am Seienden, sieht das Anwesen der Idee im Faktischen und Konkreten (Eugen Fink)[62].

Aristoteles verweist die Wissenschaftler auf die Phänomene als Ausgang für naturwissenschaftliche Erkenntnis. Sie sind dies in doppelter Weise. Die Wahrnehmung ist die Anlaßbedingung von Erkenntnis[63], Phänomene der Ausgangspunkt für einen Erkenntnisvorgang, insbesondere für einen naturwissenschaftlichen Satz. (So auch heute: In der Physik kann man zwar einen Sachverhalt als Eigenschaft einer Differentialgleichung darstellen; finden kann man ihn so zumeist nicht.) Aber auch die Prinzipien, die von einer Wissenschaft, damit sie überhaupt beginnen kann, immer schon vorausgesetzt werden, diese Prinzipien lernen wir nach Aristoteles kennen durch Induktion, durch Wahrnehmung, durch Gewohnheiten (und in anderer Weise)[64].

Wenn die Naturwissenschaftler von den Phänomenen ausgehen, wenn sie bei der Wahrnehmung ihren Anfang nehmen, dann ist diese Wahrnehmung das erste Problem. Die Wahrnehmung ist unterschiedlich genau in den verschiedenen Bereichen naturwissenschaftlichen Suchens: Aristoteles fordert von jeder Wissenschaft die Genauigkeit, die die Natur der Sache jeweils zuläßt[65]. Als nächstes sind für die Genauigkeit der Ergebnisse einer Wissenschaft die Methoden und Verfahren verantwortlich. Sind diese kompliziert, resultiert nach Aristoteles daraus u.U. eine geringere Genauigkeit der Wissenschaft[66]. Solche Überlegungen sprechen für eine saubere Trennung der Disziplinen.

Aristoteles gibt also nach Platons Aufweis der Stellung der Mathematik die Naturwissenschaften in unser Blickfeld und zwar als getrennte wissenschaftliche Disziplinen.

Würdigungen

Ist unser Blick zu eng in einem einseitigen modernen naturwissenschaftlichen Ursache-Wirkungs-Denken befangen, werden wir allerdings durch Aristoteles wenig Anregung erfahren. So sagt etwa der Physiker March:
"Es besteht für Naturwissenschaftler kein Grund, in die Verehrung einzustimmen, die Aristoteles sonst genießt. Er hat durch seine Ablehnung des Atomismus, dessen Ausbau sicher bereits im Altertum zu bedeutenden Ergebnissen geführt hätte, den Fortschritt der Wissenschaft auf zwei Jahrtausende aufgehalten. Und, was vielleicht noch schlimmer ist: er hat als Urheber einer Geistesrichtung, die alle Grundsätze des physikalischen Denkens verkannte, und die er mit dem ganzen Gewicht seiner ungeheuren Autorität vertrat, auf die spätere Entwicklung nicht bloß der Physik, sondern auch der übrigen Naturwissenschaften den verderblichsten Einfluß genommen. Er suchte in der Natur nicht nach Ursachen, sondern nur nach Zwecken, vertrat dabei ganz unbefangen einen krassesten Anthropomorphismus und schrieb, gestützt auf das System einer Philosophie, der Natur vor, welche Bewegungen sie verwirklichen dürfe."[67]

Mit dieser Auffassung eines Naturwissenschaftlers unserer Zeit, der damit wohl zu der im ersten Kapitel als "neue Priester" beschriebenen Art gehört, ist allein schon das ungeheuer vielseitige und umfangreiche von Aristoteles zusammengetragene biologische Wissen[68] kaum vereinbar. Wie paßt zu solcher Charakterisierung die Tatsache, daß Aristoteles Tiere sezierte - etwas, das man erst 2000 Jahre später wieder tat? Aristoteles suchte in der Natur keineswegs nur nach Zwecken, aber er suchte auch nicht nur nach Ursachen, und das stört March[69]. Er vermißt an Aristoteles die moderne Einseitigkeit. Wenn nach Aristoteles' Ansicht "jede Wissenschaft von der Natur, die die kompliziertesten Naturvorgänge, Leben und Denken, nicht erklären kann, völlig ungenügend ist"[70], dann zeigt sich darin die ungeheure Entfernung zu einem in engem Ausschnitt verhafteten Physiker unserer Zeit. Und March spricht in dem Zitat bezeichnenderweise zwar ausdrücklich von allen Naturwissenschaften aber nur vom physikalischen Denken.

Die Frage, inwieweit die Naturwissenschaften heute Leben und Denken erklären können und ob diese Erklärung nicht auch für uns die zentrale Frage an die Natur sein sollte, ist besonders geeignet, unseren Blick aus seiner Fixierung auf beherrschbare Mechanismen zu lösen, ihn wieder frei zu machen, in einem erweiterten Blickfeld zu suchen. Und da liegt zweifellos Aristoteles' naturwissenschaftliche Leistung auch für unsere Zeit: Eine große Zahl von Fragen eröffnet zu haben.

So stellt sich schon das Verhältnis der aristotelischen Naturwissenschaften zur modernen Physik bei näherem Hinsehen ganz anders dar, als es nach dem obigen Zitat von March den Anschein hatte. Denn in dem Maße, wie die Physik des 20. Jahrhunderts von Newtons Masseteilchen, die sich nach einfachen mechanischen Gesetzen bewegten, abgehen mußte, in dem Maße, wie sie ihre Gegenstände funktional und kontextuell behandeln muß, mit am "Feld" orientierten Begriffen, nähert sie sich in ihrer Fassung der Grundbegriffe dem Denken der Biologen; und dabei

> "haben die Begriffe der aristotelischen Physik, jene Vorstellungen, die in seiner Analyse von Prozessen verwendet werden, die Newtonschen Begriffe aus unserer Theorie vertrieben . . . Die funktionalen Begriffe des Aristoteles waren für die einfache Massenmechanik des 17. und 18. Jahrhunderts nicht notwendig; sie wurden weitgehend aufgegeben, weil sie mit den verfügbaren ma-

thematischen Techniken nicht zu bewältigen waren. Mit der Fortentwicklung der mathematischen Methodik und mit dem Vordringen der naturwissenschaftlichen Methoden in viel konkretere, reichere, weniger abstrakte Bereiche wie den der Strahlungsenergie sind wir gezwungen, zu den aristotelischen Begriffen von Funktion und Kontext zurückzukehren, diesmal freilich in exakter, analytischer und mathematischer Formulierung. So beginnt sich die zeitweilige Verdunkelung der aristotelischen Physik sozusagen als eine Epoche des Heranwachsens unserer eigenen physikalischen Theorie zu erweisen, als eine lediglich vorübergehende Blindheit." (Randall).[71]

Noch einmal gegen March: Aristoteles' "Anschauung von der Notwendigkeit in der Natur als hypothetisch, nicht mechanisch"[72], ist weit genug, um unser heutiges Wissen angemessen zu fassen; es besteht aller Grund für die Naturwissenschaftler, in die Verehrung einzustimmen, die Aristoteles sonst genießt!

Anregungen

Aber uns geht es hier nicht um Würdigung, sondern um Anregungen, um Anstöße, die wir für ein Verständnis unseres Wissens und für eine fruchtbare Weitung heutiger Wissenschaft von Aristoteles erhalten können. Wir wollen an der Frage Ursache-Zweck zeigen, wie das aussehen kann.

Wir sagten oben, Aristoteles hätte auch nach Ursachen, nicht nur nach Zwecken gefragt. Das sei genauer untersucht.[73] Um diesen Satz an der obigen Stelle in seiner Funktion als Begegnung gegen die Aussage Marchs zu begründen, hätte etwa der Hinweis darauf genügt, daß Aristoteles als Ursache einer Sonnenfinsternis die Konstellation 'Mond zwischen Erde und Sonne' angibt und sagt, man wisse, was eine Sonnenfinsternis sei, wenn man diese Ursache kenne. Betrachten wir daneben den Zweck, das Telos auf das hin sich ein Lebewesen entwickelt. Die Ursache dieser Entwicklung gibt Aristoteles als die Natur, die Physis an. Diese Ursache ist im Sinne Marchs natürlich keine Ursache, er schiebt sie als Zweck beiseite, weil er sie in der (überwiegend noch aktuellen) Naturwissenschaft nicht gebrauchen kann. Hier liegt der Unterschied zwischen dem Kausaldenken der Antike und modernem Kausaldenken. Während das antike Kausaldenken vorwiegend auf Strukturerkenntnisse gerichtet war, also die Ursache die Struktur des Geschehens und damit das Geschehen erhellen sollte, richtet sich das moderne Kausaldenken vorwiegend auf die Vorhersage künftiger Ereignisse, wobei die Ursache mit der Vorhersage die Möglichkeit des gewollten Herbeiführens bestimmter Ereignisse liefern soll. (Das Forschungsinteresse verschiebt sich von der Erkenntnis der Welt zur Verfügung über die Welt!)

Wir wollen hier nicht weiter untersuchen, welche Ursachen bei Aristoteles noch unterschieden werden. Wir fragen, wie sich nun das oben gestellte Problem, bei Aristoteles Anregungen für des Verständnis unseres Wissens und für eine fruchtbare Weitung unserer heutigen Naturwissenschaften zu bekommen, auf Grund der eben getroffenen Unterscheidung beispielhaft lösen läßt.

Zunächst ist klar geworden, daß aus unserem Kausaldenken heraus das aristotelische Telos bzw. die auf das Telos hinführende Physis nicht als eine Ursache zu verstehen ist. Zwar bewirkt die Physis die Entwicklung auf das Telos hin, aber das Wissen um diesen Sachverhalt gibt uns keine isoliert faßbaren Ursachen an die Hand, durch deren künstlich herbeigeführtes Zusammenwirken wir einen Entwicklungs- bzw. Entstehungsprozeß in Gang setzen könnten. Wann aber glauben die Biologen heute, das Leben erklärt und wissenschaftlich gefaßt zu haben? Nun genau dann, wenn sie Leben "künstlich" erzeugen können.[74] Das also beleuchtet unser Wissen, zeigt, wie unser Wissen um Ursachen heute geartet ist. Damit ist gleichzeitig ein Anstoß dazu gegeben, unser Kausaldenken nicht zu verabsolutieren.

Die Frage lautet, was uns durch die Festlegung auf unser Vorgehen aus dem Blick kommt und ob nicht nötig wäre, es im Blick zu behalten. Um die Tragweite der Frage zu erfassen, könnte man zunächst z.B. einmal fragen, ob nicht die Entwicklung der Physik anders verlaufen wäre und wie sie vielleicht hätte verlaufen können, wenn die Physik nicht, wie oben beschrieben, vorübergehend blind gegenüber der aristotelischen Physik gewesen wäre.

Also ist die Frage zu stellen, wie aristotelische Gedankengänge für uns erneut fruchtbar werden können. Natürlich kann das nach dem Gesagten nicht so geschehen, daß man z.b. die Entelechie als eine zusätzliche Ursache neben anderen isolierbaren physikalischen oder chemischen Ursachen einführte, so ist sie nicht behandelbar, so hat sie ja auch Aristoteles nicht gemeint[75]. Das Verhältnis zwischen der Entelechie als von der Zukunft her wirkende Finalität zur von der Vergangenheit her wirkenden Kausalität wäre für die gestellte Frage zunächst zu klären; diese Klärung wäre sogar selbst schon die erste Möglichkeit, aristotelische Gedankengänge für uns fruchtbar zu machen. Dabei ist dieses Verhältnis auch didaktisch hoch bedeutsam. Wenn auch unser Denken uns durch Gewöhnung das vergessen oder mißachten läßt, so ist doch festzustellen, daß die von uns so verstandene Kausalität kein Phänomen ist, daß sich aus dem Leben aufdrängte. Es ist vielmehr unsere "künstliche" Fragestellung an die Natur, mit der wir Dinge zu handhaben gelernt haben. Die Teleologie des Aristoteles hingegen tritt uns in jeder Pflanze, jedem Tier, in unserer Erwartung des Heranwachsens eines jeden Kindes entgegen.[75] Das Wissen um diese Sachverhalte sollte eine Rolle spielen bei der Heranführung eines Kindes an die Wissenschaft.

Phänomene

Aristoteles wendet sich erst einmal dem Naheliegenden zu. Er sieht zunächst die Phänomene. Sofern er dabei auf unsere heutigen Fragen nicht antwortet, ist damit nicht gleich die Irrelevanz seiner Ergebnisse festgestellt. Das sei am Beispiel des Kontinuumsbegriffes belegt: Wieland sagt, Aristoteles' Kontinuumsbegriff sei gegenüber dem Unterschied rationale Zahlen/reelle Zahlen indifferent, gäbe also auf moderne Fragen keine Antwort. Aber der moderne Begriff gäbe auch keine Antwort auf die Fragen des anschaulichen Kontinuums, die Aristoteles gelöst habe[76]. Wieland weist weiter auf die phänomenologische Höhe der aristotelischen Philosophie hin, die sich in Aristoteles' Bewegungsbegriff zeige[77]: Es gäbe für Aristoteles keinen Anfang der Bewegung, was phänomenologisch ja klar sei, denn Bewegung ist immer nur feststellbar, wenn vorher schon Bewegung war.

Nun, solch eine Feststellung über die Bewegung wird zwar für die meisten heutigen Physiklehrer schrecklich oder lächerlich klingen, hingegen würde sie - als fragwürdiger Ausgang des Unterrichts gesetzt - die Schüler weit stärker in den Bann der Frage nach der Bewegung schlagen, als dies jede "Fahrbahn" zur Herleitung "der" Bewegungsgesetze vermag. Was wiederum ein Hinweis darauf ist, daß der Bewegungsbegriff der heutigen Physik Bewegung eben nur in einer Hinsicht faßt: man kann Vorhersagen errechnen. Ganz weit: Der "Läufer" von Paul Klee (vgl. Nachempfindung als Titelbild) zeigt, daß das durch diesen Bewegungsbegriff Gefaßte nicht alles ist, was über Bewegung gesagt werden kann.

b) Methodisierung der Forschung

Forschungsprozeß

Nun erschöpft sich Aristoteles' Leistung für die Naturwissenschaften nicht im scharf umrissenen Aufweis einzelner Phänomene. Um das gesamte Wissen seiner Zeit fassen zu können, methodisierte er die wissenschaftliche Arbeit in vorher nicht gekannter Weise[78]. Er ordnete und gliederte sie: Die herausgelösten Probleme werden zunächst mit den vorliegenden Tatsachen konfrontiert. Dazu wird Tatsachenmaterial in großem Umfang zusammengetragen, geordnet, ausgewertet. (Man vergleiche etwa seine umfangreiche Sammlung von Verfassungen oder seine ungeheuer reichhaltige Sammlung biologischer Daten.) Über die Würdigung und Kritik des Vorhandenen, die Beachtung aller möglicherweise relevanten Gesichtspunkte, wird der Weg zu einem Urteil gesucht.

Diesen Weg untersucht Aristoteles sehr genau. Wissenschaftliche Erkenntnis ist Einsicht in die Ursachen und Prinzipien des Seienden. "Die wissenschaftliche Erklärung besteht darin, daß das durch die Wahrnehmung Bekannte aus seinen Ursachen verstanden wird, daß der Erkenntnisprozeß in dem Verhältnis von Grund zur Folge das reale Verhältnis der allgemeinen Ursache zu ihrer besonderen Wirkung reproduziert. Wissen im strengen Sinn heißt für Aristoteles *scire per causas*."[79]

Wie aber ist der Übergang möglich vom Grund zur Folge, wie die Ableitung der besonderen Wirkung aus ihrer allgemeinen Ursache? Aristoteles untersucht es zunächst in seiner Logik. Er legt dar, wie man aus gegebenen Sätzen andere folgern kann, versichert sich damit der Methoden, die wissenschaftlichem Schließen zugrunde liegen bzw. solches ausmachen, ehe er (andere) Wissenschaft treibt.[80] Damit liegt fest, was Wissen ist, und es ist klar, wie Sätze, die solches Wissen ausmachen, aus anderen abgeleitet werden. Was fehlt, ist ein Anfang, von dem ausgehend man schließen kann. Wie die Schlußregeln das methodische Fundament bilden, das allem Vorgehen zugrunde gelegt wird, so muß es in den einzelnen Wissenschaften inhaltliche Erstsätze geben, mit denen wir beginnen.

Die methodischen Grundsätze wie auch die inhaltlichen Erstsätze lassen sich nicht durch ableitendes Schließen, durch Deduktion gewinnen, sie sind ja Ausgang bzw. Weg der Deduktion. Zu ihnen kommt man nach Aristoteles durch Induktion.[81] Das induktive Verfahren geht von einzelnen Wahrnehmungen aus und steigt zu allgemeinen Aussagen auf. Der Wissenserwerb geht damit genau umgekehrt vor zur Darstellung des Wissens, die aus allgemeinen Aussagen das Besondere ableitet. Anders, als von einzelnen Wahrnehmungen ausgehend, kann Wissenschaft nach Aristoteles gar nicht beginnen. Sie braucht die Wahrnehmung als Anlaß für den Erkenntnisvorgang.[82] Doch sind die Resultate der Induktion nicht in gleichem Grad gewiß wie deduktiv gewonnene Ergebnisse. Die Induktion stellt also Erstsätze auf, über deren Gewißheit durch das induktive Verfahren allein nicht entschieden ist. Die Sätze müssen noch durch die Intuition geprüft werden. Das Vermögen dieser Intuition aber ist der *nous*, die aufs Vernehmen des Ganzen gerichtete Vernunft. Der *nous* ist damit letztlich entscheidend für die Wissenschaft, für ihre Sicherheit, für ihre Resultate; er ist das Prinzip aller Wissenschaft.[83]

Wir können diesen Aufbau des Gebäudes einer Wissenschaft übrigens mit der Mathematisierung eines Sachverhaltes vergleichen. Nach einer Mathematisierung sind wir in bezug auf die Deduktion sicher, das Ergebnis ist indessen nicht besser, als die Fassung bzw. mathematische Beschreibung des Problems gelungen ist; der Anfang ist selbst nicht durch die Mathematik zu fassen, er ist der Intuition aufgegeben.

Diese aristotelische Auffassung von Wissenschaft in ihrer unterschiedlichen Artung von werdender Wissenschaft, also Forschung, und fertiger Wissenschaft, also wissenschaftlich begründeter Theorie, liegt letztlich jeder Begründung von genetischem Unterricht zugrunde (vgl. Kap. IV und V). Sie sei daher noch einmal deutlich herausgestellt: Während in der erklärenden Theorie "das Verhältnis von Ursache und Wirkung mit demjenigen von Grund und Folge identisch ist, kehrt sich für die Entstehung des Wissens dieses Verhältnis um: in der Forschung ist die (sinnliche und besondere) Wirkung der Erkenntnisgrund für die (begriffliche und allgemeine) Ursache."[84]

Einordnung

Aristoteles geht mit seiner methodischen Grundlegung der Wissenschaft über Platon hinaus. Er gibt uns die Möglichkeit umfassender Wissenschaft in den Blick in zweierlei Weise: Einmal versucht er möglichst viele Gebiete wissenschaftlicher Behandlung zuzuführen, zum anderen zeigt er den Weg zur Wissenschaft als notwendig von den empirisch gegebenen Daten ausgehend. Zu dieser Berücksichtigung der vorfindbaren Wirklichkeit in der Forschung sagt Windelband: "Das Wichtigste ist, daß hiernach die menschliche Erkenntnis zur Auffassung des Wesentlichen und Bleibenden nur durch eine genaue und sorgfältige Durchmusterung des Tatsächlichen gelangen kann: und in diesen Lehren stellt sich bei Aristoteles die Ausgleichung des Platonismus mit der empirischen Wissenschaft theoretisch dar."[84]

Diese umfassende Wissenschaft war bereits nur noch arbeitsteilig zu betreiben. Eine systematisch organisierte Arbeitsteilung in seiner Schule begleitete Aristoteles' wissenschaftliche Arbeit. Und diese umfassende Wissenschaft ruht in seiner Logik auf einer allgemeinen Methodenlehre, in deren Selbsterkenntnis des Tuns sich mit vollem Bewußtsein der historische Prozeß der Verselbständigung des Erkenntnislebens vollendet.[85] Wie oben die Arbeitsteilung, sei auch hier ein an die Charakteristika des heutigen Wissenschaftsverständnisses von Kapitel I erinnernder Punkt angeführt: Unter seinen methodischen Grundsätzen hebt Aristoteles den Satz des Widerspruchs und den Satz des ausgeschlossenen Dritten besonders hervor.[86]

Aristoteles methodisierte die wissenschaftliche Arbeit. Er wies darauf hin, daß die jeweils geeignete (dem Gegenstand im Horizont unseres Vermögens angemessene) Methode zu wählen ist, um Wissen zu erwerben. Das Bedenken der zu wählenden Methode, die bewußte Methodenwahl erleichterte wissenschaftliches Arbeiten. Nicht aber gibt Aristoteles *eine* Methode an, die alle Probleme zu lösen imstande sein soll, wie Descartes es später unternahm.

Wir haben mit Aristoteles die ganze Breite und Tiefe griechischer Wissenschaft versammelt: Auf ihr baut die europäische Wissenschaft der Neuzeit auf. Bei diesem Aufbau werden dann allerdings einige der geöffneten Tore zuwachsen, da niemand durch sie hindurchgeht. Aristoteles' Satz vom Widerspruch sagt, daß dasselbe demselben nicht zugleich zukommen und nicht zukommen kann - unter demselben Gesichtspunkt. Fallen verschiedene Gesichtspunkte mangels Sehmöglichkeit zusammen, trägt der Satz nicht mehr. Und das von den Griechen nicht gekannte Verfügenwollen über die Natur kann zum Beispiel Sehmöglichkeiten zerstören.

c) Anmerkungen zur Mathematik

Von der Wahrnehmung geht nach Aristoteles der Weg zur Erkenntnis aus. So ist es nicht verwunderlich, daß er die Mathematik vor allem als Abstraktionsprodukt sieht. Die Mathematik abstrahiert vom physikalisch Vorfindbaren. Der mathematische Körper ist nicht wie bei Platon aufgebaut aus Punkt, Gerade, Ebene, er ist von der Natur, von Gegenständen der physikalischen Welt abstrahiert, die Fläche konstituiert nicht den Körper, sie ist Teilung bzw. Grenze des Körpers.[87] Der Raum wiederum ist eine Abstraktion des Körpers, er ist als Ort Grenze des Körpers, er ist nicht vom Körper verschieden, indem er ihm vorausläge, ihn aufnehmen könnte. Einen leeren Raum, wie ihn die Atomisten behaupten, leugnet Aristoteles.[88]

Wir wollen das Verhältnis von Mathematik und Physik am Problem der Bewegung beleuchten. Aristoteles ist am physikalischen Phänomen der Bewegung interessiert. Durch seine Beschränkung auf die phänomenologisch aufweisbaren Tatsachen konnte er eine Theorie des Kontinuums aufbauen, wie sie in dieser Geschlossenheit nicht wieder erreicht wurde[89], er konnte damit die Bewegung gegen die Angriffe der Zenon'schen Paradoxien retten.

Wie ist Bewegung möglich, wenn es keinen leeren Raum gibt, in dem sich die Körper bewegen? Die Ortsveränderung sieht Aristoteles wie Platon (Timaios 79b) durch einen Ringtausch des Platzes mehrerer Körper ermöglicht (wie es noch Descartes in seiner Wirbeltheorie annahm)[90]. Bewegung ist also für Aristoteles kein abstraktes mathematisches Problem, sie ist etwas Wirkliches, ein Problem der Struktur der anschaulichen Welt, nicht der Struktur mathematischer Gebilde; daher untersucht er z.B. das Irrationalitätenproblem nicht[91]. Während das Kontinuitätsproblem heute Gegenstand der Mathematik ist (Infinitesimalrechnung/Mengenlehre), war es für Aristoteles ein physikalisches Problem. Dabei erreichte er nach Wieland eine Höhe des Problemniveaus, wie sie in der Mathematik erst wieder in der Grundlagenforschung unseres Jahrhunderts erreicht wurde (Hilbert, Weyl, Brouwer, Lorenzen)[92].

Eine didaktische Bemerkung sei eingeschoben: Wie viele Lehrer helfen der Vorstellung ihrer Schüler zur Stetigkeit nach mit dem "Kreidekriterium" (stetig ist alles, was ohne Absetzen der Kreide zeichenbar ist); die aristotelische Formulierung "stetig bewegt sich das, was kein Intervall des Bereiches ausläßt"[93] ist genauso unmittelbar und einleuchtend, trifft aber besser.

Mit der Zurückweisung der Zenon'schen Paradoxien zweifelt Aristoteles natürlich nicht die Schlußweisen Zenons an. Sondern seine "physikalisch so gesunde Denkweise"[94] weist die Voraussetzungen, nämlich Zenons Unendlichkeitsbegriff zurück[95]. Man kann zwar (mathematisch) unendlich viele Punkte denken, aber man kann nicht (physikalisch) unendlich viele Punkte wirklich berühren. Man kann zwar immer weiter zählen (oder immer weiter teilen), man kann aber nicht "tätlich" unendlich viele Punkte zählen. Durch die Zurückweisung des Aktual-Unendlichen und die Beschränkung auf das Potentiell-Unendliche gewinnt Aristoteles seine Kontinuumstheorie als Lösung der Zenon'schen Paradoxien.

Der Streit um das Unendliche ist bis heute nicht aus der Mathematik verbannt: Die intuitionistische Mathematik hält das Problem offen. Sie ist auch die Grundlage, auf der Aristoteles verstanden werden muß. Wir werden eine - allerdings auf anderer Ebene liegende - Lösung des Unendlichkeitsproblems von Wittenberg im Kapitel IV kennenlernen.

d) Forschung - Wissenschaft - Leben

Ist die aristotelische Physik nun eine empirische Wissenschaft trotz ihrer Schwächen in der Beobachtung, trotz theoretischer Argumente, die nicht durch Beobachtungen überprüft werden,[96] oder ist sie eine theoretische Disziplin, deren theoretische Überlegungen durch die Tatsachen bestätigt werden[97]? Nach Aristoteles' Verständnis des Forschungsganges, wie wir es skizzierten, ist sie keines von beiden. Die Wahrnehmung ist Ausgangspunkt für den Erkenntnisweg, die Theorie, die die Struktur des Forschungsgegenstandes faßt, die das Wissen durch Gründe sichert, ist das Ziel.

Während Platon die Mathematik in unser Blickfeld rückte, führt Aristoteles Empirie und abstrakte Beschreibung zusammen, rückt er das Problem, Empirie und unterliegende Struktur zur Übereinstimmung zu bringen, in unser Blickfeld. Dabei ist "unterliegende Struktur" noch nicht eigentlich mathematisch gedacht. Aristoteles legt in seiner Elementenlehre Eigenschaftspolaritäten wie warm/kalt, feucht/trocken zugrunde, um ein System mit rein formalen Merkmalen aufzustellen, "er verfährt prinzipiell nicht anders als die neuzeitliche Physik, die sich einer Strukturwissenschaft, der Mathematik, bedient, um die empirischen Fakten zu systematisieren"[98]. Indem Descartes dann gewissermaßen Platon und Aristoteles zusammenführt, nämlich die Mathematik als allein die Struktur tragend in die (aristotelische) Wissenschaft einführt, leitet er die Mathematisierung aller (Natur-)Wissenschaft ein. Wir werden sehen, wie *seine* Methodisierung der Forschung handliche Verfahren liefert, wodurch das offene und freie Suchen, wie wir es bei Aristoteles finden[99], mehr und mehr entschwindet. Und mit diesen handlichen Verfahren wird schließlich nurmehr das technisch Verwertbare gesucht, nur das unter einem engen Blickwinkel Zweckgerichtete erforscht, wohingegen - und damit drehen wir den eingangs angeführten Vorwurf Marchs genau um - Aristoteles trotz seines angeblichen Anthropomorphismus *vielseitig* fragte.

Aristoteles sah nicht nur das Ziel der Wissenschaft, er sah neben diesem die Bestimmung des Menschen, und reflektierte andererseits den Weg der Forschung. Wie die Bestimmung des Menschen das Ziel der Wissenschaft relativiert, relativiert das Ziel der Wissenschaft die Methoden der Forschung als ihre möglichen Wege. Diese Andeutungen mögen durch ein paar Beispiele speziell für die pädagogische Aufgabe beleuchtet werden.

Der Weg zum Lernen führt über den Glauben, sagt Aristoteles, also nicht über die Aneignung handhabbarer Verfahren oder die Einführung in kanonisierte Wissenschaft. Herz und Verstand sollte demnach der Gelehrte haben, folgert Thompson[100]. Diese Einsicht Aristoteles' ist für uns nicht deswegen schon irrelevant, weil etwa unsere Physik zu ihrem eigenen Abschluß die Theologie nicht mehr nötig hat wie Aristoteles, der den "unbewegten Beweger" als Anstoß aller Bewegung brauchte.[101] (Da Aristoteles für jede Bewegung ein Bewegendes voraussetzt, gäbe das eine unendliche Kette von bewegten Dingen, wenn es keinen unbewegten Beweger gäbe. Diese Kette wäre aber etwas Aktual-Unendliches und scheidet daher aus.)

Die wahre Bestimmung des Menschen sieht Aristoteles im Denken[102], nicht in der technischen Handhabung der Natur. Die Weisheit, die Vernunft und Wissenschaft, den die Grundlagen der Wissenschaften sichernden Nous und die wissenschaftliche Arbeit selbst vereint, steht am höchsten[103], nicht der einseitige und für die außerhalb liegenden Bereiche blinde Wissenschaftsbetrieb.

Aus Heilkunst und Naturwissenschaft hat Aristoteles den Begriff der richtigen Mitte übernommen, der im Mittelpunkt seiner Ethik steht[104]; als Aufforderung zur Beachtung des rechten Maßes in der Handhabung bzw.

Anwendung heutiger Wissenschaft muß er den Naturwissenschaften in ihrer pädagogischen Weitergabe zurückgegeben werden. Dazu bedarf es einer Erziehung nicht nur *durch* Vernunft, sondern vor allem *zur* Vernunft, wie Aristoteles es fordert[105]. Solche Erziehung ist indessen nicht zu verwechseln mit einer zu früh rational überbetonten Erziehung! Drei Dinge spielen für die Erziehung nach Aristoteles eine Rolle: Die eingeborene Natur (Physis), die Gewöhnung (Ethos) und die Einsicht (Logos)[105]. Wenn die Gewöhnung den Boden nicht bereitet hat, kann die Einsicht nicht keimen. Und wer alles allein durch Einsicht lernen wollte, wäre hoffnungslos überfordert. Dazu paßt eine Aussage Aristoteles', die über jeder heutigen Didaktik stehen sollte: "Was man lernen muß, um es zu tun, das lernt man, indem man es tut."[106]

Ein Wort zum Schluß: Alle Dinge sind miteinander verbunden, sagt Aristoteles. Das eröffnet der Wissenschaft ungeahnte Fragestellungen, warnt aber auch vor Vereinseitigungen. Wir wollen eine mathematische Aussage im Horizont des Kapitels I und im Vorgriff auf das Ergebnis des Kapitels III als Bild für die Fassung unseres heutigen Problems nehmen:

Aristoteles lehnt das Aktual-Unendliche ab: Nicht die *mögliche Unendlichkeit* denkt er, sondern die *unendliche Möglichkeit*. Wir glauben heute im Grunde an die mögliche Unendlichkeit, an die Möglichkeit, die Unendlichkeit (wie in der Mathematik) in den Griff zu bekommen, sie im Gestell der Technik einzurüsten. Wir vergessen, daß es uns letztlich überhaupt nicht möglich ist, die Unendlichkeit zu ergreifen*: Der tödliche Irrtum unseres technisch-wissenschaftlichen Zeitalters ist, daß wir meinen, das Ganze des Lebens sei technisch organisierbar, sei technisierbar; darüber vergessen wir die *unendlich vielen Möglichkeiten*, die es für uns gäbe, uns *dem Leben zu nähern*.

---

* Das wird in Kapitel IV an den dort referierten Untersuchungen Wittenbergs eindringlich klar werden.

III Descartes und die Mathematisierung aller Wissenschaft

Descartes markiert deutlich und umfassend jenen Punkt in der Geschichte der abendländischen Wissenschaft, an dem die Kraft der Mathematisierung das Denken in ihren Bann zog. "Er ist es, der den Begriff der physikalischen Theorie zuerst in voller Allgemeinheit konzipiert und in voller Schärfe begründet hat. Sein Ideal der "mathesis universalis" ... hat sich fort und fort bewährt und mit immer reicherem Inhalt gefüllt. Es beherrscht heute nicht nur alle Teile der mathematischen Analysis, sondern es weist auch der theoretischen Physik ihre Ziele und ihre Wege. Ein Gebilde wie die moderne Quantenmechanik hätte sich ohne dieses Ideal nicht aufbauen lassen. Die Hoffnungen, die Descartes auf seine Methode gesetzt hat, haben sich daher in reichem Maße erfüllt."[1]

Die so entwickelte Wissenschaft hat auch die weitgehende Bestimmung unseres heutigen Lebens durch Technik im Gefolge. Diese Technik soll uns nach Descartes dazu verhelfen, "ohne jede Mühe" die Früchte der Erde und die Annehmlichkeiten, die sie uns darbietet, zu genießen, vor allem aber unsere Gesundheit zu erhalten (Disc 100)*. Hier wird der Anspruch der Naturwissenschaften und ihrer Technik formuliert, den wir im Kapitel I mit der heute vorfindbaren Wirklichkeit konfrontierten.

Die leitende Frage des vorliegenden Kapitels ist die Frage nach der dort aufgewiesenen Diskrepanz: Wieweit ist diese Diskrepanz bei Descartes schon angelegt, wieweit hat er sie zu verantworten?

---

* Wir zitieren Descartes' Werke in diesem Kapitel durch Abkürzungen[2].

III . 1 Descartes' Aufbau der Naturwissenschaften

a) Mathematik als Vorbild

"Da man ja keiner anderen Wissenschaft so klare und so gewisse Beispiele entnehmen kann" (Reg 48), entnimmt Descartes stets der Mathematik die Beispiele dafür, daß und wie Erkenntnis und Verstehen *clare et distincte* möglich ist (Med 125/131). Wie in der Mathematik sollen intuitus (das untrügerische, sichere Erkennen) und Deduktion (das mit Notwendigkeit aus dem durch den intuitus Erkannten Ableiten) stets zur Erkenntnis führen (regula III): Die Mathematik soll Vorbild sein für alle Wissenschaft und Philosophie.

Die Gegenstände mathematischer Untersuchungen sind einfach und durchsichtig, daher rührt die Sicherheit und Evidenz der Gründe, die die Mathematik für ihre Sätze angibt (Disc 32). Schon von daher ist für Descartes die Mathematik als Ausgangspunkt für alles Wissen geeignet. Denn wir werden unser Wissen ungeahnt vermehren, wenn wir einige einfache Regeln beachten, sagt Descartes, und dazu gehört die Regel, stets bei den "am leichtesten zu durchschauenden Dingen zu beginnen" (Disc 30). Die Sätze der Mathematik sind für Descartes darüberhinaus von zweifelloser Gewißheit, weil sie unabhängig von einer (äußerlichen) Existenz ihrer Objekte sind (Med 37/117). Daher konnte die Mathematik zu ihrer Exaktheit als axiomatische Wissenschaft kommen. (Wäre sie von der Existenz ihrer Objekte abhängig, hätte es schon durch die dadurch bedingte Diskussion so verschiedene Ansätze gegeben, daß kein dermaßen ausgereiftes Gebäude entstanden wäre.)
Wenn ihr exakter Aufbau nun Vorbild für alle Wissenschaft und Philosophie sein soll, so sind für diese einmal die Voraussetzungen in der Art und Erkenntnisfähigkeit ihrer Objekte zu sichern, und zum anderen ist die Methode des Aufbaues zu übertragen. Uns beschäftigt das hier nicht für die Phiolosophie und nur für die *Natur*wissenschaften.

Die Rolle, die Descartes der Mathematik zugedacht hat, kann diese aber nicht spielen als bloße Sammlung verschiedener mathematischer Gebiete wie etwa Geometrie und Arithmetik, die selbständig und unverbunden nebeneinander bestehen. Da die Mathematik hier mehr leisten soll, als Nutzanwendungen in der Technik zu ermöglichen - was Descartes (zu seinem großen Erstaunen angesichts der Erhabenheit dieser Wissenschaft) als einzigen Nutzen der Mathematik in seiner Zeit vorfand (Disc 12) - , muß sie umfassender begriffen werden. Descartes weist darauf hin, daß auch die Alten einen umfassenderen Begriff von Mathematik gehabt haben müssen, wenn sie "keinen der Mathematik Unkundigen zum Studium der Weisheit zulassen wollten" (Reg IV 50).

b) Umfassende Strukturen

Wenn wir sagen, Descartes habe eine umfassendere Mathematik als die zu seiner Zeit vorgefundene im Sinn gehabt, dann ist das nicht seine Sprechweise. Er selbst drückt es gerade umgekehrt aus: Die mathematischen Einzeldisziplinen seien nur eine Hülle der von ihm gemeinten Mathematik (Reg IV 48). Das soll heißen, daß in der Hülle etwa der Geometrie Strukturen gefaßt sind, die wesentlicher sind als die Hülle selbst. Descartes erwähnt in diesem Zusammenhang, die Mathematiker sagten bei ihren Beweisen, die sich allerdings als wahr erwiesen, nie, "warum" sich etwas so verhielte und wie es gefunden worden sei, und darum würden so viele "Begabte und Gelehrte" von der Mathematik abgestoßen. (Reg IV 49)

Dieser Hinweis auf die fehlende genetische Erklärung ist hier nicht nur didaktisch zu verstehen; wurde doch mancher mathematische Satz nicht an den Objekten gefunden, über die man ihn später formulierte, was zeigt, daß es Strukturen gibt, die in verschiedenen "Hüllen" auftauchen. Auf diese zugrundeliegenden Strukturen kommt es Descartes an. Damit ist auch die Frage nach dem "warum" zu erklären. Wir sagen heute eher, man habe einen mathematischen Satz verstanden; Descartes drückt es aus als: man wisse, warum er gelte. Nun gibt es verschiedene Möglichkeiten, einen Satz zu verstehen. Eine davon ist die von Descartes hier angesprochene, den Satz als Satz über die zugrundeliegende abstrakte Struktur sehen zu können, was dann auch heißt, den Satz als Satz über verschiedene Objekte sehen zu können bzw. den Satz auf andere Objekte übertragen zu können.

Auf die abstrakten Strukturen also kommt es Descartes an; die Wissenschaft von diesen zugrundeliegenden Strukturen hat er in seiner *mathesis universalis* im Blick. Sie ist demnach Wissenschaft von Strukturen, die Modellen zugrundeliegen können. Da eine Struktur mehrere Modelle haben kann (die man u.U. zunächst gar nicht alle kennt), rechtfertigt sich die oben verwendete Ausdrucksweise "umfassendere Mathematik" also gerade wegen Descartes' Ausdruck "Hülle" für eines der in Frage kommenden Modelle. Descartes spricht sogar an, daß die verschiedenen Modelle einer Struktur nicht isomorph sein müssen, wenn er auch diesen Begriff (natürlich) noch nicht hat. (Reg IV 53)

Diese Mathematik ist eine axiomatische Wissenschaft. (Wie es nach Descartes alle Wissenschaft sein soll, denn die "allereinfachsten Sätze", von deren Einsicht man nach der Regel V (Reg 54) ausgehen soll, sind nichts anderes als Axiome.) Und Descartes formuliert das schon mit erstaunlicher Deutlichkeit an den Stellen, an denen er über die Existenz mathematischer Objekte nachdenkt. So ist (insbesondere wenn man bedenkt, daß er hier die Metaphysik und nicht die Mathematik und deren Gestalt im Auge hat) seine Formulierung durchaus in die Nähe von Hilberts berühmten Bemerkungen zu dessen "Grundlagen der Geometrie" (1899) zu setzen: "Denn ich sah z.B. wohl, daß, setzt man voraus, es sei ein Dreieck gegeben, seine drei Winkel gleich zwei Rechten sein müssen; aber ich sah deswegen nichts, was mich versicherte, es gäbe ein solches Dreieck auf der Welt" (Disc 60). Hilbert schreibt z.B. an Frege: "Wenn ich unter meinen Punkten irgendwelche Systeme von Dingen, z.B. das System: Liebe, Gesetz, Schornsteinfeger ... denke und dann nur meine sämtlichen Axiome als Beziehungen zwischen diesen Dingen annehme, so gelten meine Sätze, z.B. der Pythagoras, auch von diesen Dingen."[3]

Die Sätze sind also von den Axiomen und Folgerungen abhängig, nicht aber von der durch die Axiome nicht festgelegten Art der darin auftretenden Objekte und damit auch nicht von der Existenz dieser Objekte. Wir sahen im vorigen Abschnitt, daß darin für Descartes die Sicherheit der Mathematik begründet liegt. Es ist das genau die Sicherheit, auf die sich Formalisten wie Hilbert zurückziehen, die die Frage nach einer Existenz mathematischer Objekte als irrelevant abtun; für sie impliziert der Widerspruchsfreiheitsbeweis einer Theorie die "mathematische Existenz" der Objekte dieser Theorie.

So weit geht Descartes allerdings nicht. Ist auch die Existenz für die Theorie über die Struktur nicht wichtig, so ist sie doch für die "Hülle" der Struktur von Bedeutung. Schließlich geht es ihm nicht um die Mathematik allein, sondern um den Aufbau bzw. die Ermöglichung einer Wissenschaft von *ordo et mensura*, einer Wissenschaft der den Gegenständen zugrundeliegenden Strukturen (Reg IV 52), die vor allem für ihre Anwendung auf die verschiedensten Gegenstandsbereiche geschaffen wird. Denn Ziel ist ja, das Wissen auf allen Gebieten zu erweitern, denen ordo et mensura zugrundeliegen (bzw. zugrundegelegt werden können; das wird bei Descartes nicht getrennt !!).

Die Mathematik soll das erleichtern, indem sie gestattet, von den speziellen Eigenschaften bis zu einem gewissen Grade abzusehen und nur die für die jeweilige Fragestellung wichtigen Strukturen (*Beziehungen/rapports* und *Proportionen/proportions*) zu untersuchen, ja sogar diese Strukturen an einfacheren als den in Frage stehenden Objekten zu untersuchen (Disc 32).

Letzteres zeigt wieder die moderne Auffassung, die Descartes von der Mathematik hat: Bei der Untersuchung an einfacheren Objekten wird nämlich ein Modell auf ein anderes abgebildet, die diesem anderen zugrundeliegende Struktur unmittelbar oder an diesem Modell untersucht, und die Ergebnisse werden vermöge der Umkehrabbildung auf das erste Modell übertragen.

Diese Mathematik soll die Wurzeln (*prima rudimenta*) der menschlichen Vernunft enthalten und ihre Aufgabe so weit spannen, daß sie imstande ist, die Wahrheiten aus jedwedem Gegenstand herauszulösen. (Reg IV 48). Wobei ihre Anwendung systematisch erfolgen soll. Wirkungen der Gestirne z.B. anzugeben, ohne zuvor deren Lauf studiert zu haben, wie es die Astrologen tun, ist mit einem systematischen Vorgehen nicht im Einklang (Reg V 55). Hier kündigt sich zugleich mit der enormen Wissensausweitung, die durch die neue Wissenschaft in Verbindung mit geordnetem methodischem Vorgehen möglich wird, eine mögliche Verengung wissenschaftlicher Fragestellung überhaupt an.

c) Die Einheit der Wissenschaft

Die mathesis universalis ist als die Wissenschaft von den jeweils zugrundeliegenden abstrakten Strukturen der Grund der anderen Wissenschaften. Zu dieser Sicht paßt Descartes' Forderung, daß sie die wurzelhaften Grundlagen der menschlichen Vernunft enthalten müsse, und die Aussage, daß die Wissenschaften (die auf der mathesis universalis aufbauen durch die Verbindung der Strukturen mit den jeweiligen Modellen dieser Strukturen) insgesamt nichts anderes sind als die menschliche Vernunft (Reg 34): Da es aber nur eine menschliche Vernunft gäbe, ungeachtet dessen, daß sie sich mit ganz verschiedenen Dingen beschäftige, gäbe es auch nur eine universelle Wissenschaft. Im Gegensatz zur traditionellen Lehre (vor allem Thomas von Aquins), die gemäß der Auffassung der Wahrheit als der jeweiligen Sache angemessenes Denken (*adaequatio intellectus et rei*) das Denken in Abhängigkeit vom jeweiligen Gegenstand zu spezifizieren suchte und damit eine Aufspaltung in verschiedene Wissensgebiete auch nach der Methode ihrer Erforschung förderte, betont Descartes die Einheit der Wissenschaft.

Diese Einheit ist durch die Stellung der mathesis universalis zu begründen, und sie ist durch den Bezug auf sie praktisch zu realisieren. Zu begründen ist sie aus der Sicht der mathesis universalis als Grund aller Wissenschaften, aber auch als - wie im vorigen Abschnitt ausgeführt - alle diese Wissenschaften umfassende Wissenschaft. Die praktische Rückführung der anderen Wissenschaften auf die mathesis universalis zeigt Descartes für die mathematischen Einzeldisziplinen am Beispiel der Geometrie, die er in seiner "Geometrie" auf Strukturen der Algebra zurückführt. Dann führt er die Physik auf die Geometrie zurück, indem er die Materie als *res extensa* ansetzt, also mit ihrer räumlichen Ausdehnung gleichsetzt.[4] Das geht allerdings noch über den bisher entwickelten Zusammenhang mit der Mathematik hinaus: Von der Vorstellung der Materie als res extensa ausgehend, könnte man sogar sagen, die Physik sei nichts anderes als Mathematik, denn diese Vorstellung ist ein Schritt darauf zu, zwischen der jeweiligen Struktur und dem, dem die Struktur zukommt, nicht mehr zu unterscheiden, d.h. also jede "inhaltliche" Auffassung einer Wissenschaft zu verwerfen. (Woran seine Physik scheiterte[5].)

Schließlich bleibt, auch die belebte Natur solcher Wissenschaft zugänglich zu machen. Den exemplarischen Beweis dafür, daß auch das möglich sei, daß auch die Vorgänge in der belebten Natur aus der Bewegung von Materie abzuleiten, durch die Gleichsetzung von Materie und räumlicher Ausdehnung also letztlich auf Geometrie zurückzuführen sind, nimmt Descartes aus der Erklärung des Blutkreislaufs durch Harvey[6]. Damit ist auch die Biologie und vor allem die Descartes so wichtige Medizin in die Reihe der mathematisch gegründeten Wissenschaften aufgenommen. So stiftet Descartes nicht nur eine Einheit der Wissenschaft durch seine mathesis universalis, sondern er sieht die Natur nachgerade als mathematisch an: "Die Natur ist mathematisch, nicht in besonderen Erscheinungen, sondern im ihrer Gesamtheit, in ihrer grundlegenden Struktur."[7]

III.2 Verengungen im Gefolge Descartes'

Wo kein Geheimnis mehr ist, ist auch kein Ursprung mehr. - Nihilismus: Geheimnislosigkeit.

Es ist für die Natur wesentlich, daß sie schweigt, weil für sie wesentlich ist, daß sie das wesentliche Geheimnis birgt.

W. Struve[8]
(*Der andere Zug*)

a) Verengung in seiner Bestimmung von Mathematik und Naturwissenschaften

Blickfeld

Descartes sucht sicheres Wissen zu gewinnen. Durch Mathematisierung gewonnenes Wissen erfüllt diesen Wunsch nach Sicherheit. So baut er *eine* Wissenschaft auf mit *einer* Methode. Damit aber erreicht er *eine* (mögliche) Weltsicht; gerade das aber verhindert, die ganze Welt als *eine* Welt zu sehen. Die Einheit seiner Wissenschaft zerstört die Einheit der Welt.

Es klingt umfassend, wenn Descartes in der Regel XII fordert, alle Hilfsmittel des Verstandes, der Einbildungskraft, der Sinne und des Gedächtnisses (*intellectus, imaginatio, sensus, memoria*) am Erkenntnisprozeß zu beteiligen (Reg XII 87); aber die vier angeführten werden als die einzigen gesehen, die wir für die Erkenntnis zur Verfügung hätten (ebd.), und "Einbildungskraft" und "Sinne" sind dabei immer schon verstanden in der Eingrenzung durch die mathematisierte Naturwissenschaft, die hier aufgebaut werden soll. Das Bild vom Wachs, dem eine Form eingeprägt wird, zeigt deutlich, wie mechanisch etwa die Sinne aufgefaßt werden. Ein sich in einen Gegenstand Einfühlen etwa, hat hier keinen Platz.

Dem entspricht die Sicht auf den zu erkennenden Gegenstand. "Von den Dingen genügt es, dreierlei zu untersuchen: nämlich erstens das, was uns spontan entgegentritt, dann, auf welche Weise ein Ding aus einem anderen erkannt wird, und schließlich, was sich denn aus einem Ding deduzieren läßt" (Reg XII 87f). Da ist kein Raum etwa für die Frage, was der Gegenstand verbirgt; daß er etwas verbergen könnte, wird gar nicht geahnt: Die Methode überrennt die Frage nach dem Sinn.

Weltverlust

Diese Überlegungen sind Fragen danach, was uns durch die Wissenschaft verlorengeht. Descartes hat aber alle Wahrheit ausschließlich als Antwort auf wissenschaftliches Fragen nach Gewißheiten verstanden. Insofern ist also im Horizont des durch Kapitel I eröffneten Fragens nach der Reduktion der Welt auf durch Naturwissenschaften erklärte Welt festzustellen, daß Descartes hier die Weichen entscheidend gestellt hat. Er ist davon überzeugt, daß seine Voraussetzungen "die Wahrheit der Dinge in nichts verringern, sondern zur Klärung in hohem Maße beitragen." (Reg XII 88)

Wir sagten, daß Descartes durch die neue Wissenschaft alles erkennen wollte, was "im Umkreis von *ordo et mensura*" läge (Reg IV 52). Hier läge ja möglicherweise eine Einschränkung, die den oben behaupteten Totalitätsanspruch zurückwiese. Aber abgesehen davon, daß die Einschränkung an anderen Stellen nicht durchscheint, müßte dann die Frage danach gestellt werden, wie weit das Reich von ordo et mensura sich erstreckt; diese Frage stellt Descartes aber wie gesagt nicht. Und daher entspringt der Möglichkeit, durch die Frage nach ordo et mensura ein Stück Welt zu erkennen, die Gefahr, nur noch den durch ordo et mensura beschreibbaren Teil der Welt als Welt anzuerkennen.

Das wird besonders gefährlich angesichts des Descartes'schen Anspruches, die Menschen durch das so zu sammelnde Wissen zu Herren und Eigentümern (*maîtres et possesseurs*) der Natur zu machen, die "ohne Beschwerlichkeit die Früchte der Erde und alle Annehmlichkeiten, die sie bereithält" genießen können. (Disc 100) - Wenn in diesem Anspruch sogar das Ziel aller Descartes'schen Philosophie läge[9], dann wäre er selbst schon der Verengung anheimgefallen.

Mindestens legt dieser Anspruch den Keim zur Zerstörung der Natur, insoweit dem nicht die Möglichkeit eines unmittelbar meßbaren Nutzens für den Menschen entgegensteht. Er weist aber auch eine Methode, mit deren Hilfe wir ihn in Schranken weisen können. Der Vergleich des Anspruches, ein Leben ohne Mühe und in Annehmlichkeiten führen zu können, mit den im ersten Kapitel gezeigten immer größeren Mühen, die uns aus der "Vermeidung" einer Mühe entstehen (man denke etwa an chemischen Pflanzenschutz), führt uns zu diesen Schranken.

Fortschritt

Von sich selbst geht Descartes aus, um sich der Welt zu vergewissern. Dieser Weg macht die Welt zum Objekt seines Handelns[10], und die Dinge in der Welt sind für ihn nur vom Zugriff durch die Wissenschaft her zu sehen. Vielleicht rächt sich das am stärksten auf dem Gebiet, das Descartes zutiefst am Herzen lag: Das von ihm prophezeite angenehme Leben sollte ein Leben bei bester Gesundheit sein. Aber er wies der Medizin den Weg zu einem Menschen als einem mechanischen Apparat mit gewissen Eigenschaften, zu dem dann die Seele additiv hinzutritt. Hier liegen die Wurzeln der Medizin, deren Widersprüche im Kapitel I angedeutet wurden. Angesichts dieser Widersprüche und des Leides, das daraus resultiert, ist es schon eine Ironie des Schicksals, daß man heutigen Zeitgenossen wieder empfehlen muß, ein Stück weit dem Rate zu folgen, den Descartes vor dem Hintergrund der von ihm bekämpften Medizin gab: Descartes "liebte es, das Wort des Kaiser Tiberius zu zitieren, daß, wer ein Alter von 30 Jahren erreicht habe, genügend Erfahrung besitze, um sein eigener Arzt zu sein. Er erklärte, dieser Ansicht völlig beizustimmen; ein Mensch von einigem Geist und einiger Beobachtungsgabe wisse besser, was für seine Gesundheit zuträglich sei, als der gelehrteste Arzt."[11]

Auch die heutigen Experimente zur "Verbesserung des Menschen" kann man von Descartes Bild vom Menschen und von seiner Wissenschaft herkommend sehen. Bei dieser Gelegenheit ein Wort zum Experiment. Descartes schreibt ausdrücklich, daß Beobachtungen anzustellen seien, "die anders ausfallen, je nachdem die eine oder die andere Erklärungsart richtig ist" (Disc 106). Das ist eindeutig das methodisch angestellte Experiment. Es kann keine Rede davon sein, daß Descartes davon keinen Begriff gehabt hätte (wie Gäbe (Med XXV) behauptet) - wenn er es auch selbst nicht weit brachte in der Kunst des Experimentierens[12].

Übrigens - und auch das verweist uns auf die heutige Situation, wie sie im Kapitel I dargelegt wird - hat Descartes auch schon die Forderung nach Geldmitteln und Personal für die ungeheure Anzahl nötiger Experimente für den Aufbau der neuen Wissenschaft in den Raum gestellt. Da sein Einkommen und seine Hände nicht ausreichen, sollten alle, die das "allgemeine Beste der Menschen wünschen", alle, die "wirklich tugendhaft sind", ihm helfen zu entdecken, was noch unentdeckt ist. (Disc 106) Das sind unserer Zeit wohlbekannte Töne!

Die Forderung nach der Ausführung aller möglichen Experimente wird von dem gleichen Glauben getragen, den wir bei Einstein vorfanden: Alle Naturprozesse einschließlich der Lebensvorgänge seien mit der neuen Wissenschaft erklärbar.

Mathematik

Auf die Mathematik selbst wollen wir noch einen Blick werfen. Wir sahen, daß Descartes Mathematik als Wissenschaft formaler Systeme, als Wissenschaft von Strukturen auffaßt. Bei der Fruchtbarkeit dieses Ansatzes darf man aber nicht außer acht lassen, daß die Geschichte der Mathematik ein Pendeln ist zwischen formaler und inhaltlicher Auffassung von Mathematik, und daß die Mathematik gerade dadurch lebendig erhalten und weiterentwickelt wird.

Wenn er das Problem bei der Konzeption der Mathematik auch nicht anspricht, so weiß Descartes letztlich doch darum. Das zeigt schon seine Zurückweisung von Syllogismen, wenn es um das Erkennen geht; er läßt sie aber für Erklärungen, also für das Nachvollziehen, zu (Disc 28).
Und seine oben angeführte Forderung, auch die Genese eines mathematischen Satzes darzustellen, zeigt dies deutlich. Wenn er an dieser Stelle (Reg IV 49) aber dann zurückweist, daß die Figuren als einzige Beweisgrundlage herangezogen werden, und die unterliegenden Strukturen zu

betrachten fordert, dann ist das nichts anderes als die Forderung der anderen von zwei Seiten. Nur hat er das da nicht im Blick.

Wie gefährlich es jedoch ist, eine der beiden Seiten aus dem Blick zu verlieren, hat die Bourbaki folgende formalistische Welle in Schule und Hochschule gezeigt, deren Auswirkungen man zur Zeit gegenzusteuern sucht. Um es an Hilberts oben zitierten Aussagen über die in den Axiomen genannten Objekte zu sagen: Wenn auch die Folgerungen von der Vorstellung, die wir uns von diesen Objekten machen, nicht abhängen, so hängt doch unser Vermögen, folgern zu können, an solchen Vorstellungen. Und gerade der Lehrer, der seinen Schülern (insbesondere in der Hochschule) die allgemeine (abstrakte) Aussage eines Satzes so elegant in einem Diagramm aus wenigen Buchstaben und Pfeilen vorstellte, hatte im Hinterkopf stets eine ganz handfeste Realisierung. Und eben das verschweigend, trieb er seine Schüler in eine unfruchtbare Auffassung von Mathematik - oder trieb sie von der anderen als der durch Descartes festgestellten Seite her von der Mathematik weg.

b) Verengungen durch die Abgrenzung der Methode

Gegenstand und Methode

Gegenstand und Methode konstituieren eine Wissenschaft. Insofern wird hier ein Teilbereich des Themas des vorangegangenen Abschnittes noch einmal gesondert aufgegriffen. Descartes' mathesis universalis soll alles im Umkreis (*circa*) von ordo et mensura untersuchen. Dieser Auftrag stellt die Fragen nach dem Gegenstand und nach der Methode letztlich beide von der Methode her: Alles, was (in einem gewissen Vorgehen) vermessen und strukturell geordnet werden kann, soll mit eben dieser Methode untersucht werden. (Dem Gegenstand gerecht werden kann jedoch nur eine Untersuchung, die ihre Methode in Ansehung des Gegenstandes wählt.)

Wir wiesen darauf hin, daß bei Descartes selbst aber diese durch die Methode formulierte Frage nach dem Gegenstand nicht verfolgt wird. (Jedenfalls nicht weiter, als der Hinweis der Regel II der regulae reicht, Gegenstände zu deren Erkenntnis unser Geist - und das heißt unser Geist vermöge der angegebenen Methode - nicht zuzureichen scheine, sollten nicht untersucht werden.) Insofern konstituiert sich die mathesis universalis praktisch allein durch die Methode, und für die darauf aufbauenden Wissenschaften erhält die Methode eine überragende Stellung.

Damit wird im vorliegenden Abschnitt mit der Frage nach Verengungen durch die Methode letztlich die gleiche Frage aufgenommen wie im vorangegangenen Abschnitt; allerdings lag bei der Untersuchung des Vorgehens zum ordnenden Vermessen dort gewissermaßen der Akzent auf ordo et mensura und hier liegt er auf dem Vorgehen selber.

Methodik: Die "Cartesianische Kürzungsregel"

Daß zielstrebiges methodisches Vorgehen notwendige Bedingung für die Erkenntnis der Wahrheit sei, formuliert Descartes in der Regel IV der regulae. Sehen wir uns einige Regeln für solches Vorgehen an.

Eine Regel sagt, man solle stets mit den am leichtesten zu durchschauenden Dingen beginnen, stets stufenweise vom Einfachen zum Komplizierten voranschreiten (Disc 30). Die Regel ist gesetzt gegen unredliches Vorgehen insbesondere in der Philosophie. Sie soll verhindern, daß man sich irgendwo im dunklen Geäst der Fragen in Vermutungen ergeht, ehe man zunächst den Stamm, aus dem alles herauswächst, kennengelernt hat. Wobei es allerdings leichter sei, sagt Descartes, "bei einer beliebigen Frage irgend etwas zu mutmaßen, als bei einer noch so einfachen Frage bis zur Wahrheit selbst vorzudringen" (Reg II 40).

Die Regel soll also helfen, durch stufenweises Aufsteigen (Disc 30) klares Wissen über den Gegenstand zu erwerben. Sie ist übrigens das Analogon zum axiomatischen Aufbau der Wissenschaften, das kommt besonders stark in ihrer Formulierung als Regel V zum Ausdruck, in der es heißt: "... die verwickelten dunklen Sätze stufenweise auf die einfacheren zurückführen und sodann versuchen, von der Einsicht (*intuitio*) der allereinfachsten aus uns auf denselben Stufen zur Erkenntnis aller übrigen zu erheben." (Reg V 54).

Man muß diese Regel unbedingt im Zusammenhang sehen mit der Regel, jedes Problem "in so viele Teile zu zerlegen, wie es angeht und wie es nötig ist, um es leichter zu lösen" (Disc 30). In der gemeinsamen Anwendung beider Regeln liegt die ungeheure Macht der Cartesianischen Methode. Und Descartes hat um diese Macht gewußt, wenn er sagte, daß nichts so verborgen sei, daß es auf diese Weise nicht entdeckt werden könnte (Disc 32). Die Methode führt - auch ohne den ausdrücklichen Willen dessen, der sie anwendet - zur Beherrschung von Naturabläufen (durch Technik).

Aber sie führt nicht wirklich zur Beherrschung der Natur! Sie ging von der Zerlegung in Teile aus und investierte nur ein mittleres Maß an geistiger Kraft. Damit konnten im Laufe der Jahrhunderte viele vieles erkennen (erklären), aber es waren dann auch immer nur die Teile, die durchschaut wurden, es gab sozusagen nur einen Einblick in eine mittlere Tiefe: Da scheint so etwas wie ein "methodischer Energiesatz" zu walten.

Zur Begründung dafür, daß die Methode nicht wirklich zur Beherrschung der Natur führte, sei wieder auf Kapitel I verwiesen. Sie führte also nicht dahin, daß wir zu "Herren und Besitzern" der Natur wurden. Wir nahmen sie zwar in gewisser Weise in Besitz, aber wir zerstörten sie dabei, besitzen sie also letztlich nicht. Das von Descartes vorhergesagte angenehme Leben hat sich nicht eingestellt. Gerade durch seine Methode wurde eine Welt geschaffen, in der ein Zehntel des Bruttosozialproduktes für das Krankenwesen verbraucht werden muß - bei zum Fürchten steigender Tendenz[13].
(Dabei geht die Zerstörung so schnell vonstatten, daß sie die vorliegende Arbeit überholt. Während Kapitel I geschrieben wurde, schwiegen die offiziellen Stellen in der Bundesrepublik Deutschland noch zu Global 2000. Jetzt - ein Vierteljahr später - kündigt ein bundesdeutscher Landesminister an, daß demnächst höchstwahrscheinlich ganze Landschaften der BRD wegen Vergiftung nicht mehr landwirtschaftlich zu nutzen seien; der Staat werde es verbieten müssen[14].)

Da sind wir wieder bei den Widersprüchen, die aus der Forderung nach Widerspruchsfreiheit resultieren (Kap.I). Da es in der Philosophie so viele Widersprüche selbst unter den hervorragendsten Köpfen vieler Jahrhunderte über einen und denselben Gegenstand gäbe, halte er ihre wahr scheinenden Aussagen "nahezu für falsch" (Disc 14), sagt Descartes und stellt dem seine Wissenschaft nach der beschriebenen Methode entgegen - mit dem festgestellten Ergebnis.

Korrektive

Nun muß hier der Einwand kommen, daß Descartes ja keineswegs nur Regeln angab, die zu forschen erlauben, er hatte ja stets im Auge, jeden möglichen Irrweg zu vermeiden. Eine der dafür angegebenen Vorsichtsmaßregeln ist die, "überall so vollständige Aufzählungen und so allgemeine Übersichten aufzustellen, daß man versichert wäre, nichts zu vergessen" (Disc 32). Nur leider greift diese Notbremse für das oben angesprochene Problem nicht. Im Gegenteil; die Regel wiegt uns zusätzlich in trügerischer Sicherheit: haben wir das Problem oder den Gegenstand in Teile und Teilchen zerlegt, die wir (einzeln) beherrschen, und haben wir uns dann vergewissert, daß wir kein Einzelteil vergessen haben, glauben wir desto sicherer, das Problem vollständig gelöst bzw. den Gegenstand vollständig erkannt zu haben. Diese Prüfungsregel ist eben gerade im Glauben an die Zerlegbarkeit und an die Invarianz alles Geltenden gegenüber einer Zerlegung des Gegenstandes befangen und kann daher nicht vor unvollständiger und damit u.U. falscher Erkenntnis schützen.

Ein weiterer möglicher Einwand wäre der, daß Descartes doch stets *clare et distincte* einzusehen forderte, daß aber ein Gegenstand, dem man mit einer Unterteilung und Untersuchung der Teile nicht gerecht wird, danach eben nicht klar und deutlich bestimmt erkannt sein kann - andernfalls wäre die Aussage, man werde ihm so nicht gerecht, gar nicht begründbar. Descartes fordert in der regula II, man sollte sich nur den Gegenständen zuwenden, zu deren sicherer und unzweifelhafter Erkenntnis unser Geist zuzureichen scheint (Reg II 36). Wenn man also mit den vorhandenen Mitteln den Gegenstand nicht erkennen kann, muß man den Versuch unterlassen. Nun ist dem zunächst entgegenzuhalten, daß das Urteil über klar und deutlich bestimmte Einsicht von der geistigen Kraft des jeweiligen Forschers abhängt und wir wiesen oben (und im Kapitel I) darauf hin, daß mit der Cartesianischen Methode viele Mittelmäßige viele Einzelheiten erkannten, die zur Verfügung über einzelne Naturabläufe führten; und durch die Masse der so gesammelten Ergebnisse wird die heutige Wissenschaft zu einem großen Teil geprägt.

Es gibt ein zweites Gegenargument gegen den Einwand, eines, das aus dem Forschungsprozeß selbst kommt. Ein Forschungsprozeß kann zwar offensichtlich beliebig lange in Gang gehalten werden durch ein methodisches Vorgehen nach den zwei (drei) oben zitierten Regeln, er kann aber kaum durchgängig clare et distincte verlaufen. Als Beispiel sei die Physik unseres Jahrhunderts angeführt, die im Gegenteil mit recht verschwommenen Begriffen begann[15]. Im Forschungsprozeß wechseln schöpferische Phasen, in denen keineswegs immer alles bis zu letzter Klarheit entwickelt wird, mit "ordnenden" Phasen, die das "Versäumte" nachholen, immer wieder ab. (Das ist aus anderer Richtung wieder die Frage des letzten Abschnittes nach Inhaltlichkeit oder Formalismus.) Kreative Kraft und stringente Analyse müssen zusammenwirken im Forschungsprozeß, aber sie fallen in der Regel nicht (in der Person oder in der Zeit) zusammen. Ein Regulativ gegen die Untersuchung von Gegenständen mit unzureichenden methodischen Mitteln ist aber aus der Regel II nicht zu erhalten.

Im übrigen muß besonders starke kreative Kraft dann aufgewandt werden, wenn ein Gegenstand umfassender erkannt werden soll, als es mit der oben besprochenen Zerlegungs- und Vereinfachungsmethode, die wir als **Cartesianische Kürzungsregel** bezeichnen wollen, möglich ist. Daher kann der vermutete "methodische Energiesatz" auch mit einer Bemerkung Wolfgang Struves (der sie allerdings über Textinterpretationen formulierte)[16] ganz allgemein so formuliert werden: Man kann aus einem Gegenstand nicht mehr heraussehen, als man selbst in ihn hineinzusehen in der Lage ist. (Wobei es unangemessen wäre, dieses Hineinsehen jetzt mit einer Befangenheit in Vorurteilen zu verwechseln.)

Weizsäcker sagt, die von Descartes verlangte Stringenz habe diesen selbst daran gehindert, zu quantitativen Ergebnissen in den Naturwissenschaften zu kommen[17]. Nun, in einem war Descartes jedenfalls schöpferisch tätig: In der Schaffung der Forderung nach stringenter Analyse.

c) Von Descartes nicht wißbare Entwicklungen

Rahmen

Die methodischen Regeln, die Descartes' neue Wissenschaft in vernünftigen Schranken halten sollten, konnten diese Aufgabe nicht erfüllen, wie wir im vorangehenden Abschnitt sahen. War also die aufgezeigte Fehlentwicklung der Wissenschaft unvermeidlich?

Dieser Frage hier insgesamt nachgehen zu wollen, wäre vermessen. Wir wollen die Frage aber in einer spezifischen Gestalt aufnehmen, indem wir utopisch fragen: Wäre die Entwicklung genauso verlaufen, wenn Descartes selbst die Wissenschaft der folgenden Jahrhunderte entwickelt hätte?

Das klammert etwa aus, daß die erste Frage auch danach fragte, ob Haltungen der späteren Forscher und Einstellungen zu ihrer Forschung, die für jene Fehlentwicklungen verantwortlich sind und die Descartes nicht hatte, ihrerseits nicht doch Folgen des von Descartes eröffneten philosophischen Fragens sind - z.B. dadurch, daß die dem Zweifel folgende Sicherheit bei Descartes vom zweifelnden Menschen ausgeht, die Forschung ihren Bezugspunkt daher im eigenen Ich des Forschers sieht.

Wir fragen damit auch nach der Zeitverhaftung Descartes'. An einem Beispiel sei das verdeutlicht.

Descartes macht einmal die Bemerkung, "daß Werke, die aus mehreren Stücken bestehen und von der Hand verschiedener Meister stammen, häufig nicht so vollkommen sind, wie Arbeiten, an denen nur einer gearbeitet hat." (Disc 18) Als Beispiel führt er an, daß gewachsene Städte gewöhnlich recht unproportioniert seien gegenüber solchen, die nach freiem Entwurf eines einzelnen erbaut worden wären.

Bezieht man die Bemerkung auf den in der Nachfolge Descartes' entstandenen Wissenschaftsbetrieb, sieht man also das Gebäude einer Wissenschaft als ein zu beurteilendes Werk an, erstaunt es, wie Descartes' Auffassung mit unserer Beurteilung der aus der Arbeitsteilung entstandenen Wissenschaft übereinstimmt. Aber verfolgen wir sein erläuterndes Beispiel weiter bis zu den Hochhauswüsten unserer Tage, die teilweise als neue Städte nach sogar wissenschaftlich abgesichertem bzw. grundgelegtem Entwurf entstanden*, dann zweifeln wir nicht daran, daß Descartes heute eher "menschliches Maß" an gewachsenen Städten loben und Disproportionalität zwischen menschlichem Anspruch und Beton gewordener Vorstellung von Städteplanern feststellen würde.

Die zweite Feststellung weist den Gedanken Descartes' und sein erläuterndes Beispiel nicht zurück. Sie zeigt nur, daß man den Rahmen mit sehen muß, in den der Gedanke gehört. Es ist eine Binsenweisheit, daß es nicht genügt zu sehen, was jemand schreibt, was er vorschlägt, wofür er sich einsetzt; man muß stets mitbetrachten, wogegen derjenige schreibt, wogegen er seine Vorschläge setzt. Das Bedenken dieser Situationsverhaftung schützt davor, den fraglichen Gedanken in anderer Zeit über Gebühr Platz einzuräumen, sie ohne die zugehörigen Voraussetzungen zu denken.

Moral

Unsere Frage danach, wie Descartes selbst gehandelt hätte, soll hier aus der Betrachtung seiner moralischen Grundsätze beantwortet werden. Wir könnten der Frage auch nachgehen, indem wir bei Descartes' Kampf gegen eine unmethodische Empirie begännen, eine Empirie, die "die Einheit und Ganzheit des Wissens verkennt und statt dessen nur die "disjecta membra" übrig läßt".[18] Aber dazu haben wir zuvor schon einiges gesagt und es folgen im nächsten Abschnitt diesbezügliche speziell pädagogische Bemerkungen.

---

* Man denke dabei auch an Beispiele wie die "autogerechte" Sennestadt (Bielefeld), deren wissenschaftlich entworfene Straßeneinmündungen unter dem Druck des autobestimmten praktischen Alltags später wieder umgebaut werden mußten.

Im "Discours de la Methode" gibt Descartes vier moralische Grundsätze an. Der erste bindet an Religion, Sitten und Gesetze des Vaterlandes (Disc 38). Er knüpft damit an die geschichtliche Herkunft an, und das sagt er auch explizit. Schon diese Einordnung der Gegenwart als vorläufigen Abschluß eines historischen Weges ist ein Regulativ gegen einen exzessiven Gebrauch der Naturwissenschaften für die Technik: Sind doch manche Auswüchse technischer Weltveränderung darauf zurückzuführen, daß man voraussetzungslos (was das Gewordene anbetrifft), also geschichtslos neue und einzig aus den technischen Möglichkeiten verstanden "optimale" Lösungen suchte.

Der zweite Grundsatz (Disc 40) beinhaltet den Entschluß zu festem und entschlossenem Handeln auch in den Fällen, in denen der richtige Weg zweifelhaft, aber eine Entscheidung einmal gefallen ist. Der Grundsatz steht in bedenklicher Nähe zum axiomatischen Vorgehen in der Wissenschaft: Mehrere Entscheidungen sind möglich, ist aber ein Anfang (ein Axiomensystem) gesetzt, soll der dadurch vorgegebene Weg mit allen Konsequenzen verfolgt werden.

Die Gefahr, daß ein methodisch gut ausgearbeitetes Vorgehen stur werden läßt, daß die ausgefeilte Methode Fragen von außerhalb überspielt, ist immer vorhanden. Der nach Descartes' machtvoller Methode von "Erfolg" zu "Erfolg" voranschreitende Forscher unserer Tage ist dieser Gefahr in besonderem Maße ausgesetzt. Die Methode drängt ethische Fragen ab. (Das gewinnt eine ungeahnte Schärfe, wenn sich der Forscher nicht mehr unmittelbar, sondern über ein für ihn nicht mehr durchschaubares Computerprogramm der Methode bedient.) Angesichts dessen scheint der Grundsatz äußerst fragwürdig zu sein, auch dann sozusagen "axiomatisch" vorzugehen, wenn die Handlungen von einer Entscheidung ausgehen, deren Richtigkeit nicht mit letzter Sicherheit festzustellen ist. Möglicherweise ist dieser Grundsatz verantwortlich für irrationale Entwicklungen der Großtechnik (Traube[19]), die, einmal in Gang gesetzt, nie mehr gestoppt werden.

Eine solche Sichtweise ließe indessen außer acht, daß Descartes' ethisch-religiöser Hintergrund ungleich stärker war als der eines durchschnittlichen Wissenschaftlers unserer Zeit. Für ihn bildete er das Fundament, auf dem sein Leben ruhte. Und ein solches Fundament wird nicht durch die darauf aufbauende Methode beiseitegeschoben, sie kann daher bei Descartes ethische Fragen nicht abdrängen - ja bei ihm kann das gar nicht so formuliert werden; ethische und Fragen der Forschung stehen da nicht auf gleicher Ebene.

Der Grundsatz erscheint vollends in einem anderen Licht, wenn man Descartes' Erklärung dazu liest. Er führt aus, daß der Grundsatz gerade davor schützen solle, durch wankelmütiges Treibenlassen etwas zu tun, wovon man später einsehen müsse, daß es schlecht gewesen. Wohingegen doch die fragliche Entscheidung zwar angesichts der Unsicherheit der Beurteilung aber mit guten Gründen und daher für den Handelnden richtig gefällt wurde. (Disc 40f).

Bescheidung

Zentral ist der dritte Grundsatz, "stets bemüht zu sein, eher mich selbst zu besiegen, als das Schicksal, eher meine Wünsche zu ändern, als die Weltordnung und überhaupt mich an den Gedanken zu gewöhnen, daß nichts völlig in unserer Macht steht außer unseren Gedanken." (Disc 42). Hier wird nun wirklich die gegenteilige Haltung zu der in unserem naturwissenschaftlichen Zeitalter verbreiteten offenbar. Sind die modernen Naturwissenschaften nicht gerade angetreten, das Schicksal zu besiegen und eigene Wünsche über alles zu stellen? Vor dem Hintergrund dieses Grundsatzes klingt nun das Ziel, "ohne Beschwerlichkeit die Früchte der Erde" zu genießen, das erst *nach* diesem Grundsatz formuliert wird (Disc 100), weit weniger schrill. Hält man beide Aussagen nebeneinander, bietet sich als Ausweg an: Mit den Früchten der Erde sind von Gott für den Menschen bestimmte Früchte gemeint. Es ist nicht daran gedacht, das dem Menschen zugehörige Schicksal durch grundsätzliche Eingriffe in die Welt so zu ändern, daß ihm erspart bliebe, mit Unbilden des Lebens zurechtkommen zu müssen, an sich arbeiten zu müssen, um sich als Mensch zu verwirklichen, seine Wünsche an der Realität messend in Grenzen halten zu müssen. Beleuchten wir das durch ein Beispiel: Die Einsicht, daß der Schmerz zum Leben gehört, hätte wohl auch eine Einstellung zu körperlichen Schmerzen fördern können, die den Irrweg einer Medizin, die Symptome tilgt, damit aber den Menschen letztlich kränker macht, verhindert hätte.

An seiner Einsicht, daß nichts völlig in unserer Macht steht außer unseren Gedanken, zeigt sich deutlich, daß Descartes die Aufforderung, die Welt durch Wissenschaften zu verändern, nicht so gemeint haben kann, wie sie schließlich ausgeführt wurde. Es liegen Welten zwischen der eben genannten Einsicht in die Begrenzung menschlicher Macht und der Hybris, mit der etwa Atomtechniker heute behaupten, die Beseitigung katastrophal gefährlicher Abfälle *werde* ihnen gelingen (mit welchem Glauben an dieses erst noch zu erwerbende Wissen sie dann den Abfall *heute* schon produzieren).

Moralität

Das erste Kapitel unterschlägt bei seiner Befundaufnahme einen - möglicherweise den wichtigsten - Aspekt für die lebensfeindliche Entwicklung neuzeitlicher Technik: Die Triebfeder der Geldgier oder - was heute wesentlich auch über das Geld vermittelt wird - des Strebens nach gesellschaftlichem Ansehen, kurz, das Karrierestreben. Man braucht sich nur den vierten moralischen Grundsatz (Disc 44) anzusehen, in dem eine abgewogene Entscheidung für den eigenen Lebensweg, für seine Richtung und sein Ziel gefordert wird, und diesen Grundsatz mit Descartes' Leben zu vergleichen, um zu sehen, daß Descartes solches Karrierestreben kaum bedacht haben kann bei seiner Projektion der Macht der Naturwissenschaften auf eine zukünftige Welt.

Um es nach der Betrachtung der moralischen Grundsätze ausdrücklich zu sagen: Descartes dachte nicht daran, das Nützliche dem Sittlichen überzuordnen (vgl. dazu etwa seine Bemerkung über die Griechen, Reg IV 51). Man muß überdies im Auge behalten, daß Descartes etwa den Nutzen der Wissenschaft für die Technik keineswegs als großartig (wir meinen nicht: umfangreich) bewertete. Seine Verwunderung darüber, daß die Mathematik bisher "nur" in der Technik genutzt werde, zeigt das deutlich.

Greifen wir die Steuerung verschiedenster Vorgänge durch Computer als Beispiel heraus. Wir benutzen heute Computerprogramme, die niemand mehr vollständig überschaut, für weltweit lebensentscheidende Entscheidungen. (Der Computertechnologe J. Weizenbaum vom Massachusetts Institut of Technology wies 1980 darauf hin, daß das "World Wide Military Command an Control System" des Pentagon immer weniger durchschaubar wird und sich mehr und mehr der Autonomie nähert, daß es in letzter Konsequenz sogar Kriege auslösen kann.[20]) Descartes griffe sicher nicht nur den darin offenbar werdenden Irrationalismus einer exzessiv angewandten Schwarzer-Kasten-Methode an, er wäre bestürtzt über solche Unterordnung ethischer Fragen unter technische Abläufe.

Wir gestalten mit unserer Technik die Erde derart um, daß die Lebensmöglichkeit für unsere Enkel äußerst fragwürdig geworden ist. Wir stellen diesen Sachverhalt auch fest, aber wir tun nichts, um eine weitere Verschlechterung des Zustandes zu vermeiden (von "kosmetischen Reparaturen" abgesehen - der Bericht Global 2000 etwa wird von den europäischen Parlamenten nicht einmal diskutiert). Zitieren wir demgegenüber Descartes: "... so ist es ... wahr, daß sich unsere Sorge über die Gegenwart hinaus erstrecken sollte, und daß es gut ist, das zu unterlassen, was den Zeitgenossen vielleicht nützt, wenn dies in der Absicht geschieht, anderes zu leisten, was unseren Enkeln um so mehr einbringt." (Disc 108).

Da ist neben der Forderung "macht Euch die Erde untertan" die dazu duale, den Garten zu pflegen und zu bewahren, voll gegenwärtig. Wir hingegen verbrauchen heute die Reichtümer der Erde und hinterlassen unseren Enkeln den Abfall. Wir leben vom Kapital, von dessen Zinsen die Enkel leben sollten.

Mit diesen Überlegungen haben wir jedes Wort des folgenden Heidegger'schen Satzes bestätigt:

"Die Verwüstung der Erde beginnt als gewollter, aber in seinem Wesen nicht gewußter und auch nicht wißbarer Prozeß zu der Zeit, da das Wesen der Wahrheit sich als Gewißheit umgrenzt, in der zuerst das menschliche Vorstellen und Herstellen seiner selbst sicher wird."[21]

d) Was ist zu tun?

Be-Sinnung

Besinnung tut not. Zu be-sinnen ist der Weg der modernen Wissenschaften von ihrem Ausgang her. Die wissenschaftliche Forschung ist wieder in einen Sinn einzubinden. (Das fordert der Mathematiker Schafarevitsch sogar schon, um die Weiterentwicklung der Mathematik zu sichern ! [22] Und von Kowol liegt inzwischen eine Arbeit vor, die zeigt, wie die Realisierung dieser Forderung aussehen könnte.[23]) Das Bemühen um Klarheit beibehaltend, ist dennoch keine Verfügung der Natur anzustreben. Das ist die Aufgabe, die uns angesichts des im ersten Kapitel erhobenen Befundes aus dem Gedankengang des vorliegenden Kapitels erwächst. Die Klarheit ist an die Reduktion gebunden, das gilt es im Bewußtsein wach zu halten als ständige Warnung vor illegalen Grenzüberschreitungen. Die Klarheit erwächst aus der Trennung zusammenhängender Dinge, das muß aber für die richtige Einordnung des Ergebnisses der Trennung gesehen werden !

Als Beispiel: Descartes hat zwischen Geist und Materie scharf unterschieden, um die Beziehung zwischen beiden klar fassen zu können - nicht um Spaltung und Fremdheit zwischen beiden zu bewirken, wie wir das heute feststellen[24]. Seine mechanischen Modelle sollten Hilfen geben, Erkenntnisse über den Menschen zu sammeln, nicht aber, um über den Menschen schließlich als Regelkreissystem zu verfügen. Aus dem Ziel *clare et distincte* zu wissen, was man weiß, ist die Forderung nach Erklärung des gesamten Lebens durch von der mathesis universalis ausgehende neue Wissenschaften geworden. Das hat sich als nicht sinnvoll herausgestellt. Die Mathematik soll die Wurzeln der Vernunft enthalten? - Nicht alle; vergessen wir den anderen Teil nicht.

Das Cartesianische Denken fragte mehr und mehr danach, was man mit der Natur machen kann. Aus der Betrachtung des Weges und seiner Konsequenzen ersehen wir, daß wir wieder lernen müssen, die Natur daraufhin zu befragen, wie sie ist. Insbesondere der aristotelische Ansatz muß also wieder mehr Einfluß gewinnen.

Unterricht

Unsere Frage, was angesichts der heutigen Situation zu tun sei, verstehen wir im Rahmen dieser Arbeit natürlich pädagogisch. Descartes beklagt, auf seine Schulbildung zurückblickend (die er an einer der besten Schulen Europas genoß), daß er zwar in die Wissenschaften eingeführt worden sei, daß diese ihm aber nicht die versprochene klare und gesicherte Kenntnis alles für das Leben Nützlichen gebracht hätten. (Disc 6f). Wir sahen, daß sein Weg in anderer Weise letztlich wieder zu einem Wissen führte, das die Einheit der Welt zerfallen ließ, mehr noch, es führte sogar zu einem Verlust eines Teiles der Welt. Was müßte ein Schüler heute nach seiner Schulzeit, in der er für die heutigen Wissenschaften "wissenschaftsorientiert" ausgebildet (zugerichtet) wurde, feststellen, blickte er die Welt und seine Schulbildung wie Descartes die seine an! Zwar nicht das gleiche, aber bei anderem äußeren Befund dennoch dasselbe.

Aus dieser Betrachtung erwächst uns ein Regulativ für heutigen Unterricht. Descartes sagt uns in einer auch für unsere Situation verblüffend konkreten Weise, in welcher Richtung wir vorgehen müssen. Als er seine Entscheidung darlegt, wissenschaftliche Studien aufzugeben, sich seinen Lehrern zu entziehen und sich in der Lebenswelt umzusehen, spricht er davon, daß diese Gelehrten, die er zu Lehrern hatte, für die Konsequenzen ihres Denkens nicht einzustehen hätten. Da haben wir eine Situation, wie wir sie für unsere Zeit festgestellt haben, durch den Aufweis der Widersprüche, die aus der Widerspruchsfreiheit resultieren. Das sind die Widersprüche in der Lebenswelt, die heute in der wissenschaftsorientierten Schule thematisiert werden müssen; sie geben das Regulativ gegen die Verengungen. Wenn Descartes in der Erklärung zur Regel I sagt, es gehe nicht darum, Schulschwierigkeiten aufzulösen, sondern den Intellekt zu entwickeln, damit er in den jeweils konkreten Fällen im Leben dem Willen weise, was zu wählen sei (RegI 35), dann ist das eine Maxime, die weit genug gespannt ist, um der Schule den Weg zu weisen. Und nicht nur der Schule: Descartes setzt sie sogar für das Ziel aller wissenschaftlichen Bestrebungen!

Sein Wissen soll dem Schüler den Weg weisen können, es soll seinen Willen leiten. Damit der Weg wirklich der eigene Weg des Schülers ist, muß sich das Wissen auf eigene Einsicht gründen, es darf nicht einfach von der

Überlieferung übernommen worden sein. Diese Forderung der Mündigkeit stellt Descartes als Pädagoge in der "Recherche de la Vérité" auf, und er genügt ihr dort selbst dadurch, daß er diese Schrift als Dialog zweier Lehrer verfaßt, die in ihrer Argumentation im Beisein des Schülers dem Schüler die Wahl zwischen ihren beiden Wegen offenlassen. (Die Aussagen über die Recherche de la Vérité stützen sich auf Cassirer[25]. Wir gehen - übrigens gemäß dem zweiten o.g. moralischen Grundsatz Descartes' - von Cassirers These aus, daß die Schrift von Descartes als Lehrer für Königin Christina von Schweden verfaßt wurde.)

Der Schüler ist zu überzeugen, also nicht für eine neue Wissenschaft abzurichten, wie es ein enger Cartesianismus über die Religion neuzeitlicher Naturwissenschaft mit sich brachte (siehe Kapitel I)[26]. Das heißt nicht, daß der Schüler nicht einer pädagogischen Führung bedürfe, die ihn zur Einsicht und zu den "Schätzen" führt, die "in seinem eigenen Geist verschlossen liegen" (anamnesis)[27].

Die Forderung nach Mündigkeit wird indessen pervertiert, wenn daraus eine Anleitung zum ständigen Prüfen, zu radikalem Zweifel wird, die den jeweiligen Schüler mit seinen konkreten Möglichkeiten aus dem Auge verliert. Pädagogische Führung steht hier in ihrer Verantwortung dafür, daß über dem Willen, dem Schüler den Lebensweg zu öffnen, dieser Weg nicht im Gegenteil verschlossen wird. Unabhängig davon, inwieweit Descartes' Warnung vor dem radikalen Zweifel, (vor der Kühnheit seines Planes, alles zu prüfen), der kein Beispiel sei, dem jeder folgen sollte (könnte!) (Disc 24), inwieweit diese Warnung auch gegen kirchliche Angriffe schützen sollte, hat sie für unseren Zusammenhang ihre Berechtigung als Warnung vor einer Entfremdung des Schülers, soweit diese nicht durch eine anschließende neue Einwurzelung wieder aufgehoben werden kann. Descartes verstand seine Autonomieerklärung für eine Person, die die Kraft hätte, mit dieser Autonomie zu leben.

Um sich der Welt durch prüfende Nachforschung tiefer versichern zu können, muß man die Welt zunächst überhaupt erst gesehen haben: Dieser Aspekt ist heute bei der Frage der Entfremdungsgefahr noch dringender zu beachten, als der des individuellen Vermögens des jeweiligen Schülers. Nehmen wir dafür ein konkretes Beispiel: Ehe der Schüler Sprachstrukturen erfragen kann (vgl. etwa das im Kapitel I angeführte

Beispiel aus einem Lesebuch des 3. Schuljahres), muß er zunächst in der Sprache heimisch geworden sein. Descartes ist das ganz gegenwärtig. Er wendet sich zwar gegen die scholastische Schulweisheit, aber er tut es auf dem Fundament, das sie ihm gab. Konsequent ermpfiehlt er dann auch, Schüler zunächst durch diese Schule gehen zu lassen (Reg II 27f)[28]; so muß auch sein Eintreten in der Recherce de la Vérité gegen das Studium der alten Sprachen bei Christina[29], das ja sowieso nur eine prononcierte Zurückweisung toter Philologie zugunsten lebendigen Wissens ist, vor dem Hintergrund gesehen werden, daß er genug alte Sprachen, antike Literatur, Dichtung und Geschichte studiert hatte (Disc 10).

Dem Jungen, der wieder und wieder den Klang von Materialien durch Dagegenschlagen mit einem Stock prüft, gibt diese Rückfrage an die Natur, dieses Prüfen mehr Sicherheit; dem Grundschüler, dem man im zweiten Schuljahr sagt, daß sich die Erde um die Sonne drehe, fehlt von nun an ein Bezugspunkt für die Orientierung in der Welt, für die Möglichkeit, Wissen einzuordnen.

Erziehung

Wir sprachen über den moralischen Hintergrund, vor dem Descartes Wissenschaft trieb. Hier ist die Stelle, anzumerken, daß er für jeden Unterricht eine Sittenlehre für unentbehrlich hielt: Durch die "Einsicht in die Notwendigkeit bestimmter sittlicher Grundprinzipien", sollte der Schüler erst "seine innere Ruhe finden", die ihm helfen würde, auch für seine wissenschaftliche Betätigung das rechte Maß zu bewahren, damit er "die schlichte Weisheit der vielfältigen Wissenschaft" vorzöge[30].

Das Kapitel sei abgeschlossen mit einem Blick auf die Verbindung des Mathematikunterrichtes mit der Philosophie: Platon fordert die Mathematik zur Bildung des Geistes für die Philosophie. Wie wir sahen, fordert Descartes die (scholastische) Philosophie zur Bildung des Geistes für die Mathematik.

IV Mathematikunterricht: Die Situation

Wir versuchen weiter Klarheit darüber zu bekommen, wie Mathematikunterricht vermeiden kann, den Schüler an eine Technik auszuliefern, die den Menschen stärker bestimmt, als daß sie von ihm kontrolliert würde. Nachdem wir im ersten Kapitel dieses Phänomen beschrieben und im zweiten und dritten Kapitel versucht haben, über die Betrachtung von Wegmarken des Weges zur heutigen Situation diese Situation besser zu verstehen, um so auch besser in ihr handeln zu können, wenden wir uns jetzt den heute vorfindbaren Aussagen zum Mathematikunterricht selbst zu.

Wir werden - wie im zweiten und dritten Kapitel - auch hier auf einen Überblick verzichten zugunsten wesentlicher Beispiele. Nun gibt es allerdings nicht *die* Mathematikdidaktik oder auch mehrere solche, die für unsere Betrachtungen zweifellos heranzuziehen wären. Was wir vorfinden sind eher Arbeiten zu Teilproblemen. Wir entscheiden uns für Freudenthal und Wittenberg: Für Freudenthal, weil er eine recht umfangreiche Didaktik mit pädagogischem Anspruch (Mathematik als pädagogische Aufgabe) und einen Rahmen für eine Mathematikdidaktik (Vorrede zu einer Wissenschaft vom Mathematikunterricht) geschrieben hat (worin er auf die wesentlichen heutigen didaktischen Ansätze auch zu sprechen kommt), für Wittenberg einmal, weil er seine Ausführungen zum Mathematikunterricht (Bildung und Mathematik) als Beispiel einer Bildungstheorie des Gymnasiums versteht, und zum anderen, weil er sich dabei auf den Aufweis (Vom Denken in Begriffen)* stützt, daß die Mathematik *die* geeignete Wissenschaft ist, die uns über die Grenzen unserer Erkenntnismöglichkeiten verständigen kann.

---

* Die vier angegebenen Werke werden in diesem Kapitel mit Abkürzungen direkt im Text zitiert.[1]

IV.1 Eine Mathematikdidaktik (Hans Freudenthal)

a) Zum Befund

Intention

"Aus Ehrfurcht vor geheimnisvollen Worten lassen sie sich vom allgemeinen Didaktiker die Augen verbinden, lassen Mathematiklehrer sich und ihre Schüler zu Gedankenlosigkeit erziehen." (V 121). Die Verkünder des Mastery Learning sind es, deren geheimnisvolle Worte Freudenthal hier meint. Seine Formulierung zeigt, daß er das von uns im ersten Kapitel angesprochene Problem der "neuen Priester" auch sieht. Was uns die Stelle gleich noch zeigt: Zuerst sind die Probleme der Erziehung immer die Probleme der Erzieher. Wenn sich die Lehrer schon die Augen verbinden lassen, wie sollen sie Schüler zur Wachheit erziehen - oder besser: ihnen ihre Wachheit erhalten?

Freudenthal sieht den gleichen Befund wie wir - solange es sich um Probleme handelt, die in der Nähe der Mathematik oder des Mathematikunterrichtes liegen. Wenn er von der heute weitverbreiteten Quantifizierung als Selbstzweck spricht, deren Wert anzuzweifeln im Zeitalter der Rechenmaschinen niemand wage, aus Furcht, als altmodisch zu gelten (V 247), dann weist er damit genauso in diese Richtung, wie wenn er darauf hinweist, daß der Unterricht stets von den Phänomenen ausgehen müsse, damit er wirklich zu Einsichten führe. So fordert er, daß Geometrieunterricht beim "ich sehe es so" des Schülers beginnen müsse (V 265) oder betont "... immer wieder begehen wir Mathematiker den didaktischen Fehler, Realität in einer Form anzubieten, die nach unserem Vorurteil Rohform, aber in Wirklichkeit schon mathematisiert ist." (V 226).

Aber die Einsichten, um die es Freudenthal geht, sind enger begrenzt und stärker an einen Fortschrittsoptimismus gekoppelt, als wir das nach unserem Befund nachvollziehen können. Man sieht das erstere etwa an seinen Bemerkungen über die Geisteswissenschaften, z.B. wenn er zurückweist, daß aus der Etymologie Einsichten zu gewinnen wären, und solchem Vorgehen den Sprachgebrauch des Mathematikers gegenüberstellt, der "willkürlich mit dem Vokabular umgeht, für den Worte, frei von Untertönen, die Bedeutung besitzen, die er ihnen gerade beigelegt hat." (M 87). Daß Denken in der Sprache geborgen ist, ist aber auch für den Mathematiker ein Problem; andernfalls wären Entwicklungen wie die des Kontinuumproblems sicher geradliniger verlaufen! Zum Fortschrittsoptimismus wollen wir eine Stelle aus einer Passage über Comenius betrachten (M 107). Freudenthal zitiert Comenius "Am besten lehrt man eine Tätigkeit, indem man sie vorführt." und sagt: "Es ist nützlich, solch einen Satz zu zitieren, und sich dann zu überlegen, wie man es heute sagen würde. Ich dächte: Am besten lernt man eine Tätigkeit, indem man sie ausführt." Nun, wir wollen das "heute" in ein "vorgestern" verwandeln: Aristoteles sagte: "Was man lernen muß, um es zu tun, das lernt man, indem man es tut: z.B. wird man Baumeister dadurch, daß man baut."[2] Weiter ist man also "heute" nicht. Wir hätten eine Stelle Freudenthals wählen können, wo es mehr um den technischen Fortschritt geht, diese hier ist so passend, da sie von der Geschichte selbst korrigiert wird.

Andererseits spricht Freudenthal das Problem der Verantwortung für den technischen Fortschritt in seiner ganzen Tiefe an, wenn er berichtet, daß er in den zwanziger Jahren mit einem Freund für einen unbekannten Auftraggeber ein kinematisch-differentialgeometrisches Problem ausgerechnet habe, von dem er dreißig Jahre später entdeckte, daß es der Wankelmotor gewesen sei, oder wenn er von einem Gedankenexperiment erzählt, das 1939 ein theoretischer Physiker bei ihm im Garten anstellte, und das 1945 über Hiroshima Wirklichkeit wurde, und fragt: "Wo in dieser Kette ... hat das Denken aufgehört und das Handeln angefangen? Wo setzte das "Atomzeitalter" ein, bei der Formel $E = mc^2$ oder bei der Bilanz der Neutronenproduktion von Uran 235, oder mit der Atombombe; und wer von uns kann sagen, er sei *nicht* dabei gewesen?" (M 109). Weiter als bis zu dieser Frage geht er aber nicht. Wir werden bei Wittenberg darauf zu sprechen kommen.

Ehe wir jetzt auf Freudenthals Wissenschaftsbegriff eingehen, den er seinen Forderungen an eine Didaktik wie seinen didaktischen Forderungen selbst zugrundelegt, sei einem Mißverständnis vorgebeugt: Freudenthal erhebt nicht den Anspruch, in seinen Überlegungen möglichermaßen abgeschlossen oder erschöpfend zu sein. Er will offensichtlich mehr anregen und aufbrechen, in Frage stellen und Ansätze herausarbeiten. (Wie es schon der Titel "Vorrede" anzeigt - aber das gilt auch für das zweite in Frage stehende Buch). Vor diesem Hintergrund sind Widersprüche, die man bei ihm findet, eher Spannungsmomente, in denen sich eine Situation durchaus adäquat darstellt. Wir werden daher nicht stets auf eine von uns herangezogene Stelle oder Interpretation eine Betrachtung folgen lassen, in der eine dazu widersprüchlich erscheinende Aussage eingeordnet oder unsere Interpretation ihr gegenüber gerechtfertigt würde. Das sei am Beispiel des Wissenschaftsbegriffes erläutert: Freudenthal sagt "Ich werde keine Kriterien angeben, die von einem Gegebenen entscheiden lassen, ob es Wissenschaft sei, oder auch nur in einigen Fällen erhärten lassen, daß es keine Wissenschaft sei" (V 10). Danach gibt er dann aber nicht nur Kriterien für Wissenschaftlichkeit an, sondern er sondert sogar in seiner Betrachtung zum "Saum der Wissenschaft" Bereiche als "afterwissenschaftlich" aus. Doch wird an dem zitierten Satz eine Intention deutlich, nämlich die, offen zu bleiben, sich der Vorläufigkeit solcher Kriterien bewußt zu sein. So wäre dann auch der Satz "Mit einer Wissenschaft bilden sich die Kriterien ihrer Wissenschaftlichkeit heraus und entwickeln sie sich" (V 10) zu verstehen, der, absolut gesetzt, ja jede Beurteilung der Wissenschaftlichkeit eines Gebietes reduzierte auf die Frage, ob es selbst beanspruchte, Wissenschaft zu sein. Jedenfalls bringt Freudenthal mit diesem Vorgehen mehr für die anstehenden Fragen, beschreibt er besser den Erfahrungsbereich Wissenschaft, als das etwa ein positivistischer Ansatz vermag, der meint, Wissenschaft exakt festlegen zu können. Diese Vorbemerkung ist andererseits nicht so zu verstehen, als würden wir nicht die Notwendigkeit sehen, in manchen Fragen methodisch gezielter vorzugehen, als Freudenthal es tut, Begriffe schärfer zu fassen und so trotz aller notwendigen Offenheit zu besser gefaßten Aussagen zu kommen.

Wissenschaftlichkeit

Zentral ist Freudenthals Aussage, Wissenschaft sei nicht nur ein Bestand, Resultat einer Tätigkeit, sondern vor allem diese Tätigkeit selber. So sei das Wissenschaftliche an der Wissenschaft u.U. eher an der Weise, wie sie geübt wird, zu finden, als daran, wie sie ist. (V 10f). Indem damit die Entwicklung der Wissenschaft weit stärker in den Blick genommen ist, als ihr

Bestand, öffnen sich Zugänge zum Lernprozeß und zum verantwortlichen Umgang mit Wissen. Als Konsequenz dieser Sichtweise steht dann das Kriterium der *Relevanz* im Vordergrund gegenüber dem Kriterium der Wahrheit, das auf die Aussagen zielt, die den Bestand der Wissenschaft ausmachen (V 11ff). Nun können diese Aussagen auch in vielfältigen Beziehungen zu anderen Gegebenheiten relevant sein oder nicht; was Freudenthal aber in den Vordergrund stellt, ist, daß *Fragen* relevant sein sollten und dann auch ganze Fragenkreise und von daher gesehen Theorien und Wissensgebiete. Indem die Relevanz als Beziehungshaltigkeit nicht nur nach Beziehungen im jeweiligen System fragt, sondern vor allem nach Beziehungen zu Realitäten außerhalb des Systems, spricht sie übrigens gleichermaßen die von uns im ersten Kapitel aufgeworfenen Fragen zur Fragwürdigkeit gewisser Entwicklungen unserer wissenschaftlich-technischen Zivilisation an wie auch die Bildungsaufgabe, Schülern zu einem beziehungshaltigen Wissen, einem jeweils in den größtmöglichen Zusammenhang sinnvoll eingefügten Wissen zu verhelfen. Daß die Relevanz auch auf das Leben selbst zielt, wird klar an der Formulierung "Man kann die globale Relevanz einer Frage, einer Antwort auch so formulieren: Sind Welten, in denen ich die Frage bejahen oder verneinen muß, die Antwort akzeptieren oder verwerfen muß, gleich oder verschieden?" (V 13). Diese Welten können insbesondere auch Welten etwa des Mathematikers als Mathematiker sein. Und damit sind wir wieder bei speziellen Fragen der Mathematikdidaktik.

Das nächste Kriterium, das Freudenthal für die Wissenschaftlichkeit vorstellt, ist die *Konsistenz* (V 17ff). Dabei ist Konsistenz keinesfalls nur eng als Widerspruchsfreiheit des Systems zu sehen, sondern Freudenthal bezieht das Handeln, also wieder den Umgang mit diesem System, das Entstehen einer Wissenschaft mit ein, wenn er Konsistenz fordert. Er warnt davor, Konsistenz mit der Möglichkeit gleichzusetzen, ein System deduktiv als Ganzes zu erzeugen, weist demgegenüber darauf hin, daß das nicht einmal in den exakten Naturwissenschaften sehr weit möglich ist. "... wenn einzelne Deduktionen noch kein deduktives System erzeugen, so braucht das die Konsistenz nicht zu beeinträchtigen." (V 18f). Konsistenz ist mehr und ist wichtiger als Deduktivität. Er stellt heraus: "Konsistenz kann auch bedeuten, daß man Fragen, die sich aufdrängen, nicht scheut, daß man sie vielmehr aufsucht, daß einem etwas verdächtig erscheint und man es der Kritik unterwirft ..." (V 17). Damit ist auch die Konsistenz ein Kriterium, das es gestattet, Widersprüche als Folge der Widerspruchsfreiheit (siehe Kapitel I) durch wissenschaftliches Fragen aufzuspüren.

Öffentlichkeit wird als drittes Kriterium angegeben. Wir wollen darauf in zweierlei Weise eingehen. Einmal, indem wir Freudenthal folgen in seiner Überlegung, daß Sprachzucht wichtige Voraussetzung dafür ist, daß Öffentlichkeit der Wissenschaft möglich bleibt und als Regulativ greifen kann, daß diese Sprachzucht - wir schränken aber im Gegensatz zu Freudenthal ein: ein gutes Stück auch - vom Mathematiker abgeschaut werden kann. Schon das ist eine (und keine nebensächliche) Legitimation für ausreichenden Mathematikunterricht in der Schule! (Ausreichend umfangreich - denn die Mathematik in der Weise zu erfahren, bedarf es nicht nur einer flüchtigen Begegnung mit ihr.) Zum anderen sei auf ein heutiges Problem in der Beziehung von Öffentlichkeit und Relevanz hingewiesen. Öffentlich ist heute eine Information am wenigsten dadurch, daß sie grundsätzlich jedermann zugänglich ist. Öffentlich ist sie, wenn sie in der Öffentlichkeit wahrgenommen wird, wahrnehmbar (unter vertretbarem Aufwand) ist. Davon wird die Relevanz der Forschung berührt: Wenn etwa in der Öffentlichkeit gewisse Ergebnisse durch Überschwemmung mit anderen Ergebnissen durch die gängigen Publikationsmedien nicht bekannt werden, dann kann die Irrelevanz ganzer Wissenschaftsgebiete, die im Hinblick auf erstere Ergebnisse aufweisbar wäre, gar nicht in den Blick kommen.

Freudenthals Abgrenzung der Wissenschaft gegen Technik und Glauben, die seinen Kriterien der Wissenschaftlichkeit folgt, zu untersuchen, bringt für unseren Gedankengang nicht viel. Wir wollen aber zwei Stellen daraus mit seinem Kriterium der Relevanz konfrontieren. Er nennt die griechische Medizin eine "Sammlung von Erfahrungsregeln, verbrämt mit einer Hintergrundphilosophie" (V 28) und führt als Beleg dafür, daß ihr entscheidendes Wissen, das sie zur Wissenschaft gemacht hätte, gefehlt habe, u.a. an: "... erst seit einem Jahrhundert kennt man den Ursprung von Infektionskrankheiten." (V 29). Dabei ist er allerdings weit weg von seinem Relevanzkriterium und ganz in einem mechanistischen Ursache-Wirkungs-Denken befangen. Aber selbst auf dieser Ebene könnte man zunächst entgegnen, daß es heißen muß "... kennt man *eine* Ursache von Infektionskrankheiten". Je nach Betrachtungsweise ist das eine Ursache eines Ursachenbündels, das zu betrachten wäre, oder ein Glied in einer

Kette von Ursachen. Aber auch vor der Zeit des Mikroskops oder auch außerhalb des Mikroskops gibt es ein Wissen über Infektionskrankheiten, das der Heilung dienen kann, daher unbedingt als relevant einzustufen ist!

Für eine zweite Stelle sei lediglich durch eine Gegenformulierung angedeutet, daß die Aussagen gar nicht relevant sind. Freudenthal sagt (V 35): "Lange war es eine romantische Mode, den naturwissenschaftlich-technischen Fortschritt als etwas Unnatürliches zu verdammen; man wollte zurück zum Altbewährten in Nahrung und Kleidung oder forderte es eben. Inzwischen hat sich gezeigt, daß Milch ohne Typhusbazillen doch gesünder ist als mit, ... daß Kunststoffe ihre "natürlichen" Pendants im allgemeinen weit übertreffen. Inwiefern die Naturwissenschaften wirklich gefährlich sind, ist von Naturwissenschaftlern selber entdeckt und durchaus nicht verheimlicht worden, und es ist kaum zweifelhaft, daß von den Naturwissenschaften her, soweit es an ihnen liegt, diese Gefahrenquellen eliminiert werden. Relevante Kritik läßt sich auch relevant beantworten."
Nein, inzwischen hat sich gezeigt, daß pasteurisierte Milch tot und daher in vieler Beziehung wertlos ist, hat sich gezeigt, daß die Antibiotikarückstände in der Milch (und anderswo) zu Resistenzen führen, die uns in eine gefährlichere Situation bringen können, als sie es vor der Kenntnis der Typhusbazillen war, daß als Folge der naturfernen Lebensweise bzw. der heutigen Medizin immer mehr Krankheiten entstehen, gegen die man keinerlei Mittel kennt; dazu zählen auch Allergien, die u.a. zeigen, daß ein Wollhemd eben doch der Kunststoffkleidung überlegen ist.

Als nicht relevant erweist sich daher der hinter Freudenthals Aussage stehende mechanistische Standpunkt. Und wenn eine solche Wissenschaftsauffassung bestimmend bleibt, dann ist mit Sicherheit nicht damit zu rechnen, daß die Gefahrenquellen von den Naturwissenschaften her eliminiert werden, denn die Reparatur der Schäden hinkt den davongaloppierenden Schäden dann stets müde hinterher. Bis etwa mit solchen Methoden zweifelsfrei nachgewiesen ist, daß fiebersenkende Mittel bei Kindern für Krebs verantwortlich sein können, sind zu viele Kinder - für das Schöne-Neue-Welt-Bild einer krankheitsfreien Kindheit - elendiglich umgekommen.

Aber genug der Betrachtung anderer Wissenschaften. Wenn es um die Wissenschaft vom Mathematikunterricht geht, weist Freudenthal enge mechanistische Wissenschaft genauso zurück, wie er jeden Fortschritt sehr genau auf seinen Wert für den Unterricht hin befragt, er prüft hier die Relevanz sehr viel umfassender. Und da hat dann z.b. auch das Wort Technik einen ganz anderen Klang (wenn er etwa sagt: "Atomisierung des Lehrstoffes ist nämlich nicht nur ein behavioristisches Ideal. Sie ist der Weg des kleinsten Widerstandes bei der Technisierung des Unterrichts" (V 96)) als bei seiner Betrachtung der Beziehung zwischen Technik und Wissenschaft, wo er Technik (mit dem Hinweis auf den griechischen Ursprung des Wortes) in die Nähe der Kunst rückt - Technik als Kunst des Handelns.

Der Ansatz

Die letzten Betrachtungen zeigen, was bei Freudenthal vor allem zu lernen ist: Speziell Mathematikdidaktik und das Nachdenken über Mathematikdidaktik. Globale Äußerungen sind weniger relevant. Dazu paßt seine Definition von Didaktik, wenn er sagt: "Ich glaube vielmehr an die Inangriffnahme allgemeiner didaktischer Probleme von den speziellen Didaktiken her als an das Einzwängen spezieller Didaktiken in das Korsett einer allgemeinen. Es ist von vornherein unwahrscheinlich, daß ein gemeinsames Muster für so verschiedenartige Unterrichtstätigkeiten existiert wie etwa für eine Rechen- und eine Sportstunde." (V 127). (Also eher das Wahrheitskriterium Thomas von Aquins als das des Descartes.) Er hat die speziellen für das jeweilige Fach charakteristischen Fragen im Auge. Er sagt das deutlicher noch in seinen Überlegungen zu einer allgemeinen Unterrichtswissenschaft: "Es gibt keinen inhaltsleeren Unterricht und keine Wissenschaft von ihm. Wissenschaft vom Unterricht kann nur mit Wissenschaft von einem gewissen Unterricht anfangen. Da kann man die ersten Werkzeuge schmieden, die einem noch fehlen, und dann mittels dieser Werkzeuge andere." (V 160). Damit ist sein Weg angezeigt. Zentrales Anliegen ist ihm dabei, das Lernen des Schülers zu untersuchen. Das ist nicht nur psychologisch zu verstehen. Untersucht werden soll, was ein Schüler in welcher Weise an einem Stoff lernt. Das Wesentliche bei diesem Lernprozeß sind ihm dabei die Unstetigkeiten (V 161), und die sind nicht durch Untersuchungen von Schülergruppen aufzudecken, sondern nur durch *Beobachtung des einzelnen Schülers.*

Dieser Ansatz Freudenthals ist tief pädagogisch, indem er nämlich den Menschen in seiner jeweiligen Einzigartigkeit zum Ausgangspunkt und zur Mitte seiner Untersuchungen macht. Das ist simpel und doch nicht selbstverständlich: Eine Wissenschaft von der Person muß Personen untersuchen, nicht Gruppen.

Wir wollen diese erste Verständigung über Freudenthal mit zwei Zitaten zur Unterrichtswissenschaft beschließen (V245f):
"Wer sich als Unterrichtender nicht auf seine Intuitionen verläßt, sondern das Was und Wie seines Unterrichts bewußter Analyse unterwirft, soll sich auch der Gefahr bewußt sein, daß er das Resultat dieser Analyse zu Lehrstoff und Lernmethode erhebt."
- - "Man lehrt einen nicht schwimmen, indem man ihn ins Wasser wirft und höchstens korrigierend auftritt. Man tut es aber heutzutage, wenn ich recht unterrichtet bin, auch nicht mehr, indem man ihn die einzelnen Schwimmbewegungen und Körperhaltungen in ihren diversen Phasen einüben läßt und dann darauf wartet, daß er sie zu einer Einheit integriert. Wo zwischen diesen beiden Extremen der Schwimmunterricht sich am zweckmäßigsten abspielt, weiß ein guter Schwimmlehrer; wenn er dazu imstande ist, sollte er es anderen mitteilen, aber schon das ist schwer. Ob es darüber hinaus viel Sinn hätte, dies wissenschaftlich zu vertiefen, ist die Frage."

b) Unterricht / Erziehung / Bildung

Freudenthal will durch seine Ausführungen den "praktischen Pädagogen", wie er sagt, nichts vorschreiben: "Vielmehr richte ich mich, nach meinem Gefühl, gegen Bestrebungen, den Schulunterricht didaktikwidrig zu beeinflussen, insbesondere gegen eine Orientierung des Unterrichts ausschließlich vom Stoff und einer dogmatischen Auffassung der Mathematik her, unter Vernachlässigung aller psychologischen Voraussetzungen und sozialen Implikationen des Mathematikunterrichts." (M 147). Ein Beispiel sei angeführt, das zu beleuchten. Es ist eine bekannte Schwierigkeit, daß der Mathematikunterricht die für den Physikunterricht nötigen (sinnvollen) mathematischen Grundlagen nicht zur Zeit bereitstellt: Etwa zum Brechungsgesetz, für das der Sinus nicht behandelt ist. Warum? Weil der Mathematiker den Sinus als zum System der Trigonometrie gehörend sieht, diese aber unmöglich so zeitig behandeln kann. Freudenthals Vorschlag: Um der wesentlichen Verbindung von Physik und Mathematik willen, damit die Physik zur "erlebten Wirklichkeit" werde, "von der aus die Mathematik den Stoff und die Anregungen zum mathematischen Ordnen empfängt", sollte der Sinus eben vorgezogen werden; als "wunderschönes Beispiel einer mathematischen Funktion" ist das graphisch (vom Kreis her) früh genug möglich (M 130).

Wir werden nun Freudenthals Auseinandersetzung mit einigen gängigen didaktischen bzw. pädagogischen Ansätzen nachzeichnen und grundsätzliche Aussagen von ihm zum Themenkreis Unterricht-Erziehung-Bildung herausstellen - aber beides immer schon in einordnender bzw. kritischwürdigender Form.

Wissen als eigener Besitz

Bildung, "das große Ziel von Unterricht und Erziehung" unterscheidet sich nach Freudenthal "von Unterricht und Erziehung durch das dem Gebildeten Eigene im Gegensatz zu dem ihm Aufgeprägten". "Man wird unterrichtet, man wird erzogen, man bildet sich selbst." (V 42ff).

Getreu seiner eingangs betonten Intention (gegen Bestrebungen, den Schulunterricht didaktikwidrig zu beeinflussen; aber ohne etwas vorzuschreiben) sieht Freudenthal die Aufgabe, Unterricht und Erziehung so einzurichten, daß Bildung nicht verhindert wird. Das hat Konsequenzen wie die, "daß Integration von Erfahrungen und Erlebnissen früh angebahnt wird, daß man vermeide, Zusammenhangloses anzubieten, solange die Integrationskraft dem nicht gewachsen ist" (V 43).

Die Einordnung des Wissens in einen Zusammenhang, also der Zusammenhang, nicht die Fülle der Einzeldaten macht Wissen als Bildung aus. Dafür sind Einzeldaten dann u.U. nicht mehr wesentlich. Da das aber andererseits nicht heißt, daß sie nicht für das Aufbauen dieses Zusammenhanges nützlich waren, zeigt sich hier die grundsätzliche Unmöglichkeit, einzelne Unterrichtsinhalte vom Ziel der Bildung her zu begründen. "Jeder ist da entbehrlich, aber das Ganze muß ein Ganzes bleiben" sagt Freudenthal (V 44) und beleuchtet das mit einem Beispiel aus dem Fach Geschichte. Er sei einmal ein großer Kenner von Jahreszahlen gewesen. Die habe er längst vergessen, übersehe aber dafür die Weltgeschichte wie sein eigenes Leben. Es sei das Lernen dieser Jahreszahlen nicht überflüssig gewesen: Sie wären das Gerüst gewesen, an dem er sein Gebäude der Weltgeschichte errichtet habe.

Was man vom Bildungsziel her begründen kann, ist "die Weise, wie der Lehrstoff dargeboten und erworben wird. Nicht atomar, nicht aufs Messen ausgerichtet." (V 44). Und wenn wir die Stoffbetrachtung, die zunächst innerhalb des Faches Einzelwissen gegen wesentliche Überblicke abwog, noch eine Ebene höher heben und auch die Überblicke aus einzelnen Fächern einzeln sehen gegenüber der Gesamtübersicht der Welt, sehen wir, daß konsequenterweise gar kein Stoff vom Bildungsziel her zu begründen ist: "Gar kein" aber im Sinne von "gar kein einzelner". Was ist dann wichtig, wenn es nur relativ begründbar ist, welchen Stoff wir auswählen? Daß wir die Schüler das Kostbarste lehren, nämlich "wie man den Stoff meistert" (M 61).

Wenn unter dem Blickwinkel der Bildung "nicht der Inhalt des Lehrgutes" gesehen wird, sondern "die Art, wie das Ich sich seiner in seinen Akten bemächtigt"[3] und das Beziehungsgeflecht, das es daraus aufbaut, dann sind Maßstäbe, wie zum Beispiel der abprüfbare Lehrerfolg mit einem isolierten Gegenstand (im Sinne hinterher nachweisbaren Faktenwissens über diesen Gegenstand) höchst fragwürdig. Freudenthal weist darauf hin, daß man alles Isolierte "mit dem nötigen Nachdruck erfolgreich" unterrichten kann, "insbesondere, wenn es nicht umfangreich ist, oder auf Tiefe keinen Anspruch stellt. Aber ... worauf es ankommt, ist zu wissen, wie dieser Gegenstand in die Gesamtheit des Mathematik-Unterrichts paßt, ob er ins Ganze integriert werden kann ...". Das heißt zum Beispiel: "Daß man etwas unterrichten kann, sagt natürlich nicht, daß man es unterrichten muß." (M 69). Der Satz klingt erschreckend trivial. Und doch ist es weithin übliche Art, das Unterrichten eines Gegenstandes damit implizit zu begründen, daß man zeigt, *wie* man es tun kann. (Man schaue didaktische Zeitschriften durch oder sehe sich Lehrerfortbildungsveranstaltungen an!)

Ein noch fragwürdigeres Argument für die Auswahl eines Gegenstandes ist, daß er den Schülern Spaß mache. Lassen wir Freudenthal wieder wörtlich dazu Stellung nehmen:
> "Es ist ein heuchlerisches Argument, denn wir suchen ja sonst nicht den Lehrstoff daraufhin aus, ob er die Kinder ergötze. Genauer: es gibt ja eine Wertskala der Vergnügungen, und es ist Aufgabe des Erziehers, auch den Geschmack zu erziehen. Ein rechter Schulmeister kann seine Schüler mit dem Rechnen amüsieren; ... das kann ihnen eine helle Freude sein. Ein Lehrer, der das ausnutzt, ist kein Erzieher, sondern ein Demagoge. Wir verwöhnen ja Kinder auch nicht mit Süßigkeiten .... Auch der Geschmack soll erzogen werden." (M 70).

Mit dem Argument der "Geschmackserziehung" wurde unsere Überlegung ein wenig vom Ausgangspunkt abgelenkt. Stärker dorthin schauen wir, wenn wir eine weitere Konsequenz bedenken: Die Auswahl der Lehrgegenstände kann dann auch nicht so geartet sein, daß damit das System der Mathematik, wie es sich für einen Mathematiker darstellt, Endziel ist. Das wäre nur gerechtfertigt für eine Mathematiker-Ausbildung. Diesen "Systemzwang" hält Freudenthal für eine der "auffälligsten Äußerungen der Tendenz, Schüler zu Mathematikern zu erziehen" (M 71).
Übrigens zweifelt er daran, daß sebst das erfolgreich ist. Nun ist es ein altes Lied, daß der gezielte Versuch, Schüler für eine bestimmte Richtung der Berufswahl beeinflussen zu wollen, meist zweifelhafte Ergebnisse hat. Vielleicht zeigt sich gerade daran, daß wirkliche Bildung nicht zu überspringen ist.

Womit noch einmal das Problem der eigenen Akte des Schülers im Bildungsprozeß angesprochen wäre. Sind sie unerläßliche Voraussetzung für den Aufbau eines Wissens als integriertes Wissen, als organisiertes Wissen, als Beziehungsgeflecht, so bilden sie damit gleichzeitig die Persönlichkeit aus. Solche Dinge meint Freudenthal mit "sozialen Implikationen", die er (siehe Zitat am Anfang des Abschnittes) nicht vernachlässigt wissen will. "Ein Kind, das Wissenschaft, Kunst oder Sitte durch seine eigene Aktivität entdeckt hat, ist gegen geistige Infektionen wie gegen körperliche geschützt." (M 61). (Das "wie" ist hier ja nicht als ein "wie auch" zu lesen; aber der Sinn, den *das* ergäbe, ist auch bedenkenswert!)

Wir werden im weiteren Verlauf sehen, daß die hier aufgewiesenen Folgerungen für den Unterricht nicht allgemein akzeptiert werden. Wir lassen dazu - die Formulierung ist einfach zu treffend - Freudenthal noch einmal selbst zu Wort kommen: "Ach, die Gängelbänder gibt es in Unterricht und Erziehung von alters her; der moderne Erzieher sagt, er verabscheue sie, aber den Unterrichtsprozeß möchten manche wie einen Betrieb rationalisieren und wie einen Industrieprozeß so steuern, daß man schon statt vom Gängelband von einem Pferdegeschirr reden könnte, in das der Lernende eingespannt wird, um den Unterrichtskarren zu ziehen." (V 44).

Aktives Lernen

Mathematik-Lernen, das betont auch Freudenthal immer wieder, hat sicher spezifische Seiten, die nicht auf alles Lernen übertragbar sind. Das Lernen des Schülers kann nicht grundsätzlich anders sein als das Lernen des Mathematikers, also das Mathematik-Treiben. Etwas Spezifisches sind da die Umwege, das Fehlermachen, das In-Sackgassen-Landen; das weiß jeder, der einmal als Mathematiker suchend tätig war. Die Umwege und Fehler sind (auch für das erreichte Ziel selbst) nicht sinnlos, sind nicht etwa nur auszuräumendes Hemmnis. Sie verhelfen zumeist zu einer tieferen, treffenderen, beziehungsreicheren Sicht des Ergebnisses. Hat man nicht genug Umwege gemacht, muß man das Ergebnis nachher auf desto mehr Beziehungen zu anderem untersuchen, um es ganz verstehen zu können.

Präsentiert man nun Schülern einen mathematischen Gegenstand, indem man ihn so aufbereitet, daß ein gerader durch den Lehrer erklärter Weg unter Ausschaltung aller möglicher Irrwege und Fehler direkt zum Ergebnis führt, dann ist man darauf angewiesen, dieses Ergebnis hernach gründlich "anzuwenden", damit es wirklich verstanden wird, eingeordnet wird, Teil eines Beziehungsgeflechtes wird, also zur Bildung des Schülers beitragen kann.

Ein Beispiel möge das erläutern. In der Kreislehre wird schließlich die beliebte Aufgabe gestellt, auszurechnen, um wieviel der Erdradius zunimmt, wenn man den Erdumfang um einen Meter verlängert. Die Aufgabe ist eigentlich trivial, aber die Erde lenkt ab, und fast alle Schüler gehen nicht "blind rechnend" vor, sondern spekulieren zunächst über das Ergebnis. Einige werden dadurch verwirrt, lassen die Aufgabe, weil sie meinen, sie nicht lösen zu können. Sie bekommen sie erklärt, verstehen natürlich jeden Schritt, sehen das Ergebnis; zwei wie aus einem Munde: "Das glaub' ich nicht!" - Was ist hier noch nötig an Einsicht, bis die Umfangsformel, an der nach der Herleitung niemand zweifelte, so verstanden ist, daß man ihren Folgen glaubt? Der Unterricht war "gut vorbereitet", ohne viele Umwege, ohne daß die Schüler in der Auseinandersetzung mit dem Problem in genügend Sackgassen geraten wären, genügend viele Ansätze versucht hätten, genügend viele Seiten der Sache schon kennengelernt hätten. Nun ist die Arbeit hinterher zu leisten. (Dabei sei hervorgehoben, daß die Reaktion der Schüler überhaupt auftrat. Der Weg kann noch "glatter" sein; so, daß bei einer "mechanischen Verwertung" der Ergebnisse gar kein Schüler mehr versucht, das Wissen einzuordnen und folglich ein "das glaube ich nicht" bzw. dessen Bewußtwerden verhindert wird.)

Der Pferdefuß bei dem "glatten Weg" und der danach zu leistenden Einordnung des Ergebnisses liegt aber darin, daß während der Hinführung gerade die mathematische Aktivität des Schülers eingeschläfert, verhindert bzw. nicht herausgelockt und geübt wurde, die nun für die Anwendung des Ergebnisses erst recht gebraucht wird.

Diese Überlegungen sprechen - sozusagen von der Mathematik her - dafür, Schülern eine Auseinandersetzung mit der Mathematik zuzugestehen, die der des Mathematikers ähnelt. Damit sind wir bei einer zentralen Forderung Freudenthals angekommen, der Forderung der sokratischen Methode und der Methode der Nacherfindung. Allerdings begründet er sie anders. Er sagt, er wisse nicht, ob dieser Weg der bessere sei, aber sein Menschenbild verbiete einen anderen. Er verurteilt "das anmaßende 'Quod licet Jovi, non licet bovi' des erwachsenen Mathematikers, der als Didaktiker dem Lernenden nicht nur vorschreibt, *was* er zu lernen hat, sondern auch auf welchem haarklein vorgezeichneten Wege, und ihm alle Seitensprünge, die ja zu Fehlern verführen könnten, verbietet" (V 47), und setzt dagegen das Recht des Kindes auf "dieselben Freiheiten beim Ler-

nen, die der Erwachsene für sich beansprucht, dieselbe Freiheit des Suchens und Experimentierens, dieselbe Freiheit des Analysierens, ehe man synthetisiert, dasselbe Recht auf integriertes Material, dasselbe Recht, Fehler zu machen, im Unreinen zu denken und sich den verbalen Ausdruck zu erobern" (V 48).
Freudenthal weist darauf hin, daß Entwicklungspsychologen zitiert würden, um einen Unterricht zu rechtfertigen, der dem Kind die angeführten Freiheiten nicht läßt, und er setzt dagegen, daß Entwicklungspsychologen nie Lernprozesse beobachtet und analysiert, sondern lediglich einen gewissen Stand von neutralen Strukturen und Fähigkeiten jeweils für verschiedene Altersstufen festgestellt hätten. Wie diese Strukturen und Fähigkeiten erworben wurden, welche Lernprozesse sich dabei abspielten, sei völlig unklar. (Freudenthal weist übrigens ausdrücklich - und begründet - zurück, daß Piaget mathematische Lernprozesse wirklich untersucht habe. Vgl. M 115, M 295ff)

Zu fordern ist also, daß das Lernen durch eigenes Tun geschieht, daß man dem Schüler nichts Fertiges vorsetze, auf daß er es konsumiere. Und so war eben am Ende der Lehrer, der "es gut erklären konnte" nicht der beste, wenn es auch Schüler oft so sehen. (M 59). Das gut Erklärte konsumiert zu haben, macht nicht einmal aus, daß man es in einer nur ein wenig unerwarteten Aufgabe anwenden könnte, von einem Bestand im Sinne von Bildung, wie wir sie oben beschrieben haben, ganz zu schweigen.

Wir wiesen oben darauf hin, daß Freudenthal als Begründung für solches Lernen auf sein Menschenbild verweist, sonst aber betont, er wisse nicht, "ob man *besser* lernt, wenn man sich den Stoff erarbeitet oder wenn man ihn sich fertig vorsetzen läßt" (M 60). (Lassen wir hier die Problematik beiseite, daß es natürlich auch Dinge gibt, bei denen sich gute Gründe für eine straffende Erklärung anführen lassen, daß wir also sozusagen nur über die Methode im großen reden.) Freudenthal begründet die Methode dann an dieser Stelle zunächst sehr gefährlich: "Es handelt sich nicht darum, ob die autoritäre Methode im Lehrprozeß schlecht oder falsch oder unzweckmäßig sei. Sie ist einfach unmöglich, sie ist unverträglich mit der modernen Gesellschaft." Damit ist der pädagogische Grund schwankend geworden. Wenn die Gesellschaft die Begründung für die Methode des Unterrichts liefert, können Unterricht und Erziehung leicht zur Abrichtung für eine Gesellschaft entarten (und dabei ist z.B. auch an unsere Vergangenheit zu denken oder an Gesellschaftssysteme, gegen die uns abzuheben - z.B. durch die Forderung einer öffentlichen Wissenschaft - wir uns immerhin bemühen). Der Gedanke wird dann allerdings von Freudenthal weitergeführt in Richtung auf eine pädagogische Begründung. Das ist eine jener schillernden Stellen, auf die wir schon in einer Vorbemerkung hinwiesen. Ähnlich fragwürdige Begründungen gibt er dann vor allem bei seinen Überlegungen zu Schulsystemen; wir werden das noch streifen.

Dabei ist ein so unzulänglicher Begründungsversuch durchaus unnötig. Von unserer zunächst von der Mathematik ausgehenden Begründung ganz abgesehen, ist die Methode des Lernens durch eigenes Tun wie wir sahen schon durch Freudenthals Forderung der Bildung begründet. Sie ist außerdem begründet durch seine Wissenschaftsauffassung. Denn wenn er die Wissenschaft weniger in ihrem Bestand als in der Tätigkeit des Wissenschaftlers sieht, dann muß der Schüler, insofern er sie kennenlernen oder zu wissenschaftlichem Arbeiten befähigt werden soll, vor allem das Mathematik-Treiben lernen und nicht Ergebnisse, die andere gefunden haben, hinzunehmen lernen. Das Tun selbst kann man aber nur durch das Tun lernen, wie Freudenthal unmittelbar vor der zuletzt zitierten Stelle selbst feststellt, wenn er von der Erfahrung berichtet ("wir sind ganz sicher"), daß "bei mehr Vorlesungsbetrieb, d.h. mehr "Erklären" die Leistungen in dem Praktikum sprungweise zurückgehen; eine breitere Behandlung des Stoffes reduziert unmittelbar die Spannung, mit der in dem Praktikum gearbeitet wird." Das ist der Pferdefuß, von dem wir oben sprachen.

Prüfen des Besitzes

Eng mit dem Lernen, mit dem durch die Einstellung zum Lernen gestalteten Unterricht, hängt das Prüfen zusammen. Die Art des Prüfens erwächst aus dieser Einstellung und wirkt auf die Gestaltung des Unterrichtes zurück. Insbesondere wegen dieser Rückwirkung wollen wir uns jetzt dem Prüfen zuwenden. Wir lassen zunächst Freudenthal mit einer grundsätzlichen Bemerkung dazu zu Wort kommen:

"Prüfen ist eine sinnvolle Tätigkeit. Der Unterrichtende muß den Erfolg des Lehrprozesses nachprüfen können, sei es nur, weil er im Stande sein will, ihn zu verbessern. Der Unterrichtete hat das Recht zu wissen, ob er etwas gelernt hat, ob seine Lernhaltung zweckmäßig ist, ob er fähig ist, das zu lernen, was man von ihm verlangt. Schließlich ist auch die Außenwelt daran interessiert zu wissen, was einer gelernt hat. Ich wies schon darauf hin, daß unsere Examens- und Testmethoden auf das Konstatieren lokaler Lehrerfolge eingestellt sind. Es ist durchaus möglich, den Unterrichtserfolg auch global zu prüfen, und in der Mathematik ist das leichter, als in jedem anderen Fach. Wir wissen aus dem Praktikumsbetrieb der Universität, daß es viel aufschlußreicher ist, einen Studenten in seiner mathematischen Tätigkeit zu beobachten, als eine abgelieferte Arbeit nachzusehen; Schulmänner werden uns das sicher bestätigen." (M 83).

Hier sei zunächst die Legitimation von Prüfungen über den Lernvorgang hinaus vertieft. Es kam bereits die Problematik der Legitimation einzelner Unterrichtsgegenstände zur Sprache. Was dennoch damit nicht in Frage gestellt ist, ist der Kanon der Unterrichtsgegenstände insgesamt. Er ist etwa zu begründen aus der Aufgabe der Weitergabe unserer Kultur. Und von daher ist auch die Prüfung als Mittel zur Sicherstellung dieser Weitergabe zu legitimieren[4].

Freudenthals Unterscheidung von globalen und lokalen Lernerfolgen meint den Unterschied zwischen Gelerntem als einem vom Schüler in seiner ganzen Beziehungshaltigkeit erworbenen Wissen, einem integrierten Wissen, das als Besitz seine Person mit ausmacht, und dem Wissen isolierter Sachverhalte, das schon durch Nachreden präsentiert werden kann oder durch Lösen eng an den Sachverhalt gekoppelter Aufgaben, zu deren Lösung Übersicht, tiefere Einsicht u.ä. nicht nötig sind. Wenn wir letzteres Wissen unter dem Gesichtspunkt der Bildung als unzureichend eingestuft hatten, dann ist damit auch das Urteil über das Prüfen lokaler Lernerfolge gesprochen. Wir wollen es mit Petzelt noch einmal betonen: "Wenn nicht Kenntnisse, sondern Erkenntnisse den Sinn des Lernens ausmachen, dann muß die Prüfung sich auf die letzteren richten, sie darf nicht den Bestand des Wissens, sondern sie muß die Art des Besitzes treffen ... Das Lehrgut steht in bestimmter zu wissender Ordnung. Zu prüfen ist, ob und inwieweit es der Schüler in diese zu fordernde Ordnung durch seine eigene Aktualität hineingestellt hat".[5]

Dabei gilt Freudenthals Augenmerk stärker dem Weg, der zu diesem Ergebnis führt, als dem Ergebnis selbst. So etwa, wenn die Prüfung den Schüler auch darüber verständigen soll, "ob seine Lernhaltung zweckmäßig ist" (s.o.).

Testunwesen

Vor diesem Hintergrund ist klar, warum Freudenthal sich vehement gegen das heute übliche Testunwesen wendet. Wenn in behavioristischer Weise Lernen als Verhaltensänderung durch Prätest und Posttest gemessen werden soll, dann kommt das eben genau darauf heraus, daß nur der Bestand des Wissens und nicht die Art des Besitzes in Frage steht. Freudenthal formuliert es wieder mehr mit Blick auf den Prozeß der Wissensaneignung: "Wenn man wissen will, ob und was jemand gelernt hat, muß man feststellen, ob und wenn ja, welcher Lernprozeß stattgefunden hat, und dafür sind, wenn man den Lernprozeß nicht direkt beobachten kann, viel kompliziertere Beobachtungen als Prätest und Posttest erforderlich." (V 60).

Steht man aber auf dem Standpunkt, daß Lernen nur in einer Verhaltensänderung besteht, die durch solche Tests belegbar ist, dann ist umgekehrt auch Unterricht beschränkbar auf die Weitergabe von in diesen Tests abrufbaren Wissenshappen. Nun droht schon aus vielen anderen Gründen in der Schule "jedem Fach die Entartung zu einem Unterricht in Examinierbarem" (M 83), durch solche Auffassung vom Lernen und Prüfen wird sie zur Gewißheit.

Gehen wir etwas näher darauf ein, inwiefern ein Test den von uns an eine Prüfung gestellten Anforderungen nicht gerecht werden kann. Wenn schon in Mathematik beim Schüler *nach* einer Unterrichtseinheit *schriftlich* die Art des Besitzes seines Wissens geprüft werden soll, also das, was man gemeinhin als Verständnis bezeichnet, wenn man den Schüler nach dem "Witz" der Sache fragen will, dann ist das durch eine von dem unterrichtenden Lehrer formulierte Klassenarbeit gerade noch möglich. Natürlich müßte diese Arbeit eigentlich die Form eines Aufsatzes über das Thema haben, aber es geht ein Stück weit auch mit gut gewählten Aufgaben. Doch für die Wahl dieser Aufgaben ist die genaue Kenntnis des vorangegangenen Unterrichtes notwendig. Ein im Unterricht schon gegangener Weg, ein schon explizierter Gedanke, kann eine Aufgabe völlig sinnlos machen, die andernfalls hervorragend das Verständnis geprüft hätte. Damit ist aber der Einsatz eines vorfabrizierten Tests unsinnig.

Ein weiterer Punkt ist die Bewertung der Schülerlösungen. Da kann es vorkommen, daß ein Antwortsatz bei einem Schüler den Nagel auf den Kopf trifft und der gleiche Satz - auf Grund des Kontextes - bei einem anderen Schüler Unverständnis belegt. Also ist auch die vom Test geforderte "objektive Auswertung" in dem dort formal verstandenen Sinne unmöglich. Um solche Auswertung zu ermöglichen, wird oft die multiple-choice-Frageform gewählt. Bei ihr kommt hinzu, daß für die Beantwortung der Auswahlfragen oft sprachliche und Fähigkeiten im formalen Schließen ebenso nötig sind, wie die Kenntnis des erfragten Inhaltes, was das Testergebnis natürlich verfälscht; ganz davon abgesehen, daß einige in der Literatur angegebene Tests so schlecht sind, daß man die Beantwortung allein durch sprachliche und Fähigkeiten im formalen Schließen erschließen kann. Auf diesen Sachverhalt weist Freudenthal immer wieder hin und geht die Literatur solcher Tests durch, wobei er etwa für den letzten Mangel Beweise liefert (z.B. V 101).

Das macht also die Tests über unsere grundsätzlichen Überlegungen hinaus verdächtig: Bei vielen ist die Lösung mehr von der Fähigkeit, überhaupt mit solchen Tests fertigzuwerden, abhängig, als vom Wissen um die getesteten Inhalte. Deshalb wehrt sich Freudenthal gegen die Gleichsetzung, daß ein Schüler etwas lernen könne, mit der Möglichkeit, daß er einen Test bestehen könne (V 60).

Grenzüberschreitungen

Nun werden ja Tests nicht nur eingesetzt, um den einzelnen Lehrer oder Schüler über seinen Erfolg zu verständigen (wie es im Mastery Learning geschieht, darauf kommen wir noch zu sprechen), sondern auch, um Aussagen über Unterrichtsmethoden im großen zu machen, Urteile über didaktische Entwürfe, ja über ganze Schulsysteme zu fällen. Freudenthals Untersuchung solcher Tests und ihrer statistischen Auswertung ist für uns insofern wichtig, als hier die Mathematik für die Vortäuschung einer Wissenschaftlichkeit herhalten muß. (Fort-schritt von der Pädagogik zur Erziehungswissenschaft: Vom relevanten Wissen zur leeren Information.[6]) Und daß so etwas möglich ist, berührt unmittelbar die Aufgabe des Mathematikunterrichtes.

Zunächst spielen dabei wieder Dinge eine Rolle, wie wir sie oben am Beispiel der Klassenarbeit überlegt haben. Große Vergleichsstudien von Schülern, die nach ganz verschiedenen Gesichtspunkten in ganz verschiedener Art unterrichtet wurden, sind von daher schon völlig sinnlos, wenn sie Tests zugrundelegen.

Noch prekärer ist die statistische Auswertung der Tests. Das beginnt bei der Fragwürdigkeit von Größen wie "Zuverlässigkeit" (V 139f) und "Korrelation" (V 149) und setzt sich fort in Fragwürdigkeiten wie Regressionsanalysen, für die Freudenthal nach einer längeren argumentativen Auseinandersetzung mit ihnen feststellt:

"Sklavisch, ohne Sinn und Verstand, ist die Regressionsmethode aus der Landwirtschaftstechnik in die Unterrichtstechnik übernommen worden. Sie ist hier sinnlos, weil die sogenannten Variablen gar nicht frei variabel sind, weil Änderungen einer Variablen Änderungen anderer nach sich zieht, weil Änderungen von Variablen, die nicht sorgfältig erwogen sind, nicht nur die Regressionsgleichung, sondern das ganze Unterrichtssystem zum Einsturz bringen können. *Statische* Modelle wie die Regression passen prinzipiell nicht zum Unterrichtssystem, das man beeinflussen will; das erfordert *dynamische* Modelle."

Er vergleicht das Vorgehen mit folgendem medizinischen, dessen Absurdität unmittelbar einleuchtet: Es sei, als ob man dort "einfach Gifte, von denen man nicht wußte, wie sie wirkten, aufs Geratewohl Patienten verabreicht, um statistisch die Hypothese zu testen, daß das eine schneller als das andere wirkt." (V 152).

Hier sind wir unmittelbar bei einem Umgang mit der Mathematik, der sowohl vom Fach her, also von einem echten Wissen um Statistik, wie auch von den einfachsten Sachverhalten des Gebietes her, auf das sie angewandt wird, als völlig unsachlich zurückgewiesen werden muß. Wie ist so etwas möglich? Warum kann sich so etwas als Erziehungs*wissenschaft* gebärden? Die im ersten Kapitel beschriebene Wissenschaftsgläubigkeit ist der Grund, warum eine Abhandlung mit (noch so absurder) "mathematischer Tünche" (vgl. auch V 136) weithin akzeptiert wird. Freudenthal stimmt uns da voll zu, wenn er sagt, das Hauptziel des Mathematikunterrichtes sei es, "den volkstümlichen Glauben an die Mathematik zu erschüttern. Die mathematisch-statistisch aufgezogene Unterrichtskunde ist eines der Gebiete, das die Folgen einer solchen Erziehung reichlich verdiente." (V 153). ("Unterrichts*kunde*" stammt wohl daher, daß Fr. Niederländer ist. Doch "Erziehungskunde" wäre unter dem Gesichtspunkt der Gefahr der Wissenschaftsgläubigkeit auch für uns ein geeigneterer Ausdruck als Erziehungswissenschaft.) Aus der doppelten Kritik, die zu dem angezeigten Ergebnis führte, ersehen wir als Aufgabe einen Unterricht, der den Schüler solcher Wissenschaftsgläubigkeit nicht ausliefert: Einmal muß dieser Unterricht ein wirkliches Verständnis dessen aufbauen, was Mathematik ist und was sie kann, zum anderen muß dabei der Schüler offen genug bleiben (oder werden), die Fähigkeit und den Mut zu haben, wenigstens naheliegende und schon allgemeiner Analyse zugängliche Fragen zu stellen nach der Übereinstimmung zwischen einer behaupteten mathematischen Fassung eines Problems und dem Problem selbst. Angesichts des Computers tritt die ganze Problematik verstärkt auf. Das beleuchtet Freudenthals Satz bei der Untersuchung einer internationalen Vergleichsstudie: "Man hat geglaubt, daß der Computer wertloses Material, das nur genügend umfangreich sei, veredeln könne." (V 155).

Mit dieser Betrachtung sei aber nicht der Erziehungswissenschaftler aus der Verantwortung entlassen, der die unsinnigen statistischen Untersuchungen ausführte. Ihm wollen wir noch eine pädagogische Frage mitgeben, die sich uns aus Freudenthals Untersuchung stellt. Die mathematisch-statistischen Methoden der Erziehungswissenschaft sind der Biotechnik entnommen. Gemessen werden soll dort der von gewissen Variablen abhängige Ertrag. Wir wollen hier nicht auf die dort schon bestehende Problematik eingehen, daß etwa Dinge wie Geschmack nicht meßbar, die Methoden daher schon dort fragwürdig sind - was das heute allgemein angebotene geschmacksarme Obst und Gemüse belegt. (In der Beziehung ist auch Freudenthal unkritisch.) Aber die Problematik liegt doch für den Pädagogen noch auf einer anderen Ebene: Darf er überhaupt einen meßbaren Ertrag als Erfolg seiner Arbeit anstreben? Wie vermißt man den Menschen? Jedenfalls mit einem vorher festgelegten Maß. Wo bliebe da etwa die Freiheit des Schülers, *neue Maßstäbe* zu setzen?

Es sollte nicht nötig sein, diesen Überlegungen die Bemerkung nachzustellen, daß hier nicht gesagt wurde, mathematisch-statistische Untersuchungen im Umkreis von Unterricht und Erziehung seien grundsätzlich und immer sinnlos.

Mastery Learning

Ausgehend von der schon erwähnten irrigen Gleichsetzung von 'etwas lernen können' und 'einen Test bestehen können' wollen wir noch kurz auf das "Mastery Learning" eingehen, weil das einmal mehr auf Freudenthals Auffassung vom Lernen hinweist. Die Gleichsetzung von Lernfähigkeit und Testerfolg ist nötig, um das "Mastery Learning" zu begründen; eine Unterrichtstechnik, die davon ausgeht, daß jeder alles lernen kann, wenn man ihm nur genügend Zeit dazu läßt, daß also - um es mit einem mathematischen Bild zu sagen - nicht die Kurve der Lernmöglichkeit, sondern die der Lernzeit der einzelnen Schüler normalverteilt ist[7]. Denn das kann man wohl am ehesten noch nachweisen, daß jemand nach genügend vielen Wiederholungen die Chance hat, einen jeden Test zu bestehen - vorausgesetzt seine Lebenszeit reicht dazu aus. Freudenthal kommentiert diese Auffassung folgendermaßen: "Daß man durch eine beliebig dünne Röhre beliebig viel Wasser pumpen kann, wenn man sich nur die Zeit läßt (mögen sie inzwischen am anderen Ende auch verdurstet sein), ist durchaus nicht originell, und ebensowenig ist die Grundidee von "Mastery Learning" neu; sie ist ja nur eine Neuauflage des Nürnberger Trichters." (V 59).

Worin besteht der grundsätzliche Irrtum dieser Grundidee des "Mastery Learning"? Sie beruht "auf einer sinnwidrigen Auffassung" vom Lernen insofern, als Lernen eben "kein stetiger Prozeß" ist, "wie es die Behavioristen wollen; das Wesentliche in allen Lernprozessen sind die Unstetigkeiten, die Sprünge". Und da gibt es Unterschiede unter den Menschen. "Es gibt Lernschwellen, die manchen zu hoch sind, andere, die viele, und wieder andere, die die meisten nicht übersteigen, auch wenn man ihnen die Zeit läßt." (V 59). Diese Unstetigkeiten kann aber der nach "Mastery Learning" Unterricht Organisierende gar nicht in den Blick bekommen. Der weitere Verlauf des Unterrichtes wird dabei ja abhängig gemacht vom Ergebnis vorfabrizierter "diagnostischer" Tests, die wieder nur den Bestand des Wissens prüfen; wobei die Methode geradezu betont, daß der Diagnostizierende wirklich nur die Ergebnisse dieser Tests beobachtet.

Lernziele

"Zielerreichendes Lernen" heißt es auch, das "Mastery Learning". Voraussetzung für die Methode ist, daß man Lernziele operationalisiert hat und zwar die feinen und feinsten Lernziele, damit die Steuerung des Fortganges durch die diagnostischen Tests möglich wird. Je nach Diagnose muß der Schüler ja seine Lektion wiederholen oder darf zum nächsten Abschnitt übergehen. Wir wollen diesen Lernzielen ein wenig Aufmerksamkeit schenken. Zeigt sich doch an der Einstellung zu ihnen ein spezifischer Ansatz Freudenthals: Daß es notwendig ist, Lernprozesse zu beobachten und zu analysieren. Wir erwähnten schon seine Feststellung, daß das die Psychologen bisher nicht getan hätten. Hier wird das aber nicht unter psychologischen Gesichtspunkten, sondern als didaktische Aufgabe relevant werden. Über Lernziele gibt es eine umfangreiche Literatur. Freudenthals Auseinandersetzung mit Ansätzen und Beispielen daraus führt uns zu seinem Ansatz. (Wir werden hier - wie schon bisher - die verwendete Literatur nicht zitieren. Es kommt uns lediglich auf die Argumente an, und es ist völlig unwesentlich, wer sie wann und wo niedergeschrieben hat. Außerdem ist auf diesem Gebiet soviel voneinander abgeschrieben worden, daß schon von daher Namensnennungen zweifelhaft sind.)

Wie gewinnt man Lernziele?

"Man nimmt Programme, Lehrbücher, Aufgabensammlungen, Examensaufgaben aus dem Gebiet, schneidet sie in Streifen und zieht aus jedem Streifen den Extrakt; von ausführlichen Registern von Lehrbüchern kann man die Streifen selber verwenden. Das ordnet man nach Teilgebieten und unterordnet es nach Unterteilgebieten. Dann klebt man an jeden dieser Sätze einen Anlauf "Wissen daß ...", "Wissen warum ..." oder einen Auslauf "... können", "... kennen", denn die Lernziele sollen ja in der Verhaltenssprache formuliert werden. Man kann das übrigens noch weitgehend verbessern, wenn man statt "die Formel $(a+b) \cdot (a-b) = a^2 - b^2$ anwenden können" sagt "durch sein Verhalten zeigen, daß man die Formel $(a+b) \cdot (a-b) = a^2 - b^2$ anwenden kann". Dann ist es Verhaltenssprache, wie es im Buche steht, und niemand kann einem etwas anhaben, denn worin dies spezielle Verhalten besteht, danach kräht doch kein Hahn." (V 105).

Obwohl die Begründung für die Auswahl solcher Lernziele eine pädagogisch und didaktisch höchst bedeutsame Angelegenheit wäre, wird sie doch meistens durch einen sochen Verschnitt ersetzt; die Begründung lautet tatsächlich oft, man habe die Lernziele nach einem wie dem eben (salopp aber treffend) beschriebenen Verfahren ausgewählt.

Wie das Erreichen des Lernzieles zu prüfen ist - nun, da stimmt Freudenthals Bemerkung nicht generell: Manchmal werden ja Tests angegeben, die die Lernziele operationalisieren. Schlimmer noch ist eine Fortsetzung des Findungsverfahrens durch Befragungen von Eltern, Industriellen, Politikern usw. Die machen dann Aussagen zu Lernzielen, die in einer Liste stehen, ohne daß irgendwelche Hintergrundüberlegungen festlägen. "Die Fragen sind in ihrer atomischen Isolierung prinzipiell nicht zu beantworten und nicht einmal zu interpretieren ... ein Ja oder Nein zur einen beeinflußt die andere Frage, eine Interpretation die andere." Aber "Es ist so hübsch, Hunderte kostenlos für sich denken zu lassen". (V 105). Und dennoch erspart es die eigene Arbeit nicht. Was ist sie wert, eine Antwort von irgend jemandem, dessen pädagogische Entscheidungen, die zu dieser Antwort führten, ich gar nicht kenne? Solche Befragung ist die Preisgabe jeglicher pädagogisch begründeten Entscheidung.

Aber auch das zunächst beschriebene Verfahren, Lernziele zu suchen, muß sich diesen Vorwurf gefallen lassen. Eine ungeheure Zufälligkeit greift da Platz, wenn die Verfasser solcher Lernzielkataloge sagen "Die mathematischen Lehrgegenstände wurden durch Analyse vorliegender Literatur aufgrund von Erfahrungen der Mitglieder der Fachgruppe ausgewählt". Dabei sollte doch die Formulierung von Lernzielen gerade dazu dienen, mehr Bewußtheit in die Auswahl dessen zu bringen, das man vom Schüler fordert, worin man ihn unterrichtet, auf das hin man ihn erzieht.

Das ist durch einen Verschnitt irgendwelcher Gedanken nicht möglich. Auf die aus den Zufälligkeiten und Ungereimtheiten des Verschnittes entstehenden Mängel weist auch Freudenthal hin; er kommentiert das eben zitierte Auswahlverfahren: "An Analyse der Mathematik selber und des Mathematikunterrichts hat man nicht gedacht." (V 113). Die so entstandene Liste von Lernzielen "strotzt von logischen, mathematischen und didaktischen Absurditäten" (ebd.).

Wie leichtfertig dabei oft vorgegangen wird, zeigt sich deutlich bei dem von Freudenthal bezeichneten häufig auftretenden methodischen Fehler, Lernziele zu formulieren, die allgemein klingen, aber eng kontextabhängig gemeint sind: Etwa wenn in einem Lernziel von *der* Relation die Rede ist, es *die* Relation aber gar nicht gibt, sondern nur die Relation, die im vorgelegten Buch betrachtet wird, gemeint ist. (V 109). Freudenthal fordert demgegenüber eine Lernzielformulierung unabhängig vom Kontext des Buches, damit das Lernziel unabhängig von diesem Kontext wirklich beurteilt werden kann. (V 111).

Mit dieser Forderung ist klar, daß er nicht grundsätzlich gegen das Formulieren von Lernzielen ist. Wir wollen hier, wenn wir seinen Gedanken aufnehmen, nicht die ganze Problematik von Lernzielen aufrollen. Die Frage etwa einer pädagogisch nicht zu rechtfertigenden Verfügung über den Schüler bei einem gewissen Verständnis von "Lernziel" wird zwischen den Zeilen anklingen, wenn wir etwas zur Atomisierung durch Lernziele sagen. Es geht uns wesentlich darum, Freudenthals Auffassung von Lernzielen herauszustellen.

Nachdem Freudenthal durch vielerlei Kritik die vorliegenden Lernziele zurückgewiesen hat, als fehlerhaft, als unbegründet oder als irrelevant, gibt er zwei Möglichkeiten dafür an, wie man versuchen könnte, angemessene Lernziele zu finden. Die erste Möglichkeit wäre eine "tiefschürfende Analyse des Lehrstoffes" ("billiger geht es nicht"). Wobei er allerdings nichts darüber sagt, ob er etwa aus pädagogischen Erwägungen heraus Lehrstoff primär ansetzt, oder ob er sozusagen allen möglichen Lehrstoff analysieren will. Diese Analyse nennt er *didaktische Phänomenologie* (V 115); sie besteht darin, einen Lehrstoff auf seine sachlichen Beziehungen hin zu untersuchen und dann zu untersuchen, in welcher Art und Reihenfolge, durch welche Tätigkeiten usw. diese vom Schüler erarbeitet werden können. (Wir werden das im Abschnitt c genauer beschreiben.) Diese Analyse ist letztlich das, was Didaktiker mehr oder weniger immer schon getan haben, wenn sie ernsthaft über einen Lehrstoff nachdachten. Insofern dabei aber vor allem Beziehungen vielfältiger Art in den Blick kommen und zu würdigen sind, ist diese didaktische Phänomenologie - und diene sie auch dazu, Lernziele zu finden - üblicher Lernziel*mode* (und *die* bekämpft Freudenthal) ganz entgegengesetzt, insofern diese gerade die Atomisierung des Unterrichtsgeschehens betreibt. Und das war ja eine Forderung Freudenthals vom Bildungsziel her, die wir am Anfang des Abschnittes zitierten; Darbietung des Lehrstoffes nicht atomar, nicht aufs Messen gerichtet! "Mätzchen" übersetzt Freudenthal den von Behavioristen gebrauchten Plural "behaviours", "... winzige Mätzchen, die man genau umschreiben und messen kann, statt des globalen Verhaltens, das natürlich "nebulous" ist." (V 93).

Die Zurückweisung behavioristischer Atomisierung zeigt wie die kurze Charakterisierung der didaktischen Phänomenologie, daß es Freudenthal natürlich nicht um isolierte Feinlernziele geht. Übrigens weist er darauf hin, daß wohl kein Fach so durch die Atomisierung bedroht ist, wie die Mathematik (V 97). Die Gefahr ist hier so groß, weil man ihre Begriffe scheinbar isolieren, aufzählen, exakt beschreiben und dann den Schülern "einimpfen" kann; man kann eine Formel angeben und durch stures Einsetzen von Zahlen für die darin enthaltenen Variablen sogenannte Aufgaben lösen lassen u.a.m. "Nichtmathematiker, insbesondere Unterrichtstheoretiker zeigen die Neigung, Mathematik als einen Begriffskatalog aufzufassen ... Sie setzen Mathematik als Begriffserwerb, eine Auffassung, die falsch ist, und die, wenn sie den Unterricht beeinflußt, ihn ruinieren kann." (V 103).

Eine zweite Möglichkeit, Lernziele zu finden, nennt Freudenthal die *Feldstrategie der Lernzielermittlung* (V 116f). Er beschreibt sie folgendermaßen: "Wir arbeiten ein reiches Lehrstück aus, eine Bake, ein Thema, ein Projekt, ein Stück, das uns wertvoll scheint, das der Realität eng verbunden ist, das die Kinder packt, und das sozial relevant ist. Wir bringen es in die Klasse, und mit der didaktischen Phänomenologie im Bewußtsein oder Unterbewußtsein beobachten wir die Reaktionen der Schüler, Lehrer usw. Aus diesen Reaktionen leiten wir ab, was Kinder mit dem Lehrstück lernen und Lehrer mit ihm lehren können - allerlei, das ihnen *erst* fehlte und das sie *dann* besitzen, Fähigkeiten, die sie im Unterricht erworben haben. Das streichen wir an und formulieren wir (soweit es nicht als irrelevant gestrichen wird) als Lernziele ... Diese Strategie ... ist aus der Praxis erwachsen. Es war ein Thema in einer Brückenklasse ... Einer, der es sich kritisch angesehen hatte, ... konnte ... keine mathematischen Lernziele finden. Nach der Erprobung in der Klasse waren aus den Reaktionen der Schüler wohl zwanzig abzuleiten - Lernziele, von denen niemand geträumt hätte und die in keiner Lernzielliste stehen."

Um auf unsere obige Bemerkung noch einmal einzugehen: Der Lehrstoff ist jedenfalls zunächst gesetzt. Ob und welche Lernziele man gefunden hat, kann allerdings rückwirken auf die Stoffauswahl. Noch stärker wird es aber auf die Unterrichtsführung Einfluß haben, bei dem Bemühen, den Schüler zu lehren, "wie man den Stoff meistert" (s.o.). Worauf Freudenthal leider nicht hinweist: Die Abhängigkeit dieser so gefundenen Lernziele von den jeweils beobachteten (und den beobachtenden) Personen sollte nicht übergangen werden. Sich ihrer bewußt zu sein, fördert die pädagogisch hier zu fordernde Offenheit.

Klar geworden ist damit, daß Freudenthals Lernziele nicht taugen, einen dem Mastery Learning gemäßen "Unterricht" zusammenzusetzen. Sie werden nicht zur Atomisierung des Unterrichtsgeschehens herhalten können. Sie verständigen den Lehrer darüber, was an einem bestimmten Stoff in einem bestimmten Unterricht u.U. gelernt werden kann. Und es gibt vielerlei Überlegungen zum Unterricht, die durch dieses Wissen gewinnen können.

Taxonomien

Was bei dieser Analyse zu berücksichtigen sein wird, ist die Abhängigkeit der Bewertung einer Schüleraussage oder Schülerhandlung vom vorher stattgefundenen Geschehen. Wir wiesen darauf schon bei der Testproblematik (Beispiel Klassenarbeit) hin. Lernziele wie Tests werden oft mit einer von Bloom herkommenden Taxonomie bewertet, bei der diese Abhängigkeit letztlich außer acht gelassen wird. Freudenthal weist auf den

Mangel hin, daß nicht gesehen wird, daß durch einen einzigen Hinweis im Unterricht *Verständnis* (das eine Antwort sonst zeigen könnte) in *Kenntnis*, nach einer Erklärung *Analyse* (als die eine Schülerarbeit eingestuft werden könnte) in *Kenntnis*, ja auch *Synthese* in *Kenntnis* entwertet sein kann (V 85), daß für Schüler einer Klasse *Analyse* oder *Synthese* sein kann, was für Schüler einer höheren Klasse u.U. *bloße Kenntnis* ist (V 89). Er weist darauf hin, daß es nicht genügt, diese Abhängigkeit der Klassifikation von der Vorkenntnis des Schülers irgendwann einmal zu erwähnen, um dann letztlich über sie hinwegzugehen (V 90); ja es ist schlimmer: "Bloom cum suis stört es, wenn einer die Beherrschung der schriftlichen Division das eine Mal als bloße *Kenntnis* und das andere Mal als *Verständnis* deutet, und er findet das nebelhaft; in Wirklichkeit handelt es sich hier um wohldefinierte durchaus nicht nebelhafte Nuancen." (V 92).

Das Auffälligste bei der Bloom'schen Taxonomie aber, sagt Freudenthal, sei das Fehlen "fundamentaler kognitiver Lernziele, die für Naturwissenschaften, Technik und Medizin typisch sind", wie *Beobachten, Experimentieren, Entwerfen von Experimenten* (V 83), das stehe in einem eigentümlichen Gegensatz zur Tatsache, daß die Bloom'sche Taxonomie ja gerade Mittel einer naturwissenschaftlichen Methode sein soll. Von solchen grundsätzlichen Erwägungen abgesehen, fällt in der Literatur die leichtfertige Art der Einordnung in Klassen der Taxonomie auf. "Eine eingekleidete Rechenaufgabe, wie einfach oder kompliziert sie auch sein möge, ist immer *Anwendung*, aber unter *Anwendung* fällt auch jede Ausfüll-Übung, wo in eine allgemeine Formel oder Aussage spezielle Werte für Parameter eingesetzt werden müssen - also Leistungen, zwischen denen Abgründe geistiger Tätigkeit und kognitiven Niveaus klaffen können." (V 87). Jeder, der in die entsprechende Literatur nur hineingeschaut hat, weiß, daß Freudenthal da kein seltenes und ausgefallenes Beispiel herausgreift.

Insgesamt leistet diese Taxonomie am Ende nichts, was über die von Freudenthal angeführten Vorgehensweisen hinausginge. Im Gegenteil, der erfahrene Lehrer wird, wenn von ihm eine Formulierung gemäß dieser Taxonomie verlangt wird, sie hinterher überstülpen, nachdem er die Einordnung auf Grund seiner Erfahrung vorgenommen hat. "Das heißt natürlich das Pferd hinter den Wagen spannen; es liegt nicht mehr der Taxonomie ob, die Bewertung von Aufgaben zu erleichtern, sondern umgekehrt, die Taxonomie ist eine Zutat, die effektiv wird, wenn die Bewertung bekannt ist; der Stellenwert in der Taxonomie ist der Aufgabe wie eine nichtssagende Visitenkarte angehängt. Anders geht es kaum ..." (V 91).

Lehrprogramme ?

Sind alle diese Betrachtungen über das Testen, Methoden wie Mastery Learning, Taxonomien usw. in ihrem kritischen Ansatz eigentlich nur solange aktuell, wie die entsprechenden Moden währen? Keineswegs. Die Frage nach der Möglichkeit von Lehrprogrammen und -strategien taucht mit jeder neuen technischen Möglichkeit erneut auf. Die Hoffnung auf den Nürnberger Trichter wird solange weiterleben, wie die entsprechenden defizitären Vorstellungen vom Lernen. Gerade mit den wachsenden Möglichkeiten von Computerprogrammen werden auch Wissenseinhämmerungsprogramme erneut Konjunktur haben. Insofern haben wir die diesbezüglichen Überlegungen zwar an (1982) aktuellen Beispielen angestellt, sie bleiben aber nicht in dieser Aktualität befangen. Unter solchem Horizont können auch künftige Verfügungsstrategien beurteilt werden.

Unterrichtsorganisation

Aussagen zum Unterricht sind, insofern sie Unterricht weiterentwickeln bzw. verbessern wollen, immer in einer natürlichen Nähe zu Aussagen über den Rahmen des Unterrichts, also letztlich das Schulsystem zu sehen, ja sie implizieren solche oft geradezu. Freudenthal weicht diesen Fragen nicht aus, und seine Anmerkungen dazu lassen einige der besprochenen Überlegungen schärfer hervortreten.

Wie an vielen Stellen deutlich wurde, legt Freudenthal großen Wert darauf, daß bei allen didaktischen Erwägungen nicht vergessen wird, daß Lernen ein aktiver Vorgang ist. Lernen ist nicht möglich als Konsum. Passives Lernen wäre bloße Einspeicherung von Daten; im Sinne des angeführten Bildungsbegriffes ist das kein Lernen. Aber - so fragt Freudenthal - "Verbietet das traditionelle Klassenzimmer nicht einfach die Lern*tätig*keit; fordert das Katheder vor der Tafel, auf die die Blicke der Schüler sich richten, nicht zum Dozieren einerseits und zum passiven Zuhören andererseits heraus?" und er fordert eine Unterrichtsorganisation, "die darauf abzielt, ... das passive Lernen unmöglich zu machen" (M 63), fordert statt des Klassenzimmers den Arbeitsraum, in dem die Schüler einzeln oder in kleinen Gruppen arbeiten, "während der Lehrer ihre Fortschritte beobachtet, um eventuell einzugreifen". (M 150). Natürlich würde dadurch nicht jedes Unterrichtsgespräch herkömmlicher Art überflüssig, es bekäme aber einen ganz anderen Stellenwert. (Vgl. dazu "Situationen beim Bruchrechnen im 6. Schuljahr" unter "Hinweis auf Beispiele" nach Kap. V).

Nun ist dieser Vorschlag keineswegs neu. (Was nicht besagt, daß es überflüssig wäre, ihn zu wiederholen.) Spezifisch aber ist die Verbindung der Forderung nach Auflösung des Klassenverbandes zugunsten von Lerngruppen mit der Forderung von *heterogenen Lerngruppen*, Gruppen aus Schülern verschiedenen Niveaus, die an der *gleichen* Aufgabe arbeiten, zwar auf verschiedenen Stufen, aber doch gemeinsam. (V 63f). Freudenthal hat dabei die Stufen des mathematischen Lernprozesses im Auge, die oft dadurch charakterisiert werden können, daß man die auf einer niedrigeren Stufe *ausgeführte* Mathematik und den sie begleitenden Lernprozeß auf einer höheren Stufe *betrachtet*. Diese Betrachtung erschließt den Gegenstand tiefer, als es der vorhergehende Umgang mit ihm konnte. Nun fällt diese Betrachtung oft leichter - wie man als Mathematiklehrer immer wieder erfährt - , wenn man nicht sich selbst, sondern andere beim Umgang mit dem Gegenstand beobachtet. Diese Beobachtung des Lernprozesses einer niedrigeren Stufe also wird zum Lernprozeß auf höherer Stufe: "Ach ja" sagt man und ein Licht ist einem aufgegangen. Oder nehmen wir eine alte Erfahrung, die für heterogene Lerngruppen spricht: Nichts ist so geeignet, sich letzte Klarheit über einen Gegenstand zu verschaffen, wie der Versuch, einem anderen etwas zu erklären oder einen anderen etwas zu fragen, also das Gespräch zwischen Partnern mit verschieden tiefer Einsicht in das Problem. Auch auf die Möglichkeit, daß soziale Unterschiede in der Lerngruppe für alle Mitglieder vorteilhaft sein können, weist Freudenthal hin. (Etwa in einem Beispiel, indem der verschieden gesehene Kontext jeweils zu anderen Überlegungen führt, die ihre je eigene Bedeutung haben. Vgl. V 232ff) Dabei ist ihm der soziale Lernprozeß besonders wichtig.

Soziale und Unterschiede im mathematischen Niveau sollten also heterogene Lerngruppen möglich und wünschenswert sein lassen. Hindern könnte aber die "nach Art und Intensität verschiedene *Motivierung* der Schüler". (V 65f). Das ist für Freudenthal ein offenes Problem. Wir wollen dazu ein gewichtiges Stichwort ansprechen: Allein die Dauer des täglichen Fernsehkonsums kann hier entscheidend für die Möglichkeit der Zusammenarbeit werden. (Das wird - eventuell nach Umschichtungen in einer Übergangszeit - vielleicht eines Tages die sozialen Unterschiede so stark als paralleles Merkmal begleiten, daß soziale Heterogenität in Lerngruppen von daher nicht möglich ist. Es wäre gerade das aber u.U. auch durch die Erziehung in solchen Lerngruppen zu mildern oder zu durchbrechen.)

Betont sei, daß solche Überlegungen *nicht* darauf hinauslaufen, die individuelle Entwicklung des Schülers zu hindern! (V 66). Trotzdem soll der "Schulbetrieb" "nicht eine Summe individueller Arbeitsleistungen sein, sondern bis in die Lernprozesse ein kollektives Geschehen" (V 62). Durch die gemeinsame Arbeit mit anderen wird der Schüler an sich arbeiten.

Freudenthal schwebt damit letztlich eine "Gesamtschule" vor, wenn auch keine der heute (etwa in der Bundesrepublik Deutschland) vorfindbaren Art (V 54). Ja, gegen diese stellt er sich explizit: Solange sie den Unterricht nach Stoff und Methode vom herkömmlichen Schulsystem übernimmt, zieht er letzteres vor (V 56f). Wir wollen darauf im einzelnen nicht eingehen, wollen nur noch einmal auf die oben gegebene Begründung für die heterogene Lerngruppe hinweisen. Vom Unterricht her muß sich der Organisationsrahmen ergeben, die Didaktik muß zeigen, ob die pädagogische Überlegung durchführbar ist; insofern waren alle Reformversuche in Richtung Gesamtschule falsch angelegt, sie begannen mit organisatorischen Maßregeln, ehe das Ganze vom Unterricht her durchdacht war (V 55).

Den Unterricht, bei dem es sozusagen um die wesentlichen, die tiefe Einsicht heischenden Fragen geht, will Freudenthal ergänzt wissen durch programmierten Unterricht. Seine Stellung zum "Mastery Learning" zeigt, daß er da allerdings keine Lernprogramme im Auge hat, die das Wissen atomisieren. Erstens eignen sich deshalb weite Teile des Unterrichts nicht dazu und zweitens müßten die entsprechenden Unterrichtsprogramme eben den besprochenen pädagogischen und didaktischen Prinzipien Raum geben. Wie das möglich ist, führt er allerdings nicht aus. (M 151). Er hält es für unvermeidlich, daß der Unterricht unpersönlicher wird, soll er immer breitere Schichten erreichen - und das wiederum hält er für unbedingt nötig. Er spricht von Unterricht als "Massenware" und nennt die Sehnsucht nach persönlichem Unterricht "romantisch". Der Hinweis auf die Massenproduktion, die Zeichen der sich ausweitenden Gesellschaft seit anderthalb Jahrhunderten sei, und auf die Qualität von Massenfabrikaten, die von individueller Arbeit kaum je erreicht worden sei, soll die Argumentation abstützen. (V 63f). Schon gegen die allerletzte Behauptung gäbe es Bücher voller Argumente.

Wir sind hier erneut an eine Stelle gekommen, an der Freudenthal weit weg vom Mathematikunterricht globale Aussagen macht, und die sind immer sehr vordergründig und zeigen einen Fortschrittsoptimismus ohne aus kritischer Analyse resultierenden Willen zu normativem Eingreifen, wie er ihn im Feld des Unterrichtes ständig beweist. - Wir wiesen schon bei seinen Betrachtungen zur Wissenschaft darauf hin. Es wäre zu fragen, ob wir wirklich immer mehr Wissen immer breiteren Schichten vermitteln wollen oder werden. Wenn dem so wäre, bliebe zu fragen, ob der Kreis der Vermittler nicht auch im gleichen Maße wachsen könnte - stellt die Arbeitsbeschaffung doch ohnehin ein immer größeres Problem dar.

Verdächtig ist das Etikett "romantisch" für den Wunsch nach persönlichem Unterricht, da es kein sachliches Argument ist. Es könnte ja sein - wir argumentieren jetzt von der Entwicklung der Gesellschaft als industrialisierte Massengesellschaft her wie Freudenthal es hier tut - , daß der persönliche Unterricht die letzte Bremse gegen eine Verwahrlosung der Jugend aus Unbeschütztheit in der Massengesellschaft wäre !

Aber entscheidend ist letztlich, daß Freudenthal hier versäumt, *pädagogisch* zu fragen: Kann der pädagogische Bezug zwischen Schüler und Lehrer, der ja den Überlegungen Freudenthals Grund gibt, in voller pädagogischer Verantwortung für den Schüler aufgegeben werden, bzw. wie weit kann er ausgesetzt werden? Das wäre hier die Frage, die von keinem Trend zur Massengesellschaft oder ähnlichem beiseite geschoben werden darf. (Mathematik als *pädagogische* Aufgabe nennt er sein Buch!) Die Frage sei unterstrichen durch die eindringliche Frage Freudenthals an anderer Stelle: "Ob die Entwicklung (des Schülers - d.V.) nur Gewinn und nicht auch Verlust sei" (V 48).

Klar stellt Freudenthal dagegen den pädagogischen Anspruch in der Lehrerbildung heraus, wenn er fordert, daß die pädagogische Ausbildung bei Lehrern für höhere Schuljahre der von Lehrern für niedrigere Schuljahre nicht nachstehen dürfe, wie das heute der Fall sei (V 71). Er strebt eine "integrierte Lehrerausbildung" an, "in der insbesondere die fachliche und die didaktische Komponente einander durchdringen" (V 78). Das ist nach schon Gesagtem auch der fachlichen Ausbildung angemessen: Beim Beobachten von Lernprozessen eröffnen sich - wie ausgeführt - tiefe Einsichten auch in den Stoff selbst (V 163f).

Aufgabe der Didaktik

Die Didaktik muß die Voraussetzung zu pädagogisch bestimmtem Unterricht schaffen und darf nicht die Instrumentalisierung des Unterrichts betreiben. Dazu darf Wissen nicht als Menge aufgefaßt werden, die dem Schüler ohne eigene Einsicht in von außen gesteuerten Prozessen vermittelt werden soll[8].

Freudenthal warnt eindringlich vor solcher Auffassung des Wissens als Menge. Er warnt vor Unterrichtsatomismus und Lehrmethodenverkrustung. Indem er den Lernprozeß freilegen will, will er ermöglichen, den Unterricht weitab von Verhaltenssteuerungen zu betreiben. Er untersucht, was der Schüler am Gegenstand tatsächlich lernt, nicht, was ihm davon nahegelegt wird. Indem er das Durchlaufen von Lernstufen durch den Schüler unterstützt, wobei dem Schüler Ergebnis und eigener Lernprozeß bewußt werden, nimmt er die Einsicht des Schülers viel stärker in den Blick, als das in der Didaktik mit ihrer Vorbereitung einer vorgeplanten Folge von "Erkenntnisschritten" üblicherweise der Fall ist.

c) Mathematikdidaktik - Wissen vom Mathematikunterricht

ca) Ziele des Mathematikunterrichtes

Teilweise zusammenfassend aus den Abschnitten a und b, teilweise als neue Gedanken, wollen wir für diesen Abschnitt zunächst einmal die wichtigsten Ziele zusammenfassen, die Freudenthal dem Mathematikunterricht setzt.

■ Der Ausgangspunkt ist dabei ganz unser Anliegen, wie es aus dem Kapitel I erwachsen ist, nämlich "den volkstümlichen Glauben an die Mathematik zu erschüttern" (V 153). Allerdings unterscheiden sich unsere Gedanken von Freudenthals, insofern wir das als eine Aufgabe in einem umfassenderen Rahmen sehen als Freudenthal: Hängt er doch in bezug auf den gesellschaftlichen Fortschritt durch Wissenschaft gebietsweise selbst einem unreflektierten Optimismus an.

■ Das Formalisieren, das Freudenthal als für die Zukunft "wirksamste transferable Tätigkeit" des Mathematikers ansieht (M 36), ist ein nächstes Ziel. Nach allem, was wir über Freudenthals Intentionen schon wissen, ist es wohl überflüssig, darauf hinzuweisen, daß er das Sichtbarmachen der Grenzen natürlich jeweils mitfordert.

■ Mathematisieren zu lernen, mit mathematischen Mitteln etwas zu ordnen, also etwas als oder mit Hilfe der Mathematik zu fassen, sei als drittes Ziel angeführt. Dabei ist auch an folgendes zu denken: "In nicht zu ferner Zukunft wird eine Beschäftigung von angewandten Mathematikern das Ordnen von Erfahrungsmaterial und von Forschungsgebieten sein, und dabei werden vor allem die mathematischen Erfahrungen im Formalisieren, d.h. im sprachlichen Ordnen nützlich angewandt werden." (M 50).

■ Ist das Mathematisieren in gewisser Weise angewandte Mathematik als Anwendung von Methoden, so sei demgegenüber die eher inhaltliche Anwendung von Mathematik eigens hervorgehoben. Das ist das, was man gemeinhin unter Anwendung der Mathematik versteht. Um sie sinnvoll zu ermöglichen, fordert Freudenthal, daß im Unterricht die Beziehungen der Mathematik zur erlebten Wirklichkeit deutlich werden (M 76f).

■ In enger Nähe dazu steht das Problemlösen. Auch das wird nicht nur auf den innermathematischen Bereich beschränkt gesehen. Ziel ist auch, verschiedenste Probleme, die sich im Leben stellen, wenigstens vorläufig daraufhin beurteilen zu können, *ob* sie mit mathematischen Mitteln faßbar sind, und sie gegebenenfalls mit solchen Mitteln lösen zu können. (M 94).

■ Mit allen anderen Zielen mehr oder weniger eng verbunden ist jenes: Der Schüler soll erfahren, was Zahlen sind. Er soll mit ungewöhnlichen Zahlen etwas anfangen können und soll Zahlenangaben aller Art als sinnvoll oder sinnlos erkennen und entsprechend benutzen können. (M 95).

■ Gerade in den beiden letzten Zielen steckt ein gutes Stück allgemeiner Lebensbewältigung. In diese Richtung zielt auch das nächste: Die Sprachbeherrschung (M 87ff). "Zu den Erbgütern, die man erwerben muß, um sie zu besitzen, gehört vor allen die Sprache" (M 90). Und die Mathematik ist weit mehr ein Sprachproblem als viele andere Wissenschaften. Sie ist daher hervorragend zur Sprachschulung und zur Schulung der Sprachzucht (worauf wir bereits in a hinwiesen) geeignet, sie könnte "insbesondere hinsichtlich des Sprachgebrauchs eine disciplina mentis sein" (M 89, V 22).

■ Skeptisch steht Freudenthal der Mathematik als einer disciplina mentis überhaupt gegenüber (M 80ff). Es ließe sich kaum nachprüfen, was an dieser oft geäußerten Behauptung richtig sei, sagt er. Offensichtlich geeignet sei die Mathematik als Selektionsmittel für intellektuelle Funktionen und da sei sie "zuverlässiger als jedes andere Schulfach (vielleicht sogar als Intelligenztests)" (M 82). Aber ist Selektion Ziel des Erziehungsprozesses? Als Erzieher wehren wir uns dagegen, sagt Freudenthal, und als Mathematiker ist uns die Mathematik dazu zu schade. Und doch ist eine Wirkung als disciplina mentis nicht ganz abzuweisen. Was dabei wirksam ist, "ist mehr die mathematische Methode als der Stoff" (M 85). Nun, wenn Ziele wie das Formalisieren und Problemlösen in der Mathematik als nicht auf Mathematik beschränkt von Freudenthal gesetzt werden, dann wäre insofern Mathematik zweifellos eine disciplina mentis.

- Warum soll aber derjenige Schüler Mathematik lernen, der sie nie irgendwo anwenden wird? "... um ganz Mensch zu sein" (M 70).

Wozu macht man sich über solche Ziele des Mathematikunterrichtes Gedanken? Um nichts Sinnleeres zu unterrichten, um jeweils "wozu?" fragen zu können. Sie bilden den Grund, auf dem die folgenden Gedanken ruhen; sie werden im folgenden aber auch begründend wieder aufgenommen.

cb) Didaktische Analyse

In diesem eigentlichen Teil des Abschnittes "Mathematikdidaktik -Wissen vom Mathematikunterricht" werden wir Freudenthal folgen, in seinen Überlegungen dazu, was eine didaktische Analyse untersuchen soll, unter welchen Gesichtspunkten und wie sie anzulegen ist und was ihre Ergebnisse sein können (dazu ist ja bisher schon manches zur Sprache gekommen).

Wir beginnen mit drei kritischen Bemerkungen Freudenthals, die auf die drei Pole hinweisen, in deren Spannungsfeld sich die didaktischen Überlegungen aufhalten: Pädagogik, Mathematik und schon durch Pädagogik und Mathematik beeinflußte Einstellung zum Lernen - Hintergrundphilosophie würde Freudenthal sagen.

(1) "In der Tat, man kann Kindern erstaunlich viel Mathematisches beibringen, wenn man die Mathematik daraus entfernt. Wie einen Rechenautomaten kann man das Kind in einer Weise handeln lassen, die sich vom Erwachsenen her als Mathematik interpretieren läßt. Macht man das, so frage man sich: Wozu?" (M 123).

(2) "Wenn man sagt, man wisse nicht, wie der Schüler einmal die Mathematik anzuwenden habe, so ist es häufig eine Ausrede dafür, daß man selber nicht weiß, wie Mathematik angewandt wird. Die Beispiele für Mengen in manchen modernen Schulbüchern und fast allen Filmen zeigen überzeugend, daß die Verfasser nicht wußten, wozu Mengen dienen können, innerhalb und außerhalb der Mathematik ..." (M 72).

(3) "... einen Gegenstand so elementarisieren, daß er nur von dem verstanden werden kann, der seine nicht elementare Form beherrscht; das sind durchaus gebräuchliche Züge einer durchaus verwerflichen Unterrichtsphilosophie."

Und wir schließen mit einem vierten Zitat einen programmatischen Satz an, in dessen Ausdifferenzierung die Didaktik Freudenthals besteht:

"Didaktisch ergiebige Probleme sollten nicht zu einfach sein, nicht zu speziell sein und nicht zu scharf formuliert sein" (M 138).

Lernprozeß

Die didaktische Analyse muß nach Freudenthal parallel den Lehrstoff und den Lernprozeß des Schülers untersuchen. Indem beides immer erneut aufeinander bezogen wird, entsteht das Wissen vom Unterricht, in dessen Horizont der Lehrer den Unterricht anregen und leiten kann. Insofern dieses Wissen *weit* genug ist, kann der Lehrer der Einmaligkeit der Person des Schülers durch die Freigabe zu selbständiger Arbeit gerecht werden; insofern es sich um wirkliches Wissen um Stoff und Lernprozeß und deren Zusammenhang handelt, hat der Lehrer die Legitimation, den Lernprozeß mitzubestimmen, zu begleiten, zu steuern (V 69), als erfahrungs- und einsichtsreicher dem Schüler zu helfen; wir sagen den Schüler pädagogisch zu führen.

Freudenthal beschreibt eine Unterrichtsstunde im ersten Schuljahr, in der die Lehrerin beim Würfeln danach fragt, wie leicht es (für mich, für dich; im Vergleich zur Eins, ...) ist, eine Sechs zu würfeln (V 180). "Die Schüler geben einhellig und ohne zu zögern oder zu zweifeln die "falsche" Antwort. (Nämlich die, die ihrem Erleben etwa beim "Mensch, ärgere dich nicht" entspricht.) Nun läßt die Lehrerin Würfel basteln: Aus Karton werden Netze ausgeschnitten, zusammengeklebt und mit den Zahlensymbolen bemalt. (Eine langwierige Arbeit!) Danach die alten Fragen: "Einhellig geben die Schüler die "richtige" Antwort - ja, sie finden die Fragen einfach lächerlich. Das Erlernte zeigt sich als übertragbar, bei anderen Beispielen in dieser und der nächsten Stunde bleibt das "Magische" ausgeschaltet." Das Beispiel zeigt sehr deutlich, wie das Wissen um den Stoff (Analyse des Wahrscheinlichkeitsbegriffes) und um den Lernvorgang (beim Herstellen des Würfels erfährt der Schüler die "Gleichheit" der Seiten) und deren Beziehung zueinander (die deuten wir besser nicht durch eine kurze Floskel an) zur Hilfe für die Schüler wird. Wir sehen weiter - dazu dient Freudenthal das Beispiel - die Unstetigkeit im Lernprozeß: Plötzlich, durch die Arbeit ermöglicht, befinden sich die Schüler auf einer anderen Stufe. Nicht durch lange Erklärungen, nicht durch allmähliches "Dahinfragen", nicht "stetig" wurde dieses Wissen erreicht; nach einer Auseinandersetzung mit einem geeigneten Stoff war es da.

Daß das Bauen des Würfels diese Folge hatte, konnte man vermuten. Vielleicht hatte es die Lehrerin vermutet. Es bleibt nachzuprüfen, ob dem so ist. Vielleicht aber hat die Lehrerin aus ganz anderem Grund einmal den Würfel bauen lassen und dabei diese Folge - zufällig - beobachtet und konnte daher den Würfel hier - nun gezielt - so einsetzen. Jedenfalls zeigt sich, daß Lernziele, die vom einzelnen Stoff sagen, was daran gelernt werden kann, erst hinterher, nach Aufbereitung des Stoffes und Erprobung in der Schule unter Beobachtung der Lernprozesse der Schüler, isoliert werden sollten (V 70).

Forschungsquelle ist also die Lernsituation, die offen genug gestaltet sein muß, damit man insbesondere das sehen kann, "von dem man als Erwachsener gar nicht vermutet, daß es einen Lernprozeß erfordert und wert ist" (V 175). Aber gerade *der* Unterricht, der so gestaltet ist, daß Lernprozesse beobachtbar werden, erfüllt ja auch die Forderung nach Freigabe des Schülers zur eigenen Auseinandersetzung mit dem Stoff. Es sei hier noch einmal auf die eminent *pädagogische* Bedeutung dieser Blickrichtung hingewiesen: Bei dieser Beobachtung kommt der Lernende in seiner Art, sich mit dem Gegenstand auseinanderzusetzen in den Blick (übrigens auch für die Beurteilung seiner Lernerfolge). Natürlich darf das bei dieser Beobachtung Erkannte nicht dazu dienen, den nächsten Schüler einem vorprogrammierten Unterricht auszusetzen, zu dem man das erfahrene Wissen verarbeitet hat (V 177), aber davor warnen schon die bei der Beobachtung zutage tretenden individuellen Verschiedenheiten.

Der *Lernprozeß* stellt sich immer eindeutiger als *zentral* für alle didaktischen Untersuchungen und Überlegungen heraus. Wir erwähnten schon in **b**, daß Freudenthal feststellt, daß die Lernpsychologie zu diesem Prozeß selbst bis jetzt nichts zu sagen weiß. Wir wiesen bei der Darlegung von Freudenthals Wissenschaftsauffassung auf seine Betonung der Wissenschaft als Tätigkeit hin. Nun muß die Analyse der Mathematik als Tätigkeit parallel und verzahnt gesehen werden mit der Analyse der Tätigkeit des Mathematiklernens; zu beiden liegt wenig vor, es ist das eine Aufgabe, die Freudenthal sieht. (Wir wiesen schon darauf hin, daß Freudenthal Piaget's Experimente als hierfür nicht relevant einschätzt.) Übrigens sieht Freudenthal als einen Grund für den Mangel an Analysen der Mathematik als Tätigkeit die "konkurrierende Qualität der Analyse der Mathematik als Fertigfabrikat, die in der Mathematik klassisch und durch Systeme wie das der Principia Mathematica, des Bourbaki und vieler Lehrbücher bezeugt ist." (M 115). Als "seltenen Beitrag" zur "Analyse tätiger Mathematik" erwähnt er die Bücher von Polya.

Den Zusammenhang zwischen der Analyse des Lernprozesses und der Analyse des Lehrstoffes sieht Freudenthal so, daß er die erste als Voraussetzung der zweiten Analyse setzt:

> "Ich hoffe, hinsichtlich der Wahrscheinlichkeit noch Erfahrungen zu sammeln, und im Hintergrund dieser Erfahrungen didaktisch-phänomenologische Analysen zu versuchen. Im Augenblick jedoch fehlen mir solche Erfahrungen - ich meine da hauptsächlich Erfahrungen, die sich auf die Erwerbung, Erkennung, Abgrenzung des Wahrscheinlichkeitskontextes beziehen. Da - und nicht in der Ausarbeitung didaktischer Einzelheiten - sehe ich eine dringende Aufgabe der Forschung nach Lernprozessen in der Wahrscheinlichkeit." (V 256).

Lokale und globale Sicht

An drei von Freudental als wesentlich herausgestellten Gegensatzpaaren wollen wir im weiteren Überlegungen zur Didaktik verfolgen. Das erste ist das von globaler und lokaler Sicht. (V 242ff). Es tritt hervor, wenn Schüler ein global gestelltes Problem nicht lösen können, nach der Auflösung in seine lokalen Komponenten aber ohne weiteres in der Lage sind, diese einzeln zu bearbeiten. Umgekehrt kann es aber genausogut sein, daß bei der Vorstellung des Problems als Kette von Einzelschritten und deren Bearbeitung der Schüler den globalen Bezug nicht in den Blick zu nehmen imstande ist. Man kennt das: Der Schüler kann eigentlich alles, was zur Lösung einer globalen Aufgabe nötig ist, fängt hier und dort an und löst die Aufgabe doch nicht.

Die Sapnnung zwischen lokaler Sicht und globaler Sicht ist also keinesfalls aufzulösen, indem etwa von einer der beiden ausgehend zur anderen forgeschritten würde. Sie ist vielmehr für jeden Lehrgegenstand zu sehen, und durch Untersuchung des Gegenstandes und der Lernprozesse der Schüler beim Umgang mit diesem Gegenstand sind Entscheidungen für die Betonung oder Bevorzugung einer Sicht an einer Stelle des Unterrichtes und für geeignete Sichtwechsel zu fällen.

Gerade weil Kinder auf andere Dinge achten als Erwachsene, kann ohne Beobachtung auch hier nichts entschieden werden. Als Beispiel führt Freudenthal etwa an: "Das - vom Erwachsenen aus gesehen - Fehlverhalten bei allerlei Piagetversuchen rührt von globaler Vergleichung her, wo lokale angemessen wäre." (V 243). Ein anderes Beispiel ist die von jedermann global erfaßte und erlebte lineare Ordnung auf der Zahlengeraden. Jahrtausende lang war die Menschheit und waren die Mathematiker mit dieser global erfaßten linearen Ordnung zufrieden. Nun läßt sich diese Ordnung heute mit Hilfe des Transitivgesetzes und einiger anderer erfassen und axiomatisch beschreiben.

"Manche Didaktiker haben daraus die Folgerung gezogen, daß die lineare Ordnung vom Transitivgesetz her konstituiert würde oder werden müßte; so erklären sich Übungen, bei denen 6-7jährige Kinder Pfeildiagramme nach dem Transitivgesetz vervollständigen müssen. Natürlich funktioniert das sehr schön als algorithmisierte Tätigkeit, ist aber im übrigen ganz wertlos ... Das Transitivgesetz möge in einem mathematischen System Grundlage der linearen Ordnung sein; entwicklungsmäßig ist es Folge der linearen Ordnung, und die axiomatische Auffassung ist eine von den Inversionen, die ich antididaktisch genannt habe" (V 244).
Wir sind hier an einem Punkt, an dem sich der Mathematikdidaktiker davor hüten muß, zu sehr auf den Mathematiker in sich zu hören, der aus irgendwelchen systematischen Gründen eine Sicht bevorzugt: Unter didaktischen Gesichtspunkten kann diese Systematik völlig irrelevant sein. -

Übrigens gibt es da auch Moden in der Mathematik, und was heute als elegant gilt, ist morgen - auf Grund anderer Blickrichtungen - vielleicht verpönt.

In größerem Rahmen gesehen wird das Gegensatzpaar in der Frage nach dem globalen Ordnen eines Gebietes der Mathematik oder dem viel früher möglichen und fruchtbaren lokalen Ordnen eines Teilbereiches inzwischen ganz allgemein unter Didaktikern als beachtenswert akzeptiert.

Während "Lehrgegenstand, Unterrichtsmethode im allgemeinen, Klassenmilieu, Alter der Schüler" u.v.a. auf die Entscheidungen für globale oder lokale Sicht Einfluß haben werden, möchte Freudenthal "wo sie die schwierigere ist und darum leicht benachteiligt wird" die globale Sicht betonen. (V 246).

Qualitiative und quantitative Sicht

Ein zweites Gegensatzpaar ist das von qualitativer und quantitativer Sicht. (V 246ff). Gerade im Zeitalter der Rechenmaschinen besteht die Gefahr der Quantifizierung als Selbstzweck. Wir erwähnten Verirrungen dieser Art aus dem Feld der Unterrichtsforschung selbst. Es geht dabei um die Frage nach Sinn und Grenzen der Quantifizierung, wie um die Frage des Weges von qualitativer zu quantitativer Fassung eines Problems. Hier ist dann die ausdrücklich als Ziel des Mathematikunterrichtes geforderte Vertrautheit mit Zahlen und der Beurteilung ihrer Relevanz z.B. zu entwickeln. Freudenthal weist besonders auf die grundlegende Bedeutung des Schätzens (nicht nur zur Fehlervermeidung) hin, das ja die Spannung zwischen beiden Sichten verdeutlicht. Gebraucht wird für eine Durchdringung der Problematik, für das Erlebenlassen dessen, daß Quantifizierung zwar ein Aspekt der Mathematisierung ist, aber nicht mit ihr identisch, reicher Lehrstoff, der durch didaktisch-phänomenologische Analyse vorbereitet werden muß. An ihm sollte der Schüler also erfahren, daß schon qualitatives Erfassen Mathematisierung sein kann und daß der Prozeß mit der quantitativen Erfassung nicht zu Ende zu sein braucht, qualitative Fragen können sich erneut aufdrängen und Weiterarbeit fordern.

Apprehension und Komprehension

Um die Tiefe, den wirklichen Lernschritt geht es bei der Untersuchung des Erwerbens einer Fähigkeit durch Apprehension oder durch Komprehension. Wir wollen hier nicht auf Freudenthals anfechtbare Bemerkungen eingehen zur Rolle, die in der Philosophie der Induktion für die Bildung allgemeiner Begriffe zugesprochen wird. Wir bleiben beim Mathematikunterricht. Freudenthal setzt sich mit der leichtfertigen Übertragung der Tatsache, daß *Hand*fertigkeiten durch stete Übung und oftmalige Wiederholung erworben werden, auf jeden Lernprozeß auseinander (V 186ff). Er weist darauf hin, daß in den Naturwissenschaften meist *ein* Experiment den Nachweis einer Tatsache brachte und nicht eine lange Reihe - die Wiederholung solcher Experimente hat andere Gründe - , und sagt dann allgmein: "... ist es höchst unwahrscheinlich, daß biologische Wesen, die lernen können, wirklich so ineffizient lernen, daß sie zahlreiche Beispiele nötig hätten. Man sollte vielmehr glauben, daß ihr Lernen so vorprogrammiert ist, daß wenige Beispiele genügen" (V 177). Denkt man etwa an die Theorie Chomsky's über das Erlernen der Mutterpsrache - das danach nicht allein als Verknüpfen empirisch gesammelter Daten erklärt werden kann[9], und wo weniger als je ein Beispiel genügt - , dann spricht viel für diese Ansicht. Was hier wie dort auf diese Spur führt, sind die Unstetigkeiten, die man im Lernprozeß beobachten kann, mindestens aber Beispiele wie das des Einjährigen, der nach dem *ersten* unangenehmen Bekanntwerden mit einer Stufe *stets* diese Stufe in geeigneter Weise passiert.

Was ist für den Mathematikunterricht zu folgern? Es ist stets zu untersuchen, ob eine Fähigkeit durch Komprehension, durch Zusammenfassung von Einzelerlebnissen, oder durch Apprehension, durch Erfassen u.U. *eines* Beispieles, erworben wird. "*Zusammen*griff" übersetzt Freudenthal Komprehension und "*Be*griff" Apprehension. Sicher gibt es (algorithmische) Fertigkeiten, die durch oftmaliges Üben gefestigt werden, aber selbst da ist zu fragen, was eine einmalige *verständnisvolle* Einsicht zur Verbesserung oder Festigung dieser Fertigkeit beitragen kann.

Freudenthal fragt z.B., ob das wiederholte Aufsagen der Zahlreihe wirklich dem Erwerb der Fähigkeit sachbezogenen Zählens dient, er vermutet sogar, daß dieses Aufsagen der Zahlworte diese Fähigkeit eher behindert.

Nun ist das ein besonders schwieriges Problem. Freudenthals Bemerkung, vielleicht sei das Kind, das sich weigere, die Zahlenreihe nachzusprechen, gerade charakterfest, da es sich weigert, Unverstandenes auszusprechen, muß man schließlich damit konfrontieren, daß Kinder vieles übernehmen müssen, dessen Sinn sie erst später sehen - anders würden sie gar nicht genug lernen können: Auch die Muttersprache wird zunächst "nachgeplappert". Bis hin zur Meinung, daß etwa das rhythmische Zählen wesentliche Grundlagen für die Möglichkeit, Zahlvorstellungen aufzubauen, schafft, gibt es da ungeheuer viele Ansätze, die bedacht und untersucht werden wollen. Leichter läßt sich schon nachweisen, daß mannigfache formale und inhaltsleere Aufgaben zur sogenannten Mengenlehre reine (und öde) Zeitverschwendung sind, die die in Frage stehenden abstrakten Fähigkeiten gerade nicht förden.

Es geht bei der Frage danach, ob eine Aufgabenplantage ihre Berechtigung hat, oder ob sie nicht durch eine einzige wesentliche Aufgabe ersetzt werden müßte (die zu finden sicher nicht leicht ist), zum Beispiel auch darum, den Sinn von zusätzlichen Aufgaben für schwache Schüler, die "es" an den vorangegangenen vielen Aufgaben noch nicht gelernt haben, in Frage zu stellen. Das Niveaukurssystem in heutigen Gesamtschulen ist oft teils nach dem wenig untersuchten Prinzip "mehr (gleichartige) Aufgaben für schwächere Schüler" gestaltet. Vielleicht werden damit schwache Schüler gerade ausgeschlossen und könnten anders den Anschluß gewinnen?

Ein eigener Aspekt dieses Problems ist die sprachliche Seite. Allgemeine Formulierungen sind auch eine Spielart der Komprehension und sie "können gar, wenn die Sprachentwicklung nicht weit genug fortgeschritten ist, viel weniger zugkräftig" sein "als paradigmatische Beispiele", ja sie können "selbst die *inhaltliche* Verallgemeinerung beeinträchtigen. Beispiele dagegen, paradigmatisch genug, können vollgültige Mathematik sein." (V 214). Man darf auch die (allgemeine) Formulierung durch den Lernenden nicht mit dessen Erkenntnis verwechseln: *Ein* Beispiel - Paradigma, wie Freudenthal diese für die Apprehension nötigen Beispiele nennt - kann die Erkenntnis gebracht haben; mehrmalige Anwendung kann nötig sein, "um das *Bedürfnis* nach allgemeiner Formulierung zu erwecken und um ihre *sprachlichen Vorbedingungen* zu üben." (V 214). Schon daher ist eine voreilige Parteinahme für die Aufgabenplantage fragwürdig; andererseits bekommt sie als Anwendungsmaterial u.U. gerade wieder einen Sinn. (Natürlich sind die Aufgaben dafür zu modifizieren.)

Hier ist nicht der Ort, auf die ausführlichen Beispiele einzugehen, mit denen Freudenthal die Möglichkeit apprehensiven Vorgehens belegt, etwa seinen apprehensiven Einstieg in die Algebra (V 214ff, M 205ff) oder sein aus der Sowjetunion zitiertes Beispiel zur Algebraisierung des Rechenunterrichtes (V 221ff). Wir beschließen die Überlegungen zum Gegensatzpaar Komprehension/Apprehension mit einem Hinweis, der die am Anfang angeführten Handfertigkeiten noch einmal in den Blick nimmt und sogar den dort so einleuchtend klingenden Satz, daß sie durch stete Übungen und oftmalige Wiederholung erworben werden, in Frage stellt: *Ein* Konzert Yehudi Menuhins genügte, um den Verfasser einen lange vergeblich geübten Bogenstrich spielen zu lehren, *ein* Blick auf einen Schwimmer, um ihn den Schmetterlingsstil zu lehren, den eine lange Erklärung mit der Vorführung von Teilbewegungen ihn nicht lehren konnte.

Paradigmen

Exemplarisches Lehren nennt man es üblicherweise, wenn man aus der Fülle möglichen Lehrstoffes ein charakteristisches Beispiel auswählt, dessen Vertrautheit schwerer wiegt als die flüchtige Bekanntschaft mit allen Gegenständen. Man hat dabei meist größere Stoffgebiete im Auge und auch mehr die geeignete Stellvertretung des ausgewählten Gegenstandes für die anderen der Gruppe als den Lernprozeß selbst. Insofern unterscheidet sich die vorangegangene Betrachtung zum apprehensiven Lernen in der Blickrichtung; sie ist lokaler gemeint und stärker auf den Lernprozeß ausgerichtet. Die benötigten *Paradigmen* sind aber auch *exemplarische Beispiele*.

Freudenthal betrachtet das Suchen von Paradigmen und den Grund ihrer Wirkung. Er wählt als Paradigma ein Bild dreier Punkte A, B und C mit drei Verbindungswegen zwischen A und B und zwei Wegen zwischen B und C. Frage: Auf wieviel Arten kann man von A über B nach C kommen? (V 196f). Das ist ein Zählproblem. Lösen kann man es nur, indem man in der Vorstellung das Bild auflöst. Das Bild selbst verwirrt eher, man muß sich davon lösen. Freudenthal berichtet, daß Vorschulkinder sich eher vom Bild ablenken und auf ihre Vorstellung leiten lassen als Schulkinder und sieht darin den grundsätzlichen Mangel, daß das Zählen von Dingen, die man sich vorstellt, in der Schule verkümmert. Aber bleiben wir beim Paradigma. Kinder, die die Aufgabe gelöst haben, sind dann in der Lage, ähnliche Zählaufgaben zu lösen. Sie merken schnell "es ist alles dasselbe". "Ähnlich" heißt dabei (mathematisch) isomorph. Faßt man die Isomorphie weiter als in der Mathematik (indem man etwa andere Zahlen der Punkte, Tore zuläßt, ... der Wege, Möglichkeiten ...), kann man feststellen: "Die Wirkung des Paradigmas beruht darauf, daß es einen weiten Bereich von Isomorphie besitzt und daß diese Isomorphie zweckgerechtes Handeln ermöglicht." (V 199). Diesem Kriterium hält das angeführte Paradigma also stand. Und doch kritisiert es Freudenthal selbst: "... es ist zu einfach, zu stark vorstrukturiert, um mit ihm anzufangen." (V 200).

Der Hinweis zeigt die Komplexität jeder didaktischen Überlegung: Haben wir *einen* Aspekt berücksichtigt, sind wir längst nicht aus der Pflicht entlassen. Ein weiteres von Freudenthal genanntes Paradigma sei zur Verdeutlichung angefügt: Das Pascal'sche Dreieck als Paradigma der rekursiven Definition.

Am Schubfachprinzip erläutert Freudenthal, wie schwierig es oft ist, ein geeignetes Paradigma zu finden (V 204ff). Daraus sei abschließend eine Bemerkung zur Mengenlehre zitiert, weil sie zeigt, wie das Wissen des Mathematikers dem Didaktiker auch im Wege stehen kann, und weil dadurch einmal mehr die Notwendigkeit der Beobachtung von Schülern unterstrichen wird: "Das paradigmatische Operieren mit Mengen wird durch explizite Mengenlehre nicht erleichtert. Das ist klar, aber darüber hinaus scheint mir zu gelten, daß die Kenntnis expliziter Mengenlehre dem Didaktiker die Suche nach Paradigmen erschwert." (V 207).

Wir wiesen wiederholt auf Freudenthals These hin, daß es auf die Unstetigkeiten im Lernprozeß ankomme (V 162). Das Paradigma bestätigt die These: Hebt es doch den Schüler plötzlich (in seiner Einsicht) eine Stufe höher. Auch das zitierte Beispiel der Kinder, die nach dem Bauen des Würfels ohne weiteres die richtigen Antworten gaben, belegt die These.

Freudenthal begründet sie mit vielen beobachteten Beispielen und weist darauf hin, daß auch allerlei körperliche Fähigkeiten plötzlich erworben würden (V 181).

So etwas ist zudem aus der Entwicklungspsychologie bekannt. Es gibt z.b. gewisse psychomotorische Fähigkeiten, die Säuglinge in einem bestimmten Alter haben, unabhängig davon, ob sie dafür "Vorübungen" machen konnten oder nicht. Für die weitere Ausübung dieser Fähigkeiten sind dann aber "Übungen" offensichtlich von Vorteil.[10] Die Reifeprozesse, die da in der Entwicklung Voraussetzung sind, finden ihre Parallelität hier darin, daß nicht jedes Kind das Paradigma erfassen kann. Eine bestimmte Stufe mathematischen Wissens ist vorher nötig. Das Paradigma muß nicht nur stimmen, es muß auch in solcher Weise die Situation treffen.

Genetischer Unterricht: Sokratische Methode

Stärker als bei komprehensivem Vorgehen wird bei apprehensivem Vorgehen die Eigenaktivität des Schülers angesprochen. Sie wird sozusagen tiefer und am fraglichen Punkt konzentriert (heraus)gefordert. Man darf sie dabei allerdings nicht nur an äußerlicher Tätigkeit ablesen wollen. Um diese Eigenaktivität des Schülers geht es wieder, wenn im folgenden von der genetischen Methode die Rede sein soll. Dabei verschiebt sich der Blick von der Suche nach dem geeigneten Stoff (Paradigma) jetzt mehr auf die Untersuchung der Methode.

Wir werden unter dem Begriff der genetischen Methode, den wir im Hinblick auf spätere Ausführungen bevorzugen wollen, das sammeln, was Freudenthal als sokratische Methode versteht und das, was er als Methode der Nacherfindung bezeichnet. Die sokratische Methode orientiert sich am Sklavenbeispiel aus dem Menon. Wir sind darauf im Abschnitt über Platon ausführlich eingegangen. Freudenthal betont an der sokratischen Methode das Vortragen als Gedankenexperiment. Er geht von einem Vortrag aus, in dem der Vortragende die möglichen Fragen und Gedanken des Zuhörers (Lesers) so einbezieht, daß es möglich wird, den Gedankengang vor diesem entstehen zu lassen. Ein Lehrbuchverfasser stellt sich also die Schüler, die er in Gedanken unterrichtet, so vor, daß diese gedachten Schüler aktiv sind, und "von ihrer Aktivität läßt der Lehrer seinen Weg bestimmen" (M 98). Ganz auf den Unterricht bezogen:

> "Im engeren Sinn will ich, wie Sokrates, annehmen, daß im Laufe des Unterrichts das zu Unterrichtende von neuem erfunden oder entdeckt wird. Der Lehrstoff wird also nicht dogmatisch vorgetragen, sondern der Schüler sieht ihn entstehen. Und wenn auch die Aktivität des Schülers in der sokratischen Methode eine Fiktion ist, so soll in ihm doch das Gefühl erweckt werden, daß der Lehrstoff in der Lektion entstanden, geboren ist und der Lehrer nur der Geburtshelfer war." (M 98).

Als Fiktion kann man die Aktivität des Schülers bei Platon nicht abtun. Wir sahen in unserer Untersuchung der Menon-Stelle, daß durch die Methode des Sokrates ermöglicht wird, daß der Sklave durch eigene Einsicht lernt. Damit ist sehr wohl seine Aktivität angesprochen. Der Schüler sieht den Lehrstoff nicht nur entstehen, sondern er erkennt diesen Vorgang durch eigene Einsicht als richtig. Freilich, *die* Aktivität, die dazu geführt hätte, daß der Sklave selbst auf die entscheidenden Beweisschritte gekommen wäre, bleibt ausgespart. *Nacherfindung* ist ein Schritt, der insofern über die sokratische Methode hinausgeht.

Wir erinnern uns aber, daß Platon mit dem Sklavenbeispiel zunächst und vor allem eine erkenntnistheoretische Einsicht belegen wollte, es ist kein ursprünglich didaktisches Beispiel. Und wir wollen auch noch auf die zweite neben der eigenen Einsicht gegebene didaktische Komponente hinweisen, die wir herausarbeiteten: Die durch eigene Einsicht gebildeten Vorstellungen sollen durch Beziehungen des Grundes gebunden, gefestigt werden.

Eine Bemerkung zur Vermeidung dogmatischer Belehrung sei eingeschoben. Es ist verbreitet, Mathematikern ihre Ergebnisse relativ unkritisch abzunehmen, da sie ja exakt arbeiten. Dogmatische Belehrung würde versäumen, den Schüler zum Nachprüfen zu führen. Wie wichtig solche Nachprüfungen sind, wird an Beispielen klar, wie dem von Freudenthal angegebenen (M 531f): Lange war es Brauch, anzunehmen, daß Mendel gemogelt habe, als er behauptete, unter 33 gekauften Samensorten zu jedem der von ihm gesuchten sieben Paare von Merkmalen eines gefunden zu haben. Das schien viel zu unwahrscheinlich, und so wurde das Urteil über Mendel "auch von hervorragenden Statistikern übernommen". Bis v.d.Waerden nachrechnete und auf eine Wahrscheinlichkeit von 97,5 % für solches Vorkommen kam.

Zwei Gründe sprechen also dafür, die Ideen nach ihrer Entstehungsweise zu unterrichten. Und diese Betonung der Entstehungsweise macht die sokratische Methode Freudenthals aus und ist eine der Säulen, auf denen die genetische Methode ruht.

Aber, daß "die Ideen nach ihrer Entstehungsweise unterrichtet werden sollten, bedeutet nicht, daß wir sie so unterrichten müssen, wie sie entstanden sind - auch nicht, nachdem wir Sackgassen abgeschnitten und Umwege kurzgeschlossen haben. ... Nach ihrer Entstehungsweise ... ist nicht logisch und nicht historisch zu verstehen, aber, bitte auch nicht psychologisch." (M 99). "Nach ihrer Entstehungsweise" kann nur heißen, wie sie in einem guten von einem einsichtsvollen Lehrer geführten Unterricht im Schüler entstehen können. "Gut" und "einsichtsvoll" sammeln dabei all das, was pädagogisch und didaktisch relevant ist.

Nicht historisch: Bei der Analyse des Lehrstoffes kann sich das als zwingend herausstellen. Freudenthal kommt bei der Untersuchung eines wahrscheinlichkeitstheoretischen Beispiels zur Aussage: "Es ist durchaus denkbar, daß wir gerade hier das Individuum vom Lernprozeß der Menschheit abweichen lassen müssen, indem wir ihm bei der Lösung von Problemen aus der *Frühzeit* der Wahrscheinlichkeitstheorie eine Hilfestellung leisten, deren wir dank eines späteren Lernprozesses der Menschheit fähig sind." (V 257). Andererseits kann uns der historische Weg natürlich Hilfe sein bei der Suche nach einer möglichen Entstehungsweise, und es gibt gute Beispiele dafür in der Mathematikdidaktik. Ja, wenn Freudenthal Mengen und Abbildungen als Produkte einer *vollzogenen* Mathematisierung für eine zu *vollziehende* als hinderlich erachtet und fragt "... wie erreichen wir es, daß wir uns auf der Suche nach Paradigmen ... nicht von unserer expliziten Kenntnis der Mengenlehre verblenden lassen?" (V 207), dann ist *unsere* Antwort: Versuchen wir es durch das Studium des historischen Weges.

Nicht logisch: Aber natürlich kann der logische Zusammenhang uns entscheidende Hinweise auf eine mögliche Entstehungsweise geben. Vielleicht sollten wir das nach Deduktion klingende "logisch" dann besser durch "sachlich" ersetzen, womit wir die Beziehungen innerhalb des Lehrstoffes umfassender ansprechen. Wir werden hierauf bei Wittenberg noch eingehen. Freudenthal geht es vornehmlich um das Zurückweisen oft geübter Praxis, daß die Analyse des Lehrstoffes eine deduktive Struktur offenlegt und er dann gemäß dieser Struktur dem Schüler vorgesetzt wird. Gerade dieses Resultat der Analyse hilft dem Schüler wenig; die diese Struktur offenlegende Analyse wäre gerade der geeignete Weg, wäre als Unterricht nach der Entstehungsweise das Gegenteil der eben beschriebenen "antididaktischen Inversion" (M 100).

Der letzte Gedanke lenkt unseren Blick auf die Systematik. Die Systematik der fertigen Mathematik und vor allem auch die vom Mathematiker schließlich geforderte Strenge sind Kennzeichen von Endprodukten. Das ist bei der zu suchenden Entstehungsweise ganz wesentlich zu beachten. Auch das lehrt uns die historische Untersuchung: Die Anforderung an die Strenge wächst immer erst allmählich; durch die allmähliche Lösung des Problems muß sie höhergeschraubt werden, da Zweifel aufkommen. Fortschreitend mehr wird die Strenge als nötig erkannt, als nötig, um zu überzeugen; im Anfang wird man kaum zu ihr gedrängt (M 142). Freudenthal sagt sehr schön: "Soll der Schüler ... die Gewissensbisse des Lehrers ... imitieren? Es hat ihn ja nichts gebissen." (M 103). Und er fordert sogar Lehrbücher, die das beachten; wenn es auch utopisch ist: Wer würde z.B. ein Buch verlegen, in dem hinten widerrufen wird, was vorn zunächst ausgesprochen wurde? Freudenthal weist als Ausweg auf die im Vergleich zum Buch weniger verbindlichen heutigen Vervielfältigungsmethoden hin (M 104). Bei unserer Betrachtung von lokaler und globaler Sicht zitierten wir das Beispiel der linearen Ordnung. Wenn entwicklungsmäßig das Transitivgesetz Folge der linearen Ordnung ist, dann ist es falsch, einer Systematik nachzugeben und das Transitivgesetz zum Ausgangspunkt für einen Unterricht zur linearen Ordnung zu machen. Auch so bekommen wir also Hinweise für einen Unterricht nach der Entstehungsweise.

Genetischer Unterricht: Stufen im Lernprozeß

Die sokratische Methode als Unterricht nach der Entstehungsweise sei die eine Säule der genetischen Methode, sagten wir. Genetischer Unterricht ist praktisch die Wiederentdeckung des in der Gesellschaft vorfindbaren Wissens durch den Schüler selbst. Seine zweite Säule ist das möglichst weitgehend wirklich *selbsttätige* Entdecken durch den Schüler. Um noch einmal auf den Menon einzugehen: Der Schüler soll *allein* darauf kommen, die Diagonale zu ziehen. Dem Sklaven hätte man das innerhalb der dort beschriebenen Lektion unter diesen Umständen nicht abverlangen können. Man sieht, hier ist noch allerhand Hinführung von der Didaktik gefordert. Für diese Wiederentdeckung - oder auch Nacherfindung - spielen zwei Dinge eine Rolle, denen wir uns jetzt zuwenden wollen, die Beziehungshaltigkeit des Lehrstoffes und die Stufen im Lernprozeß.

Wir beginnen mit den Stufen im Lernprozeß. Sie sind dadurch gekennzeichnet, daß auf der höheren Stufe das, was auf der niederen eine Tätigkeit war, Objekt der Analyse wird: Das Operative wird Gegenstand (M 120). Freudenthal wählt als Beispiel die vollständige Induktion:
"Man fängt mit Beispielen an, die den Schüler zwingen, die vollständige Induktion zu erfinden. Er erkennt in diesen Beispielen das gemeinsame Prinzip und wendet es in komplizierteren Beispielen an. Wenn er das Prinzip erkannt hat, kann man versuchen, es formulieren zu lassen - das geht hier kaum ohne erhebliche Hilfe - und schließlich könnte man ihn noch auf die Peanoschen Axiome hetzen, wenigstens wenn er schon anderswo Erfahrungen im Axiomatisieren gemacht hat ... . Man sieht hier Stufen im Lernprozeß abgezeichnet. Auf der niedrigsten hier in Frage kommenden wird die vollständige Induktion geübt. Auf der nächsten Stufe wird sie als ordnendes Prinzip bewußt und kann sie Gegenstand der Reflexion werden. Schließlich auf derselben oder vielleicht erst auf höherer Stufe wird sie sprachlich formuliert." (M 117f).
Freudenthal merkt übrigens an, daß sich in diesem Fall der Weg mit dem historischen deckt. Das stützt unsere Überlegungen zur Historie als Suchinstrument für einen Unterricht nach der Entstehungsweise.

Die Stufen sind Stufen des Mathematisierens. Der Stoff für die jeweils untere Stufe darf also nicht schon mathematisiert angeboten werden, und der Schüler darf auch nicht auf die nächste Stufe gedrängt werden, wenn "das Bedürfnis, der Motor der Nacherfindung" dazu bei ihm noch fehlt. (M 119).

"Unentbehrliche Vorstufe" nennt Freudenthal die "nullte Stufe im Lernprozeß" (V 260). Er beschreibt sie durch das Kartenspiel von Menschen, die kaum erzählen können, warum sie gerade so spielen, oder durch Spielen von Kindern mit allerlei strukturiertem Material, wie es etwa in den Untersuchungen von P. Dienes geschieht (M 122). Diese nullte Stufe ist noch keine Mathematik (wie das Singen kein Treiben von Musiktheorie darstellt und Basteln keines von Mechanik), aber sie ist wesentliche Voraussetzung auf dem Weg zur Mathematik. Was es auf einer Stufe gemacht hat, muß das Kind beschreiben können, dann ist es reif für die nächste Stufe. "Solange das Kind nicht über seine Tätigkeit reflektieren kann, ist die höhere Stufe nicht zugänglich." (M 123). Freudenthal hält ein Lehrbuch für nützlich, das die Stufen einmal explizierte: "... links und rechts denselben Gegenstand, links wie man ihn sich erarbeitet, rechts wie man ihn formalisiert, wenn man ihn sich erarbeitert hat ... aber es gibt noch viele weitere Stufen" (V 73). Führen wir noch ein Beispiel an: Die Konstitution des Mengen*begriffs* liegt auf höherer Stufe als die des Zahlbegriffs, aber zu letzterem ist es nötig, daß eine Menge konstituiert wird (V 209).

Das Wissen um die Stufen hat Konsequenzen. Wenn die Reflektion über das Tun sekundär ist, die Analyse erst nachfolgt, ist das Primäre der Gesamteindruck, die globale Sicht, wie wir weiter oben sagten. Man kann es anders wenden: Erst muß das Phänomen in den Blick genommen und erfaßt worden sein, dann folgt seine Analyse. Dabei denkt man, will man das an einem Gebiet der Mathematik verdeutlichen, natürlich zunächst an die Geometrie. Sie fordert Freudenthal zunächst "als Erfahrung und Deutung des Raumes, in dem wir leben, atmen und uns bewegen." (V 264): Das Kind muß die Dinge zunächst einmal sehend erfassen. "Wie kann Geometrie-Unterricht" so fragt er "je mehr umfassen, als das "Ich sehe es so", wenn er nicht einmal das umfaßt?" (V 265). Das "Ich *sehe* es so" ist aber gerade der Ausdruck dessen, daß das Kind (auf nullter Stufe) im Raum handelnd Zusammenhänge zwischen Formen bemerkt hat, ohne sie explizieren zu können. Auf die Notwendigkeit dieser Stufe weist Freudenthal immer wieder eindringlich hin: "Zu lange hat man versucht, im Geometrie-Unterricht statt Geometrie ihren *verbalen Ausdruck* zu vermitteln, und zwar Kindern, von denen viele noch nicht dieses Ausdrucks fähig waren ..." (V 267).

Auf zwei andere Konsequenzen des Wissens um diese Stufen sei hingewiesen, ehe wir auf das hier anklingende Problem der sprachlichen Stufen noch näher eingehen. Die erste erwähnten wir schon: Man darf das Kind nicht vorzeitig auf die höhere Stufe drängen. Freudenthal nennt die Frage "warum?" den Schlüssel zur Geometrie (M 386) und sagt, nur Spielverderber würden ihn vorzeitig verraten. Geduld muß der Lehrer aufbringen, Geduld, zu warten, bis *das Kind* fragt "warum?"! Eine tiefe Konsequenz dieser Überlegungen zu den Stufen im Lernprozeß ist die Zurückweisung der Bruner'schen These, daß man "jeden Gegenstand wirksam und irgendwie intellektuell ehrlich jedes Kind in jedem Entwicklungsalter lehren kann" (M 122). Freudenthal führt das u.a. im Zusammenhang der Mengenlehre aus: "Es gibt eben, und gerade in der Mengenlehre, allerlei, das sich nicht konkretisieren läßt, und wenn der Schüler es nicht in seiner Abstraktheit erfassen kann, bleibt einem eben nichts anderes übrig, als darauf zu verzichten." (M 341).

Nun zur sprachlichen Seite der Stufen. Sie ist doppelt zu sehen: Einmal zeichnen sich Stufen durch die Rolle aus, die die sprachliche Formulierung für sie spielt, zum andern gibt es im Sprachlichen selbst Stufungen. Wie sehr die Mathematik ein Sprachproblem ist, wurde schon im Kapitel II klar bei den Ausführungen zur geometrischen Algebra der Griechen. Sie war auf die mündliche Weitergabe angewiesen. Mit dem Abreißen dieser Tradition ging sie unter, für das Verstehen aus schriftlicher Überlieferung war ihre sprachliche Form zu kompliziert. Oder: Freudenthal meint, daß es dem Dozenten heute besser als früher gelänge, den "Studenten die Fundamente der Analysis auseinanderzusetzen" und zwar "hauptsächlich durch Verwendung besserer sprachlicher Mittel" (M 35). Oder nehmen wir die Mathematisierung durch Formalisierung der Sprache. So wird etwa "die Alltagssprache durch konventionelle Symbole für Variablen" mathematisiert "wie die Wirklichkeit des täglichen Lebens durch Hilfsbegriffe." (M 227).

Es gibt Stufen im Sprachlichen, z.B. "die der Demonstrative, wo man das Zeigen (mit dem Finger oder mental) mit den Worten wie "dies" und "das" begleitet, die der Regulative, wo man Objekte durch ihre Verhältnisse zu anderen beschreibt, und die der Einführung konventioneller Variablen zur Beschreibung von Objekten, wodurch die relative Beschreibung geschmeidiger wird. Daneben läuft noch eine Unterscheidung, je nachdem die Beschreibung als die eines Tatbestandes oder die einer Handlung formuliert ist." (V 228).

Auf den Zusammenhang zwischen Sprache und Art der Betrachtung des Gegenstandes weist in spezifischer Weise das Beispiel des Pascal'schen Dreieckes hin, bei dem "man die Perspektive ändern muß, von unten nach oben sehen, wenn man die einfachste Formulierung sucht" (V 230), ein bei jedem rekursiven Problem auftauchender Sachverhalt.

Beachtet man die Rolle der Sprache für die Stufen des Lernprozesses, ja ihre eigenen Stufen, läßt man dem Schüler Gelegenheit, die Sprache bei der Wiederentdeckung der Mathematik zu erwerben, setzt man ihm also keine fertige Fachsprache vor, dann erwirbt er das Erbe der Sprache als Besitz, dann kann er in der Mathematik lernen, wie man Bedeutungen von Worten festlegt, wie man Zirkeldefinitionen vermeidet u.ä.: Dann kann die Mathematik zur disciplina mentis werden, wie das unter ca gefordert wurde. (M 89f).

Genetischer Unterricht: Beziehungshaltigkeit

Genetischer Unterricht lebt von der Beziehungshaltigkeit des Lehrgegenstandes. Nach allem bisher Gesagten müssen aber die geforderten Beziehungen nicht unbedingt explizit ins Bewußtsein des Schülers gehoben werden - das ist wieder eine Frage der Stufe (das möge Mißverständnissen vorbeugen) (V 72). Die Beziehungen bestimmen nicht nur eine mögliche Entstehungsweise. Sie ermöglichen auch die Festigung des Wissens. Wir gingen darauf schon im Sklavenbeispiel des Menon ein: Festigung des Wissens durch Beziehungen des Grundes. Für diese Wissensfestigung sind nicht nur innermathematische Beziehungen, sondern vor allem auch außermathematische, Beziehungen zu erlebten Wirklichkeit von Bedeutung (M 77ff). Als ein wirksames Mittel, solche Beziehungen herzustellen, nennt Freudenthal die Analogie. Dabei müssen diese Beziehungen selbst nicht überdauern, sie können "die Leiter" sein, "die man wegstößt, wenn man oben ist" (M 79).

Bleiben wir bei der Geometrie, deren nullte Stufe wir oben beschrieben haben: "Geometrie, wenn sie als Erfassung des Raumes anfängt, ist ... eng verbunden mit einer Realität, an die man tagtäglich erinnert wird" (M

379). Ein anderes Beispiel ist das Rechnen, das wegen der engen Beziehung zum Leben fast jeder so lernt, daß er es später anwenden kann (M 126). Als Negativbeispiel führt Freudenthal beim Umgang mit Quantoren scheinbar aufkommende umgangssprachliche Paradoxa an; die lassen sich nämlich auflösen, wenn man den Beziehungen zwischen den Quantoren nur wirklich nachgeht (M 91). Allgemein recht gegeben hat Freudenthal die Entwicklung der letzen Jahre, wenn er die Verbesserung des Analysisunterrichtes durch größere Exaktheit als Irrweg hinstellt (M 525: 1973!) und statt dessen größere Wirklichkeitsnähe fordert. (Freilich ging man auf diesem Irrweg noch einige Jahre mutig voran, der Umschwung ist erst seit etwa 1979 zu merken.) Als innermathematische Folgerung der Forderung kann man die Zurückweisung einer wesentlichen Rolle der Relation zugunsten der Korrelation (M 366) sehen. Aber genug der Beispiele.

Wichtig ist folgende Überlegung;
"Es ist kaum zweifelhaft, daß Schüler, die in einer gut geölten beziehungslosen Mathematik erzogen worden sind, nichts so hassen wie beziehungvolle Mathematik, die sie nicht mit formalen Regeln bewältigen können, und die statt dessen von ihnen Selbsttätigkeit verlangt. Es ist schlechte Pädagogik, denen nachzugeben, die die Beziehung zur Wirklichkeit verwirrt, und es ist ganz schlimm, wenn man für sie auch die übrigen büßen läßt, indem man den Unterricht auf die leicht Verwirrbaren einstellt." (M 527).
Der letzte Teil der Aussage hat den ersten vergessen: Es geht nicht um Verwirrbare überhaupt, sondern um durch beziehungslose Mathematik erzogene und deswegen verwirrbare Schüler; diese Erziehung ist also vor allem schlechte Pädagogik!
Der Verfasser kennt aus eigener Anschauung, aus seinem Studium in einer Zeit, in der gerade in Mode kam, den rein abstrakten Formalismus zu betonen ("ach ja, und das faßte man früher im Satz von ... als Aussage über jenen ... geometrischen Sachverhalt auf"), die Konsequenzen solchen Vorgehens sehr genau. Und formales Hantieren löst letztlich in den seltensten Fällen ein inhaltlich relevantes Problem!

Beziehungshaltiger Unterricht fördert, Probleme lösen zu lernen, wie es der zitierte "geölte beziehungslose" hindert. Wir sprachen beim Problemlösen als Ziel des Mathematikunterrichtes die Relevanz für das Leben an. Der Schüler sollte zumindest ein Gefühl dafür bekommen, ob ein ihm später begegnendes Problem mit mathematischen Mitteln lösbar sein könnte, er soll aber auch Probleme auf Grund seiner diesbezüglichen Schulung lösen können. Die Schulung im Problemlösen kann nur darin bestehen, daß man problemhaltige Situationen bearbeitet, daß man beziehungshaltigen Stoff erarbeitet hat. Natürlich ist ein Zeichen mathematischen Vorgehens, daß man Probleme und Lösungen zu vereinfachen trachtet (M 94), natürlich ist Formalisierung oft hilfreich, aber dann muß der Schüler eben zu formalisieren lernen, nicht Formalisiertes nachkauen.

Genetischer Unterricht wird mit Vorteil - ja sogar notwendig - ein für den Schüler sichtbares Ziel ansteuern. Da der Schüler am Anfang das Ergebnis seiner Arbeit ja nicht kennt, ist es legitim, daß dieses Ziel u.U. ein Scheinziel ist. Das Ziel darf natürlich nicht irrelevant sein, es muß aber vor allem die Motivation des Schülers herauslocken (M 182). Mit diesem Ziel, in dessen Horizont der Schüler an einer Nacherfindung arbeitet, ist sachfremde "Motivation" durch allerlei Mätzchen, wie sie die Ausstattung vieler neuer Mathematikbücher ausmacht, nicht zu verwechseln. Die dadurch erlogene "Lebensnähe" ist zudem oft eine Nähe zur heutigen Konsumwelt. Und Konsum und zielgerichtete Arbeit vertragen sich nicht. Sucht man durch "Tiere" aus Fernsehserien anzuregen, darf man sich nicht wundern, wenn der Schüler auf die Show wartet und weit weg ist von einer sachlichen Einstellung zur Arbeit! Daran dürfte es liegen, daß Freudenthal bei Schülern feststellte, daß solche Ausstattung eben gerade nicht motiviert. Wenn Ausstattung motivierend wirken soll, muß sie für den Sachverhalt relevant sein (V185). Natürlich kann man ein Kind, das nicht zählen kann u.U. durch das Zählen seiner Tiere zum Zählen anregen. Andererseits ist es bei der Addition schließlich gleich, ob es Tiere oder Kreuze addieren soll.

Didaktische Phänomenologie

Zwei Dinge bleiben zu erörtern für die didaktische Analyse: Die didaktische Phänomenologie und die Forschungsorganisation für die Analyse.

Zur "didaktischen Phänomenologie der mathematischen Grundbegriffe" ist implizit schon einiges gesagt worden, insbesondere hatten wir eine erste Beschreibung bei den Überlegungen zu Lernzielen unter **b** gegeben.

Wir sagten dort, die didaktische Phänomenologie untersuche insbesondere, wie die sachlichen Beziehungen eines Lehrstoffes vom Schüler erarbeitet werden könnten: Die möglichen Verbindungen von den Phänomenen zur mathematischen Fassung, die der Schüler schaffen kann, sind also zu untersuchen. Es geht darum, "das noumenon in seinem Verhältnis zu den phainomena zu beschreiben, deren Ordnungsmittel es ist, anzugeben, für welche phainomena es als Ordnungsmittel geschaffen ist und auf welche es als solches ausgedehnt werden kann, wie es auf diese phainomena als Ordnungsmittel wirkt, ..."[11]. Man kann es so ausdrücken: Die didaktische Phänomenologie sucht das Baumaterial zur Konstitution mentaler Objekte[12].

Freudenthal gibt ein Beispiel einer solchen Phänomenologie für die Begriffe Verhältnis und Proportion (V 279ff). Wir wollen an diesem Beispiel in großen Zügen die didaktische Phänomenologie weiter erläutern. Zunächst sei darauf hingewiesen, daß das Vorgehen spezifisch mathematikdidaktischen Überlegungen entspringt. Freudenthal sagt, er wüßte nicht, ob es auch für andere Fächer als Muster dienen (V 117), mehr als eine Herausforderung sein könne (V 290).

Nun also zu dem Beispiel. Es beginnt mit der Überlegung, daß die *Verhältnistreue* ursprünglicher ist als das *Verhältnis*. Sie taucht in der Entwicklung früh auf als Eigenschaft von Abbildungen von Figuren. Dazu werden Stufen angegeben, die man da erwarten kann:
- Verhältnistreue und -untreue Abbildungen erkennen
- Verhältnistreue Abbildungen herstellen
- Konflikte bei der Herstellung verhältnistreuer Abbildungen entscheiden
- Kriterien für Verhältnistreue formulieren
- Über Notwendigkeit oder Hinreichen solcher Kriterien entscheiden.

Dann wird der Begriff *verhältnismäßig* untersucht. Terme wie "verhältnismäßig viel" können aus Schätzungen resultieren, sie können durch Zusätze ("sehr") verfeinert werden: Von groben qualitativen Angaben kann ihre Bedeutung bis zu exakt quantitativen Angaben reichen. Auch dazu werden wieder Stufen angegeben. Sie beginnen beim Verständnis dafür, daß es bei manchen Ordnungen auf die verhältnismäßige Ordnung ankommt und enden bei der Möglichkeit der Erklärung dessen, was "verhältnismäßig" und "im Verhältnis zu ..." im allgemeinen bedeuten.

Eingeschoben wird nun eine versinnlichende Konkretisierung des Verhältnisbegriffes durch Illustrationen (Histogramme, Bildstatistiken u.ä.), die aber ihrerseits wieder einer Vertiefung dient, indem diese Illustrationen selbst zum Ausgang für Untersuchungen verhältnistreuer Abbildungen gemacht werden. Auch dafür werden Stufen angegeben. Es werden dann numerische Ansätze verfolgt, die Algorithmisierung im Bruchrechnen (und zugleich umgekehrte Aspekte, die für das Bruchrechnen eine Rolle spielen), stark logisch oder sprachanalytisch gefärbte Sachfragen, bis schließlich ausgearbeitete Kriterien für Verhältnistreue gefunden sind. Stets werden Stufen angegeben, die man im Lernprozeß erwarten kann. - Soweit zu Freudenthals Beispiel.

Die didaktische Phänomenologie ist - wenn auch immer schon auf Erfahrungen aus dem Unterricht angewiesen - der erste Schritt der didaktischen Analyse. Der nächste Schritt ist die Suche möglicher Lernziele: "Mit solchen Listen didaktischer Phänomenologie in der Hand (oder im Kopfe) sollte man die Reaktionen des Feldes - Schüler, Lehrer, Begleiter, Eltern - auf ein integriertes Thema oder ein Projekt "Verhältnisse" beobachten und analysieren, um - a posteriori - eine Liste von Lernzielen aufzustellen." (V 290). Solche "Feldstrategie der Lernzielermittlung" (V 117) hält Freudenthal übrigens auch für andere Fächer für mustergültig.

Die didaktische Analyse besteht in theoretischen Untersuchungen wie in Unterrichtserprobungen (Schülerbeobachtungen), in sie müssen fachwissenschaftliches (auch historisches) und pädagogisches Wissen eingehen; sie lebt aus dem durch die praktische Erfahrung gewonnenen Gespür für Möglichkeiten, wie aus der theoretischem Hintergrund entspringenden Fähigkeit zur Einordnung von Einzelbeobachtungen; sie braucht die Offenheit zu vielen möglichen Ansätzen, aber auch die Disziplin, das Ziel nicht zu verlieren: Angesichts einer solchen Situation nimmt es nicht wunder, daß Freudenthal die Team-Arbeit als die geeignete Forschungsorganisation dafür ansieht. (V 168ff). Im Team ist die Chance groß, daß alle eben angesprochenen Aspekte beigetragen werden. Nun ist Forschung durch den Austausch der Ergebnisse immer letztlich Gemeinschaftsarbeit. Der Vorteil des räumlich zusammenarbeitenden Teams besteht in der Möglichkeit, schon im Vorfeld einer durch eine ausgearbeitete Wissenschaftssprache gekennzeichneten Forschung durch gegenseitige Anregung und Kritik zu Ergebnissen zu kommen und Umwege abzukürzen. Gerade insofern Freudenthal die Wissenschaft vom Unterricht als noch ganz am Anfang stehend einschätzt, ist die Forderung nach Team-Arbeit von daher berechtigt.

Die Ausführungen dieses Teilabschnitts waren gleichermaßen Hinweise für den Unterricht wie Hinweise für Gewinnung von Hinweisen für den Unterricht. Wir haben das nicht getrennt; das hängt zu sehr zusammen, als daß man es künstlich trennen sollte. Doch überwog der Gesichtspunkt der Gewinnung von Hinweisen. Im folgenden Teilabschnitt wollen wir uns stärker den Hinsweisen für den Unterricht selbst zuwenden, indem wir vier für den Zusammenhang unserer Gesamtüberlegung wesentliche Punkte herausgreifen.

cc) Mathematisierung

Mathematisieren

Wenn Freudenthal die Mathematik als "die Kunst, das Schwere leicht zu machen" charakterisiert und die allgemeinen Denkschemata als die Mittel dazu angibt (M 533), dann ist damit der Descartes'sche Ansatz (der Regeln zum Lösen von Problemen) voll bestätigt. Unser Augenmerk ist darauf gerichtet, nach Wegen zu suchen, wie die dadurch eingeleitete Mathematisierung vor schädlichen Grenzüberschreitungen bewahrt werden kann. Wir werden dazu Freudenthals Begriff der Mathematisierung darstellen und fragen, wie er das Mathematisieren in den Unterricht einordnet und abgrenzt.

Mathematisieren ist das "Organisieren von Rohstoff mit mathematischen Mitteln" (V 73). Werkzeuge beim Mathematisieren sind etwa "Analogien und Isomorphien von Problemen und Strukturen". Das Mathematisieren macht also einen Teil des Mathematik-Treibens aus und muß Unterrichtsinhalt sein, sofern Mathematik nicht als Bestand, sondern als Tätigkeit unterrichtet werden soll (M 128). Dabei hat das Mathematisieren zwei Aspekte. einmal kann man die Wirklichkeit mit mathematischen Mitteln ordnen, dann aber auch die Mathematik selber. "Heute ist das Mathematisieren der Mathematik eine der Hauptbeschäftigungen der Mathematiker. Es gibt keine Wissenschaft, in der das Umarbeiten so zur zweiten Natur geworden ist, wie in der Mathematik." (M 49). Das hat etwa zur Folge, daß ein Mathematiker heute dank neuer Organisationsformen trotz gewachsenen Umfanges einen größeren Teil der Mathematik übersieht, als es vor fünfzig Jahren der Fall war, sagt Freudenthal, und er nimmt an (wir wiesen schon darauf hin), daß in Zukunft Mathematiker auch andere Forschungsgebiete derart ordnen werden (M 50).

Mathematisieren ist also mehr, als etwa nur Axiomatisieren (ein spezielles Mathematisieren eines mathematischen Gebietes) oder als Formalisieren (das Mathematisieren als sprachliches Organisieren). Mathematisieren kann man verschiedene Bereiche und man kann es auf verschiedenen Stufen tun (M 178) und mit verschiedenen Mitteln. Mathematisierung muß auch nicht immer Quantifizierung sein, wenn das auch ihre auffälligste Möglichkeit ist (V 251).

Schon die Weite des Begriffes Mathematisierung, die Einseitigkeiten wie die Festlegung auf Quantifizierung verhindert, kann - trotz des weiteren für die Mathematisierung ins Auge gefaßten Feldes - eine Schranke gegen unerlaubte Grenzüberschreitungen sein; insofern nämlich, als dadurch schon das Mathematisieren durch seinen Variationsreichtum Starrheit entgegenwirkt, also jene Offenheit und jenes kritische Abwägen befördern kann, das nötig ist, um zu sehen, daß das Terrain der Mathematik überhaupt begrenzt ist.

Wenn Freudenthal nun fordert, daß "Taktiken und Strategien des Mathematisierens ... der Kern dessen, das der Lehrer zu unterrichten lernen sollte" sein sollen (V 73), dann wissen wir nach den Darlegungen zu seiner Didaktik, wie das gemeint ist. Er hat über Dingen wie "Gestalten im Raum als Figuren betrachten, das ist den Raum mathematisieren" und "Die allgemeinen Eigenschaften des Parallelogramms so anzuordnen, daß eine herauskommt, aus der die anderen folgen, um so eine formale Definition des Parallelogramms zu erhalten - das ist Mathematisieren des Begriffsfeldes des Parallelogramms" und schließlich "Die geometrischen

Sätze so anordnen, daß man aus wenigen alle ableiten kann, das heißt Mathematisieren (in dem Falle auch Axiomatisieren) der Geometrie" (M 127), also über dem stufenweisen Mathematisieren, stets im Auge, daß dieser Weg in einer gründlichen Kenntnis der zunächst vorfindbaren Phänomene seinen Ausgang nehmen muß. Wir erinnern uns, daß er die Geometrie ansetzt, als "Erfahrung und Deutung des Raumes, in dem wir leben, atmen und uns bewegen" (V 264).

Allerdings faßt Freudenthal die Phänomene aus sozusagen lerntheoretischen Gründen ins Auge, wie man etwa an der Aussage abliest "... ich neige dazu, gerade jungen Kindern das phänomenologisch reichere, in expliziter Struktur ärmere Material anzubieten ..." (V 272), oder an Stellen wie dieser: "Das im großen Strukturierende soll ... erlebte Wirklichkeit sein; nur so konnten wir beziehungsvolle Mathematik unterrichten; nur so konnten wir sicher sein, daß der Schüler sich die Mathematik, die er lernt, einverleibt, nur so konnte die Anwendbarkeit der gelernten Mathematik gewährleistet werden." (M 126). Für unseren Gedankengang ist die Verankerung in den Phänomenen aber vor allem als Vemeidung einer Entfremdung wichtig, die einer unkritischen, einer nicht gebundenen und damit einer sinnvolle Grenzen nicht mehr respektierenden Mathematisierung Vorschub leisten könnte. Das Gehen des ganzen Weges, die Realität also nicht schon mathematisiert anzubieten (V 266), das auch von der Mathematikdidaktik her gesehen wirklich unverkürzt sinnvolle Vorgehen, birgt die Chance, den Schüler auch im Sinne unseres Anliegens der Beachtung von Grenzen zu erziehen.

Entmathematisierung

Freudenthal beobachtet eine zunehmend fehlende Bezogenheit von Mathematikunterricht und Unterricht in den Naturwissenschaften aufeinander. Als Ergebnis dessen findet im Unterricht eine "Entmathematisierung der Naturwissenschaften" statt, die für Mathematik und Naturwissenschaften gleichermaßen schädlich ist: Die Mathematik bleibt unfruchtbar, statt daß sie angewandt würde und die Naturwissenschaften werden dadurch verkürzt, "degradiert" sagt Freudenthal (M 73). Solche Verkürzung kann natürlich gar nicht im Sinne unseres Anliegens sein: Wer die Möglichkeiten des Mathematisierens nach entmathematisiertem Unterricht in den Naturwissenschaften überhaupt nicht einschätzen kann, fällt zuallererst einem Wunderglauben an die Mathematik und ihre Möglichkeiten anheim. Gerade in der entgegengesetzten Richtung muß das Bemühen einsetzen. Durch Integration müssen die Beziehugnen zwischen der Mathematik und anderen Bereichen verdeutlicht werden. Und zwar "nicht Integration oder Koordination der Mathematik *mit* allen anderen Fächern, sondern Integration *rund um* die Mathematik; die Mathematik als Kernfach, das Gegenstände anderer Fächer anzieht, um sie vom Schüler als mathematisch zu ordnende Felder beackern zu lassen. Die anderen Fächer werden damit nicht überflüssig und nicht entwertet, aber der Schüler lernt dann wenigstens, was man in ihnen mit der Mathematik treiben kann." (M 132). Wir fügen hinzu: Und es besteht die Chance, daß er sieht, wo die Grenzen der Möglichkeiten der Mathematik in diesen Fächern liegen.

Zum Schluß wollen wir noch einmal darauf hinweisen, daß es bei den Grenzen um Grenzen des Mathematisierens geht, keinesfalls nur um Grenzen der Quantifizierung. Als besonders brisant könnte sich da schon bald eine andere Spielart der Mathematisierung erweisen, das Formalisieren, das Mathematisieren von Sprache. Es tritt uns heute schon in der Grenzüberschreitung in abstrusen Beispielen entgegen. Wir erwähnten schon, daß Freudenthal es als in der Zukunft "wirksamste transferable Tätigkeit des Mathematikers" ansieht (M 36), und daß er es als Ziel des Mathematikunterrichtes anführt.

Axiomatik

Die Frage danach, wieviel Raum man "formalen Strukturen" im Unterricht einräumen soll (gegenüber "inhaltlicher Mathematik"), die weithin eine Frage nach der Rolle der Axiomatik ist, durchzieht die Mathematikdidaktik unserer Zeit so stark, daß wir auf die Axiomatik eigens eingehen wollen.

Axiome im älteren Sinne sind Erstsätze, die fraglos sicher sind, die nicht bewiesen zu werden brauchen, ihrerseits aber Grundlage eines beweisenden Aufbaues des jeweiligen Systems sind. Axiome im modernen Sinne heben sich davon ab, indem man in ihnen nicht sichere Aussagen sieht, sondern lediglich Erstsätze, die das darauf aufbauende System erst festlegen. (Wir sahen in Kapitel II.1, daß die ursprüngliche Intention der euklidischen Axiome auch in einer Festlegung und nicht in der Behauptung der Evidenz bestand.) Sie *definieren* implizit die Objekte des Systemes (Lösung der ontologischen Bindung), werden nicht als evidente Aussagen über diese Objekte angesehen. Zwar versucht man noch, ein vorliegendes System zu axiomatisieren, der Blick verschiebt sich aber wesentlich zur Frage, welche Systeme dann durch das Axiomensystem außer dem ursprünglich gemeinten grundgelegt sind; man sucht nach weiteren Modellen des Axiomensystems.

Aber gleich, welche Auffassung man im Sinn hat, Axiomatisieren ist immer eine späte mathematische Tätigkeit. Mit dieser Feststellung ist schon eine Beschränkung der Axiomatik für genetischen Unterricht gesetzt. Wir erwähnten in cb die lineare Ordnung, die axiomatisch als Folge des Transitivgesetzes gesehen werden kann, entwicklungsmäßig gesehen aber das Transitivgesetz zur Folge hat; Freudenthal nannte es antididaktische Inversion, hier im Unterricht axiomatisch vorzugehen (V 244). Er sagt einmal, daß *das Fundamentalste beim Elementarsten* wohne (M 155). Elementar ist aber immer der inhaltliche Ausgangspunkt, nicht die axiomatische Fassung. Und als wie fundamental der sich erweist, zeigt etwa (immer erneut) die Geometrie: "Als zusammenhängendes Forschungsgebiet läßt sich die Geometrie heute kaum noch erkennen. Aber die geometrische Methode schießt überall hervor. Warum bleibt die oft tot erklärte geometrische Anschauung so lebenskräftig, bisweilen sogar auf Gebieten, die, wie es scheint, nichts mit Geometrie zu tun haben? Ich denke, weil geometrische Anschauung uns einen Weg zeigen kann zu dem, was wichtig, interessant und zugänglich ist, weil sie uns vor Irrwegen in der Wüste der Probleme, Ideen und Methoden warnen kann." (M 47). Wenn also der Mathematiker noch auf solche Anschauungen, solche inhaltliche Vorstellungen angewiesen ist, wenn solche "frühen" Vorstellungen durch die "spätere" Axiomatisierung nicht überflüssig werden, dann zeigt das mit Nachdruck, daß in der Schule nur der *Weg durch sie hindurch* zu formalen Strukturen führen kann.

Die Axiomatisierung und die Untersuchung von Modellen, die durch das Axiomensystem dann (auch noch) gegeben sind, ist eine Erweiterung der Mathematik, sie eröffnet neue Möglichkeiten. Aber nur, wenn sie in dem

Sinne auch im Unterricht *erlebt* werden kann, ist Axiomatik im Unterricht sinnvoll, nicht aber als Training in axiomatischen Systemen, das Schüler so verbildet, daß sie meinen, Mathematik sei ein System, in dem es keine Zweifel mehr gäbe. Schließlich sollen die Schüler die Mathematik später anwenden "in einer Welt, die systemlos ist, in der es Zweifel gibt, und in der es oft kein klares Ja und Nein gibt" (M 144). Axiomensysteme sind keineswegs immer dazu geschaffen, daß man in ihnen arbeite. Man nehme etwa die Hilbert'sche Axiomatisierung der Geometrie: In diesem Axiomensystem kann man "keine geometrischen Entdeckungen machen und nur mit großer Mühe Beweise führen" (M 515). Aber das ist auch nicht der Sinn dieses Systems, der liegt in erweiterten, "metageometrischen" Untersuchungen der Axiome. Nun gut, für das Axiomensystem einer Gruppe etwa stellt sich das schon anders dar; aber uns kommt es hier darauf an, einen grundlegenden Zug der Axiomatik deutlich herauszuarbeiten, da er nachhaltige Forderungen an den Unterricht stellt.

Wie kann nun Axiomatik überhaupt in den Unterricht hineingetragen werden? Nach dem Vorangegangenen zunächst nur als Axiomatisieren: "Nach dem lokalen Ordnen soll der Schüler auch das globale lernen und schließlich auch das Lösen der ontologischen Bindung. Aber dazu muß er das Gebiet, das er zu ordnen hat, kennen, und die Bindung, die er zu lösen hat, muß erst einmal vorhanden und kräftig sein. Das ist eine gewaltige Forderung." (M 417). Die Geometrie ist für diese Forderung sicher nicht das geeignete Gebiet (M 420), und überzeugende Beispiele auszuarbeiten, ist eine offene Aufgabe.
Ein sehr gutes Beispiel liegt mit Schupps Mühlegeometrie[13] vor. Voraussetzung für fruchtbares Arbeiten mit diesem Beispiel ist allerdings, daß man sich von dem als Programm angebotenen Weg genügend frei macht und insbesondere die verschiedenen Mühlespiele immer wieder genügend spielt, daß heißt also, das zu mathematisierende Feld wirklich kennenlernt (was bei Schupp zu kurz kommt).

Modelle

Die beiden Blickrichtungen beim Axiomatisieren kann man auch am Modellbegriff erläutern. Die stufenweise Mathematisierung ist das Schaffen einer Folge von Modellen. Das Axiomensystem ist so Modell eines vorliegenden Systems. Andererseits sucht man dann wieder nach (anderen) Modellen dieses Axiomensystems. Gemeinsam ist dem Vorgehen: Das untersuchte System wird (für die Untersuchung) durch ein anderes System ersetzt. Nun lebt die Methode gerade davon, daß diese beiden Systeme nicht gleich sind. Sie müssen nur in gewissen für die Untersuchung relevanten Merkmalen übereinstimmen. Jenseits dieser Übereinstimmung verliert das Modell seine Gültigkeit (für die Untersuchung).

Wir sind erneut bei einer Grenzziehung: Das Modell darf nicht über seinen Gültigkeitsbereich hinaus beansprucht werden. Dafür dem Schüler die Augen zu öffnen, muß ein Ziel des Mathematikunterrichtes sein. Nun sind solche Modellbetrachtungen nicht nur axiomatisch zu sehen; wir sagten, jedes Mathematisieren sei ein Schaffen von Modellen. Wenn man das Axiomatisieren aber in den Unterricht hineinbringt, dann muß es dieses eben genannte Ziel erreichen können, andernfalls bleibe man bescheiden bei einfacheren Modellen.

Was Schüler durch ein Axiomatisieren, das wirklich zur Lösung der ontologischen Bindung vordringt, erfahren können, ist der durch den bekannten Einstein'schen Ausspruch treffend formulierte Sachverhalt: "Insoweit die mathematischen Sätze sich auf die Wirklichkeit beziehen, sind sie unsicher, und insoweit sie sicher sind, beziehen sie sich nicht auf die Wirklichkeit."

IV.2 Bildung und Mathematik / Der existentielle Hintergrund
(Alexander Israel Wittenberg)

> *Das wirkliche Rätsel ist größer als jeder Versuch, es zu verstehen.*
>
> Wittenberg

e) Zum Anliegen

Wir haben in IV.1 von und durch Freudenthal und aus Anlaß seiner Gedanken soviel zum Mathematikunterricht zusammengetragen, daß sich daraus ein tragfähiger Grund bzw. ein vorläufiges mögliches Bild ergibt. Was Freudenthal vermißt, ist ein "Bild der Mathematik im Gesamtbild der Erziehung" (M 65). Für diese Einordnung spinnen wir einen Faden schon seit den Überlegungen im Kapitel I bzgl. der Probleme einer durch blinde Wissenschaft angetriebenen Technik, und wir nahmen diesen Faden in IV.1 mehrmals auf. Wir verfolgten im Einlaß auf Freudenthal auch an anderen Stellen Ansätze zu einer solchen Einordnung, etwa in der Frage nach der Bildung als den eigenen Akten des Schülers.

Zur zentralen Frage wird die Einordnung in das Gesamtbild der Erziehung bei A.I. Wittenberg. Wittenberg zeichnet in seiner Untersuchung "Vom Denken in Begriffen" ein Bild der Mathematik im Gesamtbild unseres Erkenntnisvermögens. Da dieses Bild uns über einen existentiellen Befund unseres Daseins verständigt, gibt es einen Hintergrund, besser eine Orientierung, für ein Bild der Mathematik im Gesamtbild der Erziehung, das Wittenberg in "Bildung und Mathematik" (für das Gymnasium) entwirft.

Nehmen wir den Faden aus Kapitel I auf, die Frage nach den Grenzen der Mathematisierung. Mathematikunterricht darf nicht vernunftloser, also gegebene Grenzen mißachtender Mathematisierung ausliefern. Freudenthal trägt dazu bei durch eine von echter Einsicht in die Mathematik getragene Kritik. Er fordert eine Qualität, die sozusagen als Nebenprodukt die Beachtung von Grenzen mit sich bringt. Wir hatten mehr die

Offenheit für die verschiedensten Phänomene, in denen wir das Leben erfahren können, im Auge und versuchten Grenzziehungen durch die Konfrontation solcher Phänomene mit gewissen Ergebnissen des Mathematisierens. Diese Offenheit sollte eine Skepsis bewirken, die *vor* dem falschen Schritt schon zögern läßt. Freudenthals "Qualitätsforderungen" sind demgegenüber eher zur Kritik *nach* einer Handlung geeignet. Ein Beispiel zur Verdeutlichung: Wenn man heute in einer Untersuchung zu den Grundlagen der Wirksamkeit von Medikamenten quantentheoretische Erkenntnisse benutzt, um zu argumentieren, daß das Ganze mehr ist als die Summe seiner Teile und nach Zerlegung in diese Teile nicht mehr aus ihnen geschaffen werden kann, und mit dieser Argumentation den üblichen schulmedizinischen Weg des Wirksamkeitserweises zurückweist[14], dann ist das zwar nach tieferer physikalischer Einsicht mögliche höhere Qualität, die sich hier zeigt (nach unermeßlichem Leid, das der verengte Weg insbesondere in den letzten Jahrzehnten brachte), doch ist diese Wahrheit über das Ganze und seine Teile ja so alt wie die Menschheit und die Grundlagen zu dieser mit der zitierten Überlegung gerechtfertigten Medizin sind ja auch schon entstanden aus der Skepsis aus Offenheit, die wir fordern. Trotz unseres Nachdruckes also auf die letztere Möglichkeit zur Beachtung von Grenzen: Natürlich sind für den Unterricht *beide* Möglichkeiten zu verfolgen. (Und natürlich ist auch bei Freudenthal die zweite Möglichkeit - wenn auch auf engere Bereiche eingeschränkt - gesehen: Das zeigte die vorherige Analyse der zu mathematisierenden Gebiete und zwar am deutlichsten bei der Axiomatisierung, wo er ausführt, daß man ein Gebiet erst *kennen* muß, ehe man es axiomatisieren kann.)

Von ganz anderer Seite kommt Wittenbergs Beitrag zum "Grenzproblem". Er führt uns zu einer sozusagen grundsätzlichen Bescheidenheit, zu einer Warnung vor der Überschätzung der Möglichkeiten unseres Erkennens überhaupt. Er zerstört den Cartesianischen Glauben an die Lösbarkeit jedes Problems, an den unbegrenzten Zugriff durch mathematisierendes Vorgehen, an die prinzipielle Möglichkeit, jedes Gebiet (schließlich) "beliebig exakt" in den Griff zu bekommen und dadurch unserer Verfügung zu unterstellen.
Diese Untersuchung weist auch darauf hin, daß "Wirklichkeit" etwas Diffizileres ist, als daß man mit "um ein Stück Wirklichkeit zu verstehen, imitiere ich es mit einem vereinfachenden Modell, das ich seinerseits zu mathematisieren versuche" (M 330) schon alles über sie gesagt hätte.

Während Freudenthal uns durch exemplarische Vorstellung einiger Probleme zeigt, wie Wissenschaft, die Qualitätsforderungen genügt, auch ihre jeweiligen Grenzen spürt, zeigt uns Wittenberg einen erkenntnistheoretischen Grund für eine grundsätzliche Grenze. Unsere Existenz wird hier in ihrer Gesamtheit zum Fundament für die Grenzziehung. Wenn wir unter 1cc etwa darauf hinwiesen, daß die moderne Axiomatisierung um neuer Möglichkeiten willen geschieht, daß das eine Weitung unseres Blickes bringt, dann nimmt Wittenberg gerade das auf und zeigt, daß es in der konsequenten Durchführung letztlich zu einem Rückverweis auf unsere existentiellen Grundlagen führt. Das ist ein natürlicher Anlaß, den Bildungsvorgang um dieses existentielle Datum herum gruppiert zu sehen.

Freudenthal bemüht sich um eine Unterrichtstechnik als Kunst(!) des Unterrichtens. Sein bildungstheoretisches Konzept, sein pädagogisches Fundament, das, was er als Hintergrundphilosophie bezeichnet, gibt dabei (eben) den Hintergrund ab, vor dem seine Überlegungen zu sehen sind. Wir bemühten uns zwar darum, diesen Hintergrund - stärker nachzeichnend und weiterführend - deutlicher in seine speziell didaktischen Überlegungen einzubeziehen, seinen grundsätzlichen Sichtwinkel haben wir nicht verändert.

Wittenberg verteilt die Gewichte anders. Er will weniger die Kunst des Unterrichtens vor dem Hintergrund eines Bildungskonzeptes entwickeln, will vielmehr Unterricht um die Mitte der für die Bildung wesentlichen Einsichten herum entwerfen.

a) Analyse

Wir werden hier die durch Wittenbergs Untersuchung (D) offengelegte erkenntnistheoretische Situation skizzieren. Dabei gewinnen wir Einblicke in das Wesen der Mathematik und unserer Erkenntnis, die uns zum Verständnis mancher von uns verfolgter Fragen ebenso helfen, wie sie Wittenbergs Ausführungen zum Mathematikunterricht (B) tiefer zu verstehen gestatten. Mit diesen Ausführungen beschäftigen wir uns in b.

Erkenntnistheoretisch - das sei vorweg klargestellt - heißt in dieser Untersuchung nicht, daß es um eine Theorie der Erkenntnis ginge. Es geht in dieser Untersuchung darum, unsere Erkenntnis "zunächst in ihrer Faktizität in angemessener Weise zu erfassen und zu schildern", insbesondere um eine "Einsicht in die Rolle der Inhalte unseres Denkens für unsere Erkenntnis" (D 18). Es geht um eine Rechenschaft über die Möglichkeiten einer kritischen Stellungnahme zu dieser Rolle und um Vorschläge zur Ausschöpfung dieser Möglichkeiten.

aa) Verlauf der Untersuchung

Inhaltliche Auffassung

Den Ausgangspunkt der Untersuchung bildet die Grundlagenkrise der Mathematik vom Anfang des Jahrhunderts. Die inhaltliche (platonische) Auffassung der Mathematik hatte etwa in der Mengenlehre zu Fragen geführt, die allem Anschein nach mit den Mitteln dieser Mengenlehre nicht mehr zu beantworten sind (Kontinuumshypothese) oder zu logisch-mengentheoretischen Widersprüchen (Antinomien), die nicht auf irgendwelchen Denkfehlern bei ihrer Ableitung beruhen, sondern im Rahmen dieser Ableitungen folgerichtig auftreten. (Bsp.: Menge aller Mengen, die größte Mächtigkeit haben müßte, während es andererseits zu jeder Menge eine solche größerer Mächtigkeit gibt.) Diese inhaltliche (platonische) Auffassung geht davon aus, daß sich unser mathematisches Denken auf *Gegenständlichkeiten* bezieht, denen ein ("ideales") *Sein* zukommt, und deren "wirkliche" Eigenschaften der Mathematiker erforscht. Durch den Bezug auf diese ideale Welt sind dann auch logische Schlüsse als *richtig* oder *falsch* einzuordnen, je nachdem ob sie zu zutreffenden oder irrigen Aussagen über diese ideale Welt führen. Unsere *Begriffe* beziehen sich auf Entitäten dieser idealen Welt und sind insofern objektiv vorgegeben. Damit steht auch die *Zulässigkeit von Begriffsbildungen* an sich fest. Es ist also z.B. sinnvoll, darüber nachzudenken, ob die Menge aller Mengen eine zulässige Begriffsbildung ist. Wir *wissen* also auch, was *richtiger Umgang* mit jenen Begriffen ist. Unser Wissen ist immer auf die Entitäten der idealen Welt bezogen. Wie wir zu diesem Wissen kommen, wird durch den Begriff der *Evidenz* gefaßt. So ist etwa das 'tertium non datur' evident.

Im Lichte dieser inhaltlichen Auffassung der Mathematik muß z.B, die Kontinuumshypothese (die Frage, ob es eine überabzählbare Teilmenge der reellen Zahlen geringerer Mächtigkeit als die der reellen Zahlen gibt) genauso entscheidbar sein wie die Frage nach der Zulässigkeit der Begriffsbildung der Menge aller Mengen.

Die inhaltliche Auffassung wird nun nicht etwa von der modernen Axiomatisierung überwunden, wie die übliche Formulierung vom "Lösen der ontologischen Bindung" vermuten lassen könnte. (Axiome im Sinne evidenter Erstsätze nehmen ja sowieso mit dem Kriterium der Evidenz direkt Bezug auf die inhaltliche Auffassung.) Diese Lösung betrifft nur bestimmte Gegenstände, die man vorher im Auge hatte, sie berührt nicht den Bezug auf Gegenstände des Denkens überhaupt und die Annahme, daß die Eigenschaften solcher Gegenstände festliegen. Hilberts Axiomatisierung der Geometrie bedeutet zwar die Lösung von der Bindung an Punkte, Geraden, Ebenen, aber auch diese Geometrie untersucht Eigenschaften von Gegenständen und zwar aller Gegenstände, auf die die Axiome zutreffen. Der Wahrheitsbegriff ist immer noch inhaltlich begründet. Die axiomatische Methode reduziert nur die begrifflichen Voraussetzungen der Mathematik. Eine verdeutlichende Bemerkung sei eingeschoben: Daß die Gültigkeit des Parallelenaxioms nicht entschieden werden konnte, hat nichts mit den Überlegungen zur inhaltlichen Auffassung der Mathematik zu tun, das ist eine physikalische Frage.

Einen Versuch, die inhaltliche Auffassung zu überwinden, stellt die Hilbert'sche Beweistheorie dar. Sie stellt sich auf den Standpunkt, die Axiome sagen nichts über mögliche Gegenstände aus und die Mathematik bestünde nur in formalen Manipulationen formaler Aussagen. Dieser formalistische Standpunkt war durch die Entwicklung einer formalen Sprache und eines formalen Regelsystems möglich geworden, in dem ein mathematischer Beweis rein formal ("mechanisch") nachgespielt werden konnte. Die Mathematik "besteht" danach aus formalen Systemen. Und doch ist damit die inhaltliche Auffassung nicht überwunden. Es bleibt nämlich nötig, die formalen Systeme auf Widerspruchsfreiheit zu untersuchen. Damit werden diese formalen Systeme aber ihrerseits zum Gegenstand einer (also inhaltlichen) Mathematik, der "Metamathematik". Das wird unterstrichen durch die Gödelsche Arithmetisierung, die zeigt, daß die Metamathematik als gewöhnliche inhaltliche Arithmetik aufgefaßt werden kann. Also ist der Formalismus nicht in der Lage, die inhaltliche Auffassung zu eliminieren, sie kommt aus technischen Gründen durch die Hintertür wieder herein.

Preisgabe?

Die Preisgabe der inhaltlichen Auffassung ist aber auch aus prinzipiellen Gründen nicht möglich. Mit ihrer Eliminierung müßten wir nämlich auf die inhaltlich gefüllten Begriffe aus Arithmetik, Logik und Mengenlehre verzichten, diese Begriffe sind aber nicht nur Gegenstand, sondern (in jeweils anderen Gebieten) auch Instrumente theoretischer Überlegungen und daher nicht eliminierbar. Dazu kommt, daß Mathematik als unmotivierte Spekulation rein formaler Systeme nicht möglich erscheint, ihr fehlte ein Nährboden, aus dem sie Kraft schöpfen könnte. Das wird zum Beispiel "immer deutlicher durch die weitere Entwicklung der Beweistheorie. Da der eigentliche Gegenstand mathematischen Interesses nach wie vor bei der Untersuchung gedanklich konzipierter Systeme lag, gelangte man bald dazu, die beweistheoretischen Axiomatiken mit den intendierten Gedankendingen zu konfrontieren, daß heißt, eine Theorie der *Modelle* zu machen. Diese Modelle sind aber wiederum platonisch angesetzte Gesamtheiten, in denen die durch die Axiomatik formal beschriebenen Verknüpfungen *erfüllt* oder *realisiert* sein sollen - was immer das nun auch heißen mag. Damit war der Kreis geschlossen!" (D 70)

Versagen

Das schon erwähnte Kontinuumsproblem der Mengenlehre ist aus solcher, der inhaltlichen Auffassung vertrauenden, konsequenten und zwingenden Entwicklung der Mathematik entstanden; als Folge des vertrauensvollen Umganges mit unserem Denken warnt es vor diesem Vertrauen. Eine weitere Warnung kommt aus der intuitionistischen Kritik etwa an der Anwendung des 'tertium non datur' auf unendliche Gesamtheiten. Vollends offenbar wird aber die Unhaltbarkeit der inhaltlichen Auffassung am Versagen der sie charakterisierenden Evidenz. Die Intuitionisten leugneten die Evidenz des tertium non datur: Dadurch zerbrach mit (der Unmöglichkeit einer Prüfung des Sinnes dieses Prinzips und) der Unmöglichkeit einer Einigung die Grundlage für die Annahme der Evidenz. Ein anderes Beispiel ist das Auswahlaxiom, zu dem es alle möglichen Haltungen gibt: Mathematiker, die es für evident halten, solche, die es für nicht evident halten und schließlich die Frage nach der Evidenz als sinnlos Verwerfende haben keine methodische Möglichkeit zu einer Einigung mehr; die Möglichkeit intersubjektiver Übereinstimmung als Grundlage für die Annahme der Evidenz ist zerstört. Dazu treten Widersprüche in der Mengenlehre, die sogenannten Antinomien. Sie waren Endpunkte von Ketten von Überlegungen (Begriffsbildungen und Schlüssen), denen kein Verstoß gegen logische Evidenz nachzuweisen ist. Der Verlaß auf die Evidenz führte zu Widersprüchen - und sollte doch gerade Widerspruchsfreiheit garantieren.

Die inhaltliche Auffassung ist damit (es sei denn als dogmatische Position, aus der wir keine Richtlinien für unser Denken erhalten können) unhaltbar. Sie vermag uns über die Sinnfülle unserer Sprache nicht zu unterrichten und gibt uns letztlich keine Methode zur Unterscheidung von wahr und falsch. Wittenberg weist verschiedene Ansätze zur Rettung der inhaltlichen Auffassung durch Korrekturen bzw. Modifikationen als unbefriedigend zurück. Das Problem ist von der Mathematik her nicht zu lösen. Damit hat die Grundlagenforschung zugleich die *These von der prinzipiellen Autonomie von Mathematik und Logik als unhaltbar erwiesen*: Es zeigt sich, "daß die fundamentalen Probleme der Grundlagen der Mathematik ihrerseits *nicht* mathematische oder logische Probleme sind, daß also gerade die Arbeiten zur Fundierung der Mathematik in eine Problematik von grundsätzlich anderer Art einmünden". (D 96)

Sprache

Wenn sich so zwar in der Mathematik die Problematik unserer Denkweisen zeigt, dann ist sie doch nicht auf mathematische Denkweisen beschränkt. Wegen der in der Mathematik besonders starken Inanspruchnahme unserer Einstellung zum begrifflichen Denken zeigt sie sich hier nur so deutlich. Wittenberg geht nun allgemein auf die Sprache ein und zeichnet das dem Problem der inhaltlichen Auffassung der Mathematik analoge Problem in der Sprache nach.

Die inhaltliche Auffassung der Sprache geht davon aus, daß an sich gewisse Sachverhalte bestehen, die in sprachlichen Aussagen erfaßt und mitgeteilt werden. Eine Aussage ist sinnvoll, soweit sie Sachverhalte (auch mögliche) zum Ausdruck bringt. Der Unterschied zwischen sinnvollen und sinnlosen Sätzen steht also fest. Dann muß aber konsequenterweise angenommen werden, daß wir auch über Begriffe und Denkweisen verfügen, die in ihrer Bedeutung an sich feststehen. Da es aber individuelle Unterschiede in der Benutzung der Sprache gibt, muß diese inhaltliche Auffassung eine Limessprache annehmen, eine von Unzulänglichkeiten der Sprache einzelner Menschen unabhängige Sprache, die vollkommen ist bezüglich der gesetzten Annahmen. Nachdrücklich weist Wittenberg darauf hin, daß eine Aufgabe der inhaltlichen Auffassung der Sprache einschneidender wäre, als eine solche in der Mathematik. Handelte es sich da nämlich um einen beschränkten Bereich von Denkweisen, so ist mit der Sprache das Ganze unseres Denkens angesprochen. Er weist insbesondere gewisse positivistische Ansätze zurück, "indem ein solcher oftmals den Bereich der Sachverhalte und des sinnvollen Sprechens über Sachverhalte unter Berufung auf Tatsachen einschränkt, die ihrerseits nicht diesem Bereich angehören, nach seiner eigenen Lehre also sinnlos sind" (D 113). Ließe man die inhaltliche Auffassung der Sprache fallen, müßte man dies auch für jede sprachliche Erklärung - etwa auch die dieser Preisgabe selbst - tun. Man müßte zu einer "*total* anderen, totalen Auffassung unseres Denkens" übergehen.

Nun läßt sich aber die inhaltliche Auffassung wieder analog der Mathematik kritisieren. Die von der Mathematik geschilderten Unzulänglichkeiten lassen sich - da sie weitgehend nicht spezifisch mathematisch sind - ähnlich für die Sprache konstruieren. Die Unterscheidung zwischen sinnvollen und sinnlosen Aussagen kennt vielerlei Abhängigkeiten; individuelle, solche des Kontextes, insbesondere des historischen Kontextes verwehren uns Kriterien, mit denen wir Unterscheidungen treffen könnten, lassen die Unterscheidung für unser Denken also schwankend werden. Aber auch der Rekurs auf eine absolute Limessprache ist fragwürdig, da der Vergleich verschiedener Sprachen zeigt, daß diese sich in ihren Begriffsbildungen keineswegs decken und auch eine Entwicklung in dieser

Richtung nicht zu sehen ist, damit aber auch keine Entwicklung zu einer Limessprache hin deutlich wird. Die Annahme, es bestünden an sich eindeutige Begriffe, wird durch die Untersuchung keineswegs bestätigt.

Als Konsequenz der Kritik der inhaltlichen Auffassung der Sprache, insbesondere der Unhaltbarkeit einer feststehenden Unterscheidung zwischen sinnvollen und sinnlosen Aussagen ergibt sich, daß kein feststehender Unterschied angenommen werden kann zwischen Aussagen, die einen Sachverhalt ausdrücken und solchen, die das nicht tun; das war ja gerade das Sinnkriterium. Damit wird die übliche "*Privilegierung* unseres begrifflichen Materials, dem wir für die Konzipierung von Sachverhalten eine Zuverlässigkeit zuschreiben, die wir für das Feststellen von Sachverhalten nicht ohne weiteres für uns in Anspruch nehmen" (D 128), fragwürdig. Während man üblicherweise zunächst die Frage nach der Wahrheit einer Aussage stellt, da man ihren Sinn weniger in Zweifel zieht, muß in der Konsequenz der Unhaltbarkeit der inhaltlichen Auffassung der Sprache also zunächst die Sinnfrage gestellt werden. Wir werden zu einem *methodischen Zweifel* geführt. "Dieser ist von viel einschneidenderer Art denn der bekannte Cartesianische. Es ist nicht, wie jener, ein Zweifel an Sachverhalten, an als tatsächlich gedachten Verhältnissen, sondern ein Zweifel an den *Mitteln*, die uns zur Verfügung stehen, um Feststellungen zu konzipieren und aufzufassen. Beispielsweise frägt dieser Zweifel nicht nach meiner eigenen Existenz; er bezweifelt nicht, daß "ich bin". Vielmehr bezweifelt er a priori, ob ich über einen Begriff des Seins in hinreichend gesicherter Weise verfüge, um anhand seiner zwei mögliche Sachverhalte "ich bin", "ich bin nicht" zu konzipieren, und dann allenfalls den einen als unzutreffend zu verwerfen, den anderen als zutreffend zu akzeptieren." (D 129). Dieser methodische Zweifel veranlaßt uns also, stets zu prüfen, wieweit wir einen Begriff in Anspruch nehmen, wenn wir mit ihm Sachverhalte zum Ausdruck bringen wollen, er ist die Warnung vor einer Überbeanspruchung eines Begriffes. Insbesondere weist er uns auf die Trennung hin zwischen der Festlegung, der Abgrenzung eines Begriffes und sachverhaltigen Aussagen, die mit diesem Begriff gemacht werden.

Wissenschaft

Einen dritten Ausgang nimmt Wittenberg in der Aufgabe der Wissenschaft. Der inhaltlichen Auffassung der Sprache liegt letztlich die Ansicht zugrunde, der Mensch befinde sich als Subjekt einem objektiv Seienden gegenüber, über das er vermöge sprachlicher Aussagen Feststellungen treffe. Die Kritik der inhaltlichen Auffassung zeigt aber: "Die Schilderung, ein sprachlicher Satz vermöge einen Sinn auszusprechen, dessen Ergründung sich für uns als eine Aufgabe stellt, diese Schilderung stellt den tatsächlichen Sachverhalt auf den Kopf. In Tat und Wahrheit ist es so, daß wir ein gewisses Maß an Wissen, an Konzeption und ähnlichem in eine sprachliche Aussage *insofern* investieren, *als diese für uns sinnvoll ist*. Einen weitergehenden Inhalt für eine solche Aussage anzunehmen, bleibe eine für unser Denken völlig unfruchtbare dogmatische Konzeption." (D 136). (Vergleiche dazu die o.a. Bemerkung Wolfgang Struves anläßlich der Auslegung eines Satzes von Anaximander: "Man kann nie mehr aus einem Text herauslegen, als man selbst hineinzulegen hat.")

Das bedeutet für die Wissenschaft und ihre Aufgabe der rationalen Durchdringung der Wirklichkeit, daß diese Wirklichkeit ihr nicht als fest gegeben gegenübersteht. Ihr Gegenstand wandelt sich mit der Forschung; es gibt sozusagen eine Wechselwirkung zwischen Subjekt und Objekt der Forschung. Die Zielsetzung wissenschaftlicher Forschung ist daher nicht als bloße Beschreibung von etwas Objektivem zu sehen, sie ist immer auch Programm dessen, was Wissenschaft sein soll.

"Eine solche Festlegung kann dann nur in dem Sinne Anspruch auf Objektivität erheben, daß sie versucht, dem gerecht zu werden, was im Grunde unser Erleben des Wissenschaftlichen ausmacht. Nichtsdestoweniger - oder vielleicht sogar gerade wegen dieses teilweise programmatischen Charakters - ist eine solche Festlegung von eminenter Wichtigkeit; zumal in einer Zeit, in der die Vergötzung und die stupideste Idealisierung der Wissenschaft nur noch durch die Bedenkenlosigkeit und Kritiklosigkeit übertroffen wird, mit der für dogmatische Gedankengänge der verschiedensten Art, die jeder echten Wissenschaft ins Gesicht schlagen, das Prädikat der Wissenschaftlichkeit in Anspruch genommen wird. Jene Festlegung muß demgegenüber das Anspruchsvolle alles Wissenschaftlichen gegen jeden leichtfertigen Scientismus durchsetzen." (D 142f).

(Wir wollen vermerken, daß hier genau die Situation bezeichnet wird, die wir im Kapitel I ausführlich beschrieben haben!)

Man kommt zu der geforderten Beschreibung der Aufgabe der Wissenschaft, wenn man jenseits der Füllung durch die inhaltliche Auffassung nach dem "objektiven Kern" der Begriffsbildung "Erforschung der Wirklichkeit" fragt. Wittenberg weist auf die grundlegende Situation hin: "Wir finden uns vor und erleben uns in einem Dasein, in dem wir das *Grunderlebnis des Objektiven*, der *objektiven Erfahrung* haben. Dies ist eines unserer fundamentalsten Daseinserlebnisse, welches einer weitergehenden Reduzierung oder Analyse nicht fähig ist, mit dem wir vielmehr direkt an die Begrenztheiten unseres Daseins und unserer Verstehensmöglichkeiten desselben stoßen." (D 143). Dieses Erlebnis des Objektiven hat primären Charakter gegenüber allen nachträglichen inhaltlichen Deutungen, die dem angegebenen methodischen Zweifel unterliegen. Es ist das Erlebnis, einem "unserer Verfügung entzogenen Zwang unterworfen zu sein" (D 145f). Wir haben das in der Mathematik beschrieben: Jenseits aller Überlegungen zur inhaltlichen Auffassung bleibt festzuhalten, "daß wir uns dem Verpflichtenden mathematischer Gedankengänge nicht zu entziehen vermögen" (D 144). (Der Weg zu den Antinomien der Mengelehre ist zwingend!) Schafarevitsch schreibt in diesem Sinne zur Entwicklung der nichteuklidischen Geometrie: Man wird von einem eigetümlichen Gefühl ergriffen, wenn man in den Arbeiten von vier Gelehrten dieselben Figuren wie von einer Hand gezeichnet wiederfindet, obwohl die Verfasser ohne Verbindung untereinander waren."[15]

Wittenberg formuliert als Aufgabe der Wissenschaft die "Erforschung unserer existentiellen Lage, Besinnung auf die objektiven Gegebenheiten derselben" (D 146):

"Primär ist uns nun nicht mehr eine Wirklichkeit gegeben, die wir erforschen, sondern ein Dasein, eine "Condition humaine", die wir erleben und erkunden. Aus diesem Erlebnis begründen und motivieren wir unsere "Welt", ja bereits unseren Begriff der Wirklichkeit, und es ist unter anderem Aufgabe wissenschaftlicher Erkenntnis, diese Begriffe bis auf ihren erfahrenen Urgrund hinab zu verfolgen." (D151).

Diese Aufgabe unterstreicht in spezifischer Weise die pädagogische Forderung eines Ausganges von den Phänomenen für den Unterricht. (Vgl. unten unter V.2.aa) Zu fragen ist dringend, wie sich diese *condition humaine* ändert, wenn Kinder unter den heutigen Bedingungen mangelnder körperlich-sinnlicher Herausforderung aufwachsen (Autositz, Fernsehen, betonierte Welt...) und so schon die Basisentwicklung stark reduziert ist.[16]

Begriffskritik

Die drei Ansätze - Entwicklung der Mathematik, Bedeutung der Sprache, Aufgabe der Wissenschaft - führen alle zum gleichen Problem. Die Begriffe und Denkweisen der Mathematik stellen uns (trotz einer gewissen Objektivität, mit der sie und ihre Verwendung uns zunächst gegeben sind) die Frage danach, wieviel objektive Erkenntnis in sie eingegangen ist. Diese zu leistende *erkenntnistheoretische Begriffskritik* muß etwa klären, ob der Begriff der Menge durch unsere begriffliche Erkenntnis so weit festgelegt ist, daß es sinnvoll ist, die Begriffsbildung der Menge aller Mengen auf Zulässigkeit zu untersuchen. Von der Sprache herkommend, muß die erkenntnistheoretische Begriffskritik klären, wieweit Aussagen sachverhaltige Aussagen sind, muß dazu also wieder (im Verfolgen des methodischen Zweifels) die Frage nach dem Erkenntnisgehalt unserer Begriffe stellen. Schließlich ist der Wissenschaft dieselbe Aufgabe gestellt, insofern diese nicht annehmen kann, wir verfügten über unsere Begriffe in uneingeschränkter und objektiver Einsicht; insofern also ihre Aussagen nur Erkenntniswert haben, wenn klar ist, wieviel Erkenntnis bereits in die Konzeptionen eingegangen ist, die jenen Aussagen zugrundeliegen. Wenn auch unsere Sprache für uns zunächst sinnvoll ist - wir könnten sie andernfalls gar nicht verwenden - , so ist doch zu klären, wieweit diese Sinnfülle reicht, wieviel Wissen in unser Verständnis der Sprache eingeht. Diese Abgrenzung, die die erkenntnistheoretische Begriffskritik leisten muß, soll uns davor bewahren, mit unseren Begriffen leichtfertig umzugehen. Denn "werden sie in einer Weise verwendet, die in inflatorischer Weise über deren eigentliche sachliche Deckung im Objektiven hinausgeht", sagt Wittenberg in einem Vergleich zur Golddeckung von Papiergeld, "so vermögen sie keine Funktion mehr zu erfüllen." (D 175).

Für unseren Zusammenhang sind die drei Ausgangspunkte Wittenbergs in der geschilderten Entfaltung der Problematik wichtig und ist es die grundsätzliche Unlösbarkeit (s.u.) des begriffskritischen Problems. Wir gehen daher nicht ein auf die weitere Ausdifferenzierung und Abgrenzung des Problems durch die Zurückweisung reduktionistischer Scheinlösungen und den Zusammenhang von Erkenntnistheorie und Psychologie, sowie auf die Abgrenzung zu Kant, in dessen Grundlage der inhaltlichen Auffassung der Sprache, und eine gewisse Einordnung in Kants Intention der Unterscheidung von Ausführungen über die Leistungsfähigkeit eines Begriffes (analytische Urteile) und dem Gebrauch eines solchermaßen abgeklärten Begriffes zur Formulierung von sachverhaltigen Aussagen (synthetische Urteile). Ehe wir die Unlösbarkeit des begriffskritischen Problems skizzieren, wollen wir wegen seiner pädagogischen Relevanz aber mit folgendem Zitat ein Ergebnis der Untersuchung des begriffkritischen Problems in Hinsicht auf unsere empirisch zu untersuchende Daseinssituation, also auf psychologische und soziologisch-historische Befunde angeben. Wittenberg stellt fest,

"daß es wesentlich zu unserem Daseinserlebnis gehört, unser begriffliches Denken gleichzeitig als durch empirische Faktoren bedingt und als Kriterien einer erkenntnistheoretischen Objektivität unterstellt zu erleben. Diese Aspekte dürfen nicht als einander ausschließend angesehen werden.

Es besteht damit eine auffällige Parallele zu der Situation in bezug auf das Problem der Willensfreiheit. Hier wie dort handelt es sich um ein Freiheitsproblem: dort das Problem der freien Entscheidung zur Tat, hier dasjenige der freien Entscheidung zum zutreffenden Urteil und zur adäquaten Feststellung. In beiden Fällen erleben wir uns in der Lage, die uns gleichzeitig unter dem Aspekt der unleugbaren Bedingtheit und der nicht in Frage zu stellenden Freiheit erscheint." (D 210).

Dem kommt pädagogische Bedeutung zu durch die Aufgaben, die es dem Schüler stellt jenseits oder trotz seiner sozialen Bedingtheit. Das ist besonders wichtig in einer Zeit, in der viele Jugendliche in Tatenlosigkeit und Resignation versinken angesichts der oft ausschließlich psychologischen und sozialen Erklärungsmuster, die man ihnen anbietet für jede persönliche Schwierigkeit, mit der sie zu kämpfen haben.

Unlösbarkeit

Das gestellte begriffskritische Problem ist allerdings grundsätzlich unlösbar. Zur Lösung müßte es nämlich simultan für alle unsere Begriffe gelöst werden. Damit fehlte aber ein begriffliches Instrumentarium für die Lösung. Geht man umgekehrt von gewissen Begriffen aus, die man zur Lösung benutzt, unterliegen diese schon wieder dem methodischen Zweifel. Wir müssen also schon abgeklärt haben, was wir erst zur Abklärung selbst verwenden wollen, ein offensichtlicher Zirkel. Darin drückt sich aus, daß wir die Sprache, die wir untersuchen, eben nicht von einem Standort außerhalb ihrer selbst und mit außer ihr liegenden Mitteln untersuchen können.

Die Situation ist diese: Die Schilderung des Problems unterliegt selbst der Kritik,

> "die sie zum Ausdruck bringen soll; sie ist insofern antinomisch, als sie von sich selber erweisen sollte, daß sie keinen absolut feststehenden Sinn, keinen an sich erklärten Sachverhalt zum Ausdruck bringen kann ... . Ein *Erlebnis* ist es, welches durch die gesamte angestellte Auseinandersetzung vermittelt werden sollte, nicht ein eigentliches sachverhaltiges Wissen. Und zwar das Erlebnis der Lage, innerhalb von deren undurchbrechbarem Rahmen sich unsere "Erkenntnisbemühungen" abspielen." (D 226f).

Wittenberg weist nun darauf hin, daß das Problem durch das Erkennen seiner Unlösbarkeit aber nicht etwa als schlecht gestellt erwiesen ist. Es stellte sich uns ja unausweichlich; wir können ihm nicht entrinnen, wenn wir uns auch nicht in ausreichender Tiefe mit ihm auseinandersetzen können. "Das ist eine fundamentale Schwäche unserer existentiellen Lage." (D 229).

Wir sind folglich mit der "Aufgabe einer Besinnung" konfrontiert, einer Besinnung "auf das primäre Objektivum, das wir überhaupt in unserem Dasein vorfinden". Diese Besinnung bezeichnet Wittenberg als "die wissenschaftliche Aufgabe *par excellence*", "sie steht am Anfang der Wissenschaft und kennzeichnet von vornherein, was für ein Erkenntnisgut die einzelnen Wissenschaften überhaupt werden erarbeiten können". (D 230f).

Wie kann aber - angesichts der grundsätzlichen Unlösbarkeit - diese Aufgabe überhaupt in Angriff genommen werden? Nun, wir erleben uns andererseits auch nicht als unserem Dasein hilflos ausgeliefert. Wir verfügen über ein begriffliches Denken, das uns doch zunächst recht weitgehend zur Orientierung dient, und wir haben gar nicht die Freiheit, auf dieses begriffliche Denken zu verzichten. "Wir müssen zu unserem begrifflichen Denken Vertrauen haben, weil wir gar keine Möglichkeit zu einer anderen Stellungnahme haben." (D 235). In diesem *methodischen Vertrauen* sieht Wittenberg die "komplementäre Ergänzung" zum methodischen Zweifel.

Nachdem also eine Erkenntnistheorie im herkömmlichen Sinne nicht zu schaffen ist, da wir keinen begrifflichen Rahmen bzw. Ausgang dafür sicherstellen können, müssen wir - vom methodischen Vertrauen getragen - die begriffskritische Aufgabe als eine Orientierung über unser begriffliches Denken mit dem Bewußtsein der prinzipiellen Vorläufigkeit aller ihrer Ergebnisse versuchen; der methodische Zweifel verbietet uns jeden Absolutheitsanspruch.

Begriffkritische Untersuchungen

Wittenberg gibt nun Hinweise darauf, wie die Erkundung unseres begrifflichen Inventars ansetzen könnte. Dazu führt er zunächst den Begriff des *erkenntnistheoretischen Schnittes* ein (D 247). Ein solcher Schnitt ist eine Trennung von Begriffsbereichen von "wesentlicher Andersartigkeit". Durch Schnitte ist ein zu untersuchender Begriffsbereich auszusondern und für dessen Untersuchung werden andere Begriffe benutzt *"als wären sie uns* in absoluter Einsicht gegeben". Das Legen der Schnitte ist dabei der heikelste Teil der erkenntnistheoretischen Untersuchung, präjudiziert es doch ein Stück weit das Ergebnis. Die Sprachkritik, von der Wittenberg ursprünglich ausging, läßt sich nun als Kritik am Legen von Schnitten auffassen: Es wäre etwa ein inadäquater Schnitt, "wenn nach der Realität der Außenwelt gefragt und dabei der Schnitt in der Weise gelegt wird, daß der Begriff "Realität" für eine derartige Frage als relativ unproblematisch vorweggenommen" (D 248), also nicht zum zu untersuchenden Begriffsbereich dazugenommen würde.

Als hervorragend geeignet, um an ihr beispielhaft das Vorgehen zu erproben, stellt sich die Mengenlehre heraus. Ihre Untersuchung zeigt, daß uns die mengentheoretischen Begriffe lediglich gegeben sind in der lebendigen Wirklichkeit ihrer Verwendung, daß sich darin ihre Inhaltlichkeit erschöpft, daß es keine darüber hinausgehenden Bedeutungen gibt. Das führt zu einer *funktionellen* Betrachtungsweise: Die Begriffe haben ihre Bedeutung in der Funktion, in der sie im Zusammenhang des Begriffsgefüges stehen. (Das steht in einer gewissen Analogie zur axiomatischen Methode, bei der die Grundbegriffe implizit durch die Axiome definiert werden.) Die erkenntnistheoretische Analyse muß dann also diese Zusammenhänge offenlegen; hat sie das für den untersuchten Begriffsbereich getan, ist die begriffskritische Aufgabe dafür vollständig gelöst.

Für diese Zusammenhänge wählt Wittenberg den Begriff des *Bedeutungsgewebes*: "Der Begriff in seiner Sinnfülle sei ein Element eines Bedeutungsgewebes" (D 295). Die Einordnung eines Begriffes in ein Bedeutungsgewebe ist also die Festlegung seiner Funktion. Diese macht seinen *Sinn* aus. Durch das Bedeutungsgewebe ist dann die *richtige* Verwendung der Begriffe festgelegt - ohne Bezug auf eine *Wahrheit*. Die Untersuchung der Mengenlehre zeigt zweitens, daß Logik und Mengenlehre von einem gemeinsamen Bedeutungsgewebe umfaßt werden, was zur ersten grundsätzlichen Forderung an Schnitte führt: Schnitte dürfen Bedeutungsgewebe nicht zerschneiden. Eine zweite Forderung tritt hinzu. Es gibt Begriffe, die sich mit anderen weitgehend oder sogar ganz decken. Es ist z.B. wenig sinnvoll, den Begriff "Menge" zu untersuchen und dafür unkritisch den Begriff "Zusammenfassung zu einem Ganzen" zu verwenden. Solche (durch das Bedeutungsgewebe festgelegten) weitgehend übereinstimmenden Begriffe faßt Wittenberg zu *Bedeutungsfamilien* zusammen. Die zweite Forderung an Schnitte heißt dann, Bedeutungsfamilien nicht zu trennen. Die Elemente des Bedeutungsgewebes sind also nicht einzelne Begriffe, sondern ganze Bedeutungsfamilien.

Nun sei die Lösung für die Mengenlehre angedeutet. Die erkenntnistheoretische Analyse führt zu dem Ergebnis, daß wir es mit zwei Bedeutungsgeweben zu tun haben, mit einem deduktiv-logischen Gewebe mit deduktiven Existenzfeststellungen und einem Gewebe der zulässigen Mengenbildungen. Das sind also zwei Konzeptionen. Keine der beiden führt zu Widersprüchen. Es zeigt sich lediglich eine Divergenz beider Konzeptionen. Widersprüche treten erst auf, wenn wir beide Konzeptionen als Beschreibungen einer zuvor gegebenen (widerspruchsfreien) Realität auffassen, also uns innerhalb der inhaltlichen Auffassung bewegen. Erkenntnistheoretisch sind aber Fragen, die aus dieser Auffassung herrühren, *sinnlos*. So ist etwa auch die Frage sinnlos, ob das Aktualunendliche "wirklich" existiert. Durch das Bedeutungsgewebe ist eine Funktion des Begriffes "aktualunendlich" festgelegt, die von dieser Frage nicht berührt wird. Ja, es handelt sich um keine sachverhaltige Aussage, die hier erfragt wird, insofern die Antwort nichts an der Mathematik ändern könnte. Damit ist unsere "Erkenntnis erkenntnistheoretisch invariant gegen die zur Erörterung stehende Frage". Das führt Wittenberg als *Sinnkriterium* ein: "Eine Aussage ist sinnlos infolge Überbeanspruchung der in sie eingehenden Begriffe, wenn unsere Erkenntnis (... sowohl objektive Erfahrung wie die Bedeutungsgewebe umfassend ...) gegen Bejahung wie auch Verneinung dieser Aussage erkenntnistheoretisch invariant ist". (D 337) So ist etwa die Frage nach der "Realität der Welt" sinnlos.

Insgesamt hat sich als Ergebnis gezeigt, daß die Widersprüche, wie sie z.B. in der Entwicklung der Mathematik aufzutreten schienen, aus der Überstrapazierung gewisser Begriffe resultieren, anders gesagt, aus Fragestellungen, die unberechtigt, in Verkennung der objektiven Situation, an sie herangetragen wurden. Auf sinnlose Fragen - und als solche hat sie die Untersuchung erwiesen - können wir keine Antworten erwarten.

ab) Grenzen

Erleben

In der Besinnung unseres Anliegens in IV.2.e stellten wir drei Möglichkeiten heraus, sich dem Problem der Grenzen zu stellen. Freudenthal kommt von Qualitätsforderungen aus der Mathematik her, wir versuchten es durch eine Offenheit für das "Ganze des Lebens", Wittenberg kommt durch eine erkenntnistheoretische Untersuchung dahin, die (zunächst unbeabsichtigt!) aus einer Untersuchung zur Grundlagenkrise der Mathematik erwuchs. Wittenberg nimmt also mehr in den Blick als nur die Mathematik (bzw. die Wissenschaft). Unser Ansatz ist noch umfassender. (Wir werden im Kapitel V darauf eingehen, inwiefern dieser Ansatz, den Wittenberg ebenfalls sieht - wenn er auch nicht sein Thema ist - eine spezielle pädagogische Begründung hat.) Mit einem "Stutzen in Selbstverständlichkeit" las der Verfasser lange nach der Formulierung seiner Bemerkung zur Berechtigung aus Betroffenheit (I.0) die folgenden Bemerkungen in Wittenbergs Vorwort:

> "... vielleicht war ein wenig auch eine geheime Überzeugung im Spiel, daß die spezialisierte Forschung in einem tieferen Sinne sinnlos wird, wenn sie sich völlig in spezielle Forschungsgebiete verrennt, und wenn Einzelne sich nicht immer wieder die Freiheit nehmen, sich über Dinge Gedanken zu machen, über die nachzudenken sie eigentlich kein striktes wissenschaftliches "Recht" haben". Und Wittenberg schließt das Vorwort mit dem "Wunsch, dieses Buch möge ein Schritt auf dem Wege zu einer dem Menschen angemessenen Weltanschauung - und damit zu einer dem Menschen gemäßen Welt - sein." (D).

"Über jeder speziellen Untersuchung, über jeder speziellen theoretischen Konstruktion hat das überragende Bewußtsein für das Maß der Dinge und für die Möglichkeiten und Begrenztheiten menschlicher Ratio zu stehen" (D 73); Wittenberg hat in seiner Untersuchung die Möglichkeiten und die Begrenztheiten bloßgelegt. Er hat damit ein Stück Aufklärung geleistet. Gegen einen falschen Glauben an eine grenzenlose Macht der Ratio, gegen einen zur Ersatzreligion verkommenen Glauben an Mathematik und Naturwissenschaften, öffnet er den Blick für die Grenzen unseres begrifflichen Denkens, für die Aufgabe, die uns der Rationalismus stellt, "uns über unser Dasein (zu dem auch unsere Möglichkeiten der Untersuchung unseres Daseins gehören) in *dem* Maße zu orientieren, das uns durch unsere Ratio ermöglicht werden kann" (D 21).

Damit stellt Wittenberg den Menschen mit seinem Denken wieder in die Mitte unserer Aufmerksamkeit, die dadurch aus ihrer hypnotischen Erstarrung im Blick auf eine Fortschritt produzierende Technik gelöst wird.

Bemerkenswert ist dabei, daß gerade die Mathematik, die einer Erfassung der Welt in einer ungebrochenen und unbegrenzten Rationalität dienen soll, uns die Lehre der Begrenztheit dieser Rationalität so klar erteilt, wie es kaum eine andere Disziplin vermag. Und Wittenbergs Untersuchung zeigt die ungeheure innere Folgerichtigkeit dieses Experimentes menschlichen Denkens, das die Mathematik darstellt. Der Weg verläuft bis an die aufgewiesenen Grenzen, ohne daß unterwegs irgendwo ein Einschnitt wäre, an dem sich Bedenken für den weiteren Verlauf ergäben, verläuft so bis zur Grenze des Mißbrauchs eben dieses Denkens. Die Überspannung der Spekulation, die zur Grundlagenkrise der Mathematik führte, ist das Ende eines zwingenden Weges.

Die Einsicht, daß auch in der Mathematik "weder ein Reich absoluter rationaler Einsichtigkeit noch ein solches vollkommener begrifflicher Klarheit, geschweige denn Sicherheit" (D 31) gefunden werden kann, und die Aufgabe, die uns daraus für die Verständigung über unsere Erkenntnismöglichkeiten erwächst, verweisen auf zwei Ziele des Mathematikunterrichtes, die wir von Freudenthal anführten: "Den volkstümlichen Glauben an die Mathematik zu erschüttern" und "ganz Mensch zu sein". Beide Ziele haben durch die Untersuchung Wittenbergs allerdings eine wesentlich tiefere Dimension erfahren. Das erste Ziel ist von Freudenthal als eine (r)echte Einschätzung der Möglichkeiten des Mathematisierens unserer Wirklichkeit gemeint. Wittenberg lehrt uns darüber hinaus, dieser Wirklichkeit nicht blind zu vertrauen. "Primär ist uns nicht eine Wirklichkeit gegeben, sondern ein Erleben. Und die fundamentale Erkenntnisaufgabe, die uns gesetzt ist, ist die einer Orientierung in diesem Erleben ..." (D 215). Diese Orientierung vertieft das zweite angeführte Ziel, das Freudenthal "nur" in dem Sinne ansprach, daß die Mathematik ein Teil unseres geistigen Umfeldes ist, das zu einem vollen Leben dazugehört.

Sinnfrage

Die Aufgabe der Wissenschaft ist von Wittenbergs Untersuchung her nur als eine einheitliche Aufgabe zu begreifen. Daran ändert die aus Zweckmäßigkeitserwägungen für das tatsächliche Vorgehen gewählte (bzw. die bei der Forschung aus der Endlichkeit der Forscher zwangsläufig entstandene) Aufspaltung in Einzeldisziplinen nichts. Zur "Erforschung unserer existentiellen Lage, Besinnung auf die objektiven Gegebenheiten derselben" tragen die Einzelwissenschaften alle bei; die "Besinnung auf das primäre Objektivum" steht am Anfang aller Wissenschaft.

Im Verfolg des methodischen Zweifels ist der Wissenschaft insbesondere aufgetragen, die *Sinnfrage stets vor der Wahrheitsfrage* zu stellen, sich also Rechenschaft darüber zu geben, ob und wieweit sie sich wirklich in einem Bereich sachverhaltiger Aussagen bewegt und diese Sachverhaltigkeit selbst zu reflektieren. Sie muß unsere Begriffe "bis auf ihren erfahrenen Urgrund hinab" (D 151) verfolgen, um zu klären, inwieweit in unserem Operieren mit diesen Begriffen objektive Erfahrung zur Geltung kommt (D 155). Diese "strikte Verpflichtung auf das Objektive" kennzeichnet Wissenschaftlichkeit, nicht eine "bestimmte a priori geforderte Methode". Die Grundhaltung des Wissenschaftlers beschreibt Wittenberg dann so: "Der Wissenschaftler erlebt ein Objektivum ... diesem sucht er gerecht zu werden. Er ist ein Sklave dieses Objektivums und ist als solcher nicht berechtigt, irgendwelche Forderungen an dieses zu stellen; nicht einmal die Forderung, es müsse rational deutbar oder intellektuell erfaßbar sein ... Damit ist nebenbei auch gesagt, ... daß er den Mut zum Nichtwissen als einem fundamentalen Nichtwissenkönnen des Menschen, haben wird ..." (D 160). Wir wollen auch hier auf Freudenthal zurückverweisen, nämlich auf die tiefe Begründung, die Freudenthals Skepsis gegen bestimmte a priori geforderte Methoden durch Wittenberg erfährt und wollen die Zusammenfassung der Aufgabe der Wissenschaft mit einer Feststellung Wittenbergs beschließen. "Das *wirkliche* Rätsel ist größer als jeder Versuch, es zu verstehen." (D 152).

Perspektiven

Wittenberg vergleicht die durch seine Untersuchung geforderte Änderung unserer Einstellung zu unserem begrifflichen Denken mit der Änderung in der Auffassung des Naturgeschehens, die sich vollzogen habe, als man davon abließ, nach dem "Wesen" der Naturerscheinungen zu fragen, und statt dessen nur noch versuchte, "die Naturerscheinungen in ihrer empirisch vorliegenden Tatsächlichkeit in angemessener Weise zu erfassen" (D 273). Die Bemerkung ist zu pauschal, als daß man sich wirklich darauf einlassen könnte. Wir wollen dennoch ein Vorsichtszeichen setzen. Es wäre hier zu klären, welche heuristische Funktion die Suche nach dem "Wesen" der Naturerscheinungen auch heute noch haben kann. Hier wären etwa unbestreitbar wesentliche Ergebnisse anthroposophischer Medizin oder Agrarwissenschaft in ihrer Genese zu untersuchen. Falls eine solche Funktion zu sichern ist, wäre auch sie ein objektives Datum, ein Teil jenes Objektivums, dem sich der Wissenschaftler nach Wittenberg gegenübergestellt erfährt. Damit bekäme aber der Begriff des "Wesens der Natur" etwas Sachverhaltiges, das in einem entsprechenden Bedeutungsgewebe zu sichern wäre. Nach den in den ersten Kapiteln dieser Arbeit gesichteten Befunden spricht alles für eine solche auch heute noch relevante heuristische Funktion und dafür, daß jener von Wittenberg angesprochene Übergang in dieser Beziehung so unnötig wie nachteilig war.

In diesem Zusammenhang scheint eine zweite Bemerkung angebracht zu sein. Die von Wittenberg aufgewiesene erkenntnistheoretische Invarianz und damit Sinnlosigkeit der Frage nach dem Aktualunendlichen berührt nicht, was wir dazu in II.2 (Aristoteles) sagten. Dort ging es - im Sinne von Wittenbergs Untersuchung formuliert - zunächst um die Schaffung einer Konzeption. Auch nach der Einsicht in die Notwendigkeit der erkenntniskritischen Untersuchung unserer Konzeptionen wird der forschende Mathematiker darauf angewiesen sein, auf dem Boden einer inhaltlichen Auffassung zu suchen. Daraus allein kann die Kraft zu schöpferischen Leistungen kommen. Wir wiesen darauf hin, daß das für die Unmöglichkeit einer Preisgabe der inhaltlichen Auffassung sprach.

Diese beiden Bemerkungen wollen wir zum Anlaß nehmen, auf eine Nähe der Wittenbergschen Gedanken und Ergebnisse zu von uns bei Aristoteles angeführten Gedanken einzugehen. Es kann sich dabei aber nur um Andeutungen handeln; insbesondere eine genaue Untersuchung der Ebenen, auf denen sich die Gedanken hier und dort bewegen, und ihrer Überschneidungen, können wir hier nicht leisten.

Wenn wir in II.2a mit Eugen Fink feststellten, daß Aristoteles gegen Platons übersteigerte Entwertung des Hiesigen die Anerkennung der Vernunft im Gegebenen und Wirklichen setzt, das Anwesen der Idee im Faktischen und Konkreten sieht, wenn Windelband (II.2b) sagt, "Das Wichtigste ist, daß hiernach die menschliche Erkenntnis zur Auffassung des Wesentlichen und Bleibenden nur durch eine genaue und sorgfältige Durchmusterung des Tatsächlichen gelangen kann: und in diesen Lehren stellt sich bei Aristoteles die Ausgleichung des Platonismus mit der empirischen Wissenschaft theoretisch dar", dann liegt hier eine Nähe vor zu Wittenbergs Bestimmung der Aufgabe der Wissenschaft in der Besinnung auf das erlebte Objektivum wie auch in der Distanz zur inhaltlichen Auffassung; und die von Windelband festgestellte Ausgleichung ist schon ein Vorbote jener von Wittenberg angeführten zirkelhaften und vorläufigen Weise, in der allein unsere Untersuchungen der Eingebundenheit unserer existentiellen Situation gerecht werden.

Ein anderes Beispiel sind die aristotelischen Begriffe in der Physik. Wir erwähnten in II.2a, daß die aristotelischen Begriffe von Funktion und Kontext der heutigen Physik angemessener sind als die Newton'schen. Wenn wir nach Wittenberg unsere Begriffe in einem Bedeutungsgewebe sichern müssen, dann sind die aristotelischen Begriffe auch leichter als die Newton'schen zu sichern. Ja, die Sicherung unseres Wissens wird überhaupt von Aristoteles letztlich der Intuition, dem Nous überantwortet. (II.2b) Eine "exakte" Ableitung aus "exakter" Grundlage ist nicht möglich. Das in der Mathematik gescheiterte Experiment hat Aristoteles erst gar nicht im Sinn in seiner Zusammenführung von Empirie und exakter Beschreibung (II.2d).

Die wahre Bestimmung des Menschen sieht Aristoteles im Denken (II.2d). Der Mensch und seine Verständigung über sein Dasein ist der Mittelpunkt. Die Forschung ist der Weg, auf dem diese Verständigung geschieht. Der Begriff der "richtigen Mitte", des rechten Maßes wird von Aristoteles in unser Blickfeld gerückt. - Das "Bewußtsein für das Maß der Dinge" stellt Wittenberg über jede spezielle Untersuchung; mit dem Wunsch, einen Beitrag zu leisten für eine "dem Menschen gemäße Welt", steht der Mensch im Mittelpunkt.

ac) Inhaltlichkeit / Formalismus

Die Mathematik ist nicht als leerer Formalismus geschaffen worden, und Wittenberg weist, wie wir sahen, darauf hin, daß uns trotz aller Problematik der inhaltlichen Auffassung an der Eliminierung der Inhaltlichkeit für den Schaffensprozeß des Mathematikers nicht gelegen sein kann; als leeres Hantieren ist die Mathematik nicht vorstellbar. Das verstärkt einmal mehr unsere verschiedenen Hinweise darauf, daß der Mathematikunterricht dann allemal Mathematik nicht als formales Operieren erscheinen lassen darf.

Dazu wächst uns Unterstützung zu durch die Überlegung, wie wir unsere Begriffe erwerben. Setzen wir bei Freudenthals Unstetigkeiten im Lernprozeß an. *Plötzlich* ist eine neue Einsicht da - plötzlich also auch ein entsprechender Begriff gebildet. Dazu entsinnen wir uns seiner Aussagen zur induktiven Erkenntnisgewinnung: *Ein* Beispiel genügt, um uns zu überzeugen. Das klingt beides an in Wittenbergs Explizierung des Begriffserwerbs: Er erfolgt in der Regel
> "nicht in der Weise, daß uns ein Begriff irgendwie erschöpfend erklärt oder doch erläutert würde. Vielmehr erscheint es als eine der erstaunlichsten und wunderbarsten Fähigkeiten unseres Verstandes, daß er unter gewissen Umständen und in gewissen Zusammenhängen die Bereitschaft, gleichsam die Disposition, besitzt, ein ihm hingeworfenes Wort mit einem begrifflichen Inhalt zu füllen und dies in einer Weise zu tun, welche weitgehend intersubjektiv ist. So erlernen wir nicht etwa, was ein "Tisch" ist, indem uns dies in mehr oder weniger erschöpfender Weise erklärt würde ... vielmehr werden uns zwei oder drei (oder unter Umständen auch nur ein) Tische gezeigt und dabei gesagt: "Tisch", und wir erlernen daraus, "was ein Tisch ist"; wie man etwa sagt, abstrahieren wir vom Wahrgenommenen den Gattungsbegriff. Dabei ist das Erstaunliche, daß wir alle auf die gleiche "richtige" Weise abstrahieren ... von Form, Farbe, Material, Dimension ..." (D 254ff).

Zu untersuchen ist also, beim Umgang mit welchen "Inhalten" wir welche Begriffe erwerben.

Das setzt sich fort in jedem Abstraktionsprozeß, in dem zunächst anschaulich gegebene Begriffe abstrakt ausdifferenziert werden. Auch dieser Prozeß kann nicht durch Erklärungen herbeigeführt werden. Es muß - wie Wittenberg sagt (D 330) - ein Bedeutungsgewebe geschaffen werden für den abstrakten Begriff. Die Frage bleibt, bei welcher Tätigkeit ein entsprechendes Bedeutungsgewebe entsteht. Hier ist Freudenthals didaktische Phänomenologie gefordert, die für die Didaktik Bedeutungsgewebe untersucht, wie es Wittenbergs Analyse in begriffskritischer Absicht tut. Der Begriff ist also immer als in ein Bedeutungsgewebe eingesponnen zu sehen. Und Wittenberg weist darauf hin (D 349), daß ein von einem Kind gebrauchter und bei diesem in ein verhältnismäßig armes Gewebe eingesponnener Begriff u.U. zwar wirken kann wie der, den ein Mathematiker mit einem reicheren Gewebe benutzt, aber eben doch ärmer ist und weniger leistet. (Man vergleiche Freudenthals Äußerungen zur nullten Stufe beim Erlernen der Mathematik und seine Kritik an Piaget in M).

Die Inhaltlichkeit erweist sich noch in anderer Beziehung als wichtig. Wir sahen, daß wir auch in der begriffskritischen Analyse gar nicht anders verfahren können, als gestützt auf das methodische Vertrauen zu beginnen. Wir müssen uns vertrauensvoll ein Stück weit auf unser natürliches Denken verlassen. Das ist ohne wirkliche Erfahrung der zunächst tragenden Kraft unserer Begriffe nicht möglich. Wir kommen damit in die Nähe von Wagenscheins Forderung nach dem *Erlebnis der ursprünglichen Phänomene*.

Diese Phänomene bringen uns als Teil des von Wittenberg angesprochenen Objektivums die Ganzheit, die Zusammengehörigkeit unseres Wissens in den Blick. Auch die Bedeutungsgewebe lehren uns, daß jede Atomisierung unseres geistigen Besitzes unserem Denken nicht gerecht wird (D 308). Wir wollen uns vergegenwärtigen, was Wittenbergs Untersuchung uns "im großen" in dieser Beziehung zeigte: Die Mathematik ist keineswegs so autonom, daß sie ihr eigenes grundlagenkritisches Problem mit einheimischen Mitteln lösen könnte. Die Lösung kann nur in einer erkenntnistheoretischen Besinnung unseres gesamten Denkens geschehen. Andererseits ist die Mathematik *das* geeignete Feld, um diese Besinnung anzuregen bzw. als notwendig zu erweisen und anzuleiten, das heißt, Hinweise für ihre Durchführung zu geben, und zu erproben. (Freudenthal würde sie als Paradigma bezeichnen.) Von der Mathematik führt ein Weg zu einer grundsätzlichen Sprachkritik, so daß Freudenthals Aussagen zur disciplina mentis für die Sprache eine tiefgründige Bestätigung erfahren.

Abschließend sei zur Inhaltlichkeit festgehalten, was wir bei Wittenberg zur Frage des Hilbertschen Formalismus für den Unterricht erfahren. "Die Kraft und die Bedeutsamkeit der inhaltlichen Auffassung rührte davon her, daß sie nicht als etwas vom Menschen Geschaffenes, als eine klug ausgedachte Fabel, dastand ..." (D 84), sagt Wittenberg. Wollen wir dem Schüler für die Nacherfindung der Mathematik die Kraft nicht rauben, dürfen wir die inhaltliche Auffassung nicht vor der Zeit (künstlich) in Frage stellen. Außerdem setzt der Hilbertsche formalistische Standpunkt die Durchaxiomatisierung der Mathematik voraus, verweist damit auf die zunächst wesentliche Funktion der inhaltlichen Auffassung (und überspringt sie nicht). Schließlich geht diese Formalisierung aber über seitherige Mathematik hinaus und ist keineswegs nur eine neue Fassung dieser Mathematik (D287). Nimmt man das alles zusammen, ergibt sich eine Warnung davor, aus einem falschen Verständnis des formalistischen Standpunktes heraus verfrüht formalistische Fragen an die Schüler heranzutragen. Man wird in der Schule bestenfalls zur Hilbertschen Axiomatik vordringen mit ihrer sogenannten Lösung der ontologischen Bindung. Der formalistische Standpunkt Hilbertscher Beweistheorie liegt jenseits dessen, was für normalen Schulunterricht als geeignet anzusetzen ist.

b) Synthese

ba) Die Idee des Gymnasiums

Mit "Bildung und Mathematik" legt Wittenberg einen Beitrag zum Mathematikunterricht vor, der exemplarisch zeigt, wie die Idee des Gymnasiums verwirklicht werden kann, Es geht hier also darum, durch das Ernstnehmen des Bildungsgedankens in der speziellen Situation des Gymnasiums einen spezifischen Mathematikunterricht als Möglichkeit vorzustellen. Andererseits haben diese Gedanken, die "nur" das Gymnasium ansprechen, gerade dadurch eine Weite, durch die sie über die gewählte Thematik hinausweisen.

Die in "Bildung und Mathematik" vorgestellte Idee des Gymnasiums hat in den dreißig Jahren seit dem Erscheinen des Buches (1963) nichts von ihrer Leuchtkraft eingebüßt und schon gar nichts von ihrer Notwendigkeit. Die Reformen der letzten zwanzig Jahre zeigen im Gegenteil, daß die hier vorgestellte Aufgabe weder vernachlässigt, noch leicht in einem Bildungssystem anderer Art erfüllt werden kann. Insbesondere ist jede Einheitsschule daran zu messen, inwiefern sie auch dieser Aufgabe gerecht wird.

Wir werden der Frage nach möglichen anderen Schulsystemen, die der Aufgabe gerecht werden könnten, nicht nachgehen. Uns geht es um die Aufgabe selbst, die eine Lösung für das in dieser Arbeit zentral gestellte Problem der Bildung in einer aufs äußerste durch blindwütige Technisierung gefährdeten Welt darstellt.

Demokratische Gesellschaft

Ihren Ausgang nimmt Wittenbergs Idee des Gymnasiums in der demokratischen Gesellschaft mit ihrem "Bekenntnis zur vollen geistigen Entfaltung jedes, also auch des begabten, Kindes um seiner selbst willen" (B 30). Die Erziehung eines "unbefangen und selbständig denkenden und urteilenden homo democraticus" ist dabei sein "letztes und höchstes pädagogisches Anliegen" (B 163).

Die "hervorragende Bildung", die "jedem hinlänglich begabten Kinde" zugänglich zu machen ist (B XIII), ist andererseits für die demokratische Gesellschaft von eminenter Bedeutung. Wittenberg weist auf das Versagen des Gymnasiums im Nationalsozialismus hin und fragt zum wissenschaftlichen Unterricht: "... wollen wir uns damit zufrieden geben, diesem Unterricht auch dann bildende und erzieherische Bedeutung zuzubilligen, wenn er noch dem phantastischsten Aberglauben und der brutalsten Wahrheitsverleugnung weit offene Tore im geistigen Leben eines ganzen Volkes läßt?" (B 9). Und er führt an dieser Stelle einen zweiten Beleg an für den Bruch zwischen Idee und Wirklichkeit des Gymnasiums:

"Bedürfte es noch einer zusätzlichen Bestätigung für den Bruch zwischen der Wissenschaft als Ideal und dem herkömmlichen Unterricht der wissenschaftlichen Fächer, so würde sie durch den Umstand geliefert, daß im Sinne der Zielsetzungen dieses letzteren ganz vorzügliche Arbeit ausgerechnet in Sowjetrußland geleistet wird - Arbeit, die von gewissen westlichen Erziehern immer wieder als vorbildlich hingestellt wird. Diese legen dabei eine wahrhaft staunenswerte Naivität an den Tag. Glaubt man wirklich, ein solcher Unterricht würde von einem totalitären Regime gefördert, wenn nicht jede Gewähr dafür bestünde, daß er seine Schüler *nicht* zu jenem Geiste unbefangen forschender, freier Wissenschaft erziehe, der in der Vergangenheit jede totalitäre Überlieferung des Abendlandes bis in ihre Wurzeln erschüttert hat?"

Man glaubt es wohl nicht. Man hält die Frage für irrelevant. Bezeichnend ist, daß die letzte Reform des Mathematikunterrichtes (Neue Mathematik) als eine Folge des "Sputnik-Schocks" vor allem von der OECD (einer Organisation der Wirtschaft!) vorangetrieben wurde. Wir sahen im ersten Kapitel, daß es dabei um Bildung ging als dem "entscheidenden Produktionsfaktor", der "wirtschaftliches Wachstum in dem verlangten Ausmaße überhaupt erst ermöglicht", es ging um eine "Planwirtschaft der Bildung, mit dem Ziel, das Arbeitskräftepotential (human manpower) bereit zu stellen, das eine moderne hochentwickelte Wirtschaft verlangt".[17] Ausgangspunkt war der Wille, das Bruttosozialprodukt in den OECD-Mitgliedsstaaten um 50 % zu erhöhen; Unterricht hat hier keine andere Aufgabe, als die der Ausbildung von Arbeitssklaven für den Aufbau einer Großtechnik. An dieser Großtechnik als den "sozialistischen Errungenschaften" mißt sich (1982) der sozialistische Staat östlicher Prägung. Haben wir den gleichen Maßstab? Die OECD hatte ihn offensichtlich.

Damit sind wir wieder bei Wittenberg: Er sieht eine Gefahr für die Durchführung der Idee des Gymnasiums weniger in mangelnder Durchführbarkeit, als darin, daß "viele im stillen vor ihren zu erwartenden Früchten zurückschrecken" (B 28); er sieht die Wurzeln der Gefährdung des Gymnasiums "in der *totalitären Versuchung der Demokratie* verankert" (B 29), denn "die Existenz des Gymnasiums unterwirft ... die demokratische Gesellschaft einer unaufhörlichen, schicksalsschweren Bewährungsprobe" (B 31). Eine Frage Wittenbergs beleuchtet die Situation hell: An welchen heimlichen Ängsten liegt es, "daß heute fast überall in Europa ein Lehrer nur dann vom Universalen, vom Humanen, vom Ewig-Gültigen zu seinen Schülern sprechen darf, wenn er vor allem der, absoluten Vorrang genießenden, Anforderung genügt, einer starr umgrenzten nationalen Gruppe anzugehören?!" (B 31). Wittenberg weist darauf hin, daß das nicht immer und überall so gehandhabt worden sei - mit positiven Folgen.

Allgemeinbildung

Als leitende Idee des Gymnasiums sieht Wittenberg die Idee einer Allgemeinbildung, eine Idee von "unermeßlicher potentieller Macht" (B 27). Sie ist möglich durch das "kostbarste Merkmal" des Gymnasiums, "die Verwirklichung einer großartig-kühnen pädagogischen Idee: die Abschirmung des Jugendlichen gegen seine spätere berufliche Ausbildung" (B 14). "Ihre fundamentale Absicht ist ..., dem Gymnasiasten während jener Jahre ein eindringliches Erleben der ganzen Welt des Menschen, in ihren bedeutungsvollsten und wesenhaftesten Zügen, zu erschließen" (B 15).

Wir weisen an dieser Stelle noch einmal darauf hin, wie eng diese Idee des Gymnasiums unserem Anliegen verbunden ist; die "unermeßliche potentielle Macht" ist letztlich die einzige Hoffnung, die für die Durchführung unserer Aufgabe des Offenhaltens, nicht Auslieferns bleibt. Wir greifen eine Bemerkung zu Wittenbergs Intention aus IV.2a auf und stellen fest: Mit der Forderung nach dem "Erleben der ganzen Welt des Menschen" ist die größtmögliche Weite in den Blick genommen - entsprechend unserer Intention seit Kapitel I.

Diese Allgemeinbildung kann nicht vermittelt werden durch ein "Nebeneinander von speziellen Kenntnissen, die niemals als ein bildungsmäßiges Ganzes durchdacht wurden". "Nimmt sich das Gymnasium als Bildungsstätte ernst, so ist vor allem anderen die Auswahl der Unterrichtsgegenstände ein Ergebnis verantwortungsvollen, umfassenden geistigen Bemühens." (B 4). Da dürfen nicht historische Zufälligkeiten oder politische Kompromisse die Auswahl bestimmen. Der Unterricht "bruchstückhafter Einzelheiten" ist nicht nur "weitgehend überflüssig", sondern er vereitelt jede "gültige Begegnung mit der Wissenschaft" (B 7); aber nur eine solche *gültige Begegnung* kann einen Beitrag zur "Erziehung der Persönlichkeit" leisten, kann eine Haltung der Wissenschaft gegenüber ermöglichen, wie sie etwa oben in der Überlegung zum Nationalsozialismus gefordert wurde.

Mit der Ablehnung des Nebeneinander von speziellen Kenntnissen fordert Wittenberg aber keineswegs nur, die einzelnen Fächer in sich im Hinblick auf Bildung als Beziehungsgefüge zu durchdenken, sondern der gesamte Stoff aller Unterrichtsfächer soll derartig durchdacht werden. Das so zu ermöglichende Erleben der ganzen Welt, das also auch von einer sinnvollen beziehungshaltigen Auswahl der Unterrichtsgegenstände abhängt, ist natürlich in der hier gedachten Art nicht möglich in einer Schule, in der durch eine Differenzierung in Kursen ständig wechselnde Schülergruppen mit unterschiedlichen Vorkenntnissen am jeweiligen Stoff zusammenarbeiten. Dadurch ergibt sich eine "Atomisierung des Unterrichts", die "keine bildungsmäßige Integration der verschiedenen Fächer" gestattet (B 273). Umgekehrt kann einer Einstellung, die Unterricht als Einfüllen von Wissensquanten betrachtet, wovon verschiedene Schüler verschieden viel aufnehmen können, durchaus eine Einheitsschule genügen; eine Notwendigkeit gymnasialen Unterrichtes für einige Schüler des Jahrganges entfällt da. Wittenberg sagt drastisch: "Es bedarf ja auch keiner gesonderten Restaurants für große Esser - dem einen größere Portionen als dem anderen austeilen, läßt sich leicht ohne solchen Aufwand bewerkstelligen." (B 41). Wenn man bedenkt, daß der Gymnasiast einen ganz anderen Anspruch stellt, ganz anders motiviert ist, dann erkennt man hier, daß diese Überlegungen durch entsprechende von Freudenthal zur Differenzierung nicht widerlegt sind. Freudenthal klammerte ja ausdrücklich die Motivationsfrage aus bei seiner Überlegung der Möglichkeit heterogener Lerngruppen. Außerdem ist die Klasse eines Gymnasiums u.U. *die* heterogene Gruppe, die Freudenthal sucht.

Gerade die ungeheure Wissenszunahme in unserer Zeit muß die "Unterrichtsgegenstände in immer unerbittlicherer Weise auf ihren Bildungsbeitrag prüfen". Das Gymnasium darf insbesondere nicht irgendwelchen "wissenschaftlich keineswegs geprüften Drohungen politisch-ökonomischen Unheils" (B10) folgend, Einzelwissen vermitteln wollen, das nach solchen Behauptungen dringend gebraucht wird. (Siehe dazu den o.g. OECD-Bericht oder das danach unreflektiert allerorts nachgeredete Wort von der "Technikfeindlichkeit" der Jugend und deren unübersehbaren Folgen für den Fortbestand der Gesellschaft - womit man übrigens im wesentlichen die jetzige der Großtechnik hörige Gesellschaft in dieser Hörigkeit meint, oder die späteren Forderungen angesichts des Europäischen Binnenmarktes: Die Kette reist nicht ab.) Der dem Einzelwissen nachlaufende, "steuerlos dahintreibende Fachunterricht wird in zunehmendem Maße zugleich komplizierter und trivialer" (B 11), sagt Wittenberg und spricht mit der Kompliziertheit die Überfülle von Daten an, die der Schüler nicht mehr einordnen kann, denen er sich nicht mehr in Akten des Aufbaues eines Beziehungsgeflechtes bemächtigen kann, mit der Trivialität spricht er die Wertlosigkeit unverbundener Einzeldaten an. Aber auch die Entfernung von den Phänomenen, vom Fundamentalen, das beim Elementaren wohnt (M 155), ist hier angesprochen, und Wittenberg zitiert Ernst Mach, der darauf hinweist, daß Vielwissen von nutzlosen Einzelheiten nur *schadet*, etwa jedes gesunde kräftige Urteil unmöglich macht: "... ein Spinngewebe von Gedanken, zu schwach, um sich darauf zu stützen, aber kompliziert genug, um zu verwirren". (B 11). Ihr besonderes Gewicht erhalten diese Gedanken durch das Veröffentlichungsdatum 1963. Hatten doch damals Atomisierungstendenzen in der Nachfolge behavioristischer Lerntheorien - wie wir sie durch Freudenthal kennenlernten - noch gar nicht Einzug ins Gymnasium gehalten. Allerdings weist Wittenberg sehr wohl schon auf Skinner hin, der Denken als Verhalten "produzieren" will (B 287).

Noch etwas ist seit 1963 über die Schulen hereingebrochen: Die Anreicherung des Unterrichtes mit "Tagesereignissen" als Unterrichtsstoff. Man übersieht dabei, daß man dadurch den Schüler gerade orientierungslos macht für den Alltag: "Man muß sich im Unterricht um echtes Lehrgut bemühen, damit Tagesereignisse, mögen sie noch so wertlos oder wertvoll erscheinen, verstanden werden können. So verarbeitet der Unterricht nicht Tagesereignisse, sondern er arbeitet am echten Lehrgut für diese."[18]

Worin muß eine echte Begegnung mit der Wissenschaft bestehen, lautet also die Frage, und welche Unterrichtsgegenstände müssen dafür gewählt werden? Wen befragt man dazu? Für Wittenberg ist das klar: Kompetente Wissenschaftler, etwa Einstein, Whitehead, Mach, Schrödinger. (Hier wie an anderen Stellen zeigt sich, daß Wittenberg natürlich seine Beispiele immer aus der Mathematik bzw. den Naturwissenschaften wählt. Es bedeutet keine Einschränkung des "Erlebens der ganzen Welt", wenn Wittenberg bei der Erläuterung das Erlebnis der Wissenschaft (sozusagen exemplarisch) herausgreift.) Daß der Rat aber statt dessen irgendwo eingeholt wird, in "einer Welt für sich, welche ferne von der Welt des Geistes ihr abgekapseltes Dasein führt" (B 12), ist die Misere. (Wir erinnern uns an die von Freudenthal angeführten Befragungen zur Lernzielfindung.)

Erlebnisfähigkeit / Verpflichtung auf Wahrheit

Wesentlich gefüllt ist die Idee des Gymnasiums durch "ein unzweideutiges Bekenntnis zur und eine Verpflichtung auf *Wahrheit*" (B 16). (Damit ist ein Gymnasium in einem totalitären Staat nicht möglich - das wird schon am Geschichtsunterricht klar.) Wittenberg betont, daß es um die *ganze*

Wahrheit geht. Er verdeutlicht das an Beispielen: Es wäre ein Verrat an dieser Wahrheitsverpflichtung, wenn ein Abiturient "zwar eindringendes Verständnis für Mathematik, aber keines dafür hätte, daß nackter Hunger das vordringliche Problem der halben Menschheit ist, ... wenn er in seiner Heimatstadt mit dem Kunstmuseum wohlvertraut wäre, doch niemals die Armenviertel und Gefängnisse wirklich *gesehen* hätte." (B 16f). Wittenberg hebt hervor *gesehen*. Es geht um ein *Erleben* der Welt, um eine *Begegnung* mit der Wahrheit. Es ist nicht damit getan, "daß der Gymnasiast vom Hungern der Menschheit weiß", nicht damit, daß er vom Hunger verstanden hat, daß er "mit Unlustgefühlen verbunden ist und zu einer Beeinträchtigung der physiologischen Funktionen führen kann". "Wenn uns Wahrheit gleichgültig läßt, so wissen wir nicht, was Wahrheit ist." Und Wittenberg fordert geradezu den "Erwerb einer Erlebnisfähigkeit", ein "Vermögen zu gefühlsmäßigem Verstehen" (B 19).

Wir wissen aus seiner Untersuchung zur Erkenntnistheorie, daß das etwa in der Notwendigkeit des methodischen Vertrauens eine tiefe Begründung erfährt, der sich sogar ein an gesellschaftlichen, mitmenschlichen Belangen vorbeigehender Wissenschaftler nicht entziehen kann. Wir wollen den Erwerb einer Erlebnisfähigkeit durch eine Forderung zum Geschichtsunterricht aus A. Brandstetters Roman "Die Abtei" verdeutlichen:

"Eine Vorlesung über den Krieg müßte ein gewisses Risiko für Leib und Leben bedeuten. Ihre Kolloquien über Feldzüge müßten Professoren und Studenten auf Nacht- und Gewaltmärschen bei Regen, Nebel und Schnee absolvieren. Im Vorlesungsverzeichnis stünde: Die Lehrveranstaltung *Napoleon und Rußland* findet in der Nacht vom 9. auf den 10. Jänner zwischen Klosterneuburg und Zwettl statt. NN. Vor allem und zuvor aber würde ich für die Aufnahme eines Geschichtsstudiums nicht nur ein paar gute Noten im Maturazeugnis verlangen, sondern Mitleid, Mitleid und Mitgefühl für den geschundenen Menschen ... Leidensfähigkeit und Sensibilität würde ich verlangen..."[19]

Wir wollen (1982) ein Beispiel angeben für die ganze Wahrheit: Es genügt nicht, daß der Abiturient vielfältige ökonomische Verflechtungen durchschaut, die den Zusammenhalt der augenblicklichen Gesellschaft in ihrer speziellen Organisationsform garantieren, wenn er kein Gefühl dafür entwickelt hat, daß diese Gesellschaft zum Überleben vor allem anderen auf ausreichende Reste natürlicher Lebensgrundlagen angewiesen ist.

Wittenberg weist darauf hin, daß die ganze Wahrheit nicht *eine* Wahrheit ist, und weiter auf die "gewaltige Erweiterung unseres Wahrheitserlebnisses", die "unter allen geistigen Merkmalen unserer Zeit vielleicht das eindrücklichste" ist. (B 28).

Für dieses Erfassen der ganzen Wahrheit ist ernsthaftes Bemühen von Schülern und Lehrern gefordert. Das verlangt *geistig anspruchsvollen* Unterricht. Diesem Bemühen müssen alle Organisationsfragen untergeordnet werden. Was heißt es, daß sich ihm auch der Schüler nicht verschließen darf? Das Gymnasium unterrichtet
> "bei verantwortungsvoller Schülerauslese die geistig begabtesten und regsamsten Kinder einer Generation ... die belehrbarsten, die darum auch in besonderem Maße belehrt werden sollen. Das Gymnasium unterrichtet sie während der Jahre ihrer stürmischsten und drängendsten geistigen Entwicklung, ... der Jahre ... in denen das Fundament der werdenden geistigen Person, mit ihren Wertungen, ihren Interessen, ihrer menschlichen Haltung, gelegt wird ... (B 13).

Indem der Schüler ins Gymnasium eintritt, begibt er sich "in den geistigen Raum eines Ethos, das von ihm erwartet und ihn zugleich dazu erzieht, daß es ihm um Wahrheit in solchem Sinne zu tun sei. Der Schüler, der sich solchem Anspruch beharrlich verweigert, ist nicht gymnasialfähig, so intelligent er auch sein mag ..." (B 21). (Die Punktejagd heutiger gymnasialer Oberstufe ist gerade geeignet, diese Differenz vergessen zu machen!)

Gesellschaftliche Aufgabe

Nur in solchem ernsten Bemühen kann das Gymnasium seine Aufgabe erfüllen, der "Barbarei des Spezialistentums entgegenzuwirken" (B 24). Nur so können wir hoffen, Ingenieure zu bekommen die
> "über dem Erwerb technischen Wissens nicht versäumt haben, das so viel wichtigere ... Wissen zu erwerben, von dem das fortgesetzte Gedeihen der Gemeinschaft ... abhängt. Entsteht doch die Maschine des Ingenieurs nicht nur aus Rohstoff und technischem Wis-

sen, sondern mehr noch aus Rechtsstaatlichkeit, aus sozialer Gesittung, aus volkswirtschaftlicher Vernunft und aus jener kostbaren Frucht politischen gesunden Menschenverstandes: Frieden." (B 23f).
Demgegenüber belegt eine Studie die Eindimensionalität heutiger Ingenieure, die außerhalb ihres beruflichen Kompetenzbereiches nur klägliche Orientierungsmöglicheiten haben[20].

Damit leistet das Gymnasium nicht zuletzt der Wissenschaft einen Dienst und ist die beste Vorbereitung für ein Studium, denn es ist "jene Barbarei des Spezialistentums, der der allgemeinbildende Unterricht die Grundlage entziehen will, überhaupt eine schwerwiegende Bedrohung für die Disziplinen, denen sich die Hochschule widmet; wobei die Gefährdung derselben gegebenenfalls ebensosehr aus der Enge des Wissens wie aus der Beschränktheit des Denkens derer erwächst, die sich ihnen widmen." (B 279).
Als "gewandte Bewohner der Welt des Geistes ... mit weitem Blick, breit fundiertem, eindringendem Wissen, geschultem kritischem Verstand, warmer mitmenschlicher Sympathie, durch vielfältige Resonanzen angeregter Schöpferkraft" (B 23) müssen die Gymnasiasten zur Universität kommen. Forderungen nach fachlichen speziellen Grundlagen im Sinne eines Vorwissens konkreter Gegenstände sind demgegenüber irrelevant. Insofern sind die Wittenbergschen Forderungen an das Gymnasium schon grundsätzlich erschöpfend.

Der von Wittenberg vorgestellte Unterricht wird den Schüler insbesondere "etwas von der wahren Natur und von den Grenzen menschlicher Erkenntnis spüren lassen - und dadurch jener scientistischen Hybris einen Riegel vorschieben, welche glaubt, in der Wissenschaft einen Maßstab aller Dinge gefunden zu haben, als auch der Unwissenschaftlichkeit dort, wo Wissenschaft zuständig ist". (V 25).

Der Auftrag

Als Aufgabe stellt sich dann eine praktische Bestimmung der Inhalte der allgemeinen Bildung, ein Entwurf für die Gestaltung des Fachunterrichtes, der den entsprechenden Anforderungen gerecht wird, der Aufweis der

Möglichkeit, Lehrer für diese anspruchsvolle Aufgabe auszubilden, und schließlich der Entwurf einer Organisationsform eines solchen Gymnasiums (B 36f). Mit dem lohnenden Ziel muß man sich dabei auch die durch das Scheitern drohende Gefahr vergegenwärtigen. Löst das Gymnasium durch den stattfindenden Unterricht die gestellten Erwartungen an die Bildung des Schülers nicht ein, bleibt der Unterricht "bildungsmäßig weitgehend bedeutungslos", dann wird damit "die Preisgabe des Unterrichts derjenigen Fächer eingeleitet, die keine berufsvorbereitende Bedeutung glaubhaft machen können" (B 34), denn auf solche Berufsvorbereitung fällt das Gymnasium dann zurück. Schon unter diesem Gesichtspunkt ist die pädagogisch sowieso fragwürdige Praxis zu kritisieren, daß der Gymnasiast schließlich im Abitur weitgehend nicht auf die bildungsrelevante Einordnung des erworbenen Wissens hin geprüft wird, die als Ziel des Gymnasiums gesetzt ist (B 12); - gerade Mathematikaufgaben eines zentralen Abiturs geben darüber deutlich Auskunft.

Zur Reduktion auf Berufsvorbereitung sei noch ein wesentlicher Gedanke angeführt. "Der Erwerb von Kenntnissen ohne allgemeinbildende Bedeutung stellt einen gewaltigen Zeitverlust dar, wenn er im langsamen Tempo des Gymnasiums erfolgt. Man denke nur an die Wochen, welche das Gymnasium jener Behandlung der Logarithmen widmet, die in einer mathematischen Hochschulvorlesung in ein oder zwei Stunden nebenher erledigt würde." (B 23). Und die Zeit, in der der Schüler seine Persönlichkeit wesentlich herausbildet, ist zu kostbar, um verschwendet zu werden!

Zur Organisationsform: Die große Schule, die "charakterlose Unterrichtskaserne" (B 40) kann dem Ideal des Gymnasiums nicht als Rahmen dienen. Ja mehr noch: Die beschriebene Aufgabe des Gymnasiums wird notwendigerweise jedem Gymnasium ein (insbesondere durch das Kollegium geprägtes) eigenes Erscheinungsbild schaffen. Ein starrer an etlichen Einheitlichkeitsforderungen orientierter äußerer Rahmen muß die Idee ersticken.

Den Beitrag, den jedes einzelne Fach für die gestellte Aufgabe leisten kann, herauszuarbeiten, seine mögliche Verwirklichung bis in die "Wurzeln im lebendigen Alltag der Schule" zu verfolgen (B 42), ist die Aufgabe der Fachdidaktik; die darf nicht allein den Fachleuten überlassen werden. Wittenberg weist darauf hin, daß das aber gerade in der Mathematik der

Fall ist. Während viele Gebildete durchaus über den Bildungsgehalt etwa des Geschichtsunterrichtes nachdenken, auch ohne Historiker zu sein, lehnen sie das bei der Mathematik strikt ab, da sie da völlig ahnungslos sind. Wittenberg beschreibt diese paradoxe Situation: "Die "Fachleute" bleiben gerade deshalb alleinige Meister ihrer Aufgabe, weil sie diese ihre Aufgabe nicht gemeistert haben." (B 44).

bb) Mathematik im Gymnasium

Beitrag der Mathematik

Auf seinen möglichen Beitrag zur Aufgabe des Gymnasiums hin ist nun der Mathematikunterricht zu untersuchen. Zwei Fragen sind dafür zu stellen: "Was hat die Mathematik zu einer Allgemeinbildung beizutragen? Welche Erfahrungen erschließen sich dem Menschen in dieser Wissenschaft, die so fundamental und bedeutsam sind, daß es auf sie in einer allgemeinen Bildung wirklich ankommen kann?" Und "Wie ist der Unterricht zu erteilen, damit er Gewähr dafür bietet, daß jene Erfahrungen dem Schüler in der Praxis auch tatsächlich erschlossen werden ...?" (B 45f).

Um den möglichen Beitrag des Mathematikunterrichtes herauszufinden, müssen wir die Mathematik selbst betrachten, ihren Beitrag zu unserem Erleben der Welt herausfinden. Wir sahen in a die eigenartige Welt der Gegenstände der Mathematik. Sie existieren offensichtlich nur in unserem Denken und haben doch Eigenschaften, die wir mit zwingender Notwendigkeit entdecken, sie scheinen Gebilde unserer schöpferischen Phantasie zu sein, und trotzdem tritt uns eine zwingende Evidenz auch für die Möglichkeit und Zulässigkeit neuer Begriffsbildungen entgegen. Wir erfahren in der Mathematik "eine Wirklichkeit, die weder eine solche der Natur, noch lediglich eine solche der menschlichen Psyche ist; eine Wirklichkeit sui generis, ... die uns ein Rätsel aufgibt". In der Mathematik erfahren wir "die Folgerichtigkeit und die seltsame Eigengesetzlichkeit unseres Denkens, dessen ungeahnte Potentialitäten und, in gewisser Hinsicht, die Bedingungen von dessen Wirksamkeit". Wir lernen "denken; lernen zugleich Wesentliches *über* das Denken". (B 47) Außer dieser Erfahrung der mathematischen Wirklichkeit und der inneren Notwendigkeit, die zu ihrer Explizierung führt, entdecken wir jene erstaunliche Erscheinung, daß wir mit Hilfe der mathematischen Beschreibung ein Bild von der Natur zu entwerfen vermögen. Die Natur gestattet einen mathematischen Zugriff auf sich. Die mathematische Beschreibung ist ihr in gewisser Hinsicht adäquat, weshalb wir die Physik "in mathematischen Begriffen denken" (B 48) können.

"Eine sachgemäße Begegnung mit der Mathematik", eine echte Auseinandersetzung mit ihr wird aber auch zu einer Begegnung mit einem jahrtausendealten menschlichen Ringen, mit der menschlichen Phantasie in den Entwürfen von Persönlichkeiten und mit menschlichem Leistungsvermögen in der Kraft der geistigen Durchdringung und Ausarbeitung jener Entwürfe. "Die Kenntnisnahme von Schwingungen des menschlichen Geistes, die durch die Mathematik angeregt wurden, unterrichtet uns gleichzeitig über Schwingungs*fähigkeiten* desselben." (B 49). Wir wollen ausdrücklich darauf hinweisen, daß das Vorbild einzelner Persönlichkeiten dabei lebendig werden kann. Das ist pädagogisch besonders wichtig. Wird doch durch die vorgestellte Leistung anderer die eigene Leistungsmöglichkeit erst wirklich in den Blick gebracht, wird uns doch die Schwingungsfähigkeit unseres eigenen Geistes erst glaubhaft, wenn wir sie als Fähigkeit einer Person realisiert sahen.

In einer Begegnung mit der Mathematik in den geschilderten Zügen vollzieht sich eine "unmittelbare Erfahrung wissenschaftlichen Denkens in vielen seiner wichtigsten Merkmale" (B 49f). Man erfährt, daß Begriffe nicht willkürlich entstehen, daß sie vielmehr durch Zweckmäßigkeit und innere Notwendigkeit aus der Untersuchung eines Gegenstandes herauswachsen (B 62), daß die Freiheit in der Forschung nicht mit unverbindlicher Beliebigkeit zu verwechseln ist. Sich bei der Forschung aufdrängende, über die eigene Wissenschaft hinausweisende Probleme werden deutlich, wie etwa das Problem der Wahrheit (B 63). Eine echte Begegnung mit der Mathematik zeigt ihre Macht genauso wie ihre Grenzen, eine "authentische Erfahrung des Mathematischen und seiner Beziehung zur Naturgesetzlichkeit" (B 52) verhilft zu einem Weltbild, das die Rolle der Wissenschaften angemessen eingeordnet hat.

"Unter allen Wissenschaften ist die Mathematik dadurch ausgezeichnet, daß sie sich voll umfänglich in unserem eigenen Denken erschließt." (B 57) Das heißt, daß wir weder für die zu stellenden Fragen, noch für die zu erwerbenden Begriffe, noch für die Methoden der Untersuchung auf anderes als auf das eigene Denken verwiesen sind, das auch durch keine Berufung auf Autorität ersetzt werden kann.

Mit all diesen Überlegungen ist - vergegenwärtigt man sich den gegebenen Aufriß des Gymnasiums - ein möglicher Beitrag des Mathematikunterrichtes zur Aufgabe des Gymnasiums in großem Umfange belegt, falls man davon ausgeht, daß eine Begegnung mit der Mathematik in ihrem hier gegebenen Charakter schon im Gymnasium möglich ist. Diese Möglichkeit führt Wittenberg am Beispiel der Geometrie vor. Er zeigt, daß es möglich ist, im Unterricht eine "gültige Begegnung" mit der Mathematik zu ermöglichen, daß es möglich ist, daß sich die Mathematik "innerhalb des eigenen Erfahrungsbereiches des Schülers erschließt" (B 50).

Unterrichtsgestaltung

Damit ist die zweite anfangs gestellte Frage zu beantworten: Wie muß der entsprechende Unterricht gestaltet werden, damit er seiner Aufgabe auch tatsächlich gerecht wird? Wir haben es schon gesagt: Er muß so gestaltet sein, daß eine echte, eine gültige Begegnung mit der Mathematik möglich wird, und sein Aufbau muß vollständig innerhalb des Erfahrungsbereiches des Schülers verlaufen. Das ist nun zu entfalten.

Zunächst ist für einen solchen Unterricht ein "Klima *warmer mitmenschlicher Beziehung* zwischen Lehrer und Schülern" nötig, das die Voraussetzung zu einer "Atmosphäre gemeinsamen Interesses an einem Gegenstand" schafft (B 69). Damit ist auch auf die oben angesprochene Notwendigkeit personaler Begegnung hingewiesen.

Für die gemeinsame Arbeit am Gegenstand ist unerläßliche Voraussetzung: *Muße* (B 82/149). Muße zu ernster Auseinandersetzung, zu tiefem Versenken, zu schöpferischer geistiger Tätigkeit. Muße ist Voraussetzung für Gründlichkeit und Tiefe.

Die Muße muß ergänzt werden durch die Schaffung eines echten *Freiraumes* für die Erkundungen des Schülers (B 82f). Das stellt eine wesentliche Anforderung an die Unterrichtsvorbereitung des Lehrers. Der Lehrer muß den ganzen Umkreis seines Unterrichtsthemas durchdacht haben. Er muß die grundlegenden Probleme und ihre Beziehungen übersehen. Als Bewohner einer "geistigen Oase der Besinnung und Nachdenklichkeit" (B 66) muß er vielfältige Beziehungen auch zu anderen Gegenständen, ja sogar anderen Fächern verfolgt haben, muß vor allem vor unnötigen und das Wesentliche verdeckenden Komplizierungen durch seinen Unterrichtsentwurf gefeit sein (B 147)! Und er darf eines *nicht*: Ein detailliertes Konzept für den Unterrichtsablauf haben! (Dem schlagen ungezählte Unterrichtsentwürfe, die Referendare während ihrer "pädagogischen" Ausbildung anfertigen, geradezu ins Gesicht.)

In diesen Zusammenhang gehört auch das von Wittenberg geforderte "geistige Einfühlungsvermögen" des Lehrers, der, sich einfühlend, mit seinen Schülern zusammen "in unbefangener Frische staunen" können soll. (B 69).

Beziehen wir das auf Forderungen Freudenthals. Er will diesen Freiraum des Schülers insbesondere dadurch schaffen, daß der Lehrer durch Schülerbeobachtungen, durch Beobachtung des Lernvorganges sensibilisiert wird für die Vielzahl der möglichen Wege, für die Stellen, an denen der Schüler zu staunen vermag. Allerdings weist er auch auf die Gefahr hin, daß durch zu viele Beobachtungsdaten letztlich wieder ein Konzept als Korsett geschaffen werden kann. In dieser Gefahr steht Wittenberg so nicht. (Aber auch er warnt ja vor dem detaillierten Unterrichtskonzept.) Er fordert vom Lehrer zwar die Wachheit und den freien Blick beim Unterrichten für den gerade stattfindenden Unterricht, eine große empirische Datensammlung hat er nicht im Auge. Den großen Überblick über den Stoff in allen seinen Beziehungen, den fordert er als Hintergrund. Allerdings hat er auch andere Schüler im Auge, Schüler, für die sich das Problem der "geistigen Kapazität" weniger stellt als das Problem der genügend anspruchsvollen geistigen Ansprache. (Ein vorläufiges Argument, aber wir gehen hier der Frage nach diesen unterschiedlichen Bildern vom Schüler nicht nach.)

In der Unterrichtsvorbereitung muß der Lehrer also den Lehrgegenstand "von Grund auf durchdenken" (B 68). Hier ist letztlich Freudenthals didaktische Phänomenologie gefordert, wenn es zum Beispiel gilt, die "tiefen, bedeutsamen und weitreichenden Fragen" zu sehen, die "nahe beim Elementaren" liegen (B 83). Wittenberg führt da etwa das Beispiel des Rechts-Links-Unterschiedes an mit seinen Beziehungen zur Physik oder zur Ontogenese der Organismen (B 82).

Genetischer Unterricht

Wenn der Schüler die Mathematik in einer gültigen Begegnung erfahren soll, dann muß er sich ganz auf sie einlassen, muß er wirklich *selbst* Mathematik treiben. Das fordert einen *genetischen Unterricht*, eine "Wiederentdeckung der Mathematik von Anfang an" (B 59). Wir haben diese Methode schon in IV.1.cb besprochen, insbesondere ihre Vertiefung gegenüber der sokratischen Methode. In dieser Vertiefung sieht Wittenberg - grob gesagt - die Chance zu einem wirklich gymnasialen Unterricht, wenn er sagt: "Ein Unterricht kann sehr wohl von größter logischer Korrektheit sein, sorgfältig darauf bedacht, den Schüler Schritt für Schritt die Unanfechtbarkeit jedes Beweises und jeder Überlegung erkennen zu lassen - und doch vollständig vor der Aufgabe versagen, dem Schüler wirkliche Einsicht und ein echtes Erlebnis der Mathematik zu erschließen." (B 59).

Wie in der Wissenschaft selber, wird "das Zustandekommen und die allmähliche Entwicklung der Fragestellung" (B 60) den Ausgang einer genetischen Unterrichtseinheit bilden. "Das Schwergewicht ... wird auf der *Heuristik* liegen; auf jenem Vorwärtstasten des Geistes von der Frage zur Antwort, während dessen er sein Problem betrachtet, analysiert, vergleicht, spezialisiert, verallgemeinert, umformt, um endlich zur ersehnten Einsicht zu gelangen - eine Einsicht, deren nachträgliche logische Sicherung nicht selten die geringfügigste Schwierigkeit darstellen wird." (B 61).

In einer so angelegten Wiederentdeckung der Mathematik wird der Schüler Begriffsbildungen und Methoden mit Notwendigkeit aus der Untersuchung erwachsen sehen, er wird aus einem Beweisbedürfnis an entsprechender Stelle die Funktion des Beweises in der Mathematik erfahren. Auf diese Weise wird er Forderungen an Wissenschaftlichkeit in ihrer Begründung und dem Umfang ihrer Berechtigung erfahren. Vom Lehrer ist für einen solchen Unterricht äußerste Zurückhaltung gefordert. Er muß "äußerst geizig mit Fachausdrücken sein" (B 80), muß abwarten, bis der Schüler selbst in Frage stellt, darf dem Schüler nicht Notwendigkeiten vor Augen führen wollen, die sich dem Schüler aus dem Problem noch gar nicht gezeigt haben. Er muß allerdings - und da sind wir wieder bei der Verpflichtung auf Wahrheit - den Schüler auf eine uneingeschränkte *Sachgemäßheit* (B 165) einfordern (die vorher *das* Kriterium für seinen Unterrichtsentwurf ist). Damit kann sich in solchem Unterricht echte Bildung ereignen, indem der Schüler in ernstem geistigen Bemühen die Erfahrung der Möglichkeiten geistiger Auseinandersetzung macht. Worauf Wittenberg Wert legt: Der Schüler muß erfahren, daß sich die Mühe lohnt (B 83).

Wenden wir uns den Unterrichtsgegenständen zu, die solchen Unterricht ermöglichen sollen. Welche Forderungen müssen an sie gestellt werden? Jeder Unterrichtsgegenstand muß ein in sich sinnvoll ordenbares Stück echter Mathematik verkörpern, er muß ganz in einem möglichen Erfahrungsbereich des Schülers liegen, muß seine "logische Rechtfertigung" wie auch "die Rechtfertigung seiner Relevanz, Angemessenheit und Bedeutsamkeit" (B 65) innerhalb dieses Erfahrungsbereiches finden. Wittenberg zitiert als Negativbeispiel eine Begründung für die Behandlung der Gruppe im Gymnasium (B 55), die davon ausgeht, daß sich die Gruppe im Unterricht "einwandfrei definieren" lasse und darauf hinweist, daß das "recht umfangreiche Gebäude der Gruppentheorie" darauf aufbaue, es aber natürlich im Unterricht nicht mehr behandelt werden könne. Wittenberg vergleicht einen solchen Unterricht sehr gelungen mit einem Naturkundeunterricht, der lehrt "Der Elephant ist ein vierbeiniges Säugetier. Die Katze ist ein vierbeiniges Säugetier. Die Giraffe ist ein vierbeiniges Säugetier. *Definition*: Ein vierbeiniges Säugetier wird als *Quadrimammal* bezeichnet", und damit beendet ist.

Die Gefahr solchen Unterrichtes entspringt vor allem der irrigen Annahme, in der Schule müßte die jeweils neueste Entwicklung der Mathematik berücksichtigt werden. Man "hängt dem gymnasialen Unterricht ein Mäntelchen höherer Mathematik um" nach dem Grundsatz "Kleider machen Leute" und "glaubt sich dadurch der Aufgabe enthoben, gründlich und selbständig darüber nachzudenken, was es mit der Mathematik eigentlich auf sich hat." (B 54). Als Folge solcher Oberflächlichkeit und Kurzsichtigkeit werden die Schüler "hilflose Opfer der Verwechslung von *Kompliziertem* und *Bedeutungsvollem* sein und dem Wahne huldigen, erst das theoretisch Verzwickte, nur dem Fachmann in saurer Mühe Zugängliche, trage wahrhafte Bedeutung in sich; - und dies, weil man sie wahrscheinlich nie gelehrt hat, beispielsweise an zwei gleichen, aber verschieden orientierten Dreiecken tiefere Ausblicke zu erkennen, als manche raffinierte Theorie sie ihnen zu eröffnen vermöchte". (B 85). Die Folge wird gerade jene irrationale Wissenschaftsgläubigkeit sein und andererseits jenes Ausgeliefertsein an die Wissenschaft, die wir im Kapitel I als Befund erhoben haben!

Demgegenüber lenkt Wittenberg den Blick auf die Gegenstände, an denen sich *im Elementaren Wesentliches erschließen* läßt. Er fordert eine beziehungsreiche Einordnung nicht nur innerhalb der Mathematik, sondern auch als Integration der Fächer. Er verweist da für die Verbindung zur Physik etwa auf Martin Wagenscheins Arbeiten (B 51) oder zeigt in seinem Themenkreis "Ähnlichkeit" Verbindungen zur Biologie und zur Litaratur bzw. Geistesgeschichte (B 138ff). Anknüpfungspunkte für solche Verbindungen seien so unvermeidlich, sagt er, "daß ein Mathematiklehrer sehr eng anliegende Scheuklappen tragen muß, um sie nicht zu sehen" (B 85). (Wittenbergs Verbindung zur Biologie weist auf etwas im Biologieunterricht meistens unterschlagenes Wesentliches hin: Es kann keine elefantengroße Maus lebensfähig sein und kein vier Meter langer Mensch: Auch das ist doch eine (insbesondere für Kinder) aufregende Erkenntnis![21])

In diesem Zusammenhang wünscht sich Wittenberg "eigentliche mathematische Lesebücher ... fesselnde Lesebücher, in denen ... - austrahlend von der Mathematik als Mittelpunkt - von gotischen Bogenfenstern und von Schneeflocken, von frühen Seefahrern und von Zahlenmystiken, von Alice im Lande hinter dem Spiegel und von Keplers Spekulationen über die Harmonien der Welten" die Rede wäre. Und er begründet: "Nicht zuletzt wären sie ein kostbarer Beitrag zur *Lebens*nähe des mathematischen Unterrichts - zur Nähe zu jenem Leben natürlich, das für das Gymnasium vornehmlich verbindlich ist: nicht zu dem der zinstragenden Kapitalien, der gebremsten Raketen und der sich leerenden Schwimmbassins, wohl aber dem Leben jahrtausendealten forschenden und schöpferischen Bemühens der Menschheit." (B 85f).

Hier wird deutlich, welcher Art von Anwendungen der Mathematik Wittenberg für das Gymnasium den Vorrang einräumt: Nicht der, bei der Theorien als Werkzeug in Wissenschaft und Technik benutzt werden, sondern solcher, die als Aufwerfen von Fragen, als Schaffen von Begriffen, zur Bildung unseres Weltbildes beiträgt. (B 84). Damit steht Wittenberg einerseits genauso sicher als einsamer Rufer in der heutigen didaktischen Landschaft, wie er andererseits eine Möglichkeit eröffnet, unser Grenzproblem, unser Problem der vernunftlosen Mathematisierung und unreflektierten Technisierung ein Stück weit zu lösen.

bc) Ein Entwurf

Beispiel Geometrie

Wittenberg tritt den Beweis für die Möglichkeit eines den aufgestellten Forderungen genügenden Unterrichtes an durch die Vorlage eines überzeugenden beispielhaften Entwurfes. Manche der von uns angeführten Forderungen und Überlegungen sind übrigens schon Folgerungen dieses Entwurfes, ja dieser Entwurf macht sogar den Hauptteil des Buches aus (womit Wittenberg seine pädagogischen Forderungen gleich selbst bewährt). Es führte zu weit, diesen Entwurf hier vorzustellen. Wir wollen aber ein paar Anmerkungen dazu machen, die das Bild eines möglichen gymnasialen Mathematikunterrichtes abrunden. Insbesondere wollen wir dabei die *Methode der Themenkreise* vorstellen.

Wittenberg wählt für seinen Entwurf die Geometrie als ein Gebiet, das eine "unvergleichliche historische und sachliche Rolle spielt. In ihm erschließen sich einige der fundamentalsten Erfahrungen des menschlichen Geistes. Die Geometrie steht im Zentrum der Beziehung zwischen unserem Denken und der physikalischen Wirklichkeit und am Ursprung wichtiger philosophischer Probleme. Zudem ist sie fast das einzige mathematische Gebiet von Bedeutung, das am Gymnasium in verhältnismäßig abgerundeter Weise studiert werden kann." (B 71). In dieser Einschätzung werden Wittenberg viele Lehrer beipflichten. (- Um dann in Lehrplankommissionen Lehrpläne zu entwerfen, in denen der Umfang der Geometrie immer geringer wird: Da wird der Bruch zwischen Idee und Wirklichkeit des Gymnasiums offenbar!)

Ein Vorteil dieses Gebietes ist außerdem, daß der Unterricht hier "mit der geistigen Entwicklung des Schülers während der Pubertätsjahre Schritt zu halten" vermag; "er tut es tatsächlich, wie wir sehen werden, von selber, wenn er in angemessener Weise genetisch entwickelt wird." (B 72).

Der Unterricht beginnt am Vorfindbaren: "Worum handelt es sich in der Geometrie? Um die Untersuchung der Figuren, die wir mit Zirkel und Lineal in unser Heft oder auf die Tafel zeichnen können und die wir an der Welt um uns, an unseren Feldern und Häusern und Gebrauchsgegenständen entdecken." (B 72).

Die Beschäftigung fängt also als Beschäftigung mit Zirkel und Lineal an: ... Was ist ein Lineal? Wie prüft man seine Geradlinigkeit? Warum verwendet man Zirkel und Lineal? Wären andere Instrumente denkbar? Nach dem Handwerkszeug werden die damit erzeugbaren Figuren in den Blick genommen: ... Wie ändern sich Verhältnisse? Wer kann die einfachste, die komplizierteste, die regelmäßigste, die unregelmäßigste Figur erfinden? Woran liegt die Schönheit einer geometrischen Figur?

Und so ergeben sich Untersuchungen, die vielfältige Eigenschaften von Figuren offenlegen, so führt der Weg zum Winkelbegriff mit seiner Orientierungsproblematik, zur Untersuchung von Symmetrien und zur Ähnlichkeit, schließlich zum Messen und dabei zu Entdeckungen wie dem Unterschied zwischen der Möglichkeit, ein Winkelmaß geometrisch erklären zu können, aber für die Längenmessung einen Prototyp eines Maßes zu brauchen.

Nach dieser Grundlegung soll eine "erste Vertiefung" stattfinden: "Die Abgrenzung zwischen der vorherigen Etappe und der nun beginnenden ist im einzelnen durchaus unscharf. Wir trennen sie nur für die Zwecke der Darstellung ... Gesamthaft liegt dabei aber doch eine deutliche Stufe vor: der Schritt von der unmittelbaren Orientierung im Bereich des Vorliegenden zum Eindringen in Verhältnisse, die uns erst durch eine eigentlich theoretische Untersuchung erschlossen werden." (B 107). Wittenberg betont aber ausdrücklich die Kontinuität der Untersuchung und weist den künstlichen Gegensatz von "propädeutischer" und "wissenschaftlicher" Geometrie zurück. Lassen wir ihn noch einmal dazu zu Wort kommen: "In dem früher Erschlossenen bestehen ungezählte Anknüpfungspunkte für vertiefende Betrachtungen. Überall führen Wege in die Tiefe. Man muß nur beginnen, das Frühere aufmerksamer anzuschauen, sich damit in anspruchsvoller Weise auseinanderzusetzen." (B 108). In der ersten Vertiefung gewinnt der Unterricht also an Tiefe und er geht gleichzeitig in die Breite. Aber er "bleibt wesentlich *einfach*". Er schafft eine "erweiterte Anschauung", "umfaßt Verhältnisse, die zwar nicht mehr unmittelbar ersichtlich sind, die sich aber ... in unmittelbarer Anknüpfung an die Anschauung begründen lassen." (B 163). "Am Schluß dieser Unterrichtsetappe muß der Schüler eine intime, fest in der Anschauung verankerte Vertrautheit mit jenen einfachen geometrischen Verhältnissen erreicht haben". (B 165).

Um die inhaltliche Füllung anzudeuten: In der ersten Vertiefung hat der Schüler die Ähnlichkeit über den Satz des Pythagoras bis zum Problem der Quadratur des Kreises verfolgt oder aber zu den trigonometrischen Funktionen oder über den Strahlensatz zum Cavalierischen Prinzip (B 14).

Auf die erste Vertiefung folgt eine "Umwälzung und kritische Besinnung". Sie führt zum Irrationalitätsproblem und "nötigt uns zu einem ungeheuer folgenschweren Schritt: Jetzt sind *ideale Figuren* unser Studiengegenstand - Figuren, die man nicht zeichnen kann und die keiner gesehen hat und die doch mit ihren wohlbestimmten Eigenschaften bestehen; Eigenschaften, die wir genau zu erfassen und zu untersuchen vermögen." (B 193). Nun ergibt sich auch "die Notwendigkeit" und damit "der Sinn verschärfter logischer Strenge", mathematischer Beweisführung (B 194/206). (Es sei nebenher vermerkt, daß Wittenberg inhaltlich hier schließlich das Studium der Euklidischen Proportionenlehre im V. Buch zu erwägen vorschlägt.) Das geht bis zur Besinnung auf die Kraft eines Widerspruchsbeweises und seine seltsame Struktur ("Man denke an einen Turner, der ein an einem Ast befestigtes Seil erklettert, um durch den eigenen Sturz zu beweisen, daß der Ast morsch ist.") (B 222).

Die Nähe dieser drei "Durchgänge" zu Freudenthals Stufen ist unverkennbar. Das unterstreicht, daß es sich bei dieser Stufung um ein Charakteristikum der Mathematik selbst handelt. Solches weist auch Wittenbergs Ausarbeitung durch ihre teilweise Parallelität zu historischen Entwicklungen aus und es wird insbesondere klar, wenn man Schritte, wie die Lösung der Geometrie von der Physik (ideale Figuren), in ihrer Funktion für den Aufbau der Mathematik bedenkt.

Der Ertrag

Was hat der vorgestellte Unterricht eingebracht? Der Schüler hat ein "außerordentlich vertieftes und sachgemäßes mathematisches Wissen erworben" (B 228), hat insbesondere "den geometrischen Idealisierungsprozeß bewußt wahrgenommen und in seiner Bedeutung verfolgt" (B 229). "Im Zuge der ganzen Untersuchung hat sich unsere Begegnung mit Wissenschaft und wissenschaftlicher Sachgemäßheit wesentlich vertieft", der Schüler konnte eine "beinahe sinnliche Erfahrung wissenschaftlichen Denkens aufbauen", er erlebte etwa am Beispiel der Inkommensurabilität, "wie das Unbegreifliche, zunächst scheinbar Undenkbare, ja Unfaßbare doch sein kann; und wie es die Preisgabe auch der einleuchtendsten, scheinbar befriedigendsten Auffassung erzwingen kann." (B 232f). Zugleich wurde der Schüler in einige Grundprobleme der Philosophie eingeführt (B 235), und er hat eine Einführung in die Geistesgeschichte erfahren (B 240).
Als Möglichkeit, diesen Unterricht vertiefend fortzusetzen, skizziert Wittenberg unter vielen Vorbehalten eine Hinführung zur Axiomatik, auf die wir hier nicht eingehen, da sie keine neuen Gesichtspunkte erschließt.

Genetischer Unterricht

Zwingend ist für den dargestellten Unterricht, daß die Unterrichtsgegenstände Themenkreise sind, die sich um wenige zentrale Ideen herum gruppieren (B 122). Die Flächenlehre und die Ähnlichkeit stellt Wittenberg als Beispiele für solche Themenkreise dar. Natürlich gibt es verschiedene Möglichkeiten, Themenkreise "um eine sehr geringe Zahl einfacher mathematischer Tatsachen" angeordnet zu wählen. Diese Themenkreise sollen als wohlgestaltete, überzeugende und überschaubare gedankliche Gebäude den Schüler überzeugen (B 141). Der Themenkreis muß vom Schüler nach seiner Erarbeitung als ein geschlossenes Stück Mathematik überschaut werden können, er bietet also dem Schüler Anlaß und Möglichkeit, Wissen als *Beziehungsgeflecht* in seiner eigenen Arbeit am Gegenstand aufzubauen!

Die Methode der Themenkreise ist im Grunde nichts anderes als das Ernstnehmen der Forderung nach genetischem Unterricht (im Horizont einer pädagogischen Auffassung vom Wissensaufbau durch eigene Organisation des Schülers) bei der Auswahl von Unterrichtsgegenständen. Der Themenkreis ermöglicht erst die Wiederentdeckung der Mathematik durch den Schüler. Dabei wird die "Erarbeitung eines Themenkreises ... grundsätzlich immer in zwei Stufen erfolgen: allmählich fortschreitende Entfaltung von einem einfachen Ausgangspunkt aus; sodann zusammenfassender, umfassender Rückblick auf das Erarbeitete, das in der Rückschau als ein durchsichtiger, klar gegliederter, deutlich sachbezogener gedanklicher Bau gesehen werden muß." (B 147).

Damit ist weniger die oben dargelegte Stufung angesprochen als die stete Forderung nach *Abrundung* (B 149), die "gedankliche Kreise" schließt, um das Wissen in seinen Beziehungen zu ordnen. Diese Abrundung ist nicht mit einer aus falscher Einschätzung der Deduktivität entstehenden starren Systematik zu verwechseln (B 151), wie das unter dem Stichwort des "lokalen Ordnens" bisweilen (in der Verletzung der Freudenthalschen Intention dieses Begriffes) geschieht.

Wittenberg weist auf die nötige *Offenheit* des Unterrichtes als "notwendige Ergänzung" der Abrundung hin (B 153). Der Unterricht muß stets *über sich hinausweisen*, Ausblicke eröffnen, neue größere Zusammenhänge (als die gerade geschehene Abrundung) in den Blick nehmen.

Die *mathematische Unbefangenheit*, die für die Erkundung eines solchen Themenkreises notwendig ist, die "schöpferische Unbefangenheit", die "auch heute noch den größten Teil der lebendigen Mathematik" kennzeichnet (B 156), sieht Wittenberg in herkömmlichem Geometrieunterricht vor allem durch den axiomatischen Aufbau gefährdet und weist daher ausdrücklich darauf hin.

Dem beschriebenen Unterricht als Erarbeitung von Themenkreisen durch den Schüler eignet ein *rythmisches Element* von Spannung und Entspannung. Von einfachen Gegebenheiten ausgehend, führt er schließlich dazu, die "ganze geistige Fassungskraft und das angestrengte Bemühen des Schülers" zu fordern, "um sodann wiederum mit einem einfachen Gedankenkreis zu beginnen" (B 157). Dieser Rythmus wirkt ungemein leistungsfördernd.

Wenn wir jetzt sagen, unsere Nachzeichnung habe eine unter dem Anspruch von Bildung tragfähige Unterrichtsvorstellung und ihre Explizierung vorgestellt, wird vielen Lehrern und Schulverwaltungsbeamten ein wichtiger Punkt fehlen: Die Prüfung des Schülers. Nun, die ist in der Tat wesentlich. Wir haben uns in IV.1 ausführlich und in verschiedener Hinsicht mit ihr befaßt. Wir können uns daher sparen, mehr zu dem folgenden Zitat zu sagen, als daß es eben, nimmt man die Idee des Gymnasiums ernst, etwas anderes gar nicht zu sagen gibt:

"Was wir vom Schüler schließlich erwarten, ist eine persönliche Leistung: die gedankliche Verarbeitung des ganzen Themenkreises bis zur wirklichen Meisterung desselben. Diese ist erreicht, wenn der Schüler in freier, zusammenhängender Rede, oder in stilistisch einwandfreiem, gedanklich zuchtvollem Aufsatz, einen einschlägigen Fragenkreis dargestellt und in der sachgemäßen Integrierung von Begründung, Erläuterung und Beweisführung sein Verständnis und seine Fähigkeit zu individueller Wiedergabe des Erarbeiteten offenbart hat, und wenn er über den ganzen Zusammenhang Rede und Antwort zu stehen vermag." (B 158)

"Zusammenfassend gelangen wir zu folgendem Ergebnis: Mathematikunterricht am Gmynasium ist "echt" in dem Maße, in dem er dem Schüler am Elementaren den vollen Umfang mathematischen Denkens erschließt - vom Eindringen in naheliegende Probleme über die heuristische Auseinandersetzung mit ihnen, deren zunehmende Vertiefung und die allmähliche Schaffung angemessenen Vorgehens und adäquater Begriffe, bis zum verhältnismäßig abgerundeten Überblick einer verhältnismäßig systematischen Theorie, zu den Ausblicken, die sich von einer solchen Theorie aus wiederum eröffnen, und zu den umfassenderen Fragen, die durch das mathematische Unternehmen aufgeworfen werden. Das bedeutet vor allem (und das bekräftigt wiederum unsere generelle Festlegung der Aufgabe des Gymnasiums), daß die elementare Mathematik des Gymnasiums als ein innerhalb desselben nach Motivierung, Methodik und Begriffsbildung abgeschlossener Gegenstand unterrichtet werden muß." (B 64).

V Mathematikunterricht: Eine Perspektive

V.0 Zur Darstellung

Nachdem wir uns in der Welt umgeschaut, in unsere Geschichte hineingeschaut und Ansätze für bildenden Mathematikunterricht angeschaut haben, gilt es, den Ertrag dieser Orientierungsreise herauszustellen. Wir - das sind der Autor (aus Bescheidenheit zuerst genannt, denn vielleicht bleibt's bei ihm) und der Leser dieser Ausführungen.

Die Gedanken wurden nicht in abgeklärter Distanz und zunächst nicht für einen möglichen Leser niedergelegt. Sie sind mitgeschriebene Verständigung des Autors über das Thema, sind das lebendige Tagebuch der Orientierungsreise, auf der er, ein Beispiel eines durch bestimmte Erziehung gewordenen "Menschen von heute, und sonst von nirgendwoher" (Wagenschein), sich ein Herkommen schaffte. Der Leser, den es störte, daß die Reiseabschnitte in vielerlei Beziehung sehr ungleichartig geschrieben sind, könnte jetzt darauf hingewiesen werden, daß eben die Reiseabschnitte ihre Eigenarten hatten und daß diese nicht schwinden sollten aus zwei Gründen: Den einen Grund weiß der Leser schon jetzt aus allem, was zum Umkreis "Werden von Gedanken oder fertiges Gedankengebäude" gesagt wurde, und es wird dazu unter den Themen "Phänomene" und "genetischer Unterricht" weiteres zu sagen sein. Aber der Leser, dem dieser Grund eigens angegeben werden müßte, hat die Ausführungen längst aus der Hand gelegt. Den zweiten Grund zu nennen, ist hingegen nicht überflüssig, da wir damit gleich wieder mitten im Thema sind. Als Mathematiklehrer kann ich Schülern nur Hilfestellung zu ihrer Bildung leisten, wenn ich selbst im Sinne meiner Bildung an mir arbeite. Meine Auseinandersetzung mit dem Thema ist auch so zu verstehen. Nun zeigt sich aber bei diesem Prozeß der Bildung meiner selbst ein Charakteristikum von Bildung, nämlich die Vorläufigkeit (im Sinne eines über das Erreichte Hinausweisens) in aller Gewinnung einer Einordnung, eines Bezugsrahmens, einer Urteilsgrundlage. Die Orientierung gab ein paar Antworten, aber sie eröffnete noch mehr Fragen. Da sind wir bei dem zweiten Grund: Eine Überarbeitung, die die Darstellung vereinheitlicht, gestrafft, geglättet hätte, hätte manche Ecke abgefeilt, die so zu "Schrammen" führen kann, zu brennenden Fragen. Die Ecken will ich (mir) erhalten.

Und so wird auch die Darstellung des Ertrages im vorliegenden Kapitel nicht erschöpfen, was in den vorausgehenden Ausführungen an Fragen angelegt ist.

So wie ich den ersten der beiden eben genannten Gründe nicht explizit angab, werde ich größtenteils jetzt in diesem Kapitel vorgehen. Die Gedankengänge sind durch die Ausführugnen der ersten Kapitel begründet. Explizit nachgezeichnet werden diese Begründungen nicht alle.

V.1 Zur Bildungs- und Erziehungsaufgabe des Mathematikunterrichtes

"Da taucht es auf, das Schreckbild der Rechenmaschinen, die uns eines Tages regieren werden. Ist es ein Wahnbild oder ist es die Wirklichkeit von morgen? Man sei davon überzeugt, daß die Antwort auf diese Frage genauso zur Mathematik gehört wir die Lösung einer Differentialgleichung." (Freudenthal)[1].

Wir sind nach den vorangegangenen Kapiteln insbesondere davon überzeugt, daß solche Fragen in einen Mathematikunterricht gehören, der der Bildung des Schülers verpflichtet ist: Nur ein Mathematikunterricht, der die philosophische Besinnung über die Mathematik nicht vernachlässigt, wird seiner Bildungsaufgabe gerecht.

a) Naturwissenschaftliche Bildung

> *Eines ist es, die Erde nur zu nutzen, ein anderes, den Segen der Erde zu empfangen und im Gesetz dieser Empfängnis heimisch zu werden, um das Geheimnis des Seins zu hüten und über die Unverletzlichkeit des Möglichen zu wachen.*
>
> *Martin Heidegger*

Mathematik und Naturwissenschaften

Aus zwei Gründen kann man nicht über die Bildungsaufgabe des Mathematikunterrichtes reden, ohne die Naturwissenschaften zu berücksichtigen: Einmal wegen der engen Beziehung zwischen der Mathematik und den Naturwissenschaften und zum anderen, weil Bildung in unserer Zeit der äußersten Gefährdung der Menschheit vor allem naturwissenschaftliche Bildung sein muß. (Wir sind uns dabei der Gefährlichkeit der bequemen Wahl des Ausdruckes "naturwissenschaftliche Bildung" bewußt. Hier soll ein bestimmter Aspekt angesprochen werden. Natürlich ist Bildung nicht aufteilbar; das macht ja gerade die Mitte unserer Gedankengänge aus.) Beides sei näher begründet.

Bildung als der Weg einer Selbstverständigung in der Welt, der zu einer Urteilsgrundlage für unser Handeln führen soll, als der Erwerb von Maßstäben für verantwortungsvolles Handeln, hat es nicht zuletzt zu tun mit der Auslegung unserer selbst im Angesicht der Natur und als Teil der Natur. Naturerkenntnis ist Selbsterkenntnis und konstituiert wesentlich unsere Weltanschauung. Insofern Naturerkenntnis heute weitgehend Ergebnis von Naturwissenschaft ist, ist Naturwissenschaft zentral für die Auslegung unserer Existenz in der Welt. Also muß Bildung zum guten Teil naturwissenschaftliche Bildung sein; da Bildung nicht in Bereiche zerlegbar ist, muß sich jeder Gedankengang zur Bildung auch auf den naturwissenschaftlichen Aspekt einlassen.

Soweit darf der Ruf nach naturwissenschaftlicher Bildung noch mit viel Zustimmung rechnen. Aber wir müssen ihn noch aus anderer Richtung verstärken und da wird es heftige Gegenstimmen geben. Handeln in unserer Lebenswelt ist weitgehend Handeln in durch Naturwissenschaft beeinflußten Situationen. Verantwortungsbewußte Entscheidungen schließen oft Urteile über Aussagen von Naturwissenschaftlern ein. Auch dafür ist naturwissenschaftliche Bildung gefordert. Die Gegenstimmen behaupten, dem Laien seien solche Urteile heute allgemein gar nicht mehr möglich, sie müßten den Fachleuten überlassen werden[2]. Das hieße, daß naturwissenschaftliche Bildung insofern nicht möglich wäre, als es unmöglich wäre (außer für Naturwissenschaftler selbst), eine Urteilsgrundlage zu vermitteln für solche Fragen der Lebenswelt, die weitgehend naturwissenschaftliche Relevanz haben. Eine Lösung dieses Problems sollen uns die Überlegungen dieses Abschnittes ermöglichen. (Wir haben im ersten Kapitel gezeigt, daß *uns* solche Urteile möglich sind: Wir nehmen die Fragen nach den dortigen Beispielen als Beweis dafür in Anspruch.)

Zur engeren Beziehung zwischen Mathematik und Naturwissenschaft sei vor allem gesagt, daß historisch, von der Entwicklung der Mathematik her gesehen, die Naturwissenschaften eine der wichtigsten Quellen bildeten, aus der die Mathematiker Interesse und Motive schöpften[3]. Mathematiker weisen immer wieder darauf hin, daß es für die Mathematik lebensnotwendig ist, von diesen Wurzeln nicht abgeschnitten zu werden[4].
? Wenn aber jemand die Mathematik nur als abstraktes Gebäude sieht?
! Nun, Abstraktion wovon?
? Wenn sie jemand nur als ein Spiel nach willkürlichen Regeln auffaßt?
! Woher kommt es dann, daß die Mathematik nicht in lauter unzusammenhängende Spiele verschiedener Mathematiker zerfällt?
? Wenn ein Mathematiker doch nur vorgegebene Ideen entdeckt?
! Ideen wessen?
Ohne den Anlaß der Naturwissenschaften kommt die Mathematik nicht aus. Wir können es noch zwingender sagen: Aus Wittenbergs Analyse (IV.2a) wissen wir, daß wir ohne die inhaltliche Auffassung nicht auskommen; die Naturwissenschaften liefern uns einen inhaltlichen Hintergrund.

Dem scheint zu widersprechen, daß sehr viele Mathematiker heute fernab von naturwissenschaftlichen Anknüpfungen Mathematik treiben als formales Operieren mit formalen Systemen. Das ist jedoch immer Bearbeitung schon bekannter Mathematik und läßt sich nicht beliebig weit treiben. M. Kline weist auf die zum Teil sachfremde Motivation hin, die hinter einer Spezialisierung in solcher Richtung steht: Es wären solche Aufgaben einmal "weitaus einfacher zu bewältigen" als von den Naturwissenschaften herkommende Probleme[5], und er zitiert J. von Neumann, der die Gefahr sieht, daß sich die Mathematik "auf der Linie des geringsten Widerstandes entwickeln wird, daß der von seiner Quelle so entfernte Strom sich in eine Menge unbedeutender Abzweigungen teilen wird und die Disziplin so in eine uneinheitliche Menge von Details und Komplexe zerfällt"[6]. Kline spricht zum anderen die Tatsache an, daß viele Mathematiker in einer Zeit der Betonung des Formalismus ausgebildet wurden und sich später keinerlei Einblick in die Geschichte der Mathematik verschafft haben: Die eigene Karriere im Auge, blieb für solche Einblicke keine Zeit[7]. (Womit andermal ein Befund aus Kapitel I bestätigt ist.)

Es ist uns also aufgegeben, die Naturwissenschaften bei unseren Betrachtungen zum Mathematikunterricht zu berücksichtigen.

Urteilsermöglichung

Am Ende von Kapitel I hätte man versucht sein können zu fragen: Brauchen wir nun mehr oder weniger Naturwissenschaft zur Lösung unserer Probleme? Braucht der Schüler mehr oder weniger Naturwissenschaft als Grundlage für sein Leben?

Wie wir sahen, wird mit Hilfe der Wissenschaft oft ein Problem gelöst, ein Fehler repariert, indem viele neue Probleme geschaffen, neue Fehler gemacht werden. Wäre es da nicht besser, es würde überhaupt weniger Wissenschaft getrieben, wären weniger Menschen mit Wissenschaft befaßt? Sind nicht viele wissenschaftlich begründete Entscheidungen gar keine Entscheidungen, da sie nur den Fortgang einer Technisierung des Lebens garantieren? Sie müßten durch normative, am Menschen orientierte Entscheidungen ersetzt werden. Heißt das nicht: Weniger Wissenschaft? Wie wir sahen, ist es um die Objektivität der Wissenschaft nicht immer gut bestellt. Das "wir wissen heute" der naturwissenschaftlichen Medizin, das uns so oft genarrt, spricht es nicht gegen diese Wissenschaft?

Wenn diese Medizin die Notwendigkeit hoher Eiweißzufuhr für den Körper wie ein Dogma in die Mitte aller Überlegungen stellte und sich nun herausstellt, daß etwa Arteriosklerose, Herzinfarkt, Angina pectoris und Rheuma auch durch zuviel Eiweiß verursacht werden, daß also etwa in Fastenkuren auch das Eiweiß - eben alles - reduziert werden muß[8], daß die Aussagen dieser Medizin für manchen Tod mitverantwortlich sind und sich viele Menschen besser an die vorwissenschaftlichen Fastenregeln gehalten hätten, sollte man daraus nicht folgern: Weniger Naturwissenschaft? Die Fasteneinsichten von Mönchen sind auch etwas Objektives, sollten wir nicht besser bei jener Objektivität bleiben? Wenn die Wissenschaft uns so wenig positive Aussagen liefern kann, die unser Leben wirklich bereichern, genügt dann nicht wenig Wissenschaft, gerade soviel, wie als Grundlage einer Kritik irrationaler Verirrungen nötig ist?

Aber, so hätte man auch fragen können, sind nicht alle Irrwege der Wissenschaften nur daraus zu erklären, daß wir immer auf halbem Wege stehenblieben und nicht genug Wissenschaft getrieben haben. Müßten nicht zum Beispiel die Aussagen der naturwissenschaftlichen Medizin nur vielfach differenzierter sein, also etwa alle Therapien modulo umfangreicher Datensätze über die Patienten angegeben werden, alle Aussagen nur nach Festlegung vielfältiger Vor- und Nebenbedingungen gemacht werden. Brauchen wir nicht viel mehr Wissenschaft?

Manche Fehlentscheidung, die unser Leben wieder ein Stück mehr inhumaner Technik ausliefert, wird von naturwissenschaftlich völlig unbewanderten Technikanbetern gefällt. Und es ist eine Einsicht der Mystik, daß man durch eine Sache hindurchgegangen sein muß, um bewußt von ihr lassen zu können. Also brauchen wir mehr Naturwissenschaft?

Diese Frage hätten wir aus Kapitel I heraus nicht beantworten können. Sie ist in dieser Weise überhaupt nicht beantwortbar. Das Problem wird angemessen in der Frage nach naturwissenschaftlicher Bildung aufgegriffen, die wir für den vorliegenden Abschnitt aufgeworfen haben. Zentral ist dafür die Beantwortung der schon formulierten Frage nach der Möglichkeit von "Laienurteilen" auch über solche Fragen der Lebenswelt, die große naturwissenschaftliche Relevanz haben und deswegen oft als allein von Naturwissenschaftlern entscheidbar hingestellt werden. Wir werden für die Aufnahme des gestellten Problems Nutzen ziehen aus unserem

Einblick in die Geschichte in Kapitel II und Kapitel III, werden sehen, daß auch die Gedanken aus Kapitel IV dazu etliches beizutragen haben.

Eines ist aus Kapitel I schon deutlich: Da sich die Wissenschaften vom Ganzen des Lebens immer weiter entfernt haben, kann ein Verfügungswissen noch so großen Umfanges aus diesen Wissenschaften keine ausreichende Grundlage für den Lebensvollzug des Schülers bereitstellen. Solches Verfügungswissen, das der Weltbeherrschung durch Wissenschaft dient, wird in der Folge des Rufes nach Wissenschaftsorientierung der Schule heute im naturwissenschaftlichen und im Mathematikunterricht fast ausschließlich vermittelt. Solche Wissenschaftsorientierung kann kein Prinzip für eine Schule sein[9], die dem Schüler Bildung ermöglichen soll, auch, damit er den immer brennender sich stellenden Fragen aus Kapitel I nicht hilflos ausgeliefert ist.

Wenn naturwissenschaftliche Bildung aber möglich ist, dann ist damit jene oft beschriebene Kluft zwischen den Forderungen an Bildung und den diesen Forderungen entgegengesetzten Tendenzen neuzeitlichen Wissenschaftsbetriebes nicht mehr als Legitimation für eine Zurückweisung der Bildungsrelevanz der Naturwissenschaften brauchbar.

Widerspruchsfreiheit: Lösung

Einen Graben müssen wir zuvor überbrücken. Wir sahen im Kapitel I, daß Leben immer leben von Widersprüchen, wissenschaftliches Vorgehen aber methodisch bewußter Aufbau widerspruchsfreier Systeme ist. Im Aufweis von Widersprüchen besteht ja gerade jede rationale Kritik, und solche macht Urteilsfähigkeit eines gebildeten Menschen wesentlich mit aus. Wie sieht nun ein Lebensvollzug aus in einem grundsätzlich nicht widerspruchsfrei möglichen Leben, einem Leben, das bis zur Todesstarre verarmen kann, falls die Elimination aller Widersprüche versucht wird, wenn andererseits bewußtes, rational begleitetes Leben immer nur den Aufweis von Widersprüchen als Grundlage für kritische Orientierung haben kann?

Die Brücke über diesen Graben kann nur die Anerkennung der Endlichkeit unserer menschlichen Existenz sein. Wir übersehen das Ganze des

Lebens bzw. unserer Welt nicht und können es prinzipiell nicht übersehen. Insbesondere haben wir unser Leben nicht in der Hand als ein von uns zu determinierendes. Mit unserer Denkfähigkeit ist uns aber aufgegeben, uns in der Welt zu orientieren. Diese Orientierung ist uns ein dringendes Bedürfnis, sie gibt uns eine gewisse Sicherheit für unser Leben. Bei der Orientierung können wir - aufgrund unserer Endlichkeit - immer nur einzelne (mehr oder weniger scharf) ausgesonderte Bereiche erfassen und denkend durchdringen. Innerhalb solcher Bereiche stellen wir dann die Forderung nach Widerspruchsfreiheit. Das Vorgehen hängt nun entscheidend an der Wahl der Bereiche. Das ist ganz analog dem Vorgehen, das Wittenberg für das begriffskritische Problem vorschlägt. Die "erkenntnistheoretischen Schnitte" zu legen, ist dort das eigentliche Problem, wie es hier die Wahl bzw. die Festlegung des Bereiches ist, über den unsere Aussagen widerspruchsfrei sein sollen. Hier wie dort ist diese Aufgabe letztlich nur durch Intuition zu lösen.

Allerdings kann auch das Abgrenzen verschiedener Bereiche selbst ein Bereich unseres Denkens sein, innerhalb dessen die Forderung nach Widerspruchsfreiheit erhoben werden kann. Doch geht das nicht global, wir können diese Abgrenzungsaufgabe nicht insgesamt und erschöpfend lösen; damit hätten wir sonst gewissermaßen hinten herum die Totalübersicht über die Welt ermöglicht und unsere Endlichkeit überstiegen.

Wir verknüpfen also aus dem Sternenhimmel der von uns vorgefundenen Daten einige Daten durch unser Denken zu einem Sternbild. Dabei können die zu verknüpfenden Daten aus der ganzen unendlichen Hierarchie von Verknüpfungen von Daten, Verknüpfungen von Verknüpfungen von Daten usw. stammen, können aus verschiedenen Ebenen dieser Hierarchie gleichzeitig genommen werden; die Sternbilder können sich in vielfältiger Weise überschneiden.

Wählen wir nun einen solchen Bereich in unserer Hybris zu groß, verkleinert er sich sozusagen von selbst, indem durch die Maschen des Siebes der Widerspruchsfreiheit zu viele Daten herausfallen, so daß der Bereich zwar äußerlich groß, aber sozusagen innerlich arm und mager wird. Das wäre eine Erklärung dafür, daß sich die Wissenschaften immer weiter vom Leben entfernen. Der Versuch der globalen Elimination aller Widersprüche ist solche Hybris.

Damit ist die Brücke über den Graben geschlagen, der Weg gewiesen, auf dem wir gehen müssen, um mit den Problemen des Kapitels I fertig zu werden. Wir müssen diese von uns für unsere Orientierung zu wählenden Bereiche am Menschen orientiert ausgrenzen. Diese Forderung entstammt ihrerseits schon einem Bereich (einem sozusagen übergeordneten) und der gestattete uns, die Widersprüche als Folge des Versuchs der totalen Elimination des Widerspruches aus dem Leben im Kapitel I aufzuweisen. Dabei war dort die Einzelargumentation wiederum gerade dadurch möglich, daß eine in bestimmter Weise zu enge Festlegung von Bereichen zu kritisieren war.

Sagen wir es am Beispiel eines Bildungszieles für den Schüler: Er muß schließlich in der Lage sein, aus den etwa durch bestimmte Techniken oder durch wirtschaftliche oder politische Üblichkeiten abgegrenzten Bereichen, die durch verschiedene Artikel auf einer Seite einer Tageszeitung repräsentiert werden, herauszutreten, sich von ihnen zu lösen und, bewußt selbst aus eigener Intuition Bereiche abgrenzend, sehen, daß etwa in einem Artikel gerade das wirtschaftliche Prinzip verherrlicht wird, dessen Negierung Fundament der Argumentation im nebenstehenden Artikel ist. Er soll diesen Widerspruch erkennen und versuchen, insoweit den fraglichen Bereich widerspruchsfrei zu gestalten.

Der Lebensvollzug besteht nun in einer möglichst ausgewogenen Abstimmung von bewußt hingenommenen vielfältigen Widersprüchen, die das Leben uns entgegenstellt oder auch bereit hält (als Mosaik, dessen farbige Vielfalt Leben erst erträglich macht) und der denkenden Durchdringung geeigneter mit der Forderung nach Widerspruchsfreiheit konfrontierter Bereiche: Das wäre die methodische Lösung der Problematik der Widerspruchsfreiheit im Kapitel I.

An dieser Stelle ist noch ein Hinweis angebracht. Die Wirklichkeit übersteigt unsere Phantasie weit, läuft stets unseren kühnsten Träumen davon. Es gehört mit zur Bescheidenheit, auf die wir verwiesen werden, einzugestehen, daß wir mit unserem Denken zwar fragen, aber kaum antworten können. Wenn wir im Kapitel I einen Bereich so legten, daß wir z.B. nach den Gesamtkosten fragten, die das Verkehrssystem Auto in der Gesellschaft verursacht, und so gewisse Widersprüche aufdeckten, dann ist das

Vorgehen genauso berechtigt, wie es unberechtigt wäre, nun anzunehmen, die Kosten seien der geeignete Maßstab für alle Überlegungen zum Umgang mit Techniken. Der Aufweis des Widerspruches dient rationaler Gestaltung; letztgültige rationale Gestaltung ist aber nicht möglich.

Wir sind damit methodisch zu einer transzendentalkritischen Position geführt worden, die durch die Formulierung Wolfgang Fischers treffend dargestellt wird: "Ihr Wissen des Nichtwissens kann im darin eröffneten Fragen und Suchen zu neuen Gedanken führen, die in der Besonnenheit des Nicht-Dogmatismus nicht mehr als der Versuch neuer Begründung, aber auch nicht weniger als die Bewahrung der Lebensprobleme vor ihrem Verschnitt und Verbrauch durch Leben, Wissenschaft und Metaphysik sind."[10]

Mechanistisches Naturverständnis

Das ärgste Hindernis naturwissenschaftlicher Bildung ist ein heute noch immer verbreitetes mechanistisches Naturverständnis. Wir haben den Weg ausschnitthaft verfolgt, der zu diesem Naturverständnis führte. Die ursprünglich einfühlende Naturbetrachtung, die auf dem Grund der Einheit des Menschen (als Teil der Natur) mit der Natur nach sinnerfüllten Erklärungen für ganzheitliche Gestalten suchte, wurde schließlich bei Descartes abgelöst von einer Vorstellung, für die die Natur insoweit verstanden ist, wie sie durch mechanische Bilder gefaßt werden kann und der messenden Beobachtung zugänglich wird. Dieses Begreifen einer Sache durch eine andere ist weniger, als eine Sache durch ihr Wesen zu begreifen (Spinoza[11]), aber in dem Maße, in dem der Mensch auf diesem Wege auf die Erkenntnis des "Wesens" der Natur verzichtete und die ursprünglichen ganzheitlichen Gestalten zerstörte, gelang ihm die messende Auseinandersetzung mit der Natur, die ihn in die Lage versetzte, Naturkräfte nach seinem Willen wirken zu lassen. Und auf den Teilbereich des so durch ihn Verfügbaren fixiert, fühlte sich der Mensch als "Herr und Besitzer der Natur" (Descartes).

Nun hat sich die neueste Naturwissenschaft von diesem Cartesianischen Weltbild allerdings wieder abgewandt. (Nicht aber von Bacons Gewaltforderung, die Natur auf die Folter zu spannen.) Sie ist durch ihre eigene

Entwicklung darauf gestoßen worden, daß die Natur mit den mechanischen Vorstellungen aus unserer Gegenstandswelt nur zum kleinsten Teil zu beschreiben ist. Wir sahen, daß gewisse aristotelische Vorstellungen sich schließlich als mechanistischen überlegen herausstellten, und es mehren sich gerade heute die Stimmen, die die naturwissenschaftliche Forschung stärker an Aristoteles orientieren wollen. Es ist auch noch gar nicht absehbar, ob nicht sogar von Goethes Naturvorstellung herkommende Forschungsansätze (etwa in der Krebsforschung) eines Tages viel weiter führen, als die augenblicklich die Medizin repräsentierende Forschungsweise. (Die von Goethe/Steiner herkommende Aussage "Krebs als Lichtstoffwechselstörung" korrespondiert mit neuen Messungen von Strahlungen pflanzlicher und tierischer Gewebe und der Änderung der Strahlungsintensität bei Krebsgeweben.[12]) Wobei die aktuelle Forschungsweise allerdings vielfach die Abkehr der Physik vom Cartesianischen Denken nicht wirklich nachvollzogen hat.[13] (Goethe, der dem Cartesianischen Weltbild so gar nicht verfallen war, ist ein Beispiel für die Möglichkeit naturwissenschaftlicher Bildung.)

Die Quantenmechanik hat uns belehrt, daß die Wirklichkeit, die die Physik beschreibt, eine von ihr durch die Beschreibung erst erzeugte Wirklichkeit ist (das Teilchen existiert nur für den dafür geschaffenen Beobachtungsvorgang; die Theorie entscheidet darüber, was man beobachten kann, man kann keine nur auf beobachtbare Größen gegründete Theorie schaffen). Die Physik weiß inzwischen, daß die durch ihre Methode der Naturbefragung erst erzeugte Trennung von Subjekt (dem auf das Messen reduzierten Beobachter Mensch) und Objekt (das dem Meßprozeß Zugängliche) gar nicht durchhaltbar ist, da jedes Beobachten in das Beobachtete eingreift und es verändert; Beobachter und Beobachtetes bilden eine untrennbare Einheit - Subjekt und Objekt sind lediglich Blickrichtungen. (Die Trennung von Subjekt und Objekt bleibt natürlich trotzdem bestehen in ihrer Funktion für die Ermöglichung von Beobachtungen überhaupt.) Die scharfe Gegenüberstellung von res cogitans und res extensa (Descartes) ist in ihrer Relativität zu sehen! (Ein nicht ganz passendes, dadurch aber ungemein anregendes Beispiel dazu: Man versuche zu erkennen, ob man rhythmisch wechselnd Schaffensperioden und Trägheitsperioden hat. Indem man sich diese Frage stellt, hat man einen solchen möglicherweise bestehenden Rhythmus u.U. schon völlig zerstört.)

Dieses Ergebnis der Physik deckt sich also mit dem Ergebnis der Bestandsaufnahme der Gestaltung unseres Lebens durch eine am mechanistischen Weltbild ausgerichtete Technisierung aller Lebensbereiche: Wir stehen gar nicht der Natur als einem Objekt gegenüber, das wir nach unserem freien Willen beliebig umgestalten und beherrschen könnten. Diese unhaltbare Vorstellung ist für unseren Irrweg verantwortlich. Da diese Vorstellung des in seinen Entscheidungen völlig frei der Natur als herrenloser Sache gegenüberstehenden Menschen in der abendländischen Philosophie seit Descartes tief verwurzelt ist und dort nicht inzwischen zwingend zurückgewiesen wurde, wie es in der Physik geschah[14], ist naturwissenschaftliche Bildung hier doppelt gefordert. Sie muß einmal diese Vorstellung korrigieren und zum anderen eine Überwindung solcher Vorstellungen in die Philosophie hineintragen.

Indem sich der Mensch als die Natur behandelndes Subjekt von der Natur absetzte, katapultierte er sich aus der Welt hinaus. Er erlangte die Freiheit, nach seinem Willen gestaltend auf die Natur einzuwirken, aber da er - entwurzelt und ortlos - kein Herkommen und keinen Bezugsrahmen mehr sieht, fehlen die *Maßstäbe*, an denen er sein Handeln ausrichten könnte. Und je mehr er die Natur umgestaltet, desto fremder und unverständlicher tritt sie ihm gegenüber. Die Verständigung über die Natur, die ihr das beängstigend Übermächtige nehmen sollte, endet bei einer Entfremdung des Menschen von der Natur, in der ihm die Natur bedrohlicher als je gegenübersteht. Da der Mensch Teil der Natur ist, ist er sich nun selbst entfremdet. Der Riß geht mitten durch ihn hindurch: Die Anthropozentrik zerstörte ihr Zentrum.

Anthropozentrik

Hier sollte man sich aber auch der sozusagen quantitativen Seite des Problems erinnern, auf die H. Jonas hinweist[15]. Wenn wir zum Ausgang bei den Griechen zurückschauen, stellen wir fest, daß die damalige "techne" die Natur (als natürliche Umgebung) in ihrem Bestand nicht veränderte. Der Mensch lebte in der Stadt, die eine Enklave in der natürlichen Umgebung darstellte. Es änderten die Schaffensprozesse des Menschen diese natürliche Umgebung kaum. Insofern war z.B. eine Ethik, in der der Mensch für sein Schaffen, für seine Schaffensumgebung, nicht aber für die

Natur als Ganzes verantwortlich war, durchaus angemessen. Insbesondere die zeitliche und räumliche Nähe der Handlungen und ihrer Folgen gestatteten eine solche anthropozentrische Ethik. Heutige Technik greift demgegenüber global, unbegrenzt in die Natur ein. Dabei ist das "unbegrenzt" sowohl räumlich als auch zeitlich gemeint und es bezieht sich auf alle Bereiche. Die enorme zeitliche Ferne der Auswirkungen heutiger Eingriffe (viele Jahrhunderte) zeigt besonders eindringlich, daß der auch zeitlich kleine Mensch nicht Zentrum der Maßstäblichkeit sein kann. Die Schwierigkeit besteht darin, daß die Wissenschaft, die uns dahin führte, daß wir am Ganzen der Natur ausgerichtete Maßstäbe dringender als je in der Menschheitsgeschichte brauchen, diese ursprünglich vorhandenen Maßstäbe in unserer abendländischen Entwicklung selbst zerstörte.

Nun hat uns zwar die Wissenschaft im Laufe ihrer Entwicklung die Grundlage für die Normen, die wir nach der Umgestaltung der Welt durch sie besonders dringend brauchen, zerstört, aber sie kann uns letztlich wieder zu diesen Grundlagen zurückführen. Die beschriebene Erkenntnis der Unhaltbarkeit der Subjekt/Objekt-Trennung stellt uns wieder mitten in die Welt hinein, führt uns der Natur als unserem Partner wieder zu, letztlich als Teil unserer selbst. Die Natur ist nicht länger als uns gegenüberstehende Sache für unseren beliebigen Umgang mit ihr ansehbar. ("Die Erde ist unsere Mutter", drückt es der Indianerhäuptling Seattle aus[16].) Die Naturwissenschaften selbst sind es, die helfen können, unsere Entfremdung von der Natur (und also von uns) zu überwinden.

Wir wollen das Ergebnis, daß Bildung als Selbstverständigung des Menschen über sich und seine Welt heute wesentlich naturwissenschaftliche Bildung sein muß, durch eine Bemerkung über die heutige Umweltdiskussion vor einem Mißverständnis bewahren. Wenn wir eine Ressourcenverknappung nur zum Anlaß nehmen, zu einem bedachteren Umgang mit den Ressourcen zu gelangen, haben wir an unserer Stellung zur Natur nichts geändert. *Das* wird nichts lösen, daß wir Schülern ein durch den Filter der Umweltdiskussion gegossenes verfeinertes naturwissenschaftliches Verfügungswissen mitgeben, mit dem die Natur dann behutsamer aber immer noch beherrscht werden soll. Wenn uns auch diese Umweltdiskussion manche Indizien für unseren Befund lieferte, so bietet sie doch keine Lösung. Solange wir das Aussterben von Leben nur hindern wollen, weil uns die aussterbenden Arten noch von Nutzen sein könnten, wird der alte Weg nicht verlassen. Ein erweitertes Nützlichkeitsdenken ist immer noch ein Nützlichkeitsdenken und wird sich auch weiterhin rächen. (Es gibt z.B. auch kein Kriterium gegen die Vernichtung von Arten an.) Durch das Einrechnen von Folgeschäden können zwar z.b. gewisse Insektizide als "unrentabel" erwiesen werden, aber wir können nicht vorher errechnen, wie sanft wir in die Natur höchstens eingreifen dürfen. Wie wir sahen, ist das Rechnen in vielen Bereichen überhaupt vom Übel.

Da es nicht vernunftgemäßes Handeln sein kann, eine technische Welt zu bauen, in der uns nur noch genügend große "Vorherkatastrophen" vor der Endkatastrophe zu warnen imstande sind, müssen wir zu philosophischem Fragen zurückfinden, das rechnende Verfügung überwindet. (Wir wehren uns gegen C.F.v. Weizsäckers Meinung, die notwendige Askese könne sich *nur* in der Folge eines vergrößerten Leidensdruckes einstellen.[17]) Ständiges Beziehen aller Fakten auf das *Ganze des Lebens*, also Orientierung an einer philosophisch gegründeten Mitte tut not. Ganz von selbst löst sich dabei ein zentrales Problem unserer Welt: Da diese Mitte in jedem Kulturkreis eine andere ist, wird Technik nicht mehr international gleich aussehen, wird daher auch nicht mehr ihre aus der internationalen Größe bezogene Kraft der Eigendynamik haben. Die Umweltdiskussion ist letztlich ein einziges Argument für die Notwendigkeit naturwissenschaftlicher Bildung in unserem Sinne.

Es sei gewagt, die Ausführungen sind sonst zu theoretisch-unverbindlich: Wir müssen die Natur (wieder) - die Naturwissenschaften weisen uns selbst darauf hin - als *heilig* annehmen, annehmen in beiderlei Bedeutung. (Womit sich ein Kreis schließt: Der Glaube an eine göttliche Ordnung machte die Naturwissenschaften ursprünglich möglich.)

Der Weg

Wir haben gesehen, daß Bildung vorrangig auch naturwissenschaftliche Bildung sein muß, und wir haben zuvor die Möglichkeit wissenschaftlich-rationalen Vorgehens gesichert durch unsere Methodenbetrachtung zum Problem des Widerspruches. Wir wollen nun zeigen, wie solche naturwissenschaftliche Bildung ermöglicht werden kann und dabei die offene

Frage beantworten, ob Laienurteile über stark von naturwissenschaftlicher Relevanz geprägte Probleme der Lebenswelt möglich sind.

Die Ermöglichung naturwissenschaftlicher Bildung beginnt damit, daß man das Kind, das zunächst im sympathetischen Naturverständnis der Frühzeit der Menschheit lebt, daraus nicht herausreißt, indem man naturwissenschaftliche Sachverhalte an es heranzutragen sucht, nach denen es weder verlangt, die es noch überhaupt verstehen kann. Damit würde jede tiefe Erfahrung von Welt von vornherein verstellt, ja es würde der Aufbau aller sinnenhaften Grundlagen für Erfahrungen empfindlich gestört. (Wir wiesen in Kapitel I auf Negativbeispiele hin. Heutige Schule ist auf weite Strecken in dieser Hinsicht ein einziges Negativbeispiel) Das Kind wird von allein zu fragen beginnen: Auf der Suche nach Festem in allem Wandel, nach Verläßlichem in aller Unsicherheit, wird das Kind auch die frühen Fragen der Naturwissenschaften stellen. Wie die Naturwissenschaften aus der Suche nach Bleibendem entstanden sind, sollten sie auch für das Kind entstehen. Und gerade in einer sich immer schneller verändernden Welt ist die Suche nach Bleibendem besonders dringlich: Wir können also sicher sein, daß das Kind besonders vehement fragen wird; seine Vertrauenssuche auf diesem Gebiet macht es ungeheuer lernbegierig.

Naturwissenschaftlicher Unterricht muß nun dem Schüler ermöglichen, daß er dieses Vertrauen findet. Indem die Beobachtungsfähigkeit und (zunehmend auch) die Abstraktionsfähigkeit entwickelt werden, findet der Schüler in den Naturwissenschaften immer mehr Bleibendes, Überdauerndes, sich Wiederholendes, also Verläßliches. Dieses Ergebnis ist aber nur möglich, wenn man von bekannten Phänomenen ausgeht und einen Weg beschreitet, auf dem der Schüler jeden Schritt versteht und den gesamten Weg überblickt. Einem solchen Unterricht ist also daran gelegen, daß der Schüler sein Weltbild erweitert, daß er sich in der Auseinandersetzung mit den Dingen selbst Einsichten verschafft, die als lebendiger Besitz in einen Zusammenhang mit all seinem vorherigen Wissen treten. Nun folgt die Lösung unseres Problems von selbst: Ein Unterricht, der die Fragen des Schülers nicht durch die Verordnung von totem Verfügungswissen (Wissen, mit dem der Schüler über etwas verfügen soll, das ihm aber nur für schon kanalisierte Anwendungen verfügbar ist) erstickt, der den Schüler vielmehr darin bestärkt, nur das hinzunehmen, was er wirklich verstanden hat, ein solcher Unterricht kann dem Schüler gar nicht die Welt durch Aufpfropfung eines mechanistischen Weltbildes verstellen. Gefordert ist also ein genetischer Unterricht, der die abendländische Verirrung in das Netz des mechanistischen Weltbildes dem Schüler als unnötigen Umweg erspart und sie nicht forciert. Wie gesagt, allzu schwierig ist das nicht, gerade die "Aristotelischen" oder die "Goetheschen" Fragen erstehen ausgesprochen häufig im Unterricht (falls das Denken noch nicht im Einpauken versandet ist), wie jeder Lehrer weiß, der dem überhaupt nachgeht.

Ein entsprechender Unterricht kann nur als *integrale Naturkunde* beginnen, aus der die Einzelfächer erst relativ spät herauswachsen.

Grundlegend für den erforderlichen Unterricht ist die Zerstörung der Vor-stellung einer geradlinigen und zwingenden Entwicklung der Wissenschaft zu immer besseren Aussagen. Zum Beispiel sah Kepler eine andere Welt und formulierte andere Gesetze als Newton. Newton setzte sich nun nicht gegen Kepler durch, weil seine Gesetze genauer gewesen wären, sondern wegen einer veränderten (mechanischen) Weltsicht. Da wurde keineswegs die Natur einfach nur genauer beschrieben. Hat der Schüler diese Problematik am Beispiel der Kepler'schen Planetengesetze einmal wirklich kennengelernt[18], ist ihm klar, daß unsere "Naturgesetze" *eine* Sicht auf die Natur sind. (Übrigens ist hier auch die historische Wahrheit angesprochen!) Bei der Lektüre eines Physikbuches kann der Schüler aber auf die Problematik dieser Keplergesetze kaum kommen; nicht einmal in Hochschullehrbüchern wird etwa erwähnt, daß das 3. Keplergesetz, das aus Newton'schen Prinzipien abgeleitet wird, in der üblicherweise angegebenen Form gar nicht mit den heute verfügbaren Daten übereinstimmt. Selbst der Physikstudent erfährt die Physik an dieser Stelle, als wäre Newton nach Kepler einfach einen Schritt weitergegangen in der "richtigen Richtung"[19].

Auf dem beschriebenen Weg wird sich das Wissen des Schülers erweitern und er wird mehr Vertrauen in die Welt entwickeln. Bei der Behutsamkeit einerseits und Gründlichkeit andererseits, mit der der Unterricht und damit der Schüler in seiner Erkundung voranschritt, wird der Schüler gleichzeitig die nötige Distanz zu diesem Wissen erworben haben. Hat er wirklich erfahren, wie ein Modell einen gewissen Aspekt eines Sachverhaltes faßte, dann hat er auch die Grenzen dieses Modelles erfahren. Er hat erfahren, daß das Modell nicht die Natur ist, daß es aber auch nicht willkürlich gewählt werden konnte, er wird in der Auseinandersetzung mit den Phänomenen der Natur auch die Notwendigkeit erfahren haben, die (bei einem solchen Weg!) zu diesem Modell führte. So sieht er, daß es in der Natur etwas zu entdecken gibt, indem er selbst es (nach-)entdeckt, er hat nicht das Gefühl, Naturbeherrschungsmöglichkeiten erfunden zu haben. "Das Entdecken ist ... reicher als das Erfinden: die Natur und ich, wir überraschen uns dabei gegenseitig, in Einfall und Auskunft. Das Erfinden ist ärmer. Denn es macht mich zufrieden nur mit mir selbst. Ich sehe die Natur nur gehorchen. Beim Entdecken befriedigt mich die Natur, sie befriedigt meine Unruhe zu ihr. Sie offenbart sich; so hilft sie mir, ehrfürchtig zu werden." (Wagenschein)[20]

Der Ertrag solchen Unterrichtes ist eine Ehrfurcht, die die Erkenntnissuche nicht in Machtlust (die Wagenschein als zweite Quelle der Physik bezeichnet[21]) umschlagen läßt, die gerade jene Haltung gegenüber der Natur fördert, die wir als nötig zur Überwindung unserer Entfremdung herausgestellt haben. Der Unterricht ist in dem Maße gelungen, wie dem Schüler der Rückweg zu den ursprünglichen Phänomenen stets möglich ist. Dadurch nämlich erscheinen dem Schüler die abstrakten Begriffe der Naturwissenschaften dann nicht als magische Wesenheiten[22], kommt er weder zu falscher Hochschätzung noch zu kapitulierendem Ignorieren der Naturwissenschaften.

Und hier beginnt die Möglichkeit des in Frage gestellten Laienurteils. Indem der Unterricht nicht behauptete "Licht ist ...", sondern erfahren ließ "Licht ist in der physikalischen Optik kein Licht, sondern ..."[23], indem der Schüler also den Gang der Beschränkung selbst ging, weiß er um die ungeheure Beschränkung, nicht nach ihrem Wesen zu fragen, als Voraussetzung für die messende Auseinandersetzung mit der Natur; weiß er darum, wie wenig des Ganzen des Lebens naturwissenschaftlich erklärt werden kann. Damit erhält er sich den für das Laienurteil nötigen offenen Blick und den Mut, den nicht durch die Naturwissenschaften zu fassenden Lebensphänomenen ihr Recht werden zu lassen. Insofern der Schüler in solchem Unterricht echte Wissenschaft und echte Wissenschaftlichkeit kennengelernt hat und unter Vernachlässigung des Versuches, den aktuellen Stand der Wissenschaft zu erreichen, einen Überblick über die wesentlichen Probleme und durch eigene gründliche Arbeit ein Gespür für die Art der Lösung solcher Probleme erhalten hat, hat er sich eine Grundlage dafür geschaffen, an einem neu sich stellenden Problem den Anteil zu erkennen, den Naturwissenschaften zur Lösung beitragen können. Da er das Fragen nicht verlernt und gelernt hat, bis zu wirklichem Verständnis weiterzufragen, hat er damit eine weitere Voraussetzung erworben zum Fällen eines Laienurteils: Er erkennt den naturwissenschaftlichen Anteil am Problem und kann dafür einen Experten befragen.

Das wird wesentlich Bildung ausmachen: Daß der Schüler einschätzen kann, welcher Teil eines Problems naturwissenschaftlich ist, welcher wirtschaftliche Relevanz hat, welcher politische usw., welche (auch impliziten!) Normaussagen über den Menschen und die Gesellschaft in Lösungsvorschlägen enthalten sind. (So lassen sich z.B. allein nach solcher Trennung Widersprüche zwischen der Entscheidung für Kernkraftwerke und den Normen für eine Gesellschaft aufweisen, die von der Freiheit der Person und nicht von der Prädestination gesellschaftlicher Entwicklung ausgeht.[24]) Dieser Schüler wird später den Menschen nicht in die Mitte des Kosmos stellen als den, der die Natur beherrscht (und ausplündert), er wird bei seinem Laienurteil den Menschen (als Teil der Natur) über die Technik stellen. (Es sind gerade auch "naturwissenschaftsabstinente" Geisteswissenschaftler, die in politischen Entscheidungsprozessen den Menschen an die Technik ausliefern und es sind oft Naturwissenschaftler, die davor warnen.) Denn das paradoxe ist ja, daß die oben beschriebene Anthropozentrik sich schließlich politisch dahingehend auswirkt, daß der Mensch in den wesentlichen Entscheidungsprozessen keine Beachtung mehr erfährt.

Die eben zusammengetragenen Möglichkeiten echter naturwissenschaftlicher Bildung zusammen mit den in Kapitel I mannigfach gezeigten, für Laien offenbaren Widersprüchen etwa in technischen Großprojekten, belegen die Möglichkeit von Laienurteilen. Aber selbst wenn man sie immer noch bestreiten sollte: Wir haben schon politisch keine Wahl, wir müssen von ihrer Möglichkeit ausgehen, wollen wir an demokratischen Gesellschaftsformen festhalten. Wenn wir die Demokratie sich nicht noch weiter in einen Huxley'schen "Schöne-neue-Welt-Staat" mit einigen eindimensionalen Experten an der Spitze verändern lassen wollen, müssen wir auf solche Laienurteile setzen. Unsere Aufgabe ist, sie zu ermöglichen.

Wie wir sahen, lösen wir damit gleichzeitig die Aufgabe, die Überwindung der Entfremdung von der Natur möglich zu machen.

b) Offenhalten / Erziehen / Freigeben

Offenhalten

Erinnern wir uns der Kritik Freudenthals am Testunwesen. Dort (IV.1b) entsprangen der Kritik zwei Forderungen: Sachliche Kompetenz (in jenem Fall wirkliche Kenntnis mathematischer Statistik) und Offenheit (dort unverstellter Blick für die Diskrepanzen zwischen dem gewählten mathematischen Modell und der damit zu beschreibenden Wirklichkeit) erwiesen sich als nötig. Wir haben im vorangegangenen Abschnitt gesehen, daß die fachliche Kompetenz unter bestimmten Bedingungen (nicht für die Arbeit mit solchen Gegenständen wie jenen Tests selbst, aber für Urteile - etwa auch über solche Tests) delegiert werden kann. Die Offenheit aber muß *uneingeschränkt* gefordert werden. Wenn Erziehung die Ermöglichung von Bildung ist, dann muß der Erzieher - in unserem Fall der Lehrer - den Schüler offenzuhalten suchen, d.h. praktisch: Er darf nichts verstellen. Statt den Verlust entscheidender Lebens- und Fragedimensionen durch falsche Wissenschaftsverordnung einzuleiten, muß er die ursprüngliche Offenheit des Schülers so kultivieren, daß dieser Schüler (später) eher neue Fragedimensionen erschließt. (Diese Offenheit, in der der Jugendliche verbleibt, kann man als *künstlerische Seinsweise* ansprechen, die allein Gestaltung des Lebens und im Leben ermöglicht.[25]) Das spricht die Wahl von Bereichen an, an die die Forderung der Widerspruchsfreiheit gestellt wird und ist zu denken bis hin zur Möglichkeit, eine völlig neue Naturwissenschaft zu entwickeln.

Solche Entwicklung ist nach unseren Einsichten (die ja auf Hinweisen gerade der Naturwissenschaften beruhen) möglich und nötig. Chargaff deutet diese Wissenschaft so an: "Da wir jetzt dem Anfang vom Ende dieser fortschrittstrunkenen Epoche beiwohnen, ist zu erwarten, daß eine neue geschichtliche Ära eine völlig verschiedene Art von Naturwissenschaft hervorbringen wird; eine Wissenschaft, die wir, durch das Gitter unserer

Begriffe hinausblickend, kaum als solche erkennen könnten."[26] (Befunde wie die Erfolge anthroposophischer Forschung, die etwa ein Mittel gegen eine Krankheit der schwarzen Johannisbeeren fand, während die übliche Landwirtschaft den Anbau einstellen mußte, weisen in Richtung von Chargaffs Überlegungen.[27])

Zu wissen, daß man durch diese Gitter blickt, ist *Aufgabe des Lehrers*. Es ist dies eine Seite der Forderung nach Wahrheit, nach Unverfälschtheit des Lehrgutes (Petzelt[28]). Die dieser Wahrheitsforderung entsprechende Forderung nach Wahrhaftigkeit des Ich stellt sich hier dem Lehrer insofern, als er, unseren Weg in der Beurteilung der Naturwissenschaften nachgehend, vor allem nötig hat, den "Bereich Naturwissenschaft" nicht von seinen sonstigen Lebensfragen abzukoppeln (*fachidiotisch* zu trennen).

Wir sehen, daß die Offenheit eine *Orientierung an Wahrheit* fordert wie auch die Entwicklung umfassender *Erlebnisfähigkeit* des Schülers (Wittenberg). Und auch die zentrale Forderung Wittenbergs, die nach Allgemeinbildung, wird hier wieder gestützt. Woher sollte die heute so beliebte Orientierung an Lebenssituationen im Falle der durch Chargaff "gesehenen" neuen Wissenschaft ihre Beispiele beziehen? Ein Beispiel mag verdeutlichen, daß diese Offenheit leider keineswegs allgemein als Ziel gesehen wird, und wie man statt dessen auf "Lebenssituationen" fixiert ist. W. Oberschelp begründet, daß die Diskussion des Grundlagenstreites im Mathematikunterricht unnötig sei, damit, daß 90 % der heutigen Mathematik klassisch (und nicht intuitionistisch bzw. anderweitig "konstruktiv") orientiert seien.[29]

Die Offenheit, die wir fordern, muß den Schüler darüber verständigen, daß unsere Wissenschaftsentwicklung *eine von mehreren möglichen* war. Dazu bedarf es historischer Betrachtungen wie philosophischer; und es genügt nicht, daß das in der Mathematik und den Naturwissenschaften geschieht. Der Schüler muß insgesamt in der Schule die Welt in dieser Weise kennenlernen. Wir zitieren einen Kunstband, um zu zeigen, in welcher Weise etwa vom Kunstunterricht her die gleiche Frage wissenschaftsorientierter Verengung gestellt werden kann wie vom naturwissenschaftlichen Unterricht:

"Dem heute üblichen, rationalistischen, cartesianischen Denken ist allerdings das integrale katalanische Denken vollkommen entgegengesetzt. Weil es mit Widersprüchen zu leben vermag, ist es auch in der Lage, die unscheinbarsten und geringsten Dinge des alltäglichen Lebens zu durchheiligen, sie gleichsam wieder in den Stand der Gnade zu erheben. Im Gegensatz hierzu ist es gerade Descartes gewesen, der keinen Unterschied zwischen innerem Wesen und äußerer Erscheinung eines Dinges mehr anerkennt. Er behauptet, daß sich jedes Ding in der Gesamtheit seiner äußeren Erscheinungen erschöpft, daß es keine andere Existenz als diese hat. Dadurch macht er zwar jedes Ding überhaupt erst berechenbar und meßbar, vertrieb aber jegliches Geheimnis aus der Welt. Weil der Rationalismus nur das Berechenbare, Zählbare und Meßbare in der Welt zuläßt, erschlägt er geradezu die geheimnisvolle, mehrdimensionale Wirklichkeit mit den Waffen der sogenannten klaren naturwissenschaftlichen Begriffe. Der Rationalismus verarmt die mehrdimensionale Wirklichkeit, indem er sie zu einer bloß eindimensionalen reduziert; er ist selbst ein Produkt des Sündenfalls und vollendet diesen im Denken."[30]

Tragweite der Freigabe

Die aus unseren Überlegungen entspringende Forderung nach einem Offenhalten des Schülers trifft sich mit der grundsätzlichen pädagogischen Forderung nach Freigabe des Schülers für seinen eigenen Bildungsprozeß, insofern ihr anders gar nicht entsprochen werden kann. Wir müssen uns aber über die ganze Tragweite dieser Freigabe klar sein.

Wir erziehen den Schüler für eine schwere Aufgabe. Er soll fähig werden, seine mathematisch-naturwissenschaftliche Bildung später in der "Übernahme von Verantwortung" nicht im abgegriffenen heutigen Sinn politischer Sprachregelung zu sehen: Da bezeichnet man damit ja vor allem, an "hoher" Stelle - sogar eigentlich in "hoher" Stellung - Entscheidungen zu fällen, für die Verantwortung gar nicht mehr eingefordert wird. (Mit einem dem medizinischen "wir wissen heute", analogen "die Entwicklung konnte damals niemand voraussehen" wird dort hinterher die Verwechslung des Schwimmens im Trend mit dem Fällen von Entscheidungen entschuldigt.) Die folgenschweren Entscheidungen im politischen Rahmen müssen heute zumeist - soweit naturwissenschaftlich relevante Probleme vorliegen - gegen so viele Üblichkeiten gefällt werden, daß damit oft geradezu der Verzicht auf eine zu jenen "verantwortungsvollen Stellungen" in der Gesellschaft führende Karriere verbunden ist. Das heißt ganz praktisch, daß etwa die Einsicht, Geld sei nicht das Wichtigste im Leben - in "hoher" Stellung leicht zu vertreten - , heute wirklich *zu bewähren* ist. - Immerhin: Reichtümer sammeln auch die Hamster. (Hermann Hesse)

Wir erziehen den Schüler nicht zur Reproduktion der Gesellschaft. - Es ist pädagogisch überhaupt nicht vertretbar, den Schüler für irgendeinen Zweck zu gebrauchen: das entwürdigte ihn.[31] - Die Gestaltung der Gesellschaft liegt in der Verfügung der nächsten Generation. (Davon wird nicht berührt, daß dem Schüler durch Vermittlung vielfältiger Fertigkeiten die Teilnahme am Leben der Gesellschaft zu ermöglichen ist. Aber das darf nicht durch gesellschaftliche Erwartungen legitimiert werden.) Gerade nach dem Aufweis der gesellschaftlichen Widersprüche in Kapitel I muß eine Weiterentwicklung der Gesellschaft in anderer Richtung ganz offen bleiben.

Kommen wir damit auf das eben angesprochene Problem der "verantwortungsvollen Stellungen" zurück. Wenn die Lebenserwartung mit der Ärztedichte sinkt[32], dann kann das zusammen mit anderen Befunden u.U. dafür sprechen, daß der durchschnittliche Arzt keineswegs (durchschnittlich gesehen) der Gesundheit seiner Mitmenschen dient. Wenn aus Einsicht in diesen Sachverhalt ein Medizinstudent nach dem Examen ablehnte, als Arzt tätig zu sein, dann wäre das kein Grund, von einer nicht zur Verantwortung bereiten Generation zu sprechen - das Gegenteil wäre angebracht! Viel bedenklicher ist es, wenn ein Medizinstudent eine Doktorarbeit anfertigen will, ohne ein Thema (Interesse) zu haben, und dann (aus Verlegenheit) etwas dermaßen Fragliches anfängt, wie ein Baby im Reagenzglas zu zeugen. (Hier könnte die Karriere der Motor der Forschung sein.)[33]

Und sich immer wieder (1982) erhebende Stimmen, die schon bedenklich finden, wenn Jugendliche die "höhere" Stelle ausschlagen, sind da zu differenzieren. Oft ist auch die Freiheit zu verantwortungsvoller Entscheidung in der "höheren" Stellung gar nicht mehr gegeben. Das heißt nicht, daß ein solcher Verzicht, wenn er aus Bequemlichkeit resultiert, nicht höchstes Alarmzeichen sein muß: Dann hat die Erziehung versagt, indem sie die Aufgabenhaftigkeit des Lebens nicht durch den Aufweis von Aufgaben in den Blick rückte.

Wie die "Aussteiger" aus der Karriere, müssen auch die "Aussteiger" aus einer technisch verplanten Welt differenziert beurteilt werden. Der Hinweis auf Widersprüche, Unmenschlichkeiten, auf die Lebensfeindlichkeit heutiger technischer Zivilisation wird leicht für eine Technikfeinlichkeit der Jugend verantwortlich gemacht, die den Bestand der Gesellschaft gefährde - gedacht ist dabei aber an die Gesellschaft in genau der im Augenblick vorgefundenen Form mit all den Widersprüchen, die ihrem Fortbestand sowieso Grenzen setzen! (Das ist auch ein "Kapitel-I-Widerspruch": Wir bezeichnen unsere Gesellschaft als hoch arbeitsteilig, aber niemand findet etwas dabei, wenn Industrie- und Handelskammern in die Pädagogik hineinreden, wie das in der Forderung nach mehr Technikunterricht als Begegnung dieser "Technikfeindlichkeit" geschieht.) Natürlich kann weder Resignation noch irrationale Technikfeindlichkeit unser Ziel sein. Aber das wird durch ein Aufarbeiten von Widersprüchen, wie wir es betrieben haben, sicher weniger geschehen als durch Einüben in eine Betriebsamkeit innerhalb des Leerlaufs unseres technischen Fortschrittes. Wir haben demgegenüber Möglichkeiten zum Handeln gesehen und dargelegt, wie man Schülern den Weg dazu öffnen kann. Eine Ablehnung gewisser Technik - etwa als Wunsch nach mehr Sein statt Haben - ist eine von vielen Möglichkeiten, für die der Schüler freizugeben ist.

Wir wollen ein drittes Mal auf "Aussteiger" zu sprechen kommen. Hans A. Pestalozzi formulierte in einem Vortrag treffend ein Problem der heutigen Erziehung: "Wir wollen Gemeinschaft, aber wir produzieren Konkurrenz". (Pestalozzi weist auf eine Fülle eklatanter Widersprüche hin, insbesondere zwischen der Moral, die in der Erziehung und der, die in der Gesellschaft waltet.[34]) Und es gibt ja ein Aussteigertum, das, solches zum Anlaß nehmend, gegen Leistung angeht bzw. sich jeder Leistung versagt. Aber das kann nicht die Lehre aus diesem Widerspruch sein, sondern es geht einfach um die Aufgabe, Leistung an die *Sache* zu koppeln und nicht an gesellschaftlicher Würdigung zu orientieren. (Was aber nicht ausschließt, daß an der Sache orientierte Leistung dann gesellschaftlich gewürdigt wird.) Freigeben wollen (und müssen aus pädagogischen Gründen) wir den Schüler zur Gestaltung seines Lebens. Sinnvoll gestalten kann er es nur, wenn er zu *sachlicher Leistung* imstande ist. (Der Leistungsbegriff darf dabei nicht einseitig an herstellende Arbeit gekoppelt werden. Auch Askese ist Leistung, auch mußevolle Nachdenklichkeit, ...) Und auch die Grundlage jeder Gemeinschaft ist Sachlichkeit. Der vermeintliche Gegensatz zwischen Mitmenschlichkeit und Sachlichkeit[35] ist eine Folge der von uns beschriebenen Entfremdung und Entwurzelung durch die Verfügung durch eine mechanistische Naturwissenschaft. Nachdem wir gesehen haben, daß echte naturwissenschaftliche Bildung allen Dingen und Beziehungen jeweils ihren Eigenwert, ihre Eigenart zuerkennen wird - das nämlich ist Sachlichkeit - , gibt es diesen Gegensatz nicht. Rationales Denken als immer erneuter Versuch, der Wahrheit näherzukommen, ist, wie wir sahen, nur in Offenheit gegenüber den vorgefundenen Verhältnissen möglich. Wenn wir den Menschen (wieder) als Teil der Natur in der Natur belassen, wenn wir andererseits (wieder) lernen, den Eigenwert des Lebens und der Natur anzuerkennen (als eine Forderung der Sachlichkeit![36]), werden wir im Dialog mit ihnen Menschen und Dingen, der Gemeinschaft wie der Natur, in sachlicher Begegnung gerecht werden.

c) Bildung durch Mathematikunterricht

Wir beschäftigen uns (trotz des gelegentlich bei flüchtiger Betrachtung möglichen Eindruckes einer Entfernung vom Thema) von Anfang an und ständig mit der Ermöglichung von Bildung durch Mathematikunterricht. Die Überschrift des vorliegenden Abschnittes soll nicht besagen, daß wir jetzt die Bildungsrelevanz des Mathematikunterrichtes zusammenfassend darstellen wollten. Wie die Bildung des Menschen nur als trotz aller Teilaspekte zusammenhängend gedacht werden kann, so bestimmen wir den möglichen Beitrag des Mathematikunterrichtes zur Bildung, indem wir ihn in den verschiedenen Gebieten, in denen er eine Rolle spielt, aufdecken und indem wir ihn in den verschiedenen Weisen verfolgen, in denen er sich äußern kann. Wir extrahieren diesen Beitrag jedoch nicht, um ihn dann geordnet, aber aus dem lebendigen Zusammenhang gerissen, darzustellen. Es sprach schon aus unseren Überlegungen, ohne daß es explizit formuliert wurde: Durch den Zusammenhang der Mathematik mit den

Naturwissenschaften waren insbesondere Abschnitt **a** und **b** auch Verständigungen über Möglichkeiten und Folgen bzw. über die Bedingungen der Möglichkeit einer Bildung durch Mathematikunterricht. Wir greifen die Gedanken aus **a**, wie sie unter **b** eingeordnet und in ihrer erzieherischen Tragweite bestimmt wurden, im vorliegenden Abschnitt nun speziell für den Mathematikunterricht auf.

Beitrag zur Bildung

Wenn wir gesehen haben, daß naturwissenschaftliche Einblicke und insbesondere Überlegungen über und Erfahrungen mit Naturwissenschaft Hinweise auf das Ganze des Lebens geben, auch wenn (oder gerade weil) die Naturwissenschaften das Ganze nicht erfassen können, dann gilt das ungeschmälert auch für die Mathematik: Darüber haben wir im Nachdenken der Wittenberg'schen Untersuchungen zu unseren Erkenntnismöglichkeiten genug erfahren. Wenn wir dabei besonders auf die Problematik unserer Begriffe, auf die Rolle der Sprache aufmerksam wurden, dann zeigt sich darin die Stellung der Mathematik im Spannungsfeld zwischen Natur- und Geisteswissenschaften. Wir legten für die naturwissenschaftliche Bildung großen Wert auf den ungebrochenen Weg von Phänomenen in der Natur zu naturwissenschaftlichen Fassungen (als Theorie oder auch als Apparatur für das "Verhören" der Natur). Wir haben das gleiche Problem als mathematisches im Weg zum mathematischen Modell. Die Mathematik weist uns aber besonders deutlich auf die andere Seite hin. Die Welt erschließt sich uns ja auch dadurch, daß wir Begriffe für sie haben. Die Mathematik lehrt uns, "daß die Suche nach einem geeigneten mathematischen Modell, und sei es nur ein sehr grobes, oft zu einem tieferen Verständnis der zu untersuchenden Situation führt, weil wir dabei gezwungen sind, alle Möglichkeiten logisch von Anfang bis Ende zu durchdenken, die benutzten Begriffe klar und unmißverständlich zu definieren ..." (Rényi[37]). Die Mathematik lehrt uns aber auch, die Grenzen unserer begrifflichen Möglichkeiten zu sehen, und warnt uns (wieder in ihrer untrennbaren Verbindung zu den Naturwissenschaften) vor dem verhängnisvollen Geschehen, das "in allen vorstellenden und herstellenden Systemen" am Werk ist, "die die großen Bilder der Welt auf den zugreifenden und treffsicheren und darin handfesten und machbaren Begriff bringen." (Helmut Konrad[38]). Wenn alle Verantwortung beim Umgang mit der Sprache beginnt, dann ist daher mathematische Bildung besonders gefordert.

Der Weg zu den Begriffen ist in der Mathematik nicht nur als möglichst einfühlende Annäherung an die Natur erfolgreich, wie man das etwa für die Naturwissenschaften formulieren könnte, die sich dabei aber der Mathematik schon bedienen, der Weg bedeutet in der Mathematik auch, den Widerspruch des Denkens gegen die Anschauung durchzutragen (etwa beim Irrationalitätsproblem). Damit paßt Theodor Ballaufs Bemerkung besonders auf die Mathematik: "Hegel hatte sicher nicht so unrecht, wenn er sagte, in der Schule müsse den Schülern Hören und Sehen vergehen, damit das Denken und damit das Sprechen an ihre Stelle treten könne."[39] - Unnötig, erneut darauf hinzuweisen, daß hier ein Weg vom Hören und Sehen zum Denken vorgestellt wird, daß Hören und sehen natürlich zunächst zu ihrem Recht gekommen sein müssen. Vorsichtszeichen kommen uns hier aber von anderer Seite: Es war auch Hegel, der formulierte: "Jeder hat also das Recht ... die Sache zu seinem Willen zu machen, das heißt mit anderen Worten, die Sache aufzuheben und zur seinigen umzuschaffen; denn die Sache als Äußerliches hat keinen Selbstzweck ... Ein solches Äußerliches ist auch das Lebendige, das Tier, und insofern selber eine Sache."[40] Nach unseren Überlegungen zur Natur ist klar: dieses Recht zum Eingriff und damit der Widerspruch gegen die Anschauung hat nur im Feld der gedachten Gegenstände seine Berechtigung, dort aber wird er zur Notwendigkeit. Ja, in diesem Feld "erfinden" wir geradezu Begriffe, und doch gilt andererseits die zitierte Bemerkung von Wagenschein über das Entdecken auch für die Mathematik insofern wir mit den "erfundenen" Begriffen mathematische Sätze "entdecken". Das sorgt wiederum für die nötige Bescheidenheit. Diese Bescheidenheit erwächst bereits daraus, daß die Mathematik, indem das Unendliche ihr zentrales Problem ist, stets eindringlich auf die Endlichkeit des Menschen verweist. (O. Becker: "Die Endlichkeit des Menschen ist ... die Bedingung der Möglichkeit der Mathematik überhaupt."[41] - Andernfalls könnte das Unendliche uns nämlich gar nicht in der Weise zum Problem werden.)

Was ist Mathematik

Wenn wir sagten, wir "erfänden" in der Mathematik Begriffe, dann wiesen wir auf einen Aspekt hin, auf den konstruktiven. Fraglos gibt es Begriffe, bei deren Bildung die Abstraktion überwiegt. Wir machen keine Aussagen der Art "Mathematik ist ...". Es gibt deren viele: Im Blick auf die Physik, kann man sagen, es existierten nur endlich viele Atome, es gäbe keine stetige Kurve eines Massenpunktes, also seien die mathematischen Strukturen ohne Vorbild in der Natur. Man kann andererseits die Heisenberg'sche Auffassung, "die letzte Wurzel der Erscheinungen ist also nicht Materie, sondern das mathematische Gesetz, die Symmetrie, die mathematische Form"[42] dem entgegensetzen. Man kann die Naturwissenschaften als eine Quelle für mathematische Anregungen sehen oder darauf verweisen, daß viele Anwendungen erst viel später als die mathematische Ausarbeitung liegen. Wir können auf Aristoteles hinweisen, für den das Mathematische der abstrakte Formalismus war, oder auf Platon, dessen inhaltliche Auffassung wir bei Wittenberg ausführlich untersuchten. Wir wählen ausdrücklich keine Aussagen der angegebenen Art. Denn für die Bildung des Schülers ist es nötig, offen zu bleiben. Die Wittenberg'sche Untersuchung zur inhaltlichen Auffassung zeigte, daß die Offenheit das genaue Gegenteil einer Unverbindlichkeit ist, sie ist durch Willkürfreiheit in ihren jeweils begrenzten Aussagen in besonderem Maße verbindlich.

Hier ist die geeignete Stelle, darauf hinzuweisen, daß einfache Lösungen für Fragen auf diesem Gebiet kaum möglich sind: Die eher sympathetische Naturbetrachtung des Aristoteles geht gerade mit einer Auffassung von Mathematik als abstraktem Formalismus einher, wohingegen die inhaltliche Auffassung der Mathematik bei Platon mit einer Auffassung etwa der Materie einhergeht, die sich im Pythagoreismus mit der zitierten Heisenberg'schen trifft.

Wir legen also den Schüler nicht auf eine Auffassung der Mathematik fest. Die Mathematik zeigt uns, daß man Phantasie braucht und träumen können muß, um auf ihrem Gebiet zu etwas zu kommen (die Römer waren keine erfolgreichen Mathematiker), selbst um sie erfolgreich anzuwenden[43]; wie sollten wir da den Schüler andererseits durch eine Auffassung von Mathematik einengen? Man kann aber Kindern auf entsprechende Fragen (!) durchaus sagen, was denn Mathematik sei. Vergleiche die

Antwort, die ich versuchte in: Mathematik - Menschen *erschaffen* einen *Spiegel der Welt*.[44] H. Poincaré sagt, daß man ohne ästhetische Sensibilität "niemals ein wirklicher Pfadfinder auf dem Gebiet der Mathematik werden kann"[45]: Wieweit müssen wir unsere Offenheit da spannen!

Urteilsgrundlage

Wir wollen auch in der Mathematik das Thema der Bildung als einer Urteils- und Handlungsgrundlage für das Leben aufnehmen, wie wir es für die Naturwissenschaften taten. Zunächst ist klar, daß dazu das durch den Mathematikunterricht erworbene Wissen später angewandt werden muß. Das beginnt schon bei mathematischem Wissen selbst und geht über das Wissen über Mathematik bis zum Wissen durch Wissen von und über Mathematik.

Da sieht es heute schon beim späteren Transfer einfacher mathematischer Regeln sehr trüb aus: H. Nägerl u.a. stellten bei Studienanfängern in Medizin fest, daß mathematische Kenntnisse vorhanden, aber nicht transferierbar sind, daß die Studenten "Mathematik weitgehend nach Art des bedingten Reflexes gelernt haben: Bestimmte mathematische Probleme können nur dann gelöst werden, wenn sie im gewohnten Gewande auftreten."[46] Solche vernichtenden Bilanzen werden immer wieder aufgemacht. Ehe man *da* nicht weiter gekommen ist, braucht man über die weiteren oben genannten Stufen der Anwendung nicht nachzudenken. Dieser Misere ist nur mit einem Unterricht beizukommen, der nicht tote Faktensammlungen als "Wissen" vermittelt. Darauf werden wir in **2a** zu sprechen kommen.

Mit einem Beispiel sei angezeigt, wie sich das für spätere "Lebenensituationen" auswirkt. Wir wiesen schon auf die Orientierung an "Lebenssituationen" hin. Sie sorgte dafür, daß das Zinsrechnen Bestandteil des Unterrichts wurde. Durch Analyse der im Leben zumeist zu berechnenden Zinsaufgaben wurden Kalkül und Aufgabensammlungen für den Unterricht festgelegt. Der Schüler konnte diese Aufgaben dann nach Kalkül rechnen. Meisterte er damit die "Lebenssituation"? Gerade nicht. Die (Psychologen der) Banken fanden heraus, daß ein monatlicher Zinssatz, der einem gewissen Jahreszinssatz entspricht, weit besser zu verkaufen ist, als dieser gleich hohe oder sogar ein niedrigerer Jahreszinssatz. Und es fielen so viele Bürger auf diesen Trick herein, daß der Staat zu ihrem Schutz ein Gesetz erlassen mußte. Der Schüler hatte eben nicht begriffen, was ein Zinssatz ist; sonst hätte er entweder den Unterschied ausrechnen können oder danach *fragen*, ihn sich sagen lassen können. (Mir hat damals nicht einmal der Direktor meiner Bank den Unterschied sagen können.) Wir sind da wieder bei der Forderung nach dem Erkennen des (in diesem Falle) mathematischen Anteils des (Darlehens-)Problemes.

Zu fragen ist, ob ein Mensch, der in der Schule nie etwas von einem Zinssatz gehört hat, dieser Situation nicht sogar besser gewachsen gewesen wäre, als der "gedrillte". Damit ist die Frage nach dem Offenhalten des Schülers sehr eindringlich gestellt.

Wir wenden sie mit dem folgenden Beispiel in andere Richtung: Verbreitete Aufgaben zur linearen Optimierung fragen nach der Entscheidung des Landwirtes darüber, was er anbauen soll, in Abhängigkeit von Variablen wie Arbeitsintensität oder Verkaufserlös. (Aufschlußreich ist auch die Sprache: Der Landwirt "erzeugt" dabei "Produkte". Lange vergessen sind Schulbücher, in denen der "Bauer sät" - "... doch Wachstum und Gedeihen liegt in des Herren Hand" - und dann eine "Ernte einbringt".) Der Bauernhof wird hier in völlig unzulässiger Weise in einem einfachen Modell der Herstellung von Gegenständen gefaßt. Der Schüler, der diese Lektion "gut lernt", ist unter Umständen später für noch unsinnigere Berechnungen in der landwirtschaftlichen Qualitätsforschung "zu gebrauchen" (W. Schaumann fordert eine Ganzheitswissenschaft als Qualitätsforschung, nachdem er die üblichen Methoden der Unzulänglichkeit überführt hat.[47]), oder dazu, nach solchen Methoden die Rentabilität eines Forstbezirkes zu berechnen: Und da wird er nach den Verhältnissen von heute den Ertrag in Jahrzehnten ansetzen müssen, was an Unsinnigkeit nicht zu überbieten ist. Man sieht das dann an Entwicklungen wie dem Aufforsten jahrhundertealter Laubwälder als Nadelwälder, die - Ironie des Schicksals - nun durch den sauren Regen vernichtet werden, welcher der genau solch unsinnige Berechnungen zur Rentabilität anstellenden Technik entstammt.

Ein in der Statistik gedrillter Schüler ist vielleicht später dazu in der Lage, eine Statistik so zu führen wie jene über die Abhängigkeit der Leberzirrhose vom Alkoholkonsum, in der Fälle mit so hohem Alkoholkonsum geführt wurden, wie es sie gar nicht geben kann, da der Konsum physiologisch kaum möglich ist, welche Unsinnigkeit jahrelang keiner der Ärzte bemerkte, die diese Statistik als Grundlage benutzten.[48] Ein in Prognoseverfahren gedrillter Schüler ist vielleicht später bereit, mit ihnen auch dann an einer Sache zu arbeiten, wenn je nach Wahl eines (der für die Sache als adäquat anerkannten) Verfahrens dabei zwischen 0,2 und über eine Million Krebstote durch Saccharin vorausgesagt werden.[49] Wir forderten sogar, daß ein Schüler darüber nachdenkt, ob mit Statistik oder Prognoseverfahren solche Probleme überhaupt angemessen behandelt werden können; sonst wird der Schüler die bestehenden Widersprüche nur zu mehren helfen.

Den Schüler offenzuhalten bedeutet, ihm zu ermöglichen, daß er ein *Verständnis für* die Dinge entwickeln kann, mit denen er umgeht, daß er sich nicht mit einem erborgten *Verständnis von* irgendwelchen Abläufen zufrieden gibt.

An dem heute so aktuellen Thema "Freizeit" sei nochmals auf mathematische Bildung eingegangen. Man könnte versucht sein, das Ziel des Mathematikunterrichtes in bezug auf die Freizeit darin zu sehen, daß der Schüler später motiviert und in der Lage ist, seine Zeit "sinnvoll" mit mathematischen Knobeleien u.ä. zu füllen. So sicher, wie in dieser Richtung erfüllende Tätigkeit möglich ist, ist andererseits auch ein seichter Konsum kommerziell angebotener Nachahmungsspiele möglich. Wir wollen das nicht verfolgen. Eine Möglichkeit wirklicher Lebensbewältigung durch mathematische Bildung liegt aber gerade in einer stückweisen Aufhebung der entfremdenden Trennung zwischen Arbeit und Freizeit. Das beginnt mit Dingen, wie der oben angeführten Darlehensberechnung und endet etwa bei dem Mut, die eigenen - und von keinem Spezialisten festzulegenden - Lebensbedürfnisse in dem selbst gefertigten Grundriß für das Haus zu fassen, in dem man dann viele Jahre leben wird. Da gibt es Dinge wie Wirtschaftlichkeitsberechnungen für verschiedene Autotypen, die von der Werbung unabhängig machen. Bei solchen Rechnungen werden die Grenzen mathematischer Aussagen sehr schnell klar. Wer einmal versucht hat, einen rein rechnerischen Vergleich zwischen zwei wirklich verschiedenen Finanzierungen etwa eines Autos oder Hauses zu ziehen, hat über die Hilfe, die ihm daraus entstand, sehr schnell gemerkt, daß das Problem aber letztlich nicht rechnerisch lösbar ist. Und damit fällt ihm wie Schuppen von den Augen, wieviele durch eine rechnerische Kalkulation "legitimierte" politische Entscheidungen im Grunde auf ganz anderen Präferenzen beruhen.

Um wieder ein brisantes Beispiel anzusprechen: Mathematische Bildung kann und muß ermöglichen, daß der Schüler schließlich als Zeitungsleser weiß, daß die Aussage "Atomstrom ist billiger als Kohlestrom" wesentlich daran hängt, was jeweils alles als Kosten (und in welcher Weise) berücksichtigt wurde. Naturwissenschaftliche Bildung kann und muß ermöglichen, daß er der öffentlichen Diskussion entnommen hat, daß gewisse Kosten des Atomstromes noch gar nicht beziffert werden können, da die fraglichen Techniken für die Versorgung des anfallenden Mülls noch gar nicht entwickelt sind. (Das als "Entsorgung" zu bezeichnen, zeigt den Versuch, die durch die Atomwirtschaft für Jahrhunderte *geschaffene Sorge* verantwortungslos beiseite zu reden.) Beides zusammen ergibt, daß über die Kosten des Atomstromes nur ganz vorläufige Aussagen gemacht werden können. Damit ist der Bogen geschlossen zum Problem des Laienurteils. Wir sehen es ermöglicht durch mathematisch-naturwissenschaftliche Bildung.

d) Wissen und Haltung

Handlungsgrundlage

Die Schüler schreckten auf, als der Mathematiklehrer sich bestürzt darüber zeigte, daß nur eine Schülerin die Hausaufgabe *nicht* gemacht hatte: Sie als einzige hatte sich geweigert, auszurechnen, ob die Verbesserung der Autoserie oder die statistisch zu erwartenden Zahlungen für die Verletzten und Toten auf Grund des Konstruktionsfehlers für die Firma billiger wäre. Der Mathematiklehrer wies auf diese Weise darauf hin, wie Wissen konsequenzlos bleiben kann. Es ist nicht daran zu zweifeln, daß in einer schriftlichen Ausarbeitung für den Religionsunterricht alle Schüler das Lösen einer solchen Aufgabe (für die Firma) als verwerflich hingestellt hätten. Gibt es eine Haltung, die diese beiden Gegebenheiten als gewollte Ordnung vereint?

Wir definierten nicht vorab, was wir unter Bildung verstehen. Mathematisch ausgedrückt definieren wir vielmehr "Bildung" durch ein Axiomensystem: Die Axiome sind die Aussagen, die wir über Bildung machten und machen. Die Widerspruchsfreiheit des Axiomensystems kann man insbesondere dem jetzigen Abschnitt entnehmen. Trotzdem sei zur Orientierung eine kurze Aussage herausgestellt: Bildung ist der Erwerb einer Grundlage für verantwortungsvolles Handeln. (Und wir hatten als ein griffiges Kriterium für den Beitrag mathematisch-naturwissenschaftlicher Bildung die Möglichkeit von Laienurteilen herausgestellt.)

Mit dieser Handlungsgrundlage sind gefordert: Wissen und Haltung. Das Nachdenken über das Wissen, das der Unterricht hierfür zu vermitteln hat, ist die stärkere Seite heutiger Mathematikdidaktik. Die Geltungsbindung des Wissens an Wahrheit, die durch Sachlichkeit erreicht wird, wird nicht angezweifelt (und doch ist es nötig, daß Wittenberg die Verpflichtung auf Wahrheit eindringlich betont, wie wir sahen). Der *logos* des verbindlichen Arguments herrsche gerade im Mathematikunterricht beispielhaft, wird immer wieder in Anspruch genommen für die Bildungsfunktion des Mathematikunterrichtes. Daß dieses Wissen erst als eine Ordnung seiner Gegenstände, als Erkenntnisse, über die man in eigenem Urteil verfügt (Petzelt[50]), mehr ist als eine nutzlose Sammlung von zufälligen Kenntnissen, wird dann auf dem Weg vom Bildungsanspruch bis zur Gestaltung des Unterrichts oft schon vergessen. (Wir sind im Umkreis der Gedanken Freudenthals und Wittenbergs wiederholt darauf zu sprechen gekommen.) Wäre aber der Unterricht wirklich *dialogisch*, stünde er ernsthaft unter dem *Anspruch von Geltung* auch im Prozeß der Wissensgewinnung, dann wären viele der von uns aufgedeckten Irrwege gar nicht möglich. (Wir werden dazu in V.2a weitere Beispiele kennenlernen.) Noch mehr entschwand aber die dem Wissen korrespondierende Forderung nach Haltung, die dem Unterricht zugehörige Erziehung, der Aufmerksamkeit der Mathematikdidaktik. Anders gesagt, besann sich die Mathematikdidaktik zu wenig auf ihre Einbindung in eine umfassende pädagogische Grundlegung.

Was taugt schon der fundierteste Einblick, das differenzierteste und umfassendste Wissen, wenn der Wille zum verantwortungsvollen Handeln in der Verfügung über dieses Wissen fehlt! Wozu wollen wir das vernünftige Laienurteil ermöglichen, wenn der Vernunftwille für die Fruchtbarmachung dieses Urteils nicht entwickelt wird! Mit dem Wissen ist der Mensch nur halb im Blick, kann er noch nicht handeln. Es fehlt ihm die Haltung, die ihm die geordnete Verfügung über sein Wissen ermöglicht.

Im Wissen folgt der Schüler der sachlichen Struktur der Gegenstände im Bemühen um Wahrheit. In seiner Haltung ordnet er seine Handlungen, indem er seinem Gewissen folgt. Hier ist *Wahrhaftigkeit* gefordert als *Geltungsbindung an Sittlichkeit*. Wenn für das Wissen der Dialog der Argumente den Unterricht beherrscht, so beherrscht ihn als Erziehungsgeschehen der Dialog der Motive für Handlungen, denn in ihnen zeigt sich die Haltung (Pe 355).* Für unseren Zusammenhang sind zwei Aspekte pädagogischer Führung als Erziehung zur Haltung besonders herauszustellen: Das ist einmal das Vorbild des Erziehers, also hier des Lehrers, zum anderen die Hinführung des Schülers zur Selbstbetrachtung (Pe 274ff), zur bewußten Arbeit an seiner Haltung. (Als solche Arbeit ist die Selbstbetrachtung gerade das Gegenteil der heute in der Jugend verbreiteten psychologisierenden Selbstbespiegelung!) Diese beiden Fragen haben für den Mathematikunterricht - im Hinblick auf den heutigen Stand - vordringliche Beachtung verdient. Indem wir nur darauf eingehen, blenden wir allerdings allgemein ebenso wichtige Fragen aus, wie etwa die, daß eine Schule, die durch ihre Gestaltung mindestens die letzten Schuljahre (gymnasiale Oberstufe) zur reinen Jagd nach äußeren Effekten entarten läßt (Kurswahl und Punkteabrechnung), ihre Erziehungsaufgabe aufgegeben hat (Pe 27); sie ist geradezu ein ideales Feld, Legalität statt Moralität (Kant) einzuüben und damit sittliche Haltung (und gleichzeitig auch Erwerb gültigen Wissens) zu verfehlen.

---

* Da die folgenden Gedanken eng an Alfred Petzelt orientiert sind, zitieren wir ihn ab jetzt durch eine Abkürzung direkt im Text.[51]

Selbstbetrachtung

Das Einleitungsbeispiel zeigte, wie der Schüler durch eine Mathematikaufgabe auf die Selbstbetrachtung verwiesen werden kann. Es ist nicht irrelevant, daß diese Aufgabe nicht der Phantasie des Lehrers entsprang; sie war tatsächlich als Entscheidungsgrundlage in einem Automobilkonzern durchgerechnet worden. Mathematiklehrer gefallen sich häufig darin, die Mathematik als von moralischen Entscheidungen nicht tangiert hinzustellen. (Dabei ist sie das nicht einmal im Forschungsprozeß gewesen, wenn man alle Anwendungsfragen ausblendet, wie kleinlicher Prioritätenstreit beweist.) Darin zeigt sich eine einseitige Betonung des Wissens, die pädagogisch nicht zu rechtfertigen ist.

Wenn der Schüler über die Selbstbetrachtung zu echter Haltung finden soll, wenn er seine Handlungen nicht an äußerlicher, an tatsächlicher Anerkennung ausrichten soll, sondern daran, ob sie (als ein Beispiel für jeden) Anerkennung müßten finden können (Pe 278), dann hat das Auswirkungen auf den Unterrichtsstil. Gemessen an den meisten heutigen Lehrbüchern, in denen der wendige Schüler in der jeweiligen Einführung bald merkt, welche Richtung angestrebt und welche Antwort gefragt ist, herrscht immer noch ein Unterricht vor, in dem nicht die dem Schüler sachlich zwingend erscheinende Frage oder Antwort aufgegriffen wird, sondern die ins Konzept passende. Das weist den Schüler gerade auf Ausrichtung seiner Handlungen an äußerer Zustimmung hin. Er gewöhnt sich daran, den Effekt zu suchen, und diese Gewöhnung erreicht gerade das Gegenteil von willentlich gesetzten Akten, von verantworteten Handlungen (Pe 282f, 347f). (Schon die Märchen zeigen uns aber, wie in wiederholten Versuchen, die Aufgabe zu meistern, nicht Gewöhnung, sondern der immer neue Versuch, Haltung zu gewinnen bzw. zu bewähren, den Jüngling zum Mann werden läßt.)

Das Eingangsbeispiel zeigt an, daß sich die Schüler daran gewöhnt hatten, ihre Hausaufgaben zu machen! Wenn dazu die oben beschriebene Einstellung eines Mathematiklehrers kommt, die den Schülern die Mathematik als "wertfrei" schmackhaft machen möchte, dann erhält der Schüler jedenfalls keine Hilfe, sich so zu bilden, daß er später als Angestellter eines sochen Automobilkonzerns nicht sklavisch ausrechnet, was man von ihm verlangt.

Aber nicht nur die Gestaltung der Schulbücher, auch die in dieser Weise schon angesprochene mathematikdidaktische Literatur (Zeitschriftenartikel) und die üblichen Vorträge etwa bei Lehrerfortbildungsveranstaltungen richten den Unterricht falsch aus: Wenn es dort zumeist nur darum geht, zu zeigen, daß man einen bestimmten Stoff in der Schule in einer bestimmten Klassenstufe unterrichten kann, so man ihn auf die und die Weise unterrichtet - um es böswillig auszudrücken: bestimmte Tricks beachtet - , dann ist dieser Unterricht in seiner Bindung an eine ganz genau festgelegte Gedankenkette, die zu durchlaufen nötig ist, auf ein Mitgehen des Schülers angewiesen, das mehr an dem Zielwillen des Lehrers ausgerichtet ist, als an dem dem Schüler sachlich notwendig erscheinenden Fortgang. Muß doch an jeder Weggabelung vom Lehrer derjenige Vorschlag honoriert werden, der dem vorher als gangbar gewählten Weg folgt. Der jeweils andere Vorschlag wird dann abgetan. Dabei forderte Erziehung, daß der Lehrer z.B. bei einer zweiten Antwort des gleichen Schülers diesen Schüler u.U. darauf hinwiese, daß aber, gemessen an seiner ersten Antwort, er jetzt anders entscheiden müßte. Hier sieht man die Notwendigkeit einer Verschiebung der Aufmerksamkeit des Lehrers weg vom vorgesehenen Weg und hin zu konsequentem Handeln jedes einzelnen Schülers. Der eben beschriebene Hinweis an den Schüler wäre Aufforderung zur Selbstbetrachtung.

Also ist Unterricht zu fordern, wie wir ihn anläßlich der Vorschläge von Freudenthal und Wittenberg vorgestellt haben. Es zeigt sich der Zusammenhang zwischen Wissen und Haltung. Allein dieser Unterricht, der vom Unterrichtsgegenstand und vom Lernprozeß her gesehen sachlich begründet ist, ist auch unter dem Gesichtspunkt der Erziehung sachlich zu begründen. Und dieser Unterricht fordert mehr, als daß er seine Erziehungsaufgabe schon als erfüllt betrachtet, weil die Mathematik durch ihre Forderung nach "unbestechlicher" Begründung (ohne etwa die Möglichkeit, durch Berufung auf andere auszuweichen) eine "Schule der Wahrhaftigkeit"[52] ist.

Vorbild

Unser zweiter Hinweis galt dem Vorbild des Erziehers. Als Erzieher muß der Lehrer die Selbstverantwortung des Schülers ermöglichen und riskieren; er hat die *Verantwortung des Schülers zu verantworten*[53]. Es ist seine Aufgabe, den Schüler pädagogisch zu führen[54] in dessen Bemühen, gut zu handeln, also zu tun, "was das freie und autonome Gewissen gebietet"[55], sich vom Gewissen bilden zu lassen[56]. Dazu bedarf es nicht nur einer Haltung des Lehrers, die zuvor bewährt, was sie hier vom Schüler fordern muß (Pe 295ff), sondern es muß diese Haltung des Lehrers auch für den Schüler sichtbar werden. Der Lehrer erzieht "durch Verantwortung, die er vor seinen Zöglingen nicht nur besitzt, sondern kundtut" (Pe 303).

Dazu ist z.B. nötig, daß der Lehrer, der im Verfolg unserer Gedanken zum Verhältnis des Menschen zur Natur Schüler führen will auf einem Weg, der nicht in der Sackgasse einer mechanistischen Naturbetrachtung endet, zuvor das dafür geforderte Naturverständnis bewährt. Die bewußte und freiwillige Askese, die allein Gegengewicht sein kann gegen eine fraglose Ausschöpfung aller uns heute zur Verfügung stehenden technischen Mittel, die allein Grundlage eines angemessenen Umgehens mit der Natur (und damit dem Menschen als Teil der Natur) sein kann, diese Askese hat der Lehrer zuvor zu üben.

Der Physiklehrer, der alle zwei Jahre mit einem neuen Atuo vorfährt, kann sich mit seinen Schülern nicht gut über Rohstoffknappheit als Folge einer ungehemmten Plünderung der vorgefundenen Vorräte unterhalten; der Mathematiklehrer, der parallel zur Strecke des öffentlichen Verkehrsmittels mit dem Auto zur Schule kommt, hat es schwer, die Problematik der Extrapolation etwa an der Kurve des Energieverbrauches deutlich werden zu lassen, ist er doch u.U. (es kann Motive geben, die die Beurteilung völlig umkehren) selbst ein Beispiel eines Menschen, der nicht verantwortlich handelt, sondern einem Trend folgt. (Ein Blick auf die Autos vor einem Kultusministerium zeigt eklatante Widersprüche zu dem, was in diesem Ministerium für die Erziehung gefordert wird.)

Das Vorbild des Lehrers ist angesichts der Vorbildarmut unserer Zeit besonders wichtig. Wenn ein Ministerpräsident durch einen Rechtsbruch das Geld besorgt, das er braucht, weil er auf einer Publicity-Reise über die vom Parlament gesetzten Verhältnisse lebte (zu einer Zeit, in der er die Bürger zur Sparsamkeit anhält)[57], dann ist das für die Schule faktische Welt, vor deren Hintergrund Erziehung eben stattfinden muß. Wenn aber Oberschulamtspräsidenten einerseits Erziehungsziele formulieren wie, daß der Schüler die Bereitschaft entwickeln müsse, "demokratische Mehrheitsentscheidungen loyal zu respektieren"[58] und andererseits ihr eigenes Oberschulamt rechtswidrig führen, indem sie die vom Parlament gesetzten Grenzen unloyal überschreiten (und das auch trotz einer Rüge durch den Rechnungshof jahrelang beibehalten)[59], dann wird dieser Erziehungsversuch wegen seiner mangelnden Glaubwürdigkeit fehlschlagen.

Gibt es kein verantwortliches Handeln, ist die Problematik aller Extrapolationen gesellschaftlicher Entwicklung der Frage nach der Normativität entkleidet. Wenn ein Lehrer in der Einführung in die beschreibende Statistik eines Schulbuches zur Stochastik sagt: "Ohne statistische Erhebungen über Verkehrsaufkommen, Wirtschaftsentwicklungen, Schülerzahlen usw. ist heute eine notwendige Planung für die nähere oder fernere Zukunft nicht mehr denkbar"[60], dann verkürzt er das Problem um die normative Seite: Statistisch begründete Entscheidungen sind nämlich in vielen Fällen gar keine Entscheidungen. Eine Straße zu verbreitern, nur weil zu viele Autos gezählt wurden, ist völlig verantwortungslos: Weder wurde gefragt, ob auf der verbreiterten nicht relativ noch mehr Autos zu erwarten sind, noch wurden irgendwelche Rückwirkungen auf das Leben der tangierten Menschen überlegt, noch wurden ... Aber darum geht es hier nicht: Es war dies nur ein Hinweis darauf, daß ein Problem gerade um die Frage der Verantwortlichkeit verkürzt wurde. Planung wäre in vielen heute statistisch begründeten Entscheidungen gerade als von menschlichen Zielvorstellungen und nicht von gesellschaftlichen Zufälligkeitskonstellationen zu bestimmende Planung nötig.

Wir folgen Petzelt, indem wir fordern, daß die Haltung des Lehrers für den Schüler sichtbar sein muß. Der Lehrer darf nicht versuchen, seinen Weg, sein Leben vor den Schülern zu verbergen. Wir sprachen bei der Frage der Möglichkeit eines Laienurteils das Kernkraftproblem an. Wenn ein Lehrer nach ernster Auseinandersetzung mit dieser Frage, seinem Gewissen folgend, engagierter Gegner der Kernkraftnutzung geworden ist, dann ist zu fordern, daß seine Schüler im Mathematikunterricht oder Unterricht einer Naturwissenschaft das bemerken. Sie müssen am Vorbild erleben, daß Haltung in der konsequenten Folge des Gewissens besteht. Sofort stellt sich die Frage nach einer eventuellen Indoktrination: Es wurde wohlgemerkt nicht vom Lehrer gefordert, daß er den Schülern seine Wertung anträgt, statt sich mit ihnen auf den mühevollen Weg der Durchmusterung der vorfindbaren Daten zu begeben und ihnen so ein eigenes Urteil zu ermöglichen. Um es daran zu zeigen: Die Schüler sollen dieses Eintreten des Lehrers gegen Kernkraftnutzung nicht an zur Schau getragenen Parolen bemerken (ein Autoaufkleber ist kein Argument), sondern am nicht verborgenen Handeln des Lehrers. Ein dialogisch geführter Unterricht, der für das Wissen Geltungsbindung an Sachlichkeit und für das Handeln Geltungsbindung an Sittlichkeit fordert, ein Unterricht, der den Dialog unter die Regulative Wahrheit und Wahrhaftigkeit stellt, kann der Versuchung einer Indoktrination durch den Lehrer widerstehen.[61]

Den Schüler frei zu geben zu einem Weg, auf dem er seinem eigenen Gewissen folgt, heißt nicht zuletzt, ihm die Möglichkeit eines solchen Weges vor Augen zu führen. Insofern steht der Erziehungsauftrag des Lehrers einem heute verbreiteten Verständnis einer pluralistischen Gesellschaft und ihrer Folge für die Schule klar entgegen. Darauf darf der Lehrer um der Bildung des Schülers willen keine Rücksicht nehmen: "Bildungsideen wurden, sofern sie neue Antworten suchten, stets *gegen* ihre Zeit und deren gesellschaftliche Verhältnisse entworfen. Sie waren nie Produkt eines vorgegebenen Systems, einer Konvention, einer Absprache, auch nicht einer Mehrheitsbildung".[62]

Allerdings ist für alle solche Fragen die altersgemäße Entwicklung des Schülers zu beachten. Füglich wird es der Lehrer so einrichten, daß dem Schüler nicht Beurteilungen angetragen werden in einem Alter, in dem er dazu nicht reif ist, daß der Schüler nicht auf diese Weise vorschnell (und also unverantwortlich) zu urteilen verführt wird. Aber das zu verfolgen ist nicht unser Thema.

e) Fertigkeiten und Gewohnheiten

Wie aber kann der von uns geforderte Unterricht verwirklicht werden, angesichts der allgemein geforderten "Lebensnähe", die doch für die Vermittlung genügend vieler Fertigkeiten und Gewohnheiten auf möglichst effiziente Weise zu sprechen scheint? Die Ermöglichung von Bildung durch Schule richtet sich nicht nach irgendeiner "Lebensnähe" aus, sondern ihr Ziel ist, im Vollzug durch den Gebildeten gültiges *Leben zu ermöglichen* (Pe 362). Für den Bereich des Wissens zeigten wir die Fragwürdigkeit einer Orientierung an "Lebenssituationen" mit dem Beispiel der Zinsberechnungen an. In diesem Fall versagte die für die "Lebenssituation" geforderte Fertigkeit schon daran, daß diese "Lebenssituation" ihr Gesicht geringfügig verändert hatte. Dabei wäre denkbar, daß sie durch eine ganz andere Situation ersetzt worden wäre: dann wäre die Katastrophe ungleich größer gewesen. Aber es kann gar kein Zweifel daran bestehen, daß sich der Schüler in der Schule auch viele Fertigkeiten aneignen muß, nur darf das *Denken* darüber nicht abgeschaltet werden.

Für den Bereich der Haltung muß das Verhältnis der Routine zur bewußten Gestaltung aber noch ganz anders gesehen werden. Der Schüler braucht viele Fertigkeiten, aber er darf keine unbedacht anwenden. Er ist für den Vollzug vieler Tätigkeiten auf Routine angewiesen, aber die Entscheidung für diesen Vollzug muß angesichts der jeweiligen Situation jeweils erneut bewußt gefällt werden. Gewohnheiten dürfen nicht Handlungen steuern. Verantwortungsvolles Handeln bedarf der bewußten Setzung jedes Aktes gemäß der Haltung. Die ungeheure Verantwortungslosigkeit, die für den angezeigten Weg unserer Gesellschaft als eine Ursache gesehen werden muß, hat ihren Grund gerade in der mangelnden Ablösung von Gewohnheiten durch bewußte Akte haltungsgebundenen Handelns.

Ein Beispiel aus dem Mathematikunerricht kann die Bedeutung dieser Spannung zwischen Routine und bedachtem Handeln deutlich machen: Äußere Ordnung ist notwendige Grundlage für viele mathematische Tätigkeiten. Um einen Funktionsterm zu übersehen, muß man u.U. sehen, daß gewisse Variable in bestimmter Weise im Zähler und Nenner vorkommen, muß sie in Gedanken kürzen. So etwas gelingt fast allen nur, wenn der Term ordentlich aufgeschrieben wurde. Wenn diese Ordnung die Bedingung für die mathematische Tätigkeit ist, dann ist dem Lehrer aufgegeben, den Schüler zum Erwerb der Fertigkeit der Darstellung in solcher Ordnung zu führen. Deswegen kann aber diese Ordnung noch lange nicht als ein Ziel der Erziehung angesehen werden. Das wird klar, wenn man sich den ordnungsliebenden Schüler vorstellt, der mit Zirkel und Lineal eine Skizze anfertigt, die ihn auf eine Einsicht eines gesuchten Zusammenhanges führen soll: Wie leicht verfällt er der Verführung durch das Bild; eine Freihandskizze hätte die Beweisbedürftigkeit vieler seiner Überlegungen u.U. viel besser gezeigt! Sorgfältiges Handeln gemäß der jeweiligen Situation ist also gefordert, nicht die Verlängerung einer Kette von Tätigkeiten, an die man sich gewöhnt hat. Der Schüler, der ordentlich zeichnen kann (und ohne diese Fertigkeit ist nicht auszukommen), muß diese Ordnung jeweils bewußt wählen und sich in entsprechender Situation auch gegen sie entscheiden können. Gewohnheiten dürfen verantwortungsvolles Handeln nicht ersetzen, Fertigkeiten sind nur notwendige Grundlagen für Handlungen. (Vgl. "Erziehungsziel Sorgfalt" unter "Hinweis auf Beispiele" hinter Kapitel V.)

V.2 Zur Gestaltung eines pädagogisch orientierten Mathematikunterrichtes

a) Genetischer Unterricht

aa) Phänomene und Begriffe

Der Bildungsaufgabe des Mathematikunterrichtes kann also nur ein wesentlich genetischer Unterricht gerecht werden. Wir greifen hier zunächst einen Aspekt genetischen Unterrichtes, den Ausgang bei den vorfindbaren Phänomenen, wegen seiner besonderen Bedeutung heraus: Der Schüler soll durch und im Unterricht nicht Welt verlieren, sondern seine Welt erweitern. Das ist als Welt-Bilden der Prozeß der Bildung, es ist insbesondere Grundlegung von Wissenschaft.

Der Ausgang von den Phänomenen hat für unseren Zusammenhang zwei Seiten. Einmal das Phänomen des vorsprachlichen Wissens als Ausgang des Denkens, zum anderen die Betrachtung von Dingen der Welt als Phänomene, von denen unser Denken beim Aufbau von Wissenschaft seinen Ausgang nimmt. Die letztgenannten Phänomene sind als Ausgang wissenschaftlicher Fassung zunächst begrifflich offen, sie können aber nur Anlaß für (verschiedene!) Begriffsbildungen sein, wenn sie zuvor in einem vollen Erleben Teil der Welt des Schülers werden. Dabei ist wiederum auch das vorsprachliche Wissen angesprochen und insofern sind die beiden Seiten des Problems aufeinander verwiesen. Es ist gut, diese Verwiesenheit nicht aus dem Blick zu verlieren, kann doch daraus mancher Hinweis auf Phänomene als Anlaß für Begriffsbildungen erfolgen, den wir aber allein vom eingeengten Blick auf gerade diese "Funktion" der Phänomene nicht bekämen.

In IV.2aa (Ende des Abschnittes "Wissenschaft") zitierten wir Wittenberg, daß es eine Aufgabe wissenschaftlicher Erkenntnis sei, die Begriffe bis auf ihren erfahrenen Urgrund hinab zu verfolgen. "Erfahren" ist dabei nicht nur individuell verstanden. Aber die individuelle Erfahrung des Forschers ist Voraussetzung für das Auffinden des objektiven Urgrundes. Insofern ist der Ausgang bei den Phänomenen wesentliche Voraussetzung für die Möglichkeit von Wissenschaft. Womit wir erneut bei der aristotelischen Auffassung sind, in der Forschung sei die (sinnliche und besondere) Wirkung der Erkenntnisgrund für die (begriffliche und allgemeine) Ursache. (Vgl. II.2b, Abschnitt "Forschungsprozeß")

Ein spezifischer und für den Unterricht zentraler Aspekt sind die frühen körperlichen (kinästhetischen) Erfahrungen als Voraussetzung mathematischer Begriffsbildungen. Dieser Aspekt wird hier nicht verfolgt, er ist an anderer Stelle angesprochen.[63]

Erlebnisfähigkeit

Man kann Schüler nicht zum Denken führen, ohne die Wurzeln des Denkens mitzubedenken. Wir könnten das mit einem Hinweis des Mathematikers Wittenberg unterstreichen[64], wir unterstreichen es statt dessen mit einem Gedanken des Philosophen W. Struve: "Eigentlichen Gedanken liegen primär Empfindungen zugrunde; und diese sind das Erste. - Änderung des Denkens setzt daher Änderung des Empfindens voraus: zum Beispiel Präzisierung des Denkens Präzisierung des Empfindens, Vertiefung des Denkens Vertiefung des Empfindens ..."[65] Schon deswegen darf die Wirklichkeit in der Schule nicht von ihren Nachbildungen verdrängt werden. Es darf nicht versucht werden, das Erleben durch den Konsum von Erlebnis-Konserven zu ersetzen. (Das heißt konkret zum Beispiel, daß man - auf einer gewissen Stufe - das Schwimmen des Bootes quer zur Strömung des Wassers beobachten muß und es nicht im Fernsehfilm Mathematik Unterrichtseinheit XY ansehen darf.)
Die verschiedensten Mathematiker weisen auf die Wichtigkeit der *Erlebnisfähigkeit* immer wieder hin, wenn sie in der schöpferischen Phantasie eine wesentliche Grundlage für mathematische Erkenntnis sehen. Wir gingen bei Wittenberg schon auf die Forderung der Erlebnisfähigkeit ein (IV.2ba).

Wobei der Erlebnisfähigkeit über unseren jetzigen pädagogischen Zusammenhang hinaus eine wesentliche Funktion zukommt, denkt man an die notwendige Korrektur der Verengung in der Folge der "Cartesianischen Kürzungsregel". So weist uns etwa Romano Guardini auf das notwendige Gegengewicht hin, das die schauend-intuitive Welterfassung bilden muß gegen das begriffliche Denken, bei dem "der Begriff dem Erkennen leistet, viele Dinge dadurch zu erfassen, daß er keines lebendig greift". Guardini vergleicht diesen Dienst des Begriffes für das Erkennen mit dem Dienst der Maschine für das Handeln, sie sei "ein Begriff aus Stahl".[66] Und man bedenke, daß der Computer die Trennung zwischen Begriff und Maschine ein Stück weit aufhebt: Der Begriff *ist* Maschine.

Das Erleben ist zunächst nicht rational kontrolliert; gerade aus der nicht logisch gegliederten Welt erwachsen die Impulse zur Entwicklung des Lebendigen: Damit lenkt der Pädagoge Luserke[67] den Blick in die gleiche Richtung wie der Physiker Pietschmann (vgl. Kap.I). Jene dadurch angesprochene "andere Wirklichkeit" ist also gleichermaßen wichtig für das volle unverkürzte Leben des Schülers überhaupt, wie als Grundlage der speziell zu entwickelnden rational zu ordnenden Bereiche. Der Weg führt von einem "vor-logischen Handeln aus Phantasie" (Luserke) zu rational strukturiertem Handeln, von Phänomenen zu Begriffen.

Wenn es für den Schüler keinen (für ihn spürbaren!) Zusammenhang gibt zwischen dem Unterricht und dem Leben der vorher gekannten und außerhalb der Schule vorfindbaren Lebenswelt, kann er nur entweder die fremde Welt der Wissenschaft als hohlen Popanz ergreifen (Begriffe ohne Anschauung sind leer - Kant) und wird sie dann einsichtslos und grenzenlos handhaben (Wagenschein: "Wenn in einer Gesellschaft Wissenschaftsgläubigkeit um sich greift, so sollte das ein Warnzeichen sein dafür, daß der wissenschaftliche Unterricht nicht in Ordnung ist"[68]), oder er kann sie ablehnen und so die Bereicherung durch rationale Welterfassung ungenutzt lassen (Anschauung ohne Begriffe ist blind).

Der Zusammenhang ist dabei aber in beiden Richtungen zu sehen. Es geht nicht nur um den Ausgang von den Phänomenen, es geht auch um die Möglichkeit des jederzeitigen Rückweges zu ihnen. Wagenschein weist auf diesen Rückweg immer wieder hin: "Auch auf höheren und späteren Stufen der Abstraktion muß der *Durchblick* bis zu den Phänomenen und auch der *Rückweg* zur Umgangssprache immer wieder offengehalten werden."[69] (Übrigens sind wir damit an einem Punkt angelangt, an dem die

Trennung der beiden anfangs angesprochenen Seiten des Phänomenproblems aus sachlicher Notwendigkeit völlig verfließt.) Ein Beispiel für den Rückweg zur Welt betrachteten wir schon mit der Frage nach dem Abstand eines verlängerten Äquators von der Erdoberfläche. Wagenschein weist etwa auf die Frage hin, wievielfach so groß die Oberfläche einer Halbkugel ist (Mond, den ich sehe) im Vergleich zur Kreisfläche (Mond, den ich zu sehen vermeine); eine schwere Frage, bis man sich daran erinnert, daß man die Formeln $4 \pi r^2$ und πr^2 doch kennt. - *Wie* kannte man sie?

Da es uns um die Ermöglichung der Bildung des Schülers zu tun ist, wollen wir auf das Ganze dieser Bildung noch einmal hinweisen, ehe wir betonen, wie fruchtbar der von den Phänomenen ausgehende Weg für den Mathematikunterricht ist. Gerade das Struve-Zitat wies auf den Zusammenhang von Denken und Erleben hin. In modifizierter Weise spricht das auch den Zusammenhang zwischen Schulfächern an. Hier sei nun ein Datum erwähnt: Freudenthal zeigt an, daß sich nicht nur für die Mathematik auf solche Weise aus der Welt schöpfen läßt, wenn er über Grundschüler, die in entsprechender Weise geführt wurden, feststellt: "Im Rechnen sind sie auch nicht besser als der Durchschnitt, aber in den Tests für Muttersprache und Allgemeinkenntnis schlagen sie alle. Komisch, daß ein Mathematikunterricht das zustande bringt. Sie haben nur halb so viel gerechnet wie ihre Altersgenossen, aber sie haben das Rechnen als Mathematik betrieben. Dies und vieles andere. Mathematik, *die sie anging* und die sie schafften"[70]. Nur das, was in einen Zusammenhang mit dem schon Vorhandenen gebracht werden kann, was seinen Ausgang in der Welt des Schülers (die natürlich fortschreitend mehr auch wissenschaftlich durchdrungene Welt ist) nimmt, geht ihn an; nur das kann ihn überzeugen; nur das kann als Wissen sein Eigentum werden.

Der Weg zum Begriff

Die Phänomene, die Erscheinungen, werden gedanklich geordnet, durch Begriffe be-griffen. (Damit sind wir nun wieder ganz bei der zweiten eingangs genannten Seite des Phänomenproblems.) Wenn das Erkennen nicht pseudowissenschaftlich-dogmatischen Charakter haben soll, darf der von den Phänomenen ausgehende Weg der Begriffsbildung nicht verkürzt[71], nicht unecht werden. Freudenthal weist auf die Tiefe des Weges hin, wenn er sagt, daß es zunächst der Konstitution mentaler Objekte bedarf, ehe ein Begriff erworben werden kann[72]. Wir sahen, wie fruchtbar seine auf dem Gedanken der "phänomenologisch basierten Konstitution mentaler Objekte"[73] aufbauende Didaktische Phänomenologie für guten Mathematikunterricht werden kann. Man muß dafür herausfinden, durch welche Tätigkeiten des Schülers die mentalen Objekte gebildet werden, die dann gestatten, den Begriff zu bilden. (Neuere Arbeiten betonen wieder die Individualität aller Lernvorgänge. Sehr fruchtbar ist dafür Bauersfelds Ansatz der "Subjektiven Erfahrungsbereiche" des Schülers, die dessen Vorstellungen konstituieren und sein Handeln bestimmen.[74]) Von Überlegungen zur Heuristik herkommend formuliert das Pólya: "Im Interesse erfolgreichen Lernens sollte eine Phase des Klärens der Phase des Umsetzens in Worte und der Bildung von Begriffen vorausgehen", und er weist auf das Umfassende der Bildung des Schülers hin, indem er fortfährt "und schließlich sollte das Gelernte mit der ganzen geistigen Einstellung des Lernenden verschmelzen und zu ihrer Bereicherung beitragen."[75]

Bei der Begriffsbildung spielen Abstraktion und Konstruktion zusammen[72]. Nicht nur die Konstruktion, auch die Abstraktion ist ausschließlich als *eigenes* Ordnen jedes Menschen möglich. Das heißt natürlich nicht, daß der Schüler nicht dazu *geführt* werden kann und muß, daß der Vorgang nicht auf mannigfache Weise unterstützt werden kann. Aber ein Begriff kann nicht über eine Definition einfach übernommen werden. (Am deutlichsten wird das vielleicht in der Philosophie, wo sich nur eigene philosophische Arbeit am jeweiligen Problemkreis als gangbarer Weg erweist, die Begriffe eines anderes Philosophen zu erfassen, "einfaches" Lesen erreicht das nicht.) Kein Wunder: der Begriff entstand ja auch im Begreifen und nicht ad hoc als Definition. Indem jeder Begriff (sowohl bei der Abstraktion als auch bei der Konstruktion) die Sache in einer bestimmten Weise begreift, ist er immer auch Beschränkung. Das erfährt der Schüler, wenn er selbst den Weg zum Begriff geht: Indem er beschränkt, lernt er, das Ergebnis in seiner Beschränktheit zu sehen. Es wäre also gar nicht wünschenswert, daß ein Begriff via Definition "erlernbar" wäre, dieser notwendige zweite Gewinn des Weges ginge verloren.

Diese Betrachtung zeigt zugleich, wie man prüfen kann, ob ein Schüler einen Begriff hat. Das Hersagen einer Definition und die Reproduktion des ihr beigegebenen Beispiels sagt überhaupt nichts aus. Seine Verwendung in anderen Situationen, seine Beziehung zu anderen Begriffen weisen den Begriff als Besitz des Schülers aus[77].

Recht besehen, scheinen unsere Überlegungen so trivial, so selbstverständlich zu sein, daß man fragen könnte, wozu wir das alles zusammentragen. Daß dieser Schein trügt, wird sofort klar, wenn man (genügend vorhandene) Beispiele wie das folgende betrachtet. In den "Unterrichtsempfehlungen Mathematik" für die Sekundarstufe I des Gymnasiums in Nordrhein-Westfalen von 1973 wird festgestellt: "Die Lösungsverfahren für Gleichungen und Ungleichungen basieren auf dem Begriff der Äquivalenzumformung." Wir beleuchten das "basieren auf" durch eine Frage: Gibt es die Lösungsverfahren erst seitdem es den Begriff Äquivalenzumformung gibt? Wichtig ist aber für uns vor allem der anschließende Satz: "Der Definition dieses Begriffs muß daher besondere Sorgfalt gewidmet werden". Da gibt es keinerlei Skrupel; ob der Begriff wirklich nötig ist, ob ihn der Schüler hier wirklich bilden kann, wird nicht gefragt. Es wird auch nicht von Begriffsbildung gesprochen, sondern von Definition. Das zeigt die dahinterstehende Vorstellung, die eben gerade vom Ende des Weges ausgehen möchte; daß es aber nicht möglich ist, den Baum vom Wipfel aus zu besteigen, beweisen Untersuchungen dessen, was für die Schüler aus dem Mathematikunterricht geblieben ist, zur Genüge. Diese Unterrichtsempfehlungen haben den Nürnberger Trichter weit mehr im Sinn als einen genetischen Unterricht, genauso wie jene Lehrplankommission, die sich entschieden gegen die Formulierung "Hier besteht die Möglichkeit, daß die Notwendigkeit eines Beweises erfahren wird." wehrte und auf der Formulierung "Hier besteht die Möglichkeit, die Notwendigkeit eines Beweises aufzuzeigen." beharrte (Geometrie im 6.Schj. des Gymnasiums)[78].

Greifen wir die beiden letzten Formulierungen noch einmal auf. Die "Möglichkeit" ist bei der zweiten Formulierung die Möglichkeit des Lehrers: er kann, wenn er will. In der ersten Formulierung ist es die Möglichkeit eines im Unterricht dem Schüler widerfahrenden Geschehens, das durch den Lehrer provoziert, aber *nicht bewirkt* werden kann. Diese Differenz zwischen der Ermöglichung und technischem Einwirken hat eine ungeheuer positive Seite für unser Problem.

Wenn der Ausgang von den Phänomenen *Grund legend* ist, wenn es wichtig ist, daß der Weg nicht frühzeitig irgendwo verschüttet wird, dann kommt dem Problem der Angemessenheit von Lehrgegenständen und Methoden für den Entwicklungsstand des Schülers große Bedeutung zu. Und wir erinnern uns an Wittenbergs Feststellung, daß die Kraft der inhaltlichen Auffassung der Mathematik davon herrührte, daß sie nicht als etwas vom Menschen Geschaffenes dastand (IV.2ac). Um dem Schüler die Kraft für seine Nacherschaffung der Mathematik nicht zu rauben, dürfen wir ihm diese Auffassung nicht vor der Zeit zerstören: Der Ausgang von den Phänomenen ist also sehr umfangreich zu denken.

Die angesprochene Differenz löst das Problem der Angemessenheit für uns. Wir brauchen dem Schüler nur keine Frage einzureden, die sich ihm nicht stellt. (Der Lehrer darf über diese Möglichkeit gar nicht versuchen, den Schüler zu beeinflussen.) R. Steiner sagte, man dürfe an das Kind keine Gedanken (der Erwachsenen) herantragen, die es nicht schon selbst hat, und er weist darauf hin, daß Kinder viele Dinge erst "wissen" sollen und danach "begreifen". Dabei sind die Phänomene, auf die uns Steiner als Grundlage für das "wissen" hinweist, weit zu sehen: Nicht rein sinnliche Anschauung, sondern Begegnung mit den Dingen, die Phantasie, Empfindung und Gemüt beteiligt, führt dahin, "das Leben lebensvoll zu erfassen".[79] Freudenthal schlägt vor, Kontexte zur Bearbeitung vorzugeben, aber nicht explizite Einzelheiten aufzuschwatzen, (Für die Naturwissenschaften hieße das übrigens, daß man den Schüler nicht zu früh zwingt, mit einer speziellen ("späten") Theorie zu beobachten.) Der Schüler wird von sich aus zur rechten Zeit auf die rechten Fragen kommen: Die Kunst des Unterrichtens als Hilfe für den Weg des Schülers besteht eben im Schaffen des Kontextes, der die Fragen provoziert, deren Genese im Schüler wir voraussetzen (anamnesis).

Um es enger, aber griffig zu sagen: Abstraktionen müssen im Menschen wachsen, man kann sie ihm nicht weiterreichen. Das ist eine Seite des biogenetischen Grundprinzips für das Lernen. Wir wissen das schon seit über zweitausend Jahren - wie wir sahen, hat Platon mit seiner Festlegung, daß Philosophieunterricht erst ab dem 30. Lebensjahr angezeigt sei, das Problem von der erzieherischen Seite her angesprochen - und doch kranken unsere heutigen Lernfabriken gerade daran, daß wir meinen, Abstraktionen (und zwar möglichst früh) weiterreichen zu müssen.

Ein Beispiel wäre gut. Eine Jahre alte Notiz aus dem Unterricht möge dazu dienen: Früh wird an die Schüler die Vorstellung der Strecke als Punktmenge herangetragen. Eine kurze Strecke wird auf eine lange abgebildet. Desillusionierende Schülerfrage: "Verlängern" sich die Punkte oder werden es mehr? - Und nun liegt diese Notiz neben der obigen Bemerkung über die Lehrplankommission und weckt eine Erinnerung: Diese Kommission formulierte in ihrem Lehrplanentwurf für das 7.Schj. des Gymnasiums als Hinweis zur Konstruktion von Ortslinien "Hier empfiehlt sich das Arbeiten mit Punktmengen."[80] Unabhängig von allen Überlegungen zur Inhaltlichkeit der Mathematik ist das an dieser Stelle schlichtweg unsinnig und müßte heißen "... mit der Punktmengenauffassung", besser noch "Punktmengenvorstellung". Die Unbeholfenheit bei der Formulierung deutet auf die Schwierigkeit des Problems (sogar für Mathematiklehrer): Wäre das nicht ein Hinweis darauf, es nicht ohne Not den Schülern anzutragen?

Eine Schwierigkeit darf bei diesem Ausgang von den Phänomenen nicht übersehen werden. Die Welt der Schüler außerhalb der Schule ist die Welt heutiger Technik. Der Ölfleck auf der Straße, der Telefonhörer zu Hause, programmierbare Automaten der verschiedensten Art gehören zu den "ursprünglichen" Phänomenen des Schülers. Wenn der Weg zu solchen "späten" Produkten, wie etwa derartigen Automaten, bei "frühen" Phänomenen, im Sinne des Wissenschaftsganges (oder auch im Sinne einer Orientierung an der Natur) ursprünglichen Phänomenen beginnen soll, ist der Weg zunächst ein Zurückführen des Schülers an einen Anfang, von dem aus der Weg gegangen werden kann. In dieser Beziehung ist mit fortschreitender Veränderung der Welt durch den Menschen immer mehr bewußt gestaltete Einführung der Nachkommen in die Welt nötig.

Unverkürzbarkeit des Weges

An dieser Stelle sollte noch ein Hinweis unser Anliegen verdeutlichen. Unser Ausgang von den Phänomenen auf dem Weg zum Begriff wie überhaupt unsere Forderung genetischen Unterrichtes sind notwendige

Folgerung der Forderung nach einer tiefen und echten Bildung des Schülers. Pädagogisch ist diese Folgerung genau so zwingend, wie sich zeigt, daß eine Heranführung des Schülers an echte Wissenschaft auch vom Ergebnis für die Wissenschaft her gesehen nur so gelingen kann. Dieser Weg ist nicht durch irgendwelche Tricks zu ersetzen. Wenn Palzkill und Schwirtz "genetische Definitionen" fordern als solche, die den Begriff ans Ende eines Aufbauprozesses stellen, dann ist das soweit ganz im Sinne unserer Forderungen. Wenn sie das aber verdeutlichen am Beispiel des Winkels und die "genetische Definition" "Ein Winkel entsteht durch Drehung eines Strahls um seinen Anfangspunkt" der "Ist-Definition" "Ein Winkel ist die von zwei von einem Punkt ausgehenden Strahlen gebildete Figur" gegenüberstellen[81], dann darf man nicht der Versuchung anheimfallen zu meinen, man könne dem Schüler den Begriff Winkel "definieren", indem man nur einfach die erste Formulierung ihm vorlegt. Diese Formulierung ist zwar ausgezeichnet als sprachliche Hilfe, *falls* der Begriff auf dem durch sie ausgesagten Weg gebildet wurde, sie kann den Prozeß der Bildung des Begriffes aber nicht ersetzen.

Das klingt wieder so selbstverständlich, daß wir zeigen wollen, daß dem leider nicht so ist. Ein Schulbuch fordert nach der Behandlung des Kreises zum Drehen eines runden Plättchens auf und stellt fest:[82] "Eckart hat beim Drehen zugeschaut. Erstaunt stellt er fest: Was man dreht ist eine Kreisfläche. Was man sieht ist eine *Kugel*." Es folgt der dick hervorgehobene Satz: "Drehst Du eine Kreisfläche um eine Sehne durch den Mittelpunkt, so erhältst Du eine Kugel." Die Passage liest sich peinlich. (Wir werden in diesem Kapitel öfter Beispiele bringen, bei denen ein Urteil im Horizont unserer Überlegungen berechtigt, auf Grund des kurzen Zitats aber nicht *leicht* nachvollziehbar ist. Um der Lesbarkeit des Textes willen werden wir solche Stellen trotzdem nicht ausweiten und müssen auf die Lektüre der angegebenen Quellen verweisen.) Die Passage ist für das 6. Schuljahr des Gymnasiums gedacht. Der Schüler, der das im 6. Schuljahr liest, weiß erneut, daß Mathematiklehrer nicht normal sind. Denn wenn er den Sachverhalt auf seinem Weg des Suchens erfahren hat, dann braucht er ihn nicht als "Lehrsatz" formuliert zu bekommen; wurde er aber innerhalb der durch das Buch nahegelegten Verabreichung von Wissenshäppchen an ihn herangetragen, wird der "Lehrsatz" seine Bestimmung einer "Begriffserzeugung" kaum erfüllen. Wenn man fragt, wie diese Stelle entstanden sein kann, zeigt der Blick auf die angeführte "genetische Definition" eine naheliegende Möglichkeit. Und es sei immerhin bedacht: Wenn Definitionen die letzten Fixierungen langer Prozesse der Begriffsbildung sind, und wenn man eigentlich diese Prozesse "genetisch" nennt, dann droht "genetische Definition" an dieser Spannung zu bersten oder einer der beiden Pole geht an der Spannung zugrunde. (In unserem Beispiel starb die Genese.) Zur Rechtfertigung des gewählten Ausdrucks "Wissenshäppchen": Das Buch folgt der augenblicklichen Mode, die Unterrichtsgegenstände auf je eine Doppelseite (für je eine Unterrichtsstunde) aufgeteilt darzubieten, so weit, daß eng zusammengehörende Sachverhalte, wie die gleiche Entfernung aller Kreispunkte zum Mittelpunkt und die Kreiseigenschaft der von einem Punkt gleich entfernten Punkte künstlich auseinandergerissen werden.

Letztlich ist auch das Problem des Übergehens der Phänomene ein Problem der Entfremdung. Das ist nach vorherigen Überlegungen schon klar. Die Sicherheit, die die wissenschaftliche Verständigung über einen Bereich der Welt bringen soll, stellt sich nur ein, wenn der Weg von den Phänomenen und der Durchblick zu ihnen zurück unverstellt ist. Der Weg von den Phänomenen ist - so sagten wir früher - auch zu sehen im Sinne eines notwendigen Widerspruches des Denkens gegen die Anschauung. Dabei tritt die Gefahr einer Entfremdung auf, falls der Schüler an Dinge herangeführt wird, die seine Fähigkeiten übersteigen. Wir sahen, daß schon Platon hier eine Differenzierung der Schule ansetzte. In dieser Richtung ist das Problem also auch zu durchdenken. Wir wollen das hier nicht verfolgen.

Verfremdung / Sprache

Es ist angebracht, auf eine spezielle didaktische Möglichkeit der Provokation von Fragen und Vorstellungen einzugehen, auf die Verfremdung. Gerade für die Mathematik ist es spezifisch, daß eine Struktur, die in anderem Gewand in einen anderen Zusammenhang gestellt wird, die Phantasie ungemein anregen und so zu neuen Ergebnissen führen kann. Der Lehrer muß sich aber immer darüber Rechenschaft ablegen, inwieweit eine Verfremdung eines Sachverhaltes, die immer auch eine Entfremdung des Schülers von seinem Herkommen ist, wirklich durch nachfolgende

Einwurzelung aufgehoben wird. Ziel ist schließlich die Behausung des Schülers in einem zu schaffenden Orientierungsgeflecht. "Verfremdung wo immer es geht"[83] ist daher ein pädagogisch blinder Rat. (Wie jeder Rat, der einen von zwei Polen überbetont, statt dem Spannungsfeld zwischen ihnen gerecht zu werden.)

Eine gefährliche Verfremdung ist der unverantwortliche Gebrauch der Sprache, wie er im Mathematikunterricht unter dem Motto falsch verstandener Exaktheit häufig zu beobachten ist. Das Zitat von Wagenschein, in dem dieser auf den Rückweg hinwies, bringt außer den Phänomenen (Dingen der Welt) die Muttersprache in den Blick (die zweite der Anfang des Abschnittes angesprochenen Seite). Die Muttersprache ist ein Phänomen, von dem wir ausgehen, wenn wir etwa Mathematik als System von Sätzen (in) einer formalen Sprache ansehen. Etwas bescheidener: Die in der Muttersprache geborgenen Einsichten sind oft Ausgang für unsere mathematische Verständigung über die Welt.

Das Sprachproblem stellt sich für den Mathematikunterricht vornehmlich in der Frage nach Exaktheit und in der Frage nach inhaltlicher Verschiedenheit bei logischer Äquivalenz; man kann das auch an der Spannung zwischen "logischer Stenographie" und sprachlichem Verstehen aufrollen. Der Mißbrauch "logischer Stenographie" bewirkt einen Rückgang sprachlichen Verstehens, einen Bruch auf dem Weg von der Muttersprache zu mathematischen Formulierungen. Und vor allem: So wird der Schüler nicht *mehr* Welt erobern, sondern wird im Gegenteil Welt verlieren. Denn "das Wesen von Sprache ist das Wesen von Welt, somit das Wesen von Sprach-Bildung das Wesen von Welt-Bildung", wie Helmut Konrad treffend formuliert[84].

Der nötige Weg kann nur über eine sinnvolle Treppe von "Stufen der Exaktheit" und "Stufen der Formalisierung" führen. Hilfe für die Wahl der jeweils richtigen Stufe kommt uns einerseits aus dem Eingehen auf die jeweilige Sprache des Schülers (dazu muß man ihn zu Wort kommen lassen!!), andererseits aus der historischen Entwicklung der Mathematik. Wie wir Schüler nicht durch künstliche Zweifel zum inhaltlosen Zweifel erziehen dürfen, dürfen wir sie auch nicht durch unangemessene ("exakte") Sprache zur hohlen Phrase erziehen. Die Strenge hat in der Mathematik jeweils einen Sinn (die Eroberungen der Intuition zu sanktionieren und zu legitimieren, sagt Hadamard), wie auch abkürzende Symbole aus gutem Grund für den jeweiligen Zusammenhang gewählt werden; sie sollen eine Hilfe sein - stur verwandt können sie aber zur Last werden. Wagenschein rückt wieder den Weg ins Blickfeld, wenn er zur Sprache sagt: "Die Muttersprache ist die Sprache des Verstehens, die Fachsprache besiegelt es, als Sprache des Verstandenen."[85] Man sollte es auch einmal von der Seite betrachten: Wenn das Wissen den Schüler betreffen, ihn betroffen machen soll, dann gehört dazu, daß es in einer Sprache geborgen ist, der er nicht fremd gegenübersteht. Das soll natürlich schließlich auch die Fachsprache sein, aber das ist erst am Ende eines Lernweges möglich.

Besonders wichtig ist die sprachliche Fassung angesichts der Spannung zwischen inhaltlicher Verschiedenheit und logischer Äquivalenz. Als Beispiel: Die Seitenhalbierende des Dreiecks ist inhaltlich etwas völlig anderes als die Flächenhalbierende; logisch gibt es da keinen Unterschied. Wenn wir von den Phänomenen ausgehen müssen, dann heißt das in bezug auf dieses Problem, daß wir die inhaltliche Verschiedenheit nicht zu früh beiseite schieben dürfen. Das gibt uns auf, sehr genau zu prüfen, inwieweit die modernste Terminologie der Mathematik für eine Hinführung zur Mathematik benutzt werden darf. (Hier erwächst uns sogar ein Kriterium für eine didaktische Bewertung des Bourbakismus.)

Als Beispiel schauen wir noch einmal in die o.a. Unterrichtsempfehlungen hinein, aus denen wir den Hinweis auf die Definition des Begriffes der Äquivalenzumformung betrachteten. Dort geht es dann weiter: "Wichtig ist die Erkenntnis, daß die Gleichungen bzw. Ungleichungen von Schritt zu Schritt völlig andere Aussageformen sind, denen nur die gleiche Lösungsmenge gemeinsam ist." - "Nur"? - Das ist doch gerade der Witz an der Sache, daß sie alle die gleiche Lösungsmenge (also die gleichen Lösungen!) haben. Inhaltlich ist es anders: Es sind eben gerade nicht "völlig andere" Aussageformen. Man könnte sagen, es sind zwar "andere", aber nicht "völlig andere" Gleichungen. Gegen diese Redeweise müßte sich nun der Autor des genannten Satzes empören: Es gibt doch keinen Unterschied zwischen "anders" und "völlig anders", da es nur "gleiche" und "nicht gleiche" Aussageformen gibt. Wir denken inhaltlicher, sagten auch "Gleichungen" und nicht "Aussageformen", denn es gibt zweierlei "nicht gleiche" Gleichungen: Nicht gleiche mit gleicher Lösung und nicht gleiche mit nicht gleicher Lösung, letztere sind völlig verschieden, erstere sind verschieden. Das Pikante an der Sache: Der Autor des zitierten Satzes weiß, daß wir recht haben, andernfalls hätte er das "völlig" gar nicht schreiben dürfen!

Ein anderes Beispiel deute auf die Hilfe hin, die dem Schüler für seinen Weg aus der Sprache kommen kann. Falls (!) man diese Stetigkeitsdefinition im Analysisunterricht anschreiben will, ist "für alle $\epsilon > 0$ existiert ein δ . . ." die übliche sprachliche Übersetzung der mit Quantorensymbolen aufgeschriebenen Form. Sagt man aber "zu jedem $\epsilon > 0$ gibt es ein δ . . .", ist dem Schüler z.B. gleich klar, daß es nicht das gleiche δ für alle verschiedenen ϵ sein muß. Oder von der Genesis im Unterricht her gesehen an einem weiteren Beispiel verdeutlicht: "Die Folgenglieder werden mit der Zeit beliebig klein" läßt an einen zeitlichen Vorgang denken, "Die Folgenglieder werden schließlich beliebig klein" zeugt deswegen schon von erheblich tieferer Einsicht, wenn die Formulierungen auch in gewissem Sinne logisch äquivalent sind.

Schon die sozusagen "logisch gereinigte", für die Mathematik notwendige Sprache, die Junktoren (und, oder, ...) extensional gebraucht, bereitet Schülern genügend oft Schwierigkeiten. Aber diese unverzichtbare Einschränkung auf den extensionalen Gebrauch ist zugleich wieder ein Hinweis auf Grenzen und ihren Sinn. (Wie arm ist eine solche Sprache einerseits - welche Macht hat sie andererseits.)

"Logik ist die vom Mathematiker geübte Hygiene, um seine Ideen gesund und kräftig zu erhalten", sagt H. Weyl[86]. Wir wissen aber aus der Psychologie, wie übertriebene Hygiene Kindern schaden kann; auch die Medizin geht da heute den falschen Weg und liefert die Kinder der Lebensgefahr ungeheuer schwacher Infektabwehrlage aus: Sie werden gerade nicht gesund und kräftig, sondern anfällig und kränklich. Gehen wir einen besseren Weg! Heisenberg weist uns die Richtung: "Wir wissen, daß jedes Verständnis schließlich auf der gewöhnlichen Sprache beruhen muß, denn nur dort können wir sicher sein, die Wirklichkeit zu berühren; und daher müssen wir skeptisch sein gegen jede Art von Skepsis hinsichtlich dieser gewöhnlichen Sprache und ihrer wesentlichen Begriffe."[87] Wenn das für die Wissenschaft gilt, wieviel stärker gilt es dann für den Unterricht! Rechenaufgaben aus der mathematischen Kindheit der Menschheit, dem Papyrus

Rhind (1800 vor Chr.), lassen die Unbekannte sprechen: "Ich gehe dreimal in das Scheffelmaß hinein . . ." Die dadurch mögliche Identifikation (über die Sprache) mit der Aufgabe wäre auch Schulkindern angemessener als die formale Begriffshuberei der folgenden Beispiele.

Negativbeispiele

Wie wichtig gerade das Ablassen von falschen Exaktheitsvorstellungen und ein permanentes Augenmerk auf die Sprache sind, haben die Verirrungen im Zuge der Einführung der "Neuen Mathematik" eindringlich gezeigt. Wir wollen das an Negativbeispielen aus Schulbüchern belegen. Dabei wird sich zeigen: Eine durch die jeweilige Sache weder geforderte noch wenigstens zu rechtfertigende exzessive Exaktheit wurde von Autoren gefordert, die ihrer eigenen Forderung selbst gar nicht gewachsen waren. Das ist zwar kein genuin sachliches Argument gegen diese Exaktheitsvorstellungen, aber es ist ein ungeheuer starker Hinweis auf die Wichtigkeit des von uns gezeichneten Weges: Wären ihn diese Autoren selbst gegangen, wären diese Widersprüche kaum entstanden. Der Leser sei zuvor ein wenig eingestimmt, damit er fähig wird, Mitleid mit dem durch überzogene Formulierungen geplagten Schüler zu entwickeln. Nachdem wir die Notwendigkeit eigener Auseinandersetzung mit den jeweiligen Problemen immer wieder gesehen haben, kann diese Einstimmung nur in der Lösung einer Aufgabe durch den Leser selbst bestehen.

Aufgabe:
Man formuliere den folgenden Grundsatz in der Umgangssprache. Dabei sei G die Menge der Großbuchstaben, K die Menge der Kleinbuchstaben und das Zeichen _ bezeichne einen Zwischenraum. Die Abbildung ϕ (sprich: Vieh), mit
$\phi : G \cup K \cup \{\_\} \longrightarrow G \cup K \setminus \{d\} \cup \{\_\} \cup \{e\_T\}$, sei definiert als Identität auf $G \cup K \setminus \{d\} \cup \{\_\}$ und es sei $\phi(d) = e\_T$. Diese Komponentenabbildung sei in naheliegender Weise zu einer Abbildung ϕ' endlicher Zeichenreihen mit Komponenten aus $G \cup K \cup \{\_\}$ erweitert. [Beispiel: $\phi'(puh) = \phi(p)\phi(u)\phi(h)$]

Grundsatz: Wir wehren uns gegen die Transformation
$$\text{Didaktik} \longrightarrow \phi'(\text{Didaktik})$$

Zusatzaufgabe: Man gebe die Abbildung ϕ' exakt an.

Nach dem Lösen der Aufgabe ist man hoffentlich eingestimmt und wird aus Mitgefühl mit dem verkauften (denn Geschäftsinteressen haben die Neue Mathematik hochgetragen) Schüler den folgenden Beispielen paradigmatisch eine Verpflichtung für den künftigen Unterricht entnehmen. Martin Wagenschein schrieb zur Notwendigkeit der folgenden Seiten: "So ein grausiges Scherbengericht habe ich mir immer gewünscht."[88]

1. Beispiel: 2. Schuljahr [89]

(Wir gehen nicht auf die Fragwürdigkeit des Umganges mit Mengen überhaupt ein.) Die Autoren meinen, Mengen mit Mengenklammern anschreiben zu müssen. Dazu erklären sie:
"{ } ist die Mengenklammer" (S.49) Nun ist aber folgende Formulierung richtig (und wird dann im Unterricht verwendet werden): "{ } ist die leere Menge." Wie kann ein Grundschüler mit so etwas fertig werden? Die Autoren hätten wenigstens schreiben müssen: "{ und } sind die Mengenklammern." Hier zeigt sich, wie schwierig die Problematik offensichtlich für Mathematiklehrer schon ist. Aber es kommt noch schlimmer: "Male eine Linie um die Menge: { Autos, die durch das Tor dürfen }!" (S.62) Das ist Unsinn. Um eine Menge kann man keine Linie malen. Das Kind, das diesen Unsinn ernst nimmt, wird daran gehindert, je zu wissen, was eine Menge ist. Und das nur, weil die Autoren unnötigen Formalismus glauben treiben zu müssen. Die geforderte Schülertätigkeit wäre auch durch folgende Aufforderung zu erreichen gewesen: "Male eine Linie um die Autos, die durch das Tor dürfen." (Es ist klar, daß der Schüler keine Linie um die Autos, sondern nur eine um die Bilder der Autos malen kann. Aber das ist kein Argument gegen unsere Argumentation: Diese Unterscheidung brächte nämlich erstens nur unnötigen Formalismus und ist zweitens für den Schüler hier kein Problem *und* nicht Gegenstand des Unterrichtes. Die Menge ist aber hier Gegenstand des Unterrichts, sie wird ja sogar definiert.)

Auch die Definition von Mengen ist eine viel zu hohe Stufe der Exaktheit für dieses Alter. Es heißt: "Tiere, Personen oder Gegenstände, die einen gemeinsamen Namen haben, bilden eine *Menge*." (S.48) (Pflanzen nicht? Sind Zahlen Gegenstände im Sinne dieser Aufzählung?) Wie bilden sie diese Menge? Woher haben sie den Namen? Bilden nicht vielmehr wir (etwa durch die Namensgebung) die Menge? Wenige Seiten später steht: "Bilde andere Teilmengen!" (S.58) Jetzt bildet also der Schüler eine Menge. Bildet in der Weise auch ein Tier eine Menge? Hier zeigen doch die Autoren, daß sie mit dieser überzogenen Exaktheit selbst nicht zurechtkommen.

2. Beispiel: 3. Schuljahr [90]

Im dritten Schuljahr tragen die Autoren das Problem des Unterschiedes zwischen einem Gegenstand und seinem Namen an das Kind heran mit einer Erklärung der Bedeutung des Gleichheitszeichens. Sie sagen, das Gleichheitszeichen stünde zwischen verschiedenen Namen des gleichen Gegenstandes (S.3) und heben dann (sachlich überaus fragwürdig!) hervor:
"= bedeutet: *"ist dasselbe wie"* " (S.4)
Wohin dermaßen fragwürdige Formalismen führen können, zeigen die Autoren gleich wieder selbst, indem für sie "Berechne den Quotienten aus 64 und 8!" keine Rechenaufgabe ist (in ganz anderer Weise stimmen wir ihnen zu - "Teile 64 durch 8" wäre eine Rechenaufgabe für das 3. Schuljahr - aber so meinen sie es nicht), nur "64 : 8" ist eine Rechenaufgabe. (Später darf dann der Schüler "64 : 8" wieder nicht mehr als Rechenaufgabe bezeichnen, da ist das ein Term ...) Man muß das in aller Deutlichkeit sagen: Die gleichen Autoren, die solchen überzogenen Formalismus verlangen, erkennen nicht einmal, daß eine in anderer Sprache formulierte Aufgabe immer noch (die gleiche) Aufgabe sein kann!

3. Beispiel: 3. Schuljahr [91]

"Bildet folgende Mengen mit logischen Blöcken" (S.24). "folgende Mengen" - also *sind* die Mengen schon gebildet! "mit logischen Blöcken" - die Mengenbildung ist doch ein abstrakter Prozeß! Wir schlagen vor: "Legt folgende Plättchen auf dem Tisch zusammen."

Die Arbeitskarten SS.85 und 86 führen verfremdet in das Kaufen und Verkaufen ein: Nicht die bekannten Münzen werden genommen, sondern Münzen "im Petziland". Die Autoren verfremden nicht nur sehr fragwürdig, sie lassen dann auch den Wert von Mengen von Münzen vergleichen (S.85). Wir fragen: Wie ist die Wertfunktion auf der Menge dieser Mengen definiert?

4. Beispiel: 3. Schuljahr [92]

Wir wollen anzeigen, daß die sprachlichen Probleme schon dann groß genug sind, wenn man sich nicht in falsche Formalismen versteigt.
Der Satz "Je zwei Aufgaben haben das gleiche Ergebnis" (S.53) sagt dem Mathematiker: Alle Ergebnisse stimmen überein. Das ist aber hier nicht gemeint. Das sind Punkte, an denen im Unterricht die Arbeit mit der Formulierung beginnen muß, Mengenklammern haben da noch viel Zeit.

5. Beispiel: 4. Schuljahr [93]

In einer Aufgabe (S.92) wird gleichzeitig gefordert, die Namen der Elemente einer Menge einzutragen - hohes Problemniveau der Unterscheidung zwischen den Elementen und ihren Namen - dann aber wird zum Zeichnen einer farbigen Linie um gewisse Mengen aufgefordert. Wir fragen erhellend: Welche Farbe haben die Mengen, welche Farbe wählen wir als zu jener passend? Die Autoren fragen dann übrigens in einer Aufgabe (S.95 Nr.6) nach *der* Grundmenge für gewisse Mengen: Die gibt es gar nicht; es gibt beliebig viele.

6. Beispiel: 4. Schuljahr [94]

Es wird nicht einfach sein, eine wirklich tiefsinnige Begründung für die Einführung von Relationen als Mengen geordneter Paare zu liefern. Das vorliegende Buch zeigt aber jedenfalls, daß die Autoren noch nicht einmal wissen, worum es sich dabei handelt. Und dann soll das so wichtig für die Einführung der Schüler in die Mathematik sein? SS.64 und 65 werden Paare in einer Reihenfolge angeordnet. Die so geordneten Paare werden dann in dieser Reihenfolge in eine Mengenklammer geschrieben und das ergibt eine "geordnete Paarmenge" oder auch (gleichzeitig verwendeter Ausdruck) eine "Menge geordneter Paare". Daß eine "geordnete Menge" (von Paaren) etwas anderes als eine "Menge geordneter Paare" ist, ist den Autoren noch nicht aufgefallen (obwohl es beides promovierte Professoren sind). Daß hier die Schüler völlig falsche Vorstellungen bekommen (falls dieser Wirrwarr überhaupt zu Vorstellungen führt), daß sie etwa nun erst recht glauben müssen, es käme auf die Reihenfolge der Elemente beim Aufschreiben einer Menge an, daß sie meinen müssen, die Ordnung der geordneten Paare sei eine zwischen und nicht innerhalb der Paare, ist dem Bayerischen Staatsministerium für Unterricht und Kultus, das dieses Buch zum Gebrauch zugelassen hat, nicht aufgefallen.

Und warum fällt so etwas nicht auf: Weil alle damit beschäftigt sind, die Segnungen der Neuen Mathematik anzupreisen. Das ist ein typischer Befund für mangelnde rationale Argumentation und falsche Wissenschaftshörigkeit. (Wir wagen es, die Autoren zu den "neuen Priestern" von Kapitel I zu zählen. Ihr Fachgebiet wäre allerdings nicht die Mathematik!) Um es daran deutlich zu machen: Die Autoren des Buches haben offensichtlich ohne geordnete Paare Mathematik gelernt; hätte das nicht als Vorsichtszeichen dafür dienen können, den Schüler damit nur dann zu befassen, wenn das Problem in jeder Hinsicht weidlich durchdacht war?

7. Beispiel: 5. Schuljahr [95]

"Terme sind Zusammenstellungen von Zahlen und Rechenzeichen." (S.123) Wozu muß dieser Satz gesagt werden? Wozu ist ein "Definitionsversuch" hier nötig? Angenommen, der Schüler nimmt den Satz ernst, stolpert er über den folgenden: "In Termen können auch Klammern vorkommen." Aha, also sind es nicht *nur* Zahlzeichen und Rechenzeichen, wie man nach dem ersten Satz üblicherweise annahm. Kann nun *noch* etwas außer noch Klammern vorkommen? Was ist also ein Term? Und hat der Schüler etwas Grundlegendes gelernt? Terme sind Zeichenreihen. Also müßte es oben "Zahl*zeichen* und Rechenzeichen" heißen. Natürlich ist das nicht geeignet für den Schüler dieses Alters, aber dann darf man eben nicht explizit erklären, was Terme sind. Die Misere wird deutlich an der darunter stehenden Überschrift: "Festlegungen über die Reihenfolge der Verknüpfungen in einem Term." Verknüpfungen gibt es gar nicht im Term, sondern nach der getroffenen Festlegung nur Verknüpfungszeichen (Rechenzeichen)!

Da haben die Autoren ihre eigene Festlegung nicht einmal vier Zeilen lang durchgehalten. Und aus diesem unlogischen Gewirr soll der Schüler entnehmen, daß man in der Mathematik denken darf?

Analog geht man mit Mengen um. "Abgrenzungen von Gegenständen ergeben *Mengen*" (S.44) wird als "Definition" von Mengen angegeben. Wenn man sich auf dieses Niveau begibt, dann darf man neben die Bilder darunter nicht schreiben "Dies ist eine Menge", sondern muß sagen "Dies stellt eine Menge dar".

Es ist immer dasselbe: Statt von Phänomenen ausgehend schließlich zum abstrakten Begriff zu kommen, wird ein völlig überzogener Definitionsversuch an die Spitze gestellt, den die Autoren selbst nicht durchhalten (können).

8. Beispiel: 5. Schuljahr [96]

Die Autoren definieren, was eine endliche Menge ist. Natürlich ist das überflüssig, jeder Schüler weiß das. Und was "lernt" er dann durch diese Definition? S.18: "Kann man die Anzahl der Elemente einer Menge angeben, so heißt die Menge endlich." Man kann die Anzahl der Elemente der Menge der miesen Westermann-Bücher nicht angeben, also ist sie unendlich: Exakt so folgert man dann die Unendlichkeit der natürlichen Zahlen im nächsten Satz.

9. Beispiel: 5. Schuljahr[97]

Die Autoren schreiben in "bester" Hochschulvorlesungsmanier und ohne jede Rücksicht auf den Schüler: "Definition 19/1: 1. Man nennt A eine Teilmenge von F, wenn jedes Element von A auch zu F gehört ..." (S.19) Eine Seite später steht: "Da die leere Menge kein Element enthält, ist nicht zu entscheiden, ob sie Teilmenge von B ist." Die Autoren brauchen daher eine nächste Definition. - Und der arme Schüler, der merkt, daß das Unsinn ist, weil er im Gegensatz zu den Autoren diese (formale) Definition ernst nimmt und sich sagt, daß jedes Element der leeren Menge auch Element von B ist?

Dieses Buch ist eine ungeheure Ansammlung von formalistisch dargestelltem Unsinn. Die Schüler, die noch mitdenken, können ihm z.b. aus dem Vergleich verschiedener Aussagen entnehmen, daß die leere Menge Stellvertreter für die Eigenschaft 0 der leeren Menge ist (S.27). Auf der gleichen Seite wird eine Menge zweimal aufgeschrieben; einmal wird sie als ungeordnete Menge bezeichnet und einmal als geordnete. Warum? Weil die Autoren nicht wissen, was eine Darstellung einer Menge ist und was ein Mengenbildungsprozeß, weil sie schließlich nicht wissen, was eine geordnete Menge ist.

Es ist schon schlimm, daß im 5. Schuljahr (durch Lehrpläne erzwungen) von Aussageformen die Rede sein muß. Die Autoren aber meinen, eine Definition angeben zu müssen (S.129), und die ist dann wieder völlig unsinnig: Danach wäre "Und so ein Buch bietet man Schülern an?" eine Aussageform.

Auch bei Spiegelungen bleibt man nicht bei Einsicht schaffendem Tun der Schüler stehen. Man definiert. Natürlich geht das dann wieder daneben. Nach der angegebenen Definition ist jede Figur achsensymmetrisch (S.180). (Da man jede Figur mit ihrem Spiegelbild zur Deckung bringen kann, letzteres aber die Autoren als Kriterium ansetzen.)

Das Buch wird durchaus in der Schule benutzt, es ist ausgesprochen verbreitet!

10. Beispiel: 6. Schuljahr[98]

In einem Alter, in dem der Schüler das nie fordern würde, weisen die Autoren den Schüler darauf hin, daß der im Buch gedruckte Buchstabe ein Name für eine Menge sei und nicht die Menge selber: "*A,B,C* ... Große Kursivbuchstaben sind Namen für Mengen" (S.3) und bringen den mitdenkenden Schüler schon drei Zeilen später in Schwierigkeiten, wenn *L* nicht der Name für eine Lösungsmenge ist, sondern sie selber: "Lösungsmenge einer Aussageform". Und danach noch deutlicher: "{ } Die leere Menge." Die nächste Zeile ist noch schlimmer. *N ist* gleichzeitig die Menge der natürlichen Zahlen (und nicht ein Name dafür) und ein Beispiel für die Menge der natürlichen Zahlen.

Und was soll der Schüler mit den beiden aufeinanderfolgenden Überschriften anfangen: "1. Bruchoperatoren sind wirkungsgleich" und "2. Bruchoperatoren sind nicht wirkungsgleich" (S.55)?

Das Buch trennt (ständig, nicht nur zwecks Klarstellung an einem Punkt des Unterrichtes) Brüche als Zahlzeichen für Bruchzahlen und Bruchzahlen (S.59ff). Brüche werden dann als "wertgleich" definiert, wenn sie die gleiche Bruchzahl bezeichnen (S.63). Das gibt einen ungeheueren Formalismus, den man dem Schüler zumutet. Die Autoren selbst sind ihm aber nicht gewachsen. Sie schreiben dann: "Ein Bruch wird durch eine natürliche Zahl dividiert." (S.82) Das ist *nun* nicht möglich: Eine Division eines Zeichens durch eine Zahl gibt es gar nicht!

Eine Fülle sachlicher Widersprüche durchzieht das Buch. Die völlig überzogene formale Aufbereitung des Stoffes ist didaktisch so unhaltbar, daß das schon die Autoren belegen - durch ihr eigenes Scheitern. Aber wenn der Abschnitt "Primzahlen" mit einer Definition der Primzahl *beginnt* (S.9), dann ist von pädagogischen Überlegungen gar nichts zu spüren. (Übrigens ist es im Sinne unseres Kapitels I typisch, daß in diesem Buch vorbildhaft ein Kind erscheint, das den größten Posten seines Taschengeldes für Süßigkeiten verbraucht (S.48). Das zeigt, daß die negativen Seiten meist kumulieren. Pädagogische Verantwortung spräche für die Reflexion auch solcher Dinge durch den Erzieher!)

11. Beispiel: 5. Schuljahr[99]

Auch hier hält der Autor seinen eigenen Formalismus nicht durch. Das führt dann wieder zu solchem Unsinn, wie, daß eine Menge die Elemente in einer "bestimmten Reihenfolge" enthalte (S.22) oder Formulierungen wie "Summe = Wert der Summe" (S.35) und einer völligen Wirrnis von

Termen und ihren Werten (S.73 müßte es z.B. "Termwert T(10)" heißen statt "Term T(10)", nähme der Autor sich selbst beim Wort.).

Bezeichnend ist die Haltung des Autors im Punkte Sachlichkeit. Er behauptet, das Kleinerzeichen ($\leq$) habe sich aus dem Enthaltenszeichen ($\subseteq$) entwickelt (S.26): Geschichtsfälschung als Mittel der Didaktik bzw. als Gleitmittel im Nürnberger Trichter? (Das Zeichen < stammt schon von Harriot aus dem Jahre 1631; über Mengen sprach man Jahrhunderte später!)

12. Beispiel: Geometrie Mittelstufe[100]

Die Autoren wollen eine Geometrie als ein "System von Dingen und ihren Relationen zueinander" im "modernen Sinne" aufbauen; ein System, das geeignet sei, "den Raum zu beschreiben", der sich "als Punktmenge als Träger verschiedener Strukturen" erweise. (S.2) Damit ist jede fundierte pädagogisch-didaktische Überlegung zugunsten eines formalistisch-modernen Aufbaues von vornherein vernachlässigt worden. Und das Buch "bewährt" diesen Ansatz durchgehend.

Dabei sprechen die Autoren dann von Grundbegriffen, die nicht definiert werden "können" (S.21) und zeigen damit an, daß sie nicht wissen, was ein Grundbegriff im hier gemeinten Sinne überhaupt ist. Neben einer Fülle von Widersprüchen stehen so unsinnige Formulierungen wie "Statt AB gilt auch BA" (S.27) ("AB" ist aber keine Aussage, sondern Bezeichnung einer Strecke!) oder "AB = a ... bedeutet ... Die konkrete Strecke AB gehört der Kongruenzklasse a an ..." (S.38) oder (zur Zahlengeraden) "Jeder *rationalen Zahl* kann man einen Punkt als *rationalen Punkt* zuordnen, einem Punkt aber kann man umgekehrt meist nur *angenähert* eine rationale Zahl zuordnen." (S.58) (Dabei hatte man die Zahlengerade vorher als die Gerade eingeführt, die alle rationalen Punkte sammelt. Als Begründung für diesen unsinnigen Satz verweisen die Autoren auf später!)

Wenn ein Schüler etwa nach der Lektüre der Seite 27, auf der einem völlig unverständlichen Merksatz eine Definition folgt, der man keinerlei Sinn beilegen kann, dann davon ausgeht, daß Mathematik eine Geheimwissenschaft für wenige Auserwählte sei, dann ist das nicht verwunderlich. Hier kann die Kapitulation vor der Wissenschaft geschehen, die mit einer falschen Wissenschaftsgläubigkeit einhergeht!

13. Beispiel: 11.-13. Schuljahr[101]

Der Autor treibt (völlig unnötige) Axiomatik, ohne selbst zu wissen, was ein Axiomensystem ist. Andernfalls würde er nicht im Körper der reellen Zahlen Anordnungsaxiome "definieren" wollen (S.12). "Dazu" führt er eine Menge P höchst formal ein, um sie dann aber gar nicht zu benutzen. Er benutzt eine logische Stenographie, die dem Schüler allerhand zumutet und vergißt dann wichtige Quantoren (S.15 nach Def.1.6 und S.16, wo er schreibt: $n > a$ für jede reelle Zahl $a \in R$), so daß seine Aussagen gar nicht verstehbar sind.

Wie er an den Schüler denkt, zeigt der Autor z.B. mit dem Satz: "Da dieses Beweisverfahren dem Schüler Schwierigkeiten bereitet, soll es an einigen Beispielen erläutert werden." (S.22) (Glaubt hier der Erzieher an das Kind? Redet er ihm nicht mögliches Versagen ein?) Der überzogene Formalismus führt nicht nur immer wieder zu Passagen, die ein Schüler gar nicht verstehen können darf, wenn er mitdenkt, der Autor verfängt sich auch selbst in den Fußangeln, die er legt. Ein letztes Beispiel belege das. Nach des Autors Definition von "surjektiv" ist *jede* Abbildung surjektiv. (S.58 in Verbindung mit S.33).

Ein genetischer Unterricht, wie wir ihn fordern, wird oft als nicht durchführbar hingestellt. Wir wollen einen Hinweis geben, wo da in Wirklichkeit Grenzen liegen: Der Autor des letzten Buches hat auf eine Fehlerliste von dreißig als Beispiel angeführten Fehlern hin keineswegs das Buch gewissenhaft überarbeitet; er merzte nicht einmal alle diese dreißig Fehler aus, wie die Neuauflage zwei Jahre später zeigt.

Unsere Beispielsammlung ist lang. So etwas aufzuschreiben, gehört heute nicht zum guten Ton. Üblicherweise fällt man ein Urteil über derlei Dinge und belegt es mit einem oder zwei Beispielen. Und über solche Passagen geht der Lehrer dann i.a. mit einem Achselzucken hinweg: Wem passieren denn keine Fehler?

Das Problem ist aber ernster. Wir nahmen die Beispiele aus zumeist sehr verbreiteten Schulbüchern. Sie sind keine Einzelfälle, sondern zeigen an, daß der Nachweis für die Möglichkeit, Schulbücher einerseits auf hohem Niveau formaler Formulierungen, auf hoher Stufe der Exaktheit und andererseits wenigstens fachlich fehlerfrei zu schreiben, durch die vorliegende Praxis kaum geliefert wird. Die Bücher zeigen an, daß entsprechender Unterricht kaum möglich ist. Dieses Versagen müßte viel deutlicher herausgestellt werden, denn auf solcher Grundlage gewinnen die Argumente für einen genetischen Unterricht erneut an Gewicht: Die ständige Abwehr, solcher Unterricht sei in der Praxis heutiger Schule kaum durchführbar, ist unhaltbar angesichts des Nachweises, daß "der andere" Unterricht in der Praxis *jedenfalls* undurchführbar ist!

Allerdings ist auch diese Betrachtung noch exemplarisch gewesen. Erstens hätten wir leicht noch erheblich mehr Beispiele angeben können, zweitens haben wir die angegebenen Beispiele nicht einmal nach allen Richtungen ausgewertet, die möglich sind als Stützung unserer Argumente für genetischen Unterricht. (Beim Lesen drängen sich die Gedanken dazu geradezu auf: Etwa das Problem der Unendlichkeit und seine Verstellung durch "exakte" Formulierungen, die gerade danebentreffen.) Drittens haben wir nur Beispiele unter dem Stichwort "Exaktheitsfetischismus der Neuen Mathematik" ausgesucht und vor allem im Hinblick auf damit einhergehende mathematische Unsinnigkeiten. (Solche Beispiele finden sich auch noch in Büchern, nachdem der Stern der Neuen Mathematik gesunken ist (1990). Die krassesten Beispiele dieser Art aber stehen jetzt in Informatikbüchern, dem neuen Geschäft. Wenn man das nach-denken würde, wären sie die glänzendsten Argumente gegen die Befürwortung eines weitgehend Geist-losen Informatikunterrichtes.) Wir haben noch nicht einmal die sonstigen didaktischen Fehlergebnisse gesucht. Unser exemplarischer Aufweis ist aber wohl deutlich genug, um zu belegen, was wir nach eingehender Analyse behaupten: daß man allein aus den angeführten Büchern ein Buch mit harten Negativbeispielen gegen den intendierten und für genetischen Unterricht füllen kann. Wohingegen sich die Abwehr genetischen Unterrichtes mit dem Argument der praktischen Undurchführbarkeit auf keinerlei ähnliche Analyse stützt. Nun haben wir nur Bücher analysiert; Unterrichtsbeobachtungen zeigen indessen, daß die Analyse trotzdem beanspruchen darf, auch den Unterricht zu treffen.

In unserem vorletzten Beispiel klang es wieder explizit an, und wir wollen es zum Schluß noch einmal erinnern: Der Weg im Ausgang der Phänomene soll verhindern, daß der Schüler einer Wissenschaft ausgeliefert wird, die nicht mehr ausgeht "von einer alles umgreifenden und alles durchgreifenden Wirklichkeit, aus der und in der alles ist, was es ist, die als alles Übergreifende gerade nicht begriffen werden kann und so in ihrer Transzendenz auf eine höchste und bestimmende Weise ergreift."[102] Und wir erinnern ein Beispiel aus dem II. Kapitel: Für Aristoteles gäbe es keinen Anfang der Bewegung, sagten wir und schlugen das als Ausgangsfrage eines Physikunterrichtes zur Bewegung vor (II.2a).

ab) Genetischer Unterricht als Leitprinzip

Was ist mein Leben - das von innen bewegt wird aus sich selber. Das lebt nicht, das von außen bewegt wird.

Meister Eckehart

Pädagogische Begründung

Aus verschiedenen Ansätzen erwuchsen uns immer erneut Hinweise auf die Notwendigkeit genetischen Unterrichtes. Wir müssen genetischen Unterricht als Leitprinzip ansetzen und alle weiteren Überlegungen zum Unterricht daran orientieren. Schon aus den Überlegungen zur Haltung (V.1d) wurde die Nähe des genetischen Prinzips zu grundsätzlichen pädagogischen Forderungen deutlich. Wir wollen durch einige weitere Hinweise auf Zusammenhänge zwischen genetischem Unterricht und pädagogischen Einsichten Alfred Petzelts (Pe) (Wir zitieren Petzelt wieder direkt im Text.[51]) untermauern, daß es letztlich eine *pädagogische* Forderung ist, das genetische Prinzip als Leitprinzip des Mathematikunterrichtes anzusetzen.

Wie der Lehrer als Erzieher die Verantwortung des Schülers verantworten muß, so muß er als Unterrichtender das Lernen des Schülers als "Selberlernen" ermöglichen. Er kann dem Schüler Wissen nicht reichen. Alle seine Hilfe muß Hilfe zur Selbsthilfe des Schülers sein (Pe 104). Das war neben dem Unterricht nach der Entstehungsweise (Sokrates: Menon) gerade die zweite Säule, die wir als grundlegend für den genetischen Unterricht hinstellten: Das selbsttätige Erkennen durch den Schüler.

Die Hilfe zur Selbsthilfe ist die pädagogische Führung. Wittenberg spricht vom genetischen Unterricht als "geführter Wiederentdeckung". Da das Wissen nicht verlorenging, ist *Wieder*entdeckung nicht glücklich gewählt, mit Wagenscheins Vorzug des Entdeckens vor dem Erfinden (Abschnitt V.1a "Der Weg") und Wittenbergs Hinweis auf das Erleben des Objektiven auch Nach*erfindung* (Freudenthal) nicht. Man sollte *Nachentdeckung* sagen. Die Führung ist charakteristisch für den Unterricht und unterscheidet ihn vom Forschungsprozeß (Pe 177); weshalb Wissenschaftsorientierung in einem weiteren Sinn als untauglich für die Schule herausgestellt ist. Das hindert den Lehrer natürlich nicht daran, ja, es ist im Gegenteil seine Aufgabe, für seine Übersicht, die er für die Führung des Schülers braucht, in der er das Lehrgut in seiner ganzen Tiefe und seiner Ganzheit als Gegenstand unserer Wahrheitssuche besitzen muß, den Forschungsprozeß zu studieren, der zum heutigen Stand unseres Wissens führte. Dabei zeigt sich ja der Lehrgegenstand oft besonders lebendig; darauf wies Otto Toeplitz schon 1926 bei der Forderung genetischen Unterrichtes hin:

> "Ich sagte mir: alle diese Gegenstände der Infinitesimalrechnung, die heute als kanonisierte Requisiten gelehrt werden, der Mittelwertsatz, die Taylorsche Reihe, der Konvergenzbegriff, das bestimmte Integral, vor allem der Differentialquotient selbst, und bei denen nirgends die Frage berührt wird: warum so? wie kommt man zu ihnen? alle diese Requisiten also müssen doch einmal Objekte eines spannenden Suchens, einer aufregenden Handlung gewesen sein, nämlich damals, als sie geschaffen wurden. Wenn man an diese Wurzeln der Begriffe zurückginge, würde der Staub der Zeiten, die Schrammen langer Abnutzung von ihnen abfallen, und sie würden wieder als lebensvolle Wesen vor uns erstehen."[103]

Wir wollen uns an diesem Punkt einmal vergegenwärtigen, wie pädagogische Orientierung den Unterricht vor Irrwegen bewahrt. Die von Petzelt herausgearbeitete Differenz von Unterricht und Forschung, die sich in der Führung des Schülers manifestiert, bewahrt den Unterricht davor, daß die Nachentdeckung als Forschung aufgefaßt wird. Täte man solches, müßte man den Schüler beliebige und beliebig große Umwege und Einbahnstraßen gehen lassen, und dann wäre keine Möglichkeit mehr gegeben, den Schüler davor zu bewahren, daß er die wertvolle Zeit seiner Jugend nicht nutzte, um den ihm möglichen Anschluß an den Stand unserer Kultur zu gewinnen.

Neben der Nachentdeckung war der Unterricht nach der Entstehungsweise wesentlich für das genetische Prinzip. Damit sind wir bei der Frage danach angelangt, wie allein Erkenntnis entstehen kann: aus einer Frage, aus dem Fragen heraus. Wir werden sofort an unsere vom Sklavenbeispiel im Menon ausgehenden Überlegungen erinnert, wenn wir bei Petzelt finden: "In der Einheit zwischen Wissen und Nichtwissen scheint jenes konstitutive Moment gefunden zu sein, das den Frageakt kennzeichnet und ihn von anderen Akten unterscheidet. Das Ich setzt in ihm die Einheit von Wissen und Nichtwissen." (Pe 189). Wie war das im Menon: "Der Weg von der dogmatischen Meinung zur Gewißheit der echten eigenen Erkenntnis führt also über das Stutzen und die Ratlosigkeit des Nichtwissens; aus dieser Seelenhaltung wird jene Spannung geboren, die elementar nach *Lösung* drängt.[104]

Von Wittenbergs Forderung "echten" Unterrichtes über die Forderung "gib keinem zu trinken, der nicht dürstet" (Wagenschein) bis hin zur Forderung nach dem Ausgang von den Phänomenen, bemüht sich genetischer Unterricht immer erneut, den Frageakt in der Petzeltschen Bestimmung den Unterricht leiten zu lassen. Wagenschein weist auf den Zusammenhang zwischen pädagogischer Führung und Frageakt hin, wenn er feststellt: Nur muß die Frage erst einmal *gesehen* werden, und dazu muß der Lehrer vieles sagen, ehe er dann schweigt, indem der eigentliche Unterricht beginnt."[105] Auch die von ihm gesehene Aufgabe des Lehrers, ein Problem auszuwählen, das nicht zu leicht und nicht zu schwer ist[106], spricht gerade diese Einheit zwischen Wissen und Nichtwissen an, aus der die zum Lernen führende Frage lebt.

Auf eine spezifische Aufgabe der Freigabe, nämlich schon das Sichten des Vorliegenden (die Beobachtung von Phänomenen etwa) aus Zufälligkeiten, Vereinseitigungen und Plattheiten herauszuführen, weist Copei in seiner Untersuchung des Zusammenhanges von Anschauung und Begriff hin: "Es kommt darauf an, das bloße Hinsehen durch eine Frage zum echten Sehen und Erfassen zu machen."[107]

Das Prinzip der Frage führt bei Petzelt zur Forderung der Lückenlosigkeit des Unterrichtsprozesses (als Stetigkeit der Fragefunktion) (Pe 194). Lücken bedeuten ein Abreißen der Frage. Es drängt sich auf, an Wittenbergs Themenkreise zu denken, in denen notwendige Fragebahnen den Gegenstand erschließen. Genetischer Unterricht kann geradezu angesehen werden als der Unterricht, der im Petzeltschen Sinne lückenlos ist. Die folgenden Sätze gäben in der Tat das Motto genetischen Unterrichts ab: "Hier soll Ernst gemacht werden mit dem Prinzip der Frage. Diese allein bewältigt die Lückenlosigkeit, sie macht den Prozeß unabhängig von kanonisierter Reihe und läßt den Schüler das Beste sehen, was er erblicken kann: daß man von jedem Gegenstande zu jedem anderen sinnvoll muß gelangen können, und daß es darauf ankommt, an gelöster Aufgabe Neues, Fragwürdiges sehen zu lernen." (Pe 194). Und auch die von Freudenthal angesprochene Atomisierung des Unterrichtes als Gegenposition genetischen Unterrichts spricht Petzelt an: "Deshalb verlangt Lückenlosigkeit, daß die Aufgaben nicht nebeneinander gestellt werden, sondern auseinander hervorgehen." (ebd.). Das Gegenteil ist etwa bei der Gestaltung von Schulbüchern heute Mode: Die starre Einteilung der Bücher in Abschnitte, die gerade einer Unterrichtsstunde entsprechen sollen, ist jedem inneren Zusammenhang des Unterrichtsstoffes abhold. (Solche Moden schlagen sich auch in Pressionen von Verlagen gegenüber Autoren nieder - Unterricht ist auch solcherart wirtschaftlich beeinflußt!)

Voraussetzung für die Führung des Schülers im Unterricht ist, daß der Lehrer "für jedes Lehrgut, das für seine Schüler anzusetzen ist, den Unterschied zwischen Gewußtem und Nichtgewußtem, wie ihn seine Schüler besitzen, kennen" muß (Pe 196). Diese Voraussetzung tritt komplementär zur anderen Voraussetzung zur Führung des Unterrichtsprozesses (im Prinzip der Frage), dem Wissen des Lehrers um "vorliegende, auseinandergesetzte Lösungen" (Pe 198). Sie erinnert uns an Freudenthals eindringlichen Hinweis auf die Notwendigkeit, das Lernen der Schüler durch Beobachtung ihres Lernprozesses zu erkunden. Der Zusammenhang der beiden angesprochenen Voraussetzungen, die Beziehung zwischen vorliegenden Lösungen und der Grenze zwischen Gewußtem und Noch-nicht-Gewußtem beim Schüler, wird durch Freudenthals didaktische Phänomenologie erarbeitet.

Wenn genetischer Unterricht unter dem Prinzip der Frage steht, wenn er als *dialogische Auseinandersetzung aus Anlaß des Gegenstandes und mit dem Gegenstand* zu sehen ist, dann ist er weit entfernt von jenem Unterrichtsgespräch, das in der geschickten Provokation von Schüleraussagen besteht, die den vorher genau festgelegten Unterrichtsablauf garantieren und dem Schüler das Gefühl vermitteln sollen, selbst den Weg gegangen zu sein. Jenes Unterrichtsgespräch sieht darauf, Situationen zu schaffen, in denen der Schüler leicht zur erwarteten Aussage kommt - zur Antwort; die Frage stellt meistens der Lehrer. Wir wollen dagegen den Schüler zur Frage als dem Wichtigeren führen. Und eine Nachentdeckung ist nicht mit Scheinfragen zu erwirken, sie ist durch Fragen zu ermöglichen, deren Beantwortung dem Schüler "Mühe machen" (Pe 202) soll. Wir folgen Petzelts Verurteilung des "Vom Leichten zum Schweren" als "Regel" (Pe 204), da die Nachentdeckung an den Gegenstand und damit an notwendige Fragebahnen gebunden ist und also weit weg von Überlegungen, die glauben, Wissen in Häppchen verschieden schwerer Verdaulichkeit verabreichen zu können.

Das Leitprinzip *Genetischer Mathematikunterricht* ist zwar geeignet, als Grundlage für die Einordnung anderer Prinzipien des Unterrichtes zu dienen, aber es verträgt sich nicht mit einer generellen Anerkennung solcher Prinzipien als durchgängige "Regeln". Wir werden bei den Überlegungen zur Lehrerbildung am Beispiel der Förderung divergenten Denkens im Mathematikunterricht zeigen (vgl. V.2b "Orientierung"), wie man solche Prinzipien aufgreifen sollte: als duale Paare, als Pole in deren Spannungsfeld Unterricht gestaltet werden muß. Wir entgehen durch unsere Orientierung an dem einen (und pädagogisch legitimierten) Leitprinzip der Gefahr, daß die Beachtung von Einzelprinzipien über eine Überbewertung einzelner davon den Unterricht in den Sog einer Mode geraten läßt; wir versuchen auf diese Weise, die Bildung des Schülers nicht über die Beachtung von Einzelfragen aus dem Blick zu verlieren, wozu die Aufzählung von derlei Prinzipien etwa bei Dienes/Golding[108] (insbesondere in Verbindung mit dem Schielen nach Modernität) führen kann. Das läßt sich an einer Vielzahl von Arbeiten nachweisen, die Dienes'sche Prinzipien aufgreifen. (Vgl. dazu die Anfrage des Verfassers an eine solche Arbeit.[109])

Damit sind wir zur Problematik der Unterrichtsmethode gelangt. Entgegen dem Versuch, dem Lehrer eine Methode als Sammlung einzelner Regeln für den Unterricht anzugeben, wie er sich durch viele Überlegungen zum Mathematikunterricht hindurchzieht, verweisen wir den Lehrer mit dem genetischen Unterricht auf die Forderungen, die dem jeweiligen Gegenstand entspringen, auf die Sachlichkeit, die die Methode durch den Gegenstand bestimmt sieht. (Das gilt für die Mathematik selbst wie für den Mathematikunterricht.) Der folgende Petzelt'sche Satz könnte geradezu bei Wittenberg stehen: "Der Begriff der Methode darf nicht als Invariante des Lehrenden angesehen werden. Er wird vielmehr zur Gesetzlichkeit des Lehrgutes, dem der Lehrende zu dienen hat." (Pe 210) - bzw. unter der sich Lehrer und Schüler um den Gegenstand bemühen.

Damit aber ist der Weg zum Lehrgut von diesem selbst und von der jeweiligen Aktivität der Schüler abhängig und insofern in doppelter Weise nicht von außen festlegbar, einmal nicht für jeden Lehrgegenstand und zum anderen angesichts des Gegenstandes nicht für jede Schülergruppe. Das ist aus unseren Überlegungen zum genetischen Unterricht schon klar. Und diese Mannigfaltigkeit verschiedener (aber nicht beliebiger) Wege, die sich hier auftut, ist gerade die, die Petzelt anspricht, wenn er sagt: "Freiheit des Lehrenden zeigt sich als Bindung an das Prinzip der Frage angesichts der Mannigfaltigkeit möglicher Wege zum Lehrgut." (Pe 221).

Wir wollen darauf hinweisen, daß wir in der Frage der Prüfung auch schon die Nähe zu Petzelts grundsätzlichen Gedanken aufgriffen, und unseren Blick auf Petzelts Grundlegung mit einem letzten Hinweis abschließen. Zur Entwicklung des Schülers stellt Petzelt fest: "Die Frageträgheit der Schule scheint in der Diskrepanz zwischen Lehrgut und Phasenhaltung begründet zu sein." (Pe 258). Wittenberg wählt als Beispiel für genetischen Unterricht einen Themenkreis Geometrie, von dem er sagt: "Er vermag mit der geistigen Entwicklung des Schülers während der Pubertätsjahre Schritt zu halten; er tut es tatsächlich, wie wir sehen werden, von selber, wenn er in angemessener Weise genetisch entwickelt wird."[110] Genetischer Unterricht ist die geeignete Weise, den Schüler in seinen jeweiligen Entwicklungsstadien zu sehen und die Ansprache durch den Unterricht auch *darauf* einzustellen. In dieser Beziehung ist noch viel Arbeit für den Mathematik- und anderen Unterricht zu leisten.

Bewährung

An vier für den Mathematikunterricht zentralen Fragen, den Fragen nach der Heuristik, nach einer Problemorientierung, nach einer Anwendungsorientierung und nach dem exemplarischen Vorgehen, wollen wir zeigen, inwiefern das Leitprinzip Genetischer Unterricht allen solchen Fragen vorgeordnet ist; wollen einerseits dieses Prinzip in diesen Fragen spiegeln und andererseits diese Fragen als von ihm ausgehend lösbar erkennen. (Das war schon unser Vorgehen zur Frage nach der Begriffs- und Theoriebildung, die wir als von den Phänomenen ausgehenden Weg verfolgten.)

1. Heuristik

Die Heuristik, die danach fragt, wie man ein Problem löst, wie man Neues findet, die das Suchen untersucht, spricht die (Mathematik als) werdende Wissenschaft an. Sie versucht gleichzeitig unsere Phantasie anzuregen und andererseits durch Verweis auf aussichtsreiche Wege zu zügeln. Sie verständigt uns über die Verwiesenheit von Gefühl und Denken aufeinander für fruchtbares Suchen. Pólya gibt die allgemeine heuristische Regel: "Handle nie gegen Dein Gefühl, jedoch suche klare "rationale" Gründe, welche für oder gegen Deine gefühlsmäßige Auffassung sprechen, unbefangen wahrzunehmen!"[111] Wirklich fruchtbares Suchen bewegt sich im Zwischenfeld von Fühlen und Denken; es bewegt sich andererseits zwischen Überblicken und Detailbetrachtungen. Wohin wir kommen, wenn wir die Detailuntersuchung forcieren, sehen wir an den Folgen der Descartes'schen Methode. Descartes' Regeln sind ja eine Lehre der Heuristik. Seine Aufforderung zur Zerlegung jedes Problems in Teile, braucht nur konsequent befolgt zu werden, um eine Fülle von Ergebnissen hervorzubringen. Das sind aber nicht unbedingt Ergebnisse, die der Fülle der Probleme gerecht werden. Als wirklich fruchtbar werden wir diese Suche daher nicht bezeichnen können. Pólya geht für seine Betrachtung der Problemlösung demgegenüber davon aus, daß das Ganze stets im Blick bleiben muß: "Das Ganze hat den Vorrang vor den Teilen."[112]

Indem die Heuristik Anleitung zum Suchen geben will, steht sie in der Gefahr, durch die Formulierung von Regeln einen von zwei Polen zu betonen, in deren Spannungsfeld Suchen geschehen muß, und dadurch ihre eigene Sache zu zerstören. Neben Gefühl/Denken, Ganzes/Teile sind solche Pole etwa Naheliegendes/Entferntes, Beispiel/Verallgemeinerung, Induktion/Deduktion (es ist unangemessen, deduktives Vorgehen aus der Heuristik auszuklammern, wie das in einer falschen Entgegensetzung oft geschieht), strenges Schließen/plausibles Schließen. Der Begriff "plausibles Schließen" stammt von Pólya. Pólya sieht darin überhaupt das Objekt der Heuristik, weil er in seinen Untersuchungen das Gewicht auf den Anfang des Weges bei der Suche nach Problemen legt. Es kann aber gar kein Zweifel daran bestehen, daß auf diesem Wege plausibles Schließen und strenges (etwa deduktives) Schließen abwechseln. Man kann das an der Geschichte der Mathematik sehen. Betrachten wir die Mathematik einmal in ihren heute vorliegenden Ergebnissen und zum anderen als Weg dorthin, dann wechselten auf diesem Wege Phasen, die zu neuen Ergebnissen führten, mit Phasen, die diese Ergebnisse sicherten; doch war auch das Sichern Suche, denn es suchte unter den Ergebnissen die wirklichen von den vermeintlichen zu trennen, sonderte Irrtümer aus, und war insofern wiederum Weg zu neuen Ergebnissen. Diese Sicherung wird nun oft ausgeklammert und nur der sozusagen weniger systematische, der unbekümmerte schöpferische Teil zum Objekt der Heuristik gemacht. (Das wiederum ist allerdings u.U. geeignet, die Heuristik vor der eben angegebenen Gefahr der Zerstörung ihrer eigenen Sache ein Stück weit zu bewahren.)

Wie kann man im Mathematikunterricht der Gefahr entgehen, Heuristik lehren zu wollen und dabei dem Schüler heuristische Regeln mitzugeben, die in ihrer Einseitigkeit das Suchen kanalisieren und damit unfruchtbar werden lassen? "Macht Euch ein Beispiel" sagt der Mathematiklehrer und ein Schüler verallgemeinert seines und kommt völlig vom Weg ab, sein Beispiel traf neben den Kern der Sache. "Laßt Euch nicht von Beispielen verführen" ist als komplementärer Ratschlag angezeigt. Wird also eine

Heuristik als Vorstellung von Polen, in deren Spannungsfeld Kreativität möglich ist, als Aufweis dieser Spannung, als Vorstellung der nötigen Beweglichkeit, die die Gefahr der Überbetonung einseitiger Regeln meistert, wird eine solche Heuristik dem Schüler zur Fähigkeit, produktiv suchen zu können, verhelfen? Das Suchen läßt sich nicht beschreiben und auch nicht an "geeigneten Beispielen" simulieren. Es ist das alte, schon von Aristoteles angestimmte Lied: Was man lernen muß, um es zu tun, das lernt man, indem man es tut.

Also muß der Schüler suchen, um suchen zu lernen. Die Suche muß echt sein, muß an wirklichen Problemen geschehen. Denk weist darauf hin, daß der Schüler "beim heutigen Unterrichtsbetrieb in der Mathematik nicht *umfassende* Aufgaben und Themen zu bewältigen" lernt.[113] Er gibt vier Schwierigkeitsgrade für Probleme an und sieht den Grund für die mangelhafte heuristische Erziehung der Schule darin, daß in der Schule Probleme des dritten und vierten Schwierigkeitsgrades kaum vorkommen.

Genetischer Unterricht, in dem der Schüler die Mathematik selbst nachentdeckt, stellt den Schüler vor die Probleme in ihrer ganzen Tiefe. Indem er selbst suchen muß und zwar umfassend suchen muß, indem er das ganze Feld beackern muß und nicht nur eine Furche zugewiesen bekommt, lernt der Schüler das Suchen beim Suchen. Das Wissen des Lehrers um heuristische Möglichkeiten gestattet und gestaltet die Führung des Schülers. Explizit wird die Heuristik dann im Unterricht in der Reflexion des Schülers über den von ihm gegangenen Weg. Werden dabei heuristische Regeln als Anhaltspunkte ausgesprochen, hat der Schüler sie *zuvor* schon in ihrer Relativität erfahren, womit die anfangs angesprochene Gefahr von vornherein gebannt ist. Also leistet genetischer Unterricht einen Teil der heuristischen Erziehung schon durch die geführte Nachentdeckung; für die dazukommende Reflexion über den Suchprozeß ist er Voraussetzung. Das belegen eindringlich auch die Untersuchungen von Pólya, wie folgende Forderungen von ihm zeigen: "Man lasse die Schüler selbst so viel, wie unter den gegebenen Umständen irgend tunlich ist, entdecken."[114] Und als Möglichkeit unter den heutigen Umständen der Schule: "Die Mittelschule (d.i. Gymnasium - d.Verf.) sollte im Gegensatz zu ... Routineaufgaben wenigstens ab und zu Aufgaben bieten, welche die Lern- und Wißbegierde der Schüler wirklich herausfordern, Aufgaben mit reichem Hintergrund, die eine ausführliche Untersuchung verdienen, und

Aufgaben, die einen Vorgeschmack wissenschaftlicher Arbeit vermitteln können."[115] Pólya weist ausdrücklich darauf hin, daß solche Aufgaben Schlüsselaufgaben für ein ganzes Gebiet sein können und verweist auf Wittenberg'sche Themenkreise wie auch auf Wagenscheins Idee des exemplarischen Lehrens[116], auf die wir bei der Frage nach der praktischen Durchführbarkeit unter dem Stichwort "Realutopie" noch zu sprechen kommen.

Denk spricht die Gefahr der "heuristischen Bequemlichkeit" in der Folge der Beherrschung geistiger Methoden an und erinnert an pionierhafte Leistungen, die von Autodidakten - jedenfalls noch bis ins 19. Jahrhundert - vollbracht wurden[117]. Er sieht in der heutigen Schule, die vornehmlich zum Beherrschen von Kalkülen führt, folgendes am Werk: "... man erzieht nicht zum Pionier, sondern zum Bürokraten, zum ängstlich am Schema klebenden braven Funktionär, zum armseligen Ersatz für eine Rechenmaschine ..."[118] Heuristischer Bequemlichkeit, der Zufriedenheit mit der Beherrschung einiger Standardverfahren, kann nur begegnet werden durch die Erfahrung der Befriedigung, die aus der Lösung echter vielgestaltiger Probleme erwächst. Wenn die Mathematik besonders geeignet sein soll für heuristische Erziehung, wie das immer wieder herausgestellt wird, dann muß sie also umfassende Probleme zu lösen aufgeben. Die Probleme der Lebenswelt sind noch umfassender (durch ihre noch größere Inhaltlichkeit[119]); wenn das Suchenlernen im Mathematikunterricht für sie fruchtbar werden soll, darf also nicht er schon eingeschränkt werden.

Genetischer Unterricht ist an der Sache, am jeweiligen Gegenstand orientiert. Er geht den Weg der Nachentdeckung vom Anfang an, das heißt, er legt großen Wert darauf, daß das Problem zunächst in seiner ganzen Tiefe erkannt wird. Damit ist er die heuristische Erziehung schlechthin, das liegt an der Erkennbarkeit des Gegenstandes (Petzelt) selbst. Wir können uns deswegen dem Gegenstand anvertrauen, weil Frage und Antwort, Frage an ihn und Antwort durch ihn, nicht getrennt sind. Man denke auch in diesem Zusammenhang an Wittenbergs "methodisches Vertrauen". Wagenschein hebt hervor, daß das in der Mathematik wohl am deutlichsten wird:
> "Hat man ein Problem als solches, als Frage, wirklich begriffen (nicht nur "gehört", "zur Kenntnis genommen"), so, daß das Staunen angehoben hat, so hebt es einen auch schon der Lösung entgegen.

Es geht nicht so vor sich, daß man eine Aufgabe erst "zur Kenntnis nimmt" und dann "zur Lösung schreitet". Sobald das Problem geruht hat, uns aufzunehmen, läßt es uns schon nicht mehr los. Nicht, daß wir uns mit ihm beschäftigen: es beschäftigt uns. Wir können uns ihm überlassen. Das ist das Vertrauen in die Sache."[120]

Jetzt sind wir in der *Einheit von Problem und Lösung* am Grunde aller Heuristik angelangt. Diese Einheit kann nur bergen und damit dem Schüler erfahrbar machen ein genetischer Unterricht.

2. Problemorientierung

Um der heuristischen Erziehung willen (aber auch aus anderen Gründen) wird gefordert, den Mathematikunterricht problemorientiert zu gestalten. So fordert Stowasser:

> "Im Falle der Geometrie sind zumindest Zugänge von reizvollen Problemen her zu den zentralen Inhalten hilfreich. Besser wäre freilich, die alte Gewohnheit - logisch-systematische Stofforganisation - ganz aufzugeben und das Feld der Geometrie mit Problemkreisen abzudecken. (Einige solche geometrische Problemkreise - extremale Rechtecke, Billard, heronische Meßkunst, Küstenschiffahrt, Werkzeugprobleme etc. - werden in diesem Heft vorgestellt). Wir plädieren für muntere Einstiege in die Geometrie von reizvollen Problemen her, die möglichst rasch zu hinreichend interessanten (nichtevidenten) Entdeckungen führen. Wir sollten dabei versuchen, Haarspaltereien aus dem Weg zu gehen, gegen alle Definier- und Formulierwut und gegen jeden Beweisfanatismus die besondere Rolle der Intuition gegenüber der Logik betonen, Wert legen auf die Entwicklung der Phantasie, auf Originalität und *wirkliches Verstehen*. Wir meinen nicht, daß Schüler evidente geometrische Sachverhalte (z.B. den Scheitelwinkelsatz) nach einem Beweis besser verstehen als vorher, halten vom plausiblen Begründen nichtevidenter Sätze mehr als von fragwürdig strengen Beweisen (aus einer unzureichenden axiomatischen Basis), betonten das Auffinden von Argumenten mehr als das Nachvollziehen von Mausefallenbeweisen (Schopenhauer)."[121]

Genetischer Unterricht *ist* problemorientiert. Stowassers Problemkreise fordert Wagenschein als Probleme für genetischen Unterricht, als Probleme, "die 1. sich selber "stellen", 2. der Schüler ohne Zögern als Probleme empfindet, 3. die für ihn lösbar sind und zwar 4. ohne gedankliche Apparaturen nur mit dem Normalverstand, und 5. in die Mathematik notwendig einführen." Er sagt: "Derartige "Initiations-Probleme" brauchen wir immer wieder als ein Feld des Verstehens und nicht nur der Bewältigung."[122] Wittenbergs Themenkreise gestalten den Unterricht sozusagen im Detail und im Ganzen problemorientiert. Sie sind so groß angelegt, daß sie in der Lösung des Gesamtproblems letztlich ein System aufbauen aus sachlicher (innerer) Folgerichtigkeit heraus. Sie unterliegen keinem (äußeren) Systemzwang und haben doch keinen unsystematischen Unterricht zur Folge: Indem genetischer Unterricht mehr im Blick hat, als nur die Problemorientierung, bietet er damit eine Lösung, die über die von Stowasser aus der Forderung nach Problemorientierung erwachsene hinausgeht (Stowassers Problemkreise sind zu eng angesetzt gegenüber Wittenbergs Themenkreisen). - Wieder zeigt sich die Leitfunktion des Prinzips Genetischer Unterricht.

3. Anwendungsorientierung

Ähnlich verhält es sich mit der Forderung nach Anwendungsorientierung, die die Fähigkeit, mit neuen Situationen fertig zu werden, zum Ziel hat und sie erreichen will durch von der praktischen Anwendung ausgehende und zu dieser zurückgehende mathematische Ausbildung.[123] Wir haben zur Frage der Anwendungen schon einiges zusammengetragen. Hier sei nur auf eine Gefahr hingewiesen, die aus einer übertriebenen Anwendungsorientierung entsteht. Wenn die genannte Zielvorstellung nur leicht verschoben wird als Fähigkeit, mit "praktischen" Situationen fertig zu werden, kann daraus eine Orientierung des Unterrichts an aus der augenblicklichen Situation für den Schüler erhobenen praktischen Situationen erfolgen. Dadurch kann gerade wieder eine Enge des Unterrichtes resultieren, eine Abrichtung des Schülers auf praktische Situationen - die es im übrigen vielleicht gar nicht mehr gibt, bis der Schüler die Schule verlassen hat. (Der Informatikunterricht der achtziger Jahre lieferte dafür schlagende Beispiele.) Das ist letztlich eine Spielart der Problematik der "Lebenssituationen", die wir schon besprachen.

Die Anwendungsorientierung als Orientierung an den (meist naturwissenschaftlichen) Wurzeln der Mathematik erwuchs unseren Gedanken zum genetischen Unterricht notwendig bei der speziellen Frage nach dem Ausgang von Phänomenen. Auch die unter der Forderung nach Anwendungsorientierung aufgegriffene Modellbildung in der Forderung nach Mathematikunterricht als Unterricht im Mathematisieren (Revuz), haben wir - und zwar in ihrer ganzen Tragweite - bereits durchdacht, und nicht zuletzt sie führte zur Forderung genetischen Unterrichtes als Leitprinzip, das von einer Verkürzung dieser Problematik bewahrt.

Anwendungsorientierung kann auch so gemeint sein, daß der Schüler mit einer gewissen Wendigkeit zur Anwendung seines Wissens in fremden Situationen bereit und in der Lage sein soll. Zur Bereitschaft: "Das haben wir nicht gehabt" sagen Schüler, die gewohnt sind, alles gereicht zu bekommen, was man hinterher von ihnen in irgendeiner Weise zu "benutzen" verlangt. Und sie meinen im Extremfall: "Das dürfen wir gar nicht können können." Genetischer Unterricht hingegen fördert Vertrauen in die eigene Kraft, das dem Schüler Grundlage für seine Versuche auch in neuen Situationen ist.

Schließlich bietet der genetische Unterricht durch sein Ziel, daß das Wissen als geistiger Besitz eins wird mit dem seelisch-geistigen Grund des Schülers, die Chance, daß der Schüler später wirklich kompetenter handeln kann. Insofern wir zumeist intuitiv und keineswegs rational handeln, ist eine *weiterentwickelte Intuition* für unsere rasch sich ändernde Lebenswelt überlebenswichtig. Man denke etwa an die Fehlleistung der Wissenschaftler von Tschernobyl, die nicht an falschen Berechnungen scheiterten, sondern daran, daß sie mit exponentiellem Wachstum nicht intuitiv richtig umgingen. Aber auch für ganz alltägliche Situationen ist diese Art der Anwendungskompetenz fraglos wichtig. Der Psychologe Dietrich Dörner weist daher nicht nur auf Extremsituationen wie Tschernobyl hin, sondern auch auf die Erfahrung, daß Menschen vielfach glauben, kompetenter geworden zu sein, wenn lediglich ihre "Verbalintelligenz", also die Möglichkeit elaborierten Geschwätzes, erhöht wurde, keinesfalls aber ihre Handlungskompetenz.[124]

4. Exemplarisches Vorgehen

Genetischer Unterricht ist nur als exemplarischer Unterricht möglich. Den Weg der Nachentdeckung kann man in der dazu nötigen Muße nur gehen, wenn man sich exemplarisch beschränkt, wenn man wenige fundamentale Themenkreise auswählt. Wir sahen bei Freudenthal an der Diskussion um Komprehension und Apprehension, daß das Begreifen nicht an die Vielzahl der vorgelegten Fälle gebunden ist. So ist auch Bildung überhaupt nicht auf die Durchmusterung aller möglichen Gegenstände angewiesen. "*Ursprüngliche* Phänomene der geistigen Welt können am *Beispiel* eines *einzelnen*, vom Schüler *wirklich erfaßten* Gegenstandes *sichtbar* werden." (Wagenschein)[125] Das ist möglich durch die "Anwesenheit des Ganzen im Einzelnen" (Weischedel)[126], dazu ist aber umgekehrt nötig, daß die Exemplare dieses Unterrichtes so ausgewählt sind, daß das Einzelne wirklich "*Spiegel* des Ganzen" (Wagenschein)[127] ist. (Bei Wittenberg haben wir diese Forderung als Forderung nach Elementarem, nach Fundamentalem kennengelernt.) Darüberhinaus muß der Unterricht genetisch sein, sonst leuchtet das Ganze in diesem Spiegel nicht auf; exemplarischer Unterricht ist nicht nur als genetischer Unterricht möglich: Insofern also die Umkehrung des Eingangssatzes nicht gilt, erweist sich wieder das Genetische als Leitprinzip.

Wagenschein weist darauf hin, daß das Exemplarische in seinem Gegensatz zur addierenden Verbindung von Ergebnissen fächerverbindend ist derart, daß es durch die *Trennung* der Fächer als verschiedene Zugänge zu "*derselben* einen Wirklichkeit" die Fächer *verbindet*.[128] Dieser Aufgabe kann das Exemplarische nur in einem genetischen Unterricht gerecht werden. Denn als verschiedene Zugänge zur einen Wirklichkeit kann der Schüler die Fächer nur erleben, wenn er die jeweilige Beschränkung im eigenen Beschränken vollzogen hat.

Leitprinzip

Das genetische Prinzip, das berücksichtigt, daß im Wissen Erfahrungen geborgen sind, daß daher "jeder in etwa dieselben Erfahrungen sammeln muß wie seine Vorfahren, wenn er das gleiche gedankliche Niveau erreichen will wie die Generation vor ihm"[129], ist - etwa mit Wagenscheins

Forderung "*Mit* dem Kinde von *der* Sache aus, die *für* das Kind die Sache *ist*"[130] - sachlich (anthropologisch) am Schüler und seiner Entwicklung orientiert. Es ist sachlich (lerntheoretisch) am Lernvorgang als Auseinandersetzung des Schülers mit dem Gegenstand orientiert. Es ist schließlich sachlich (wissenschaftlich und darüberhinaus) an einer möglichen Ordnung des Gegenstandes orientiert. Diese sachliche Orientierung, die - wie wir sahen - eine pädagogische Grundlegung ist, hebt es als Leitprinzip hervor, das sich also in vielerlei Hinsicht als solches bewährt.

ac) **Mitte statt Mode**

Mit dem Leitprinzip Genetischer Unterricht haben wir eine (pädagogisch fundierte) Mitte gefunden, um die herum eine Mathematikdidaktik als Hilfe zur Ermöglichung von Bildung entwickelt werden kann. Es ist an verschiedenen Stellen deutlich geworden, daß uns diese Mitte davor bewahrt, Moden anheimzufallen, die die Bildungsaufgabe des Mathematikunterrichtes in der Überbetonung untergeordneter Aspekte aus den Augen verlieren.

Schon die Geschichte der Mathematik schützt in ihrer Funktion als Suchinstrument für genetische Unterrichtsgestaltung vor Einseitigkeiten und Übertreibungen. Die Geschichte zeigt uns mögliche Entstehungsweisen. Einseitige Beachtung untergeordneter Unterrichtsprinzipien führt demgegenüber leicht zu Moden. (Vgl. dazu etwa die Diskussion der historischen Rolle des Mittelwertsatzes der Differentialrechnung, von v.d. Waerden, der sich auf Toeplitz und dessen genetische Methode beruft[131], oder die überzeugende Darstellung der Linearen Algebra von Artmann und Törner, die weitgehend am historischen Weg (Cayley) orientiert ist.[132] Siehe vor allem das hervorragende Beispiel einer historisch-phänomenologischen Untersuchung der Gleichungen von Kowol.[133])

Das genetische Prinzip spielt weder Anschaulichkeit gegen Abstraktion aus (es ist - um es an einem nicht als mathematisch angesehenen Beispiel zu sagen - nicht möglich, damit die Ganzwortmethode zum Lesenlernen zu begründen, in ihrem Versuch, einen abstrakten Vorgang zu umgehen, indem sie ihn nicht zur Kenntnis nimmt), noch spielt es ontologische Bindung gegen reine Axiomatik aus, weder Sinnzusammenhänge gegen logische Zusammenhänge (Unterscheidung von Frege), noch sprachliches Verstehen gegen logische Stenographie. Es nimmt nur die sachliche Frage nach dem jeweils angemessenen Gewicht auf. Wenn etwa der Sinnzusammenhang durch falsche Überbetonung des logischen Zusammenhanges verlorengehen kann, dann zeigt das genetische Prinzip, wie dem zu begegnen ist; es fällt keine generelle Entscheidung, im Mathematikunterricht zu beweisen oder sich mit der Plausibilität zufrieden zu geben, sondern verweist aus seiner Orientierung an einer Nachentdeckung, einem Unterricht nach der Entstehungsweise, auf die Beweisbedürftigkeit als Kriterium.

Negativbeispiel

Wir unterstreichen die Wichtigkeit einer solchen Mitte, wie wir sie gefunden haben, durch ein Beispiel, in dem durch Überbetonung eines Aspekts und durch mangelnde pädagogische Grundlage Didaktik auf Abwege geraten ist. Wir wählen dazu D. Markert: Aufgabenstellen im Mathematikunterricht.[134], weil sich dazu eine Entgegensetzung der Aufnahme des gleichen Themas durch Pólya eignet, den wir schon unter dem Stichwort Heuristik herangezogen haben.

Markert will mit seiner Anleitung zum Aufgabenstellen "Eigenständigkeit und Eigenverantwortlichkeit" des Schülers fördern; dazu soll der Lehrer den Schüler "entsprechend dosiert" lenken und bestärken bei der Lösung von Problemen (23) (Die angegebenen Zahlen sind Seitenzahlen des genannten Buches.) Markert weist darauf hin, daß der Lehrer dem Schüler keine Lösungswege aufzwingen soll, gesteht dem Schüler auch das Recht auf Umwege zu (25). Das läßt eine - Freudenthal würde sagen - Hintergrundphilosophie ahnen, die sich von unserer nicht unterscheidet. Aber sie wird nicht ernst genommen. Die zitierten Ziele fordern einen Unterricht, der zu einer sinnvollen Aufgabe für den Schüler wird, statt dessen zerlegt Markert aber den Unterricht in eine Folge von Einzelaufgaben.

Durch die Fixierung des Blickes auf Aufgaben schafft Markert keinen Unterricht, der Aufgabencharakter hat, sondern er hebt diesen Aufgabencharakter durch Ausgrenzung von Aufgaben aus dem Unterricht gerade auf. Sein "systematisch gelenkter" Unterricht als durch "methodische Planung" ermöglichte "Ablauffolge von Aufgaben" (30) ist weit entfernt von einer Arbeit an einem fundamentalen Gegenstand als Aufgabe für den Schüler; seine "methodische Planung" verfällt gerade dem Fehler, Methode als Invariante des Lehrenden anzusehen unter Vernachlässigung der Gesetzlichkeit des Lehrgutes (Petzelt). Die Sichtweise Markerts wird an der Funktion deutlich, die er seinen Aufgaben zuweist: "... die Aufgaben stellen die Bindeglieder der einzelnen Definitionen, Eigenschaften, Sätze und Regeln dar." (32) Da wird eine Atomisierung durch die aufgesetzte und künstliche Verbindung gerade gefördert.

Offenbar wird der Unterricht in seiner vom Lehrer aus Einzelteilen technisch zusammengesetzten Form dann durch Markerts Einteilung der Aufgaben in Motivierungsaufgaben, Aufgaben zum Erwerb neuen Stoffes, Übungsaufgaben, Anwendungsaufgaben und Lernkontrollaufgaben (33). Statt an einem Gegenstand als Problem zu arbeiten, will der Lehrer also dem Schüler zu erwerbenden Stoff durch Motivierungsaufgaben schmackhaft machen und durch Erwerbsaufgaben nahebringen. Kein Wunder, daß dann Einprägeaufgaben (wie M. die Übungsaufgaben auch nennt) nötig sind: Solcher Unterricht kann kein prägendes Erlebnis für den Schüler gewesen sein.

Am Beispiel einer Aufgabenfolge für diese fünf verschiedenen Aufgabenarten, die als Stufen den Unterricht bestimmen sollen, sei der Vorwurf der Atomisierung des Unterrichtes erhärtet. Die Aufgabenfolge gliedert das Thema Achsenspiegelung (71ff). (Es ist schon bezeichnend, daß der Unterricht nicht symmetrische Figuren zum Thema hat, sondern die genetisch spätere und eher methodisch zu wertende Achsenspiegelung.) Die erste Erwerbsaufgabe heißt: "Nun wollen wir mit dem Geodreieck das Bild einer Achsenspiegelung der gegebenen Figur zeichnen." (Gemeint ist das Bild *unter* einer Achsenspiegelung - die für den Schüler u.U. verwirrende Doppelbedeutung von "Bild einer Spiegelung" tut Markert nicht weh, obwohl gerade bei ihm die Achsenspiegelung Objekt der Betrachtung ist!) Der Aufgabe sind Fragen an den Schüler beigegeben. So auch die zentrale Frage: "Kommt es darauf an, wo die Symmetrieachse eingezeichnet wird?" Dadurch, daß der Schüler nicht selbst auf die wesentlichen Fragen kommen darf, ist der Unterricht gar keine Aufgabe mehr für ihn.

Die Zerlegung in Aufgaben und diese wiederum in Teilaufgaben, die dem Schüler jeden Schritt vorgeben - das zeigt die zitierte Aufgabenfolge ganz deutlich - , bewirkt eine Trivialisierung des Unterrichtes, wie sie schlimmer kaum möglich ist. Dieses Beispiel einer Aufgabenfolge zeigt auch gleich, daß Übungsaufgaben auszugrenzen viel eher eine Berechtigung hat. Die Beispiele dafür (74) haben schon mehr Substanz.

Man sieht, daß dieses Vorgehen ohne Orientierung an einer Mitte vor allem daran krankt, daß es Nebensachen überbewertet. Fragen zu stellen ist das Wichtigste, aber durch den Willen verleitet, alles in (Einzel-) Aufgaben zu fassen, gibt Markert sie dem Schüler vor. Und so wird der Schüler überhaupt zum Nachtun abgerichtet. Das zeigt sich deutlich an Markerts Warnung davor, Beweisaufgaben als Lenkontrollaufgaben zu wählen (69). Ein Beispiel entlarve das: Die Zahl sin 30° aus der Betrachtung eines Dreiecks zu finden, kann nach entsprechendem Unterricht höchst sinnvolle Prüfungsaufgabe (wir wehren uns gegen "Kontrolle") sein, und damit *beweist* der Schüler, daß sin 30° = $^1/2$.
Bezeichnend ist auch Markerts Vorschlag zur Schaffung von Verbindungen zu anderen Fächern. Als Beispiel für eine Zahlenskala wählt er die Zeit von 100 v.Chr. bis 100 n.Chr. und läßt daran Daten aus dem Geschichtsbuch eintragen, woran sich Fragen anschließen wie "Wie lange war Cäsar Konsul" (55f). Es spricht viel dafür, diesen Bereich zugrundezulegen statt irgendeinen anderen (Kontostände ...), aber welche wesentliche Frage schafft denn da wirklich eine Verbindung zwischen Mathematik und Geschichte?

Ganz fragwürdig sind schließlich die Lehrsätze, die Markert für den Lehrer als Extrakt seiner Überlegungen heraushebt. Da gibt es Trivialitäten, wie die Forderung, daß Motivierungsaufgaben auf das Thema hinzielen müssen (36) (das ist gerade ihre Definition), oder Fragwürdiges, wie die gefährliche Forderung: "Kontrollaufgaben müssem sich ausschließlich auf den behandelten Stoff beziehen" (68) (Was würde Markert in einem ebenso einseitigen Buch empfehlen, das den Transfer als Thema hätte?). Markerts Forderung "Kontrollaufgaben müssen vertraute Formulierungen verwenden" (70) wird in ihrer Einseitigkeit deutlich, wenn man sich vergegenwärtigt, daß die Prüfungsfrage nicht im längst bekannten Kleid daherkommen darf, soll sie mehr sein als Anlaß zur Assoziation und daraus folgendem Wiederkäuen.

Die Hilflosigkeit, in der sich eine solche Didaktik befindet, wird an Widersprüchen klar, wie der Aussage, der Anreiz für den Schüler, sich mit einer Aufgabe zu befassen, sei umso größer, je mehr sie sich auf außerschulische Interessen des Schülers bezieht (welch trostlose Schule!) und dem direkt darauf folgenden Hinweis auf die Freude am Knobeln (40f). Die Hilflosigkeit manifestiert sich in Begründungen wie der für den Einsatz von Medien, die u.a. in dem völlig unsinnigen Satz besteht: "Denn Medien machen Spaß." (81) (Das Medium als Clown?).

Durch zuwenig Ausrichtung auf eine Mitte hin leidet hier Unterricht unter zuviel Ausrichtung an zusammenhanglosen Einzelheiten. Dieses "zuviel" sollte man noch in anderer Richtung ansprechen. Gefordert ist nämlich eine sachliche Bescheidenheit von jedem Pädagogen: Er darf nicht, um aus ein paar guten Gedanken ein "reputierliches" Buch machen zu können, diese Gedanken als zentral hinstellen, wenn sie es nicht sind. Dieser Hinweis klingt dem Zeitgeist unsachlich, so etwas sagt man nicht. Eine völlig nichtssagende Besprechung des vorliegenden Buches endet: "Das Buch ist eine gute Hilfe für jeden Lehrer." So etwas sagt man. (Das fördert den Umsatz.) Unser Hinweis ist aber ein Hinweis auf die Verpflichtung zur Sachlichkeit. Um der Schüler willen treten wir ins Fettnäpfchen des Zeitgeistes.

Beispiel

Wir wollen kurz skizzieren, wie bei gewahrtem Augenmaß andererseits aus dem Nachdenken über Aufgaben sogar ein Weg *zu* einer Mitte des Unterrichtes erwachsen kann. Wir nehmen dazu G. Pólya: Vom Lösen mathematischer Aufgaben.[135] Es beginnt schon beim Titel. Markert will dem Lehrer sagen, wie er Aufgaben stellen soll, Pólya untersucht, wie gestellte Aufgaben gelöst werden und was der Lehrer davon wissen sollte: er untersucht, wie man Aufgaben löst, als Folge der Einsicht, daß man mathematisch zu denken nicht an fertiger Mathematik lernt. Er sagt an anderer Stelle: "Wenn der Mathematikunterricht die "informellen" Tätigkeiten des Vermutens und Herauslösens mathematischer Begriffe aus der sichtbaren Welt um uns unterdrückt, so vernachlässigt er gerade den Teil der Mathematik, welcher für den Schüler allgemein am interessantesten, für den Benutzer der Mathematik am lehrreichsten und für den künftigen Mathematiker am inspirierendsten ist."[136]

Pólya geht von einem Begriff der Aufgabe aus, der von vornherein weiter gefaßt ist als Markerts, der mit den Aufgaben ja nur kleine Unterrichtsschritte fassen will: "Eine Aufgabe haben bedeutet, bewußt nach einer Handlungsweise suchen, die dazu angetan ist, ein klar erfaßtes, aber nicht unmittelbar erreichbares Ziel zu erreichen." (I 173) (Die Zahlen sind Seitenzahlen des in Frage stehenden Buches, die römischen Zahlen geben den jeweiligen Band an.) Seine Untersuchung zeigt die Möglichkeit, Hilfen zum Aufgabenlösen zu geben trotz der Relativität aller Regeln, trotz der Tatsache, daß es eine universale Methode des Aufgabenlösens - wie etwa Descartes sie suchte - nicht gibt: "Unglücklicherweise gibt es aber keine vollkommen universale Methode des Aufgabenlösens und keine präzisen, auf alle Situationen anwendbaren Regeln, und aller Wahrscheinlichkeit nach wird es solche Regeln nie geben." (II 138).

In unserem Zusammenhang ist herauszustellen, daß Pólya von der Ansicht ausgehend, Lernen müsse vor allem in eigener Arbeit, im Selbstentdecken bestehen, darauf hinweist, daß die (weit gefaßte) Aufgabe, der zu erlernende Stoff motivieren müsse. Da werden keine speziellen Motivationsaufgaben gefordert! Und so führt Pólyas Untersuchung der Aufgabe nicht zu einseitigen Spezialisierungen, sondern führt immer tiefer in die Unterrichtsproblematik in ihrer ganzen Weite hinein. Unterricht im Aufgabenlösen (II 182) bekommt seine Berechtigung zugewiesen aus einer umfassenden Ausschöpfung dessen, was von der Aufgabe her zum Unterricht zu denken ist unter Berücksichtigung einer Bildungsaufgabe des Mathematikunterrichts (II 182ff, insbes. 186). Wir können das hier nicht alles nachzeichnen; wir wiesen früher schon darauf hin, daß Pólya schließlich den genetisch-exemplarischen Unterricht Wittenbergs und Wagenscheins als beispielhaft hinstellt (ebd.).

Wir haben an einem Beispiel gezeigt, wie es sich auswirkt, wenn didaktische Überlegungen nicht an einer Mitte orientiert sind. Für eine ausführliche Untersuchung dieser Frage, die hier nicht geleistet werden kann, wäre etwa eine eingehende Kritik von "H. Meschkowski: Mathematik als

Bildungsgrundlage"[137] geeignet gewesen. Da fehlt für eine Fülle fruchtbarer Gedanken zum Mathematikunterricht vor allem eine pädagogische Grundlage für eine Mitte. Und es ist bezeichnend, daß die Neuauflage dieses Buches die "Bildung" in den Untertitel verbannt: "Mathematik als Grundlage"[138] heißt es nur noch und paßt zur Mode, Bildung als zentrales Anliegen gar nicht mehr zu benennen. Das Beispiel des Markertschen Buches zeigte den Verlust einer Mitte an und die daraus resultierende Einseitigkeit bis hin zu Verirrungen. Wir wurden unserer Überschrift damit noch nicht ganz gerecht, insofern noch nicht klar herausgestellt ist, daß Markert einer Mode folgte. Das ist darin zu sehen, daß er einen Aspekt in dieser Weise überbetonte (und ein reputierliches Buch daraus machte). Als Beispiel dafür, daß gerade der besonders herausgestellte Aspekt "in Mode" ist und damit aus einer modebedingten sozusagen inhaltlichen Fixierung der Unterricht in seiner Bildungsaufgabe verfehlt wird, verweisen wir auf die "Neue Mathematik", zu der wir anläßlich unserer Überlegungen zum Lehrplan noch einiges zusammentragen werden.

ad) Zur praktischen Durchführbarkeit*

Gegenargumente / Möglichkeit

Es ist nötig, einer verbreiteten Reaktion auf die Forderung nach genetischem Unterricht entgegenzutreten. Die Argumentation ist häufig, genetischen Unterricht als verlockende, aber praktisch undurchführbare Alternative hinzustellen. Als erstes Hindernis wird dabei zumeist die wenige in der Schule zur Verfügung stehende Zeit genannt. Wobei man aber den Ertrag des Unterrichtes an der Menge des "behandelten" (oft mißhandelten) Stoffes mißt; zweifeln wir diese dogmatische Wertung an, verliert dies Gegenargument schnell an Glanz.

---

* Vgl. dazu auch "Beispiel: Lehrplanarbeit Baden-Württemberg" aus V.2c

Lenné fragt nach dem "Zeitaufwand für Motivation und kreative Eigenleistungen" des Schülers. Er erwähnt das Unterrichtsbeispiel Wagenscheins über das Nichtabbrechen der Primzahlreihe (Wagenschein sagt Primzahlfolge!) und sagt, es "nimmt für diesen Satz, der sich notfalls in fünf Minuten verständlich machen läßt, fünf Schulstunden in Anspruch."[139] Als Ertrag sieht Lenné "außer vielleicht einer aufregenden Erinnerung bei einigen Schülern" nur die "genaue Kenntnis *dieses einen* Satzes". Wir fragen dagegen: 1. Was ist das für ein "Verständnis", das der Schüler in fünf Minuten erwerben kann? 2. Könnte die "aufregende Erinnerung" nicht Grundlage eines bleibenden Interesses an der Mathematik sein? (Wieviele Schüler treiben Mathematik in dem gegen genetischen Unterricht verteidigten Unterricht höchst widerwillig und halbherzig - also letztlich gar nicht!) 3. Könnten die Schüler an diesem Beispiel und in diesen fünf Stunden nicht erfahren haben, wie man ein Problem löst? Wäre das nicht ein Ertrag, der die "Kenntnis dieses einen Satzes" weit überstiege? 4. Wie ist die Aussage jenes Arztes zu werten, der dazu schreibt: "... erinnere ich mich an mein Staunen, daß ein so unendlich schwieriges Problem mit so einfachen Mitteln gelöst werden konnte, und an eine gewisse Erschrockenheit über die eigene Kühnheit."[140]? Man kann nicht einerseits dem Mathematikunterricht eine (spezielle) Erziehungsaufgabe zusprechen und andererseits seinen Ertrag an der Anzahl mathematischer Sätze messen, die der Schüler "kennenlernte".

Wir lassen es bei diesen vier Fragen bewenden. Das Zeitproblem kann so jedenfalls nicht gegen genetischen Unterricht ausgespielt werden.

Fragen wir gerade andersherum: Wie ist Unterricht angesichts der begrenzten Zeit sinnvoll am Leitprinzip genetischen Unterrichtes auszurichten? Die Gestaltung muß in einer begründbaren Ausgewogenheit zwischen genetisch erarbeiteten Themenkreisen und durch den Lehrer darlegend vermittelten Zusatzinformationen bestehen etwa im Sinne von Wagenscheins "Real-Utopie":

> "Schaffen wir *garantierte Reservate* genetischen und exemplarischen Verstehens an einzelnen Initiationsproblemen; in Epochen wiederkehrend, angstfrei, also ohne Leistungsdruck (ohne Noten), aber mit rein sachlichem Leistungs-Sog. - Etwa 20 Teilnehmer. - Echter Epochenunterricht (täglich 2 Stunden, einige Wochen lang).

> - In diesen *Intensivstationen* wird der Lehrer völlig selbständig und sokratisch arbeiten; nicht das "Mitkommen" belohnen, sondern den Unglauben ermutigen. Nicht die nervöse Frage im Gesicht tragen: "Kommt ihr alle mit?", sondern umgekehrt den Prozeß der (wie wir heute sagen) "Sozialisation" soweit bringen, daß sich jeder Teilnehmer dafür verantwortlich hält, daß alle verstehen. - Daß das geht, weiß ich. Daß wir zur Zeit die Lehrer zum Gegenteil erziehen, weiß ich auch.
>
> Diese Intensivstationen folgen einander mit größeren Pausen, so wie die *Pfeiler* einer Brücke. - Zwischen ihnen spannen sich aus, vergleichbar den Brücken-Bögen, darlegende Kurse (inhaltlich an den Pfeilern befestigte) in Kurzstunden, gekonnt dozierende, für - meinetwegen - 200 Hörer (jetzt, dank den Pfeilern, qualifizierte Hörer!), nicht alles beweisend (denn was das ist, das hat man ja in den Intensiv-Pfeilern gelernt) und mit allen Mitteln, auch technisierter Information (etwa: schwierige physikalische Experimente auf dem Bildschirm vorführend).
>
> Ein Vorschlag, jedenfalls für die Schulen. (Warum nicht auch für Hochschulen?)"[141]

Die Gestaltung darf natürlich Dinge nicht übersehen wie etwa, daß manche Fertigkeiten durch Üben von Aufgaben entwickelt werden müssen, die sich nicht immer in einen genetischen Kurs integrieren lassen. Aber es ist andererseits auf Erleichterungen hinzuweisen; z.B. darauf, daß keine Anwendungsaufgaben nötig sind für ein wirklich erschöpfendes Verstehen eines Sachverhaltes, wenn dieser Ergebnis eines genetischen Unterrichtes ist (der insbesondere Umwege nicht eliminierte - vgl. IV.1b Abschnitt über aktives Lernen und IV.1cb Abschnitt über Apprehension und Komprehension).

Weiter ist darauf hinzuweisen, daß aus einer möglichen Nichteignung zahlreicher (besonders nichtgeometrischer) Gegenstände des Lehrplanes für genetische Themenkreise nicht ohne weiteres schon ein Argument gegen genetischen Unterricht als Leitprinzip zu gewinnen ist: Es könnte umgekehrt gerade sinnvoll sein, solche Gegenstände deswegen aus dem

Lehrplan zu streichen. (Natürlich gibt es noch andere Aspekte, die für die Auswahl der Lehrgegenstände zu berücksichtigen sind.)

Noch ganz anderes wäre zum Zeitproblem zu sagen. Wieviel Zeit wird nicht oft auf eine Exaktheit verschwendet, die dem Schüler an der betreffenden Stelle nicht erforderlich erscheint. Wie lange wird er oft mit (für ihn) überhaupt nicht problemgemäßen Operatoren geplagt, etwa bei der Einführung der rationalen Zahlen, von denen er schon viel mehr weiß, als er in diesem Unterricht zunächst wissen darf. Dabei ist die Verwirrung oft größer als die dadurch ermöglichte Einwurzelung. Wieviel Leerlauf muß der Schüler ertragen, wenn es ans Thema Aussagen/Aussageformen geht, ehe er Gleichungen lösen darf? Wittenbergs Buch (Bildung und Mathematik) erschien 1963: Wieviel sinnleere Beschäftigung mit formalen Strukturen hat es in den darauffolgenden Jahren in der Schule gegeben; wieviel Zeit hatte man für diese Dinge, die dann später teilweise genauso verschwanden, wie sie aufgekommen waren: im Zuge eines Trends!

Als Grund dafür, daß Wittenberg und Wagenschein sich in der Praxis nicht durchsetzen konnten, gibt Lenné an, daß sie "keine in jeder Hinsicht präzise Theorie entwickelt" hätten.[142] Deswegen hätten sie auch "von der Institution des Lehrbuches her ... kaum wirksame Unterstützung gefunden". Das verkennt natürlich gerade den genetischen Unterricht. Die Erarbeitung eines Wittenbergschen Themenkreises kann nicht durch ein Schülerbuch unterstützt werden, das zu jeder Unterrichtsstunde *vorher* Hausaufgaben ausgewählt hat. Sie kann nicht durch ein Buch begleitet werden, das alle Fragen schon formuliert hat. Die heute üblichen Lehrbücher können solchen Unterricht nur stören, er fordert ganz andere; ja, er fordert vom Schüler u.U., daß er in mehreren Büchern nach einer Hilfe sucht (und ist damit auch Anleitung zum richtigen Umgang mit Büchern). Wittenbergs Entwurf ist viel umfassender und fundierter als viele andere Entwürfe; "präzise Theorien" kann es für guten Mathematikunterricht überhaupt nicht geben. Was es aber gibt, sind präzise Anleitungen für einen atomisierten behavioristisch gedachten Unterricht, der in Mode kam. Solcher "Unterricht" läßt sich recht bequem entlang der heute immer verbreiteteren Lehrbücher halten, in denen der Lehrer für jede Unterrichtsstunde eine Doppelseite findet, auf der der Stoff über Motivation, Erarbeitung, Übung, Anwendung, Kontrolle dem Schüler dargereicht wird. Genetischer Unterricht aber läßt sich so nicht vermarkten.

Es ist angesichts dessen, was Mathematiker oft für ihr Denken in Anspruch nehmen, erstaunlich, wie leichtfertig ein Vorwurf wie der von Lenné zitierte Vorwurf des Fehlens einer präzisen Theorie von Mathematikern aufgegriffen wird. H. Siemon geht von ihm unter Berufung auf Lenné aus, wirft Wittenberg vor, daß er "jede Orientierung an einer mathematischen Theorie" aufgäbe und fordert eine "scharf durchgeformte Theorie der Schulmathematik".[143] Dabei ist völlig unklar, inwiefern sich eine Bildungstheorie an einer mathematischen Theorie orientieren könnte; es ist auch ganz unklar, was "Schulmathematik" ist und wie eine scharf durchgeformte Theorie davon aufgebaut werden müßte. Schließlich - und das ist entscheidend - schlägt aber Siemon einen "problemorientierten Unterricht" vor, ohne seinerseits die als Grundlage der Zurückweisung anderen Unterrichtes aufgestellten Forderungen zu erfüllen.

Ein anderes Hindernis für die Durchsetzung einer Orientierung am Leitprinzip genetischen Unterrichtes sieht Lenné in der Unsicherheit, die einem solchen Unterricht insofern anhaftet, als er nicht genau vorher planbar ist. Dieser Unterricht beinhaltet ein Risiko - wie auch jede Erziehung Risiken eingehen muß - und dem steht eine Tendenz, "alle Verhältnisse nach Zuständigkeiten und fixierten Ordnungsvorstellungen zu beurteilen" entgegen.[144] Wir gehen sorgfältiger vor und legen die Bildung des Schülers in die Verantwortung des Lehrers, der damit zu jenem Risiko *verpflichtet* ist.

Eine Erfahrung sei zur Ermutigung angegeben. Als eine Familie während eines Auslandaufenthaltes die Nichtdurchsetzbarkeit staatlicher Schulpflicht nutzte und sie durch eine echte Bildungschance für ihre Kinder ersetzte, hatte dieses Ersetzen der Lernfabrik durch mußevolles Arbeiten der Kinder im Horizont der in diesem Buch aufgewiesenen Bildungsaufgabe zur Folge, daß diese Kinder dabei in anderthalb Jahren halbtäglicher Eigenarbeit (u.a. !) den (im Sinne der angeklungenen Gegenpositionen formuliert) "Stoff von drei Jahren schafften" und danach ins Gymnasium eintraten und ohne Schwierigkeiten ein ausgezeichnetes Abitur nach um ein Jahr verkürzter Schulzeit ablegten. ("Ohne Schwierigkeit" im Sinne des Systems; unter der oberflächlichen und bornierten Arbeitsweise litten sie allerdings.)

Zwingende Hinweise

Wir konnten hier keine ausführliche Auseinandersetzung um die praktische Möglichkeit einer Orientierung am Leitprinzip Genetischer Unterricht führen. Die exemplarische Auseinandersetzung sollte beleuchten, daß die vorgebrachten Gegenargumente den Kern der Sache nicht treffen. Fruchtbarer als eine Auseinandersetzung mit diesen Gegenargumenten ist ein Aufweis, inwiefern übliche Versuche, Unterricht zu verbessern, stets auf genetischen Unterricht verweisen, denkt man sie nur weit und konsequent genug durch.

Wir deuten das an Beispielen an, an ganz bescheidenen Beispielen aus der täglichen Unterrichtspraxis. Es wird immer wieder darauf hingewiesen, daß der Schüler das Runden von Zahlenergebnissen nicht mechanisch nach irgendeiner Regel tun soll, sondern sinnvol am Problem orientiert. Nun, je weiter gespannt das Problem ist, je selbständiger er daran arbeitet, desto eher erfährt (nicht: bekommt er gesagt) er die Notwendigkeit sinnvollen Rundens. Allgemeiner: Es wird darauf hingewiesen, daß der Schüler lernen soll, die Randbedingungen für Aufgaben selbst zu wählen (das beginnt schon beim geeigneten Maßstab für ein Koordinatensystem). Nun, die Einzelaufgaben, die als Schritte der Aufgabe der Bearbeitung eines Themenkreises *vom Schüler* gefunden werden, muß er sowieso *selbst* mit ihren Randbedingungen formulieren. Oder gehen wir auf eine andere Ebene. Ein genetischer Unterricht ist die einzige Grundlage für die Möglichkeit einer wirklichen Prüfung des Schülers, denn er ermöglicht, daß der Schüler in einem mathematischen Aufsatz offenlegt, was er gelernt hat. Jeder Mathematiklehrer weiß, daß es nutzlos ist, sich mit der Frage $1,\overline{9} = 2$ eingehend zu beschäftigen, wenn der Schüler anschließend von der Gleichheit nicht *überzeugt* ist. Wie wird solche Überzeugung in einem Test offenbar? Genetischer Unterricht erlaubt zu prüfen!

Gerade der Prüfung wird oft nicht das nötige Augenmerk geschenkt. Es ist im Zuge der Neuen Mathematik üblich geworden, Relationen als Paarmengen einzuführen. Da gibt es dann eine Fülle von Aufgaben, die die Schüler lösen; doch gelingt es oft durch eine Aufgabe, wie etwa nach einem gewissen Unterricht die Frage, wieviele Relationen von $\{1,2,3\}$ in $\{1,2\}$ es denn nun gibt, zu sehen, daß überhaupt nicht klar ist, was eine

Relation (als Paarmenge) ist. In solcher Weise ließe sich mancher nichtgenetische Unterricht der Erfolglosigkeit überführen.

Man braucht nur Aufgaben der folgenden Art zu stellen, um zu sehen, wie eng die Bahnen sind, auf denen sich die Schüler unserer Schule nur bewegen können. Beispiel zu Systemen zweier linearer Gleichungen (etwa 8. Schuljahr):
Ein Hausbesitzer bekommt zwei Angebote für einen Fassadenanstrich. Firma I verlangt 15 DM/m^2 und 400 DM für das Gerüst. Firma II verlangt 16 DM/m^2 und 300 DM für das Gerüst. Der Hausbesitzer wählt Firma II. Was für ein Haus (vierstöckiges Mietshaus, Reihenhaus, ...) besitzt er wohl?

Wie bereit die Schüler sind, tief in Probleme einzutauchen, wieviele Fragen sie haben, die üblicher Unterricht übergeht, sieht jeder Lehrer, der darauf achtet. Ob man die Schüler mit Zuordnungstabellen, wie sie für die Proportionalität im 7. Schuljahr gefordert werden, zunächst einmal frei spielen läßt, oder ob man etwa bei der Behandlung von Intervallschachtelungen im 9. Schuljahr oder beim Begriff der Stetigkeit im 11. Schuljahr nach Darstellungen (Bildern) fragt, die einen gewissen Aspekt der Sache verdeutlichen, immer wird man eine überraschende Vielfalt von Ansätzen finden, wie umgekehrt gähnende Trägheit, wenn man etwa im 9. Schuljahr das für Schüler dieser Entwicklungsstufe und nach dem üblichen Unterricht völlig fremde Problem anspricht, die Flächeninhaltsformeln als auch für reelle Seitenlängen gültig zu erweisen.

Vor einem Mißverständnis ist zu warnen. Solche eben beschriebenen kleinen Ansätze, die Schüler aktiv werden zu lassen, werden im üblichen Mathematikunterricht schnell wieder beschränkt und auf den vorgesehenen Unterrichtsprozeß hin kanalisiert. Der eben zum Denken aufgeforderte Schüler darf seine Gedanken nicht wirklich verfolgen, wird letztlich also *betrogen*. Daher ist es kein Wunder, wenn der vereinzelte Versuch eines genetischen Themenkreises nicht (gleich) gelingt. Überdies hat er seine ganze Umgebung gegen sich in Gestalt des Vorurteils, nur wenige Schüler wären für Mathematik begabt. (Weshalb Eltern und Schüler oft massiv Drill fordern.) Der heutige Unterricht krankt an der Atomisierung. Alle Versuche, davon loszukommen, können nur durch eine Orientierung am Leitprinzip *Genetischer Unterricht* wirklich fruchtbar werden. Allerdings muß man dazu den Mut haben, eingefahrene Vorurteile streng zu prüfen. Ein solches Vorurteil wurde zum Beispiel deutlich in dem obigen impliziten Axiom Lennés, Schulbücher (heutigen Zuschnittes) seien für den Unterricht Voraussetzung. E. Röhrl schreibt in einem Aufsatz "Von der prinzipiellen Schädlichkeit der Schulbücher"[145]:

> "... Idee vom Lernen in kleinen Schritten. Im Gefolge damit: die Aufzählung und Operationalisierung von Feinlernzielen. Nichts fehlt uns in der Mathematikdidaktik weniger als diese neue, von Nichtmathematikern vielgepriesene Technik. Wir Mathematiker müssen mit einer Gegendidaktik antworten: Nicht in kleinen Schritten lebt das Denken, daß wir fördern wollen. Es lebt aus dem Wechselspiel von Stau und Durchbruch, von kühnem Vorgriff und kritischer Skepsis. Lehrbücher stehen einer Didaktik der kleinen Schritte von vornherein nahe."

Die praktische Durchführung einer ernsthaften Orientierung am Leitprinzip Genetischer Unterricht ist nur *radikal* möglich - von den Wurzeln aus, ohne Rücksicht auf liebgewordene Gewohnheiten.

b) Lehrerbildung und Mathematik-Lehren

Alle unsere Ausführungen zum Mathematikunterricht sind (oder implizieren) zugleich Forderungen an den Mathematiklehrer und damit an dessen Bildung. Insbesondere lassen sich die Überlegungen, wie die Bildung des Schülers durch den Lehrer zu ermöglichen sei, modifiziert als Überlegungen dazu sehen, wie die Bildung des Lehrers durch den Lehrerbildner zu ermöglichen ist. Nun ist zwar der Lehrer als Erwachsener und vor allem angesichts der von ihm gewählten Aufgabe in besonderem Maße für seine Bildung auf sich selbst verwiesen, aber denkt man an die quantitative Seite (welcher Student oder Referendar oder Lehrer kann ohne Hilfe das vorliegende Material sichten, um sich ein Bild zu machen) oder an die Erleichterung, die durch das Mut gebende Vorbild entsteht (sagen wir ruhig, an den Ansporn), dann ist der Lehrer des Lehrers doch wieder gefordert.

Es wäre nun möglich, unsere seitherigen Ausführungen systematisch unter dem Gesichtspunkt der Lehrerbildung bzw. ihrer Implikationen für die Lehrerbildung darzustellen (u.U. noch getrennt danach, ob der Lehrer selbst oder der Lehrer des Lehrers dabei jeweils vornehmlich gefordert ist). Das wäre zu umfangreich für den Rahmen dieser Arbeit. Es wäre auch möglich, es mit dem Hinweis darauf bewenden zu lassen, daß die angesprochene Relevanz deutlich zu Tage tritt und daß die Implikationen naheliegend sind. Wir tun keines von beidem, sondern geben einige Hinweise auf die Lehrerbildung, die zugleich das von uns entworfene Bild eines Mathematikunterrichtes weiter ausgestalten.

Persönlichkeitsbildung

Unterrichten und Erziehen sind eine Kunst. Wie man ein Kunstwerk durch keine Analyse ganz erfassen und durch kein System von Regeln bzw. durch keine Theorie und deren Beachtung allein hervorbringen kann, so hängt das Gelingen von Unterricht und Erziehung, soweit der Lehrer dazu beitragen kann, von der Lehrerpersönlichkeit als Ganzes ab. Diese Einsicht ist so alt wie es Unterricht und Erziehung sind. Und trotzdem wird ständig gegen sie verstoßen. Das sieht man an dem (untauglichen) Versuch, durch Lehrpläne, die weit über die Festlegung eines unbedingt nötigen Kanons von Lehrgegenständen hinausgehen, den Unterricht einheitlich auszurichten und den Lehrer damit zu bevormunden. Dazu schreibt M. Simon 1908 (!): "Nichts wirkt auf den Schüler der obersten Klassen so bildend, als die leidenschaftliche Hingabe des Lehrers an seinen Gegenstand, darum darf sich keine Schablone zwischen den Lehrer und seine Schüler drängen; in dem Maße, wie der Bureaukratismus in das Gymnasium eingedrungen ist, ist der Geist daraus entwichen."[146] Und er weist auf hervorragende Lehrer hin, die "heutzutage nicht mehr möglich" wären. Wir streichen für uns die Einschränkung "der obersten Klassen". (Die völlig freien "Arbeitsgemeinschaften zur Förderung besonders befähigter Schüler" in Baden-Württemberg bestätigen Simon in schlagender Weise: Hier wurde ungeahnte Aktivität der Schüler Wirklichkeit.)

Insoweit hier der Lehrplan angesprochen ist, könnte man meinen, diese Gedanken gehörten zum Thema Lehrplan und nicht zu Lehrerbildung. Das wäre entschieden ein Irrtum. Der Lehrer hat seinen Unterricht zu verantworten und diese Verantwortung kann er auf keine letztlich auf Grund (zufälliger) politischer Mehrheitsentscheidung zustande gekommenen Vorgaben abwälzen. Lehrerbildung muß zum Ziel haben, dem Lehrer den pädagogischen Sachverstand zu schaffen und ihn unter die pädagogische Verantwortung zu stellen, die die hier geforderte pädagogische Freiheit ermöglicht - das heißt in letzter Konsequenz, daß der Lehrer sie sich (u.U. gegen Widerstände) *nimmt*.

Gehen wir dem Gedanken der Bedeutung der Lehrerpersönlichkeit noch einmal von der Ebene des Lehrerbildners nach. Simon zitiert dazu Bertram: "Wichtiger als die Methode ist die Persönlichkeit des Lehrers, seine Neigung und Fähigkeit, dem Gedankengang des Schülers zu folgen und ihn darin zu leiten ..."[147] und Herder "Jeder Lehrer muß seine eigene Methode haben, er muß sie sich mit Verstand holen, sonst frommt er nicht."[148] Aus jüngster Zeit wären (außerschulische) Erfahrungen Kießwetters anzuführen, der danach vehement für den flexiblen Lehrer eintritt, der bereit und in der Lage ist, auf die Schüler und die jeweilige Situation wirklich einzugehen.[149] Hier wird deutlich, daß der Lehrer Anregungen braucht und Hilfe für *seinen* Weg: Demgegenüber werden etwa Referendare immer noch darin "geprüft", ob sie genügend viele vorgegebene Wege nachzeichnen können; einen *eigenen* Weg müssen sie kaum vertreten.

Aus der engen Verquickung zwischen pädagogischen, fachdidaktischen und fachwissenschaftlichen Gesichtspunkten für einen genetischen Mathematikunterricht folgt eine Ganzheitsforderung an die Lehrerbildung: Wirkliche Hilfe bekommt der Lehrer weniger durch getrennte Lehrveranstaltungen zu seinem Fach, zur Fachdidaktik und zur Pädagogik als vielmehr durch eine Verzahnung dieser Lehrveranstaltungen in seiner Ausbildung. Das fordert mindestens zeitliche Parallelität (damit nicht ein Gegenstand unabhängig von dem dazu gehörenden anderen durchdacht wird); besser noch überhaupt eine teilweise Aufhebung der genannten Abgrenzungen. Wagenschein fordert zu Recht eine *genetische Fachausbildung*. Eine solche Ausbildung verwiese zum Beispiel notwendig auf die Geschichte der Mathematik und wäre damit quasi als Nebenprodukt ein Beitrag zu einer umfassenden Persönlichkeitsbildung des Lehrers durch die Entwicklung eines historischen Bewußtseins, das ein erstes Regulativ darstellte gegen eine Überbewertung didaktischer Moden. Sind es doch gerade die ganz jungen Lehrer, die viele Auswüchse der Neuen Mathematik begeistert stützten. "Wichtigste Voraussetzung zur Wiedergewinnung des Gymnasialen ist das Bekenntnis zum historischen Bewußtsein."[150]

Gleichzeitig böte eine genetische Fachausbildung die Chance zu einer philosophischen Reflexion des Faches. Diese Reflexion kann (und darf!) in der Schule nur das Fach leisten; also *muß* es sie leisten. Es ist daher auch unverzichtbar, daß sich ein Lehrer während seiner Ausbildung auf philosophische Gedankengänge eingelassen hat. Um es schlicht zu sagen: **Wie soll ein Schüler einem Fach Bedeutung zuerkennen, wenn die philosophische Frage nach Sinn und Bedeutung dieses Faches nicht gestellt wird; und wie kann sie gestellt werden, wenn sie der Lehrer ausklammert, weil er selbst nicht gelernt hat, sie zu stellen?** Wenn aber der Schüler der Mathematik keine Bedeutung zuerkennt, dann ist Bildung durch Mathematik fehlgelaufen. "Dem Gros der Mathematiklehrer hat man versichert, daß Mathematik wichtig sei, und sie sagen dies ihren Schülern weiter. Sie sind jedoch nicht in der Lage, aufzuzeigen, auf welche Weise was wichtig ist, und so entbehren ihre Versuche, die Schüler zu überzeugen, der Beweiskraft. Kinder durchschauen leere Sprüche." (Kline)[151]

Nicht zuletzt könnte eine genetische Fachausbildung den Lehrer gleich am eigenen Beispiel von der Notwendigkeit und Fruchtbarkeit des Leitmotivs Genetischer Unterricht überzeugen. Das wäre eine wirkmächtigere Überzeugung, als die aus "rein intellektueller" Einsicht. Sie könnte eine sonst aufkommende Schwierigkeit der Ausbildung von Mathematiklehrern ausschalten: Eine zunächst rein fachliche mathematische Ausbildung kann - wenn sie nicht tief genug geht - zu einer Überbewertung "exakter Definitionen" und "exakten Wissens" führen. Gedanken zum Mathematikunterricht lassen sich nicht aufschreiben wie ein Algebrabuch. Mathematiker haben es dann oft schwer, nach ihrer Ausbildung die angesprochenen Gedanken nicht als irrelevant weil "verschwommen" abzulehnen.

Wir belegen das mit einem Hinweis auf das schon angesprochene Buch Meschkowskis. Meschkowski schreibt (im Kapitel Heuristik!): "Die moderne Mathematik ist aber das Ergebnis einer Jahrtausende währenden Entwicklung. Die strenge Axiomatik ist dem naiv denkenden Schüler zunächst fremd, und er muß auf eine pädagogisch vernünftige Weise an die ihm neue Welt herangeführt werden. An eine "Eigentätigkeit" des Schülers ist erst dann zu denken, wenn ihm die neue Denkweise vertraut geworden ist."[152] Da ist das von Freudenthal angegriffene quod licet Jovi, non licet bovi! Meschkowski, dessen negative Äußerungen über die Geisteswissenschaften und ihre im Gegensatz zur Mathematik mangelhafte Exaktheit (im gleichen Buch) seinen Rückzug auf die Exaktheit der Mathematik belegen, kann wohl kaum so "unexakte Begriffe" wie "Stufen der Exaktheit" akzeptieren. So verwahrt er sich etwa gegen Pólyas heuristische Regel, nicht gegen das eigene Gefühl zu handeln[153] (s.o.); für ihn gelten letztlich nur mathematische Sätze. Wenn wir davon ausgehen, daß Denkweisen nur durch eigene Denktätigkeit vertraut werden können, ist der Widerspruch in Meschkowskis Gedankengang offensichtlich: Der Schüler darf erst selbst denken, wenn das Ergebnis seines Selbstdenkens vorliegt. (Falsche Fixierung auf Widerspruchsfreiheit schuf wieder einmal einen Widerspruch).

Es geht hier gar nicht um "moderne Mathematik" und ihre "neuen Denkweisen", es geht ganz einfach um die Frage Abrichtung des Schülers oder Persönlichkeitsbildung. Was Meschkowski im Auge hat, ist eine dogmatische Kanalisierung auf das Endziel seiner "neuen Denkweisen" hin. Lassen wir uns aus der Geschichte noch einen Hinweis geben: Descartes, der ja die klare Darstellung in ihrer Möglichkeit der Überzeugung anderer wirklich nicht gering schätzte, sagt, daß man durch Selbstentdeckung besser lernt als durch Erklärungen anderer,[154] er wäre selbst nicht soweit gekommen, sagt er später,[155] hätte man ihm in der Schule die Wahrheiten mitgegeben, die er sich selbst suchen mußte.

Offenheit

Die Meschkowski'sche Enge weist uns auf die schon mehrfach angesprochene Forderung nach Offenheit hin. Sie kann als Forderung nach Offenheit des Lehrers nicht eindringlich genug gestellt werden. Der folgende Ausschnitt aus "Der glückliche Prinz" von Oscar Wilde[156] erinnert an viele unserer Gedanken zur Offenheit und spricht an, daß Mathematiklehrer hier besonders gefährdet sind:
>""Er sieht aus wie ein Engel", sagten die Waisenkinder, als sie in ihren leuchtenden, scharlachroten Mänteln und reinen weißen Schür-

zen aus der Kirche kamen. "Wie könnt ihr das wissen?" fragte der Mathematiklehrer, "ihr habt ja niemals einen gesehen." "Oh doch, in unseren Träumen", antworteten die Kinder; und der Mathematiklehrer runzelte die Stirn und machte ein sehr strenges Gesicht, denn er billigte es nicht, daß Kinder träumten."

Der Lehrer muß mit Schüleraugen zu sehen lernen, wenn er sie auf ihrem Weg der Orientierung in der Welt führen will. Er muß lernen, die Dinge so zu sehen, wie man sie ohne das jeweils "spätere" Wissen sieht. Er muß sich bemühen, mögliche Schülerfragen zu finden und vorauszubedenken. Wäre eine gemeinsame Sammlung solcher Fragen nicht eine viel sinnvollere Tätigkeit für die Lehrerausbildung als die Diskussion Bloom'scher Taxonomien? Wagenschein fordert vor allem, daß der Lehrer staunen könne, daß er unbefangen lachen könne darüber, wie die eigene Wissenschaft die Wirklichkeit zurechtstutze, daß er Abstand zum eigenen Fach gewinne[157]. Abstand und Offenheit sind aufeinander verwiesen. Ein Mathematiker, der nicht anzuerkennen vermag, daß ein Gedicht eine genauso gültige Aussage sein kann wie ein mathematischer Satz, daß ein Gedicht einen Begriff genauso festlegen kann, wie es ein Axiomensystem für einen mathematischen Begriff vermag, ist kein Mathematik*lehrer*.

Mathematik kann eine Zuflucht sein, sagt Kline, für diejenigen, "welche nicht mit Menschen umzugehen verstehen", und für solche, "die vor den Problemen des Lebens zurückschrecken", indem er einen Gedanken von Russel aufnimmt, daß die Mathematik ein "geordneter Kosmos" sei, "wo der reine Gedanke wie in seiner eigentlichen Heimat leben kann, und wohin wenigstens einer unserer edleren Impulse aus der Trostlosigkeit unserer Realität flüchten kann."[158] Weltflucht ist keine Basis für den Lehrerberuf. Kline weist übrigens auch darauf hin, daß im heutigen Wissenschaftsbetrieb nur Enge honoriert wird[159], weshalb die Lehrerbildner schon falsch gewählt sind. Sie müssen philosophisches Fragen provozieren, aber "Philosophie stellt diejenigen Fragen, die nicht gestellt zu haben die Erfolgsbedingung des wissenschaftlichen Verfahrens war" (Weizsäcker)[160]; hier zeigt sich eine zunächst die Lehrerbildner angehende Aufgabe.

Aber es sei auch auf die angenehmen Seiten solcher Forderungen zur Lehrerbildung hingewiesen: Nicht nur der Lehrer eröffnet dem Schüler Perspektiven, die Schülerfragen eröffnen dem (offenen) Lehrer ebenso neue Ausblicke und bereichern sein Leben - und das beginnt schon mittelbar durch eine Lehrerbildung, die den Schüler in solcher Weise in den Blick nimmt.

Ein zweiter Hinweis ist notwendig: Das "gib keinem zu trinken, der nicht dürstet" geht immer vom nicht übersättigten Kind aus. Die heutige Lebenswelt überschüttet aber schon das kleinste Kind oft mit einer solchen Überfülle von Bildern, Gedanken und Spielzeug, nach denen das Kind im entsprechenden Alter noch gar nicht "dürsten" konnte, daß damit unglaublich viel verschüttet wird. Der Lehrer muß den Schüler daher oft erst "freimachen", ehe er ihn "offenhalten" kann, er muß die verschüttete, die *im Überdruß des Überflusses erstickte Fragelust des Kindes* wieder provozieren. Damit ist eine Praxisorientierung der Lehrerbildung angesprochen, die das Kind und seine Entwicklung ernster nimmt als unfruchtbare Diskussionen soziologischer Befunde wie der Korrelation zwischen Herkunft und Schulabschluß; welcher Befund sowieso ganz zweifelhaft ist, da es etwa für die Herkunft ganz andere Berufskategorien der Schulzeit der Eltern und der ihrer Kinder gibt.

Orientierung

Offenheit korrespondiert Orientierungsfähigkeit. Orientierungslosigkeit führt stets zu Enge, wir sahen das bei unseren Überlegungen zum Thema "Mitte statt Mode". Die Lehrerausbildung darf sich z.B. unter dem Thema "Lernen" nicht in einer additiven Vorstellung von Lerntheorien erschöpfen. Eine Referendarausbildung etwa, während der der Referendar über dem Einprägen verschiedener Lerntheorien aus den Augen verliert, daß er das Lernen des Schülers *ermöglichen* soll (und das ist keine polemische Formulierung, sondern ein vorweisbares Datum!), ist nicht Ermöglichung einer Lehrerbildung.

Dazu einige beispielhafte Hinweise. Es ist verbreitet, in der Lehrerausbildung die Theorien Piagets vorzustellen. Ein ernsthaftes Bedenken dieser Theorien könnte gerade für Mathematiklehrer ausgehen von Wagenscheins Feststellung: "Das Gemeinsame: Herausbringen, wie Kinder denken. Ich habe nicht viel Piaget gelesen, trotzdem vermute ich: Der Unterschied ist wohl der: Ich interessiere mich für das, was Kinder *von sich aus* zu Phänomenen sagen, möglichst ungefragt. Er fragt sie etwa, und wer weiß, ob die verstehen, was er fragt - und die antworten etwas, und wer weiß, ob er versteht, was die meinen. Das ist aber nur ein Eindruck ..."[161] Wie Freudenthal in eingehender Analyse zeigt[162], täuscht der Eindruck nicht, danach leiden Piagets Interpretationen der Antworten bisweilen unter mangelnder Beachtung sprachlich (durch die Frage) bedingter Antwortmöglichkeiten. Aber auch rein mathematische und systematische Fehler (mangelnde Isolierung der Variablen) weist Freudenthal Piaget nach. Eine davon geleitete Durchmusterung der Piaget'schen Theorien brächte dem angehenden Lehrer zunächst einen Hinweis darauf, daß eine Vermutung auf dem Grund einer eigenen Mitte gewagt werden kann, ohne daß man alles gelesen haben muß (Wagenscheins traf ins Schwarze), und brächte ihm mit der "Kenntnis" einer Theorie zugleich einen Einblick in ihre Problematik, ihre Begrenztheit und damit eine wirkliche Kenntnis dessen, was sie zu leisten vermag. Er wäre damit auf die Notwendigkeit einer Orientierung an einer Mitte verwiesen, da anders eine solche Beurteilung gar nicht zu leisten ist.

Ein zweiter Hinweis: Andelfinger und Nestle schreiben, daß ein Skinner-Lernprogramm für das Rechnen vom ersten bis vierten Schuljahr 7000 Druckseiten erfordere gegenüber 500 Druckseiten üblicher Lehrbücher.[163] Eine einfache Rechenaufgabe könnte angehende Lehrer darauf hinweisen, welcher Art der Unterricht nach so einem Lernprogramm wäre: Es müßte ausgerechnet werden, wieviel Druckseiten das Kind bei einem solchen Lernprogramm pro Unterrichtsstunde zu bearbeiten hätte. Das Ergebnis würde ungeahnte intuitive Vorstellungen vom Unterricht gegen eine behavioristische Lerntheorie mobilisieren.

Daran zeigt sich, daß es drittens besser wäre, einem angehenden Lehrer etwa Rényis "Dialoge über Mathematik"[164] zur Lektüre zu empfehlen, als ihn atomare Methodendetails über einen verplanten Unterricht abzufragen.

Unser vierter konkreter Hinweis greift eine beobachtete Mode auf. Ein kläglicher Versuch, die eigenen Beschränkungen aufzubrechen, war es, in der Lehrerausbildung Erziehung zum "divergenten Denken" zu fordern. Wir würden dem jungen Lehrer statt dessen folgende elf Gedanken zum Nachdenken geben, vorab aber fragen, ob "divergentes Denken" nicht vielmehr "divergenter Aspekt des Denkens" heißen müßte. (Es handelt sich dabei um eine Skizze des Verfassers, die auf eine Anfrage nach Förderung divergenten Denkens vor allem die einseitige Fragestellung zurückweisen sollte, und die hier bewußt in ihrer Vorläufigkeit gelassen wird.[165]

(1) Divergentes Denken läßt sich nicht gegen konvergentes Denken ausspielen. Es sind das nur zwei Seiten des Vorgehens, das aber als Einheit gesehen werden muß.

(2) Divergentes Denken meint das Loslösen von eingefahrenen Wegen, die Lockerheit bei der Suche nach Ansatzpunkten, schließlich die Souveränität bei der Auswahl von Hilfsmitteln.

(3) Damit wird divergentes Denken zu fördern sein durch die Förderung von Mut und Wille zur selbständigen Arbeit. Hier handelt es sich wohl vor allem darum, die ursprüngliche Offenheit des Kindes in der Schule nicht zu zerstören. Das heißt praktisch, daß der Unterricht mit Muße vor sich gehen muß, damit immer wieder von Schülern vorgeschlagene andere Ansätze (und Ziele!) einbezogen werden können. Divergentes Denken wird aber auch zu fördern sein durch wirkliche Beherrschung von Hilfsmitteln (Kalkülen, Methoden, ...). Denn nur wer mehrere Hilfsmittel souverän beherrscht, kann bei Bedarf ein geeignetes herausgreifen. Bei der Anwendung dieses Hilfsmittels ist dann wieder das konvergente Denken gefordert.

(4) Divergentes Denken kann also ohne konvergentes Denken nicht fruchtbar werden und umgekehrt. Es ist aus der Geschichte der Wissenschaften bekannt, daß Phasen neuer Ansätze mit Phasen systematisierender Aufarbeitung abwechseln. Beides zusammen erst hat eine Weiterentwicklung gebracht.

(5) Die Zusammengehörigkeit von divergentem und konvergentem Denken wird deutlich am Transfer. Transfer setzt einerseits die Lockerheit voraus, die nötig ist, um das zu Übertragende hinüberzutragen, andererseits die Konsequenz, die nötig ist, um das Hinübergetragene wirklich adäquat einzupassen.

(6) In der heute üblichen Schule besteht die Gefahr, daß das divergente Denken zu kurz kommt. Beispiel: Werden wirklich solange Textaufgaben gelöst, bis die Schüler alle verschiedenen Möglichkeiten (geometrisches Vorgehen, Probieren entlang einer Zahlenfolge, Iterationsversuch, Ausscheiden von nicht in Frage kommenden Bereichen, funktionales Vorgehen, Formulierung als Problem eines ganz anderen Bereiches ...) ausgeschöpft haben, ehe eine Methode zur Umformulierung als Gleichung behandelt wird? (Wonach die Inhaltlichkeit dann enorm schwindet.)

(7) Überhaupt ist eine formalisierte (standardisierte) Beschreibung stets auf Konvergenz hin angelegt. Eine möglichst freie Beschreibung (und das ist in der Mathematik eine umgangssprachliche) regt divergentes Vorgehen an. Andererseits: Die formale Sprache bringt u.U. die Struktur so gut heraus, daß man - da man sich von der Inhaltlichkeit löste - die Struktur auch in anderen Bereichen wiedererkennt. Das gibt einen divergenten Ansatz. Das trostloseste Beispiel von Kanalisierung liefert die übertriebene Standardisierung in der Grundschule durch die Betrachtung von "logischem Material" und die Beschreibung in der Mengenterminologie. Aber auch alles Ausfüllen von Arbeitsblättern, "Leerstellen-Ausfüllen", Bearbeiten programmierter Kurse u.ä. unterstützt Konvergenz. Das freie Formulieren (extrem: der mathematische Aufsatz) fördert Divergenz.

(8) Wenn divergentes Denken durch Methodenvielfalt ermöglicht bzw. offengehalten werden kann, so heißt das andererseits nicht, daß eine möglichst große Buntheit überhaupt anzustreben sei. Letztes Kriterium ist stets die Gegenstandsangemessenheit. Sie fördert eine Disziplin des Denkens, die über den Aspekten divergentes Denken/konvergentes Denken steht.

(9) Unter (2) wurde divergentes Denken beim Lösen eines Problems beobachtet. Eine Ebene höher kann man divergentes Denken als Denken bestimmen, das neue Probleme erschließt oder bekannte Probleme als Scheinprobleme bloßstellt.

(10) Zur Lösung der Überlebensfrage der Menschheit ist in den nächsten Jahren sicher ein stärker von der divergenten Komponente bestimmtes Denken nötig. Insofern ist aus pädagogischer Verantwortung der Unterricht abzulehnen, der die konvergente Komponente ständig bevorzugt.

(11) Konvergentes Denken wird oft durch das Vorgehen nach einem Lehrbuch mehr als zuträglich unterstützt. Das sieht man im Extremfall daran, daß viele Textstellen in Mathematikbüchern nur der verstehen kann, der weiß, vorauf es hinausläuft, und deswegen gar nicht mehr den Text so nimmt, wie er da steht.

Als fünfter Hinweis sei eine ähnliche Skizze angeführt. Anlaß dazu war die von einem Kultusministerium an Vertreter aller Fächer gestellte Frage, ob das Thema Jugendkriminalität im entsprechenden Lehrplan tangiert wäre. Die vom Mathematiklehrer hier erwartete Antwort war wohl ein Nein. Die vorgestellte Antwort des Verfassers[166] zeigt hingegen, welch ungewöhnliche Fragestellungen wichtig sind für eine Lehrerbildung, die Lehrer als wirkliche Erzieher im Blick hat, Lehrer, die sich des unauflösbaren Zusammenhanges aller erzieherischen Fragen bewußt sein sollen.

Jugendkriminalität (Werterziehung) und Mathematiklehrpläne:

Die Mathematiklehrpläne enthalten (natürlich) keine Hinweise darauf, daß Unterricht über das o.g. Thema stattfinden sollte. Aber Werterziehung geschieht ja zum wenigsten durch expliziten Unterricht über das Thema, (+) und der Jugendkriminalität wird auf solchem Wege wohl auch am wenigsten zu begegnen sein.

Wenn aber die Jugendkriminalität wesentlich aus einer Diskrepanz zwischen Wünschen und Bekommen, zwischen Wollen und Können und zwar sowohl innerhalb der Person als auch von der Person zur Gesellschaft resultiert, dann ist, soweit es die Person angeht, auch der Mathematikunterricht tangiert.

Im Mathematikunterricht kann ein Schüler lernen, seine Phantasie an den unnachgiebigen Tatsachen des Natur- und Denkgeschehens zu disziplinieren. Er kann lernen, Fehler zu korrigieren und nötigenfalls eingeschlagene Wege wieder zu verlassen und völlig umzudenken. Das heißt aber, daß er lernt, eine mögliche Kluft zwischen seiner Meinung und der Realität in Rechnung zu stellen, daß er darüberhinaus die Bereitschaft erwirbt, diese Kluft durch die Korrektur der eigenen Meinung zu schließen.

Durch die Erfahrung [+], daß manchmal nur harte und konsequente Arbeit das gewünschte Ergebnis bringt, kann ein Schüler insbesondere im Mathematikunterricht seine Persönlichkeit so entwickeln, daß er der Spannung Wollen/Können gefestigter gegenübersteht.

Voraussetzung für ein solches Ergebnis des Mathematikunterrichtes ist eine Unterrichtsführung, die pädagogisch fundiert, dem Anspruch der Mathematik konsequent Folge leistet. Hierin spricht sich zunächst eine Forderung an den einzelnen Lehrer aus. In der Zeit sich ständig verschlechternder äußerer Bedingungen für solchen Unterricht ist damit aber auch die Kultusverwaltung angesprochen.

Soweit die oben als ursächlich für die Jugendkriminalität angenommenen Punkte aber nicht mehr die Person, sondern die Gesellschaft angehen, ist die Verantwortlichkeit der politischen Führung angesprochen. Die politische Führung kann ihrer Verantwortung in dieser Sache jedenfalls nicht damit schon gerecht werden, daß in ein paar Lehrplänen und auf ein paar Tagungen einige Worte um das Problem gemacht werden: Die Schule spielt hier insgesamt gesehen sicher nur eine untergeordnete Rolle.

[+] "Nicht die Erkenntnis ist das Primäre in unserem Dasein, sondern das Erlebnis von Bindungen, die uns auferlegt und von Aufgaben, die uns gestellt sind." (A.I. Wittenberg: Bildung und Mathematik)

Verfügung des Schülers

Gerade dem Mathematiklehrer, der von seinem Fach her am ehesten das Instrumentarium für allerlei empirisch-statistische Untersuchungen zu Unterricht und Erziehung mitbringt, der daher eine "natürliche Sympathie" für solche Untersuchungen haben kann, ist über die fachwissenschaftliche Frage nach Relevanz und Grenzen der dadurch möglichen Aussagen eindringlich auch die Frage nach der Berechtigung solcher Untersuchungen mitzugeben. Nehmen wir die von Wagenschein benannte Differenz seines Ansatzes zu Piaget auf. Empirie treiben beide. Aber während Wagenscheins Beobachtungen innerhalb eines pädagogisch verantworteten Unterrichtes stattfinden, greift Piaget durch seine Experimente, bei denen er das Kind mit einer gewissen Willkür befragt, u.U. empfindlich in für das Kind nachteiliger Weise in dessen Entwicklung ein: Seine Fragen nach (expliziten) Strukturen stören u.U. eine genetische Entwicklung.

Das sei an einem anderen Beispiel noch vertieft. Die Frage, nach welchen Lernmechanismen Lernen vor sich gehen könnte, zielt sogleich auf eine Verfügung des Schülers. Die Behauptung, man könne jedes Kind zu jedem Beruf ausbilden,[167] ist sichtbares Zeichen dessen. Natürlich werden durch äußere Gegebenheiten (Sozialisation) Wege mitbestimmt, und andere Gegebenheiten hätten andere Wege ermöglicht. Als Beispiel: Um ein Gegengewicht zu den "besseren" Bildern seines Bruders zu schaffen, wiesen die Eltern in bestimmter Weise auf die kleinen Muster eines Dreijährigen hin. Dieser äußere Eingriff war u.U. bestimmend dafür, daß das Kind diese Muster in den nächsten drei Jahren bis zu herrlichen "Klimt-Mustern" weiterentwickelte. Es ist möglich, daß das ohne den Eingriff nicht geschehen wäre, ist sogar möglich, daß das als Experiment wiederholbar ist. Deswegen sind aber solche Experimente noch lange nicht legitimiert und schon gar nicht eine auf Grund solcher Experimente bewußt versuchte Verfügung von Menschen. Woher weiß man, inwieweit ein solches Experiment schadet? Welch unerhörte Bereitschaft, Menschen zu verfügen, steht hinter dem Gedanken, einen Schüler willkürlich für einen Beruf auszubilden. Und solche Gedanken sind nicht akademisch: Spätestens in der staatlichen Berufsberatung beginnt der Versuch, den Schüler in dieser Hinsicht zu verfügen; und der Lehrer ist davon immer tangiert -

teilweise wird er offen von gesellschaftlichen Gruppen zur Mithilfe bei der Bereitstellung des gesuchten "Arbeitskräftepotentials" aufgefordert.

Ein weiteres Beispiel zeige die Richtung an, die pädagogisch verstandene Lehrerbildung haben muß, soll sie nicht den Lehrer, der den Schüler nicht an eine Technisierung des Lebens ausliefern soll, ihrerseits einer Technisierung des Unterrichtes ausliefern. Es ist ein bekanntes Datum, daß Schüler auch so "gut sind", wie sie ihr Lehrer einschätzt. Der zufällig gute Start, der den Schüler zum "guten Schüler" bei einem neuen Lehrer stempelte, kann Grundlage erfolgreichen Unterrichtes für diesen Schüler werden. Daraus kann eine Skepsis gegenüber der Beurteilung durch den Lehrer resultieren, die sich in immer "objektiveren" Tests niederschlägt (und etwa in zentralen "Prüfungen" traurig dokumentiert wird), mit allen schon angezeigten negativen Auswirkungen, die man kurz als fortschreitend unwesentlicheren Unterricht ansprechen kann. Daraus kann aber auch einerseits der Mut erwachsen, Vertrauen in jeden Schüler zu setzen und den Schüler zur als möglich vorausgesetzten Leistung zu führen, andererseits der Hinweis, eine Beurteilung der Schülerleistung sachlich an einer wirklich erbrachten Leistung in Ansehung der Möglichkeiten (der Entwicklung) des Schülers zu orientieren. Und da zeigt sich, daß isolierte Testfragen gerade keine Hilfe sind; da kommt vielmehr mit Notwendigkeit genetischer Unterricht in den Blick. Lehrerbildung muß sich etwa mit Wagenscheins Behauptung auseinandersetzen: "Noten ... entstehen ja erst dort, wo der Sinn für die Quelle der Schule, die Lernleidenschaft des Kindes, soweit verschüttet ist, daß man sie durch das Reizmittel des Ehrgeizes ersetzt und damit noch mehr verschließt."[168]

Unterrichtsvorbereitung

Wie der Schüler nicht verplanbar ist, ist Unterricht nicht planbar. Er ist nicht voraus festlegbar und deswegen auch nicht wiederholbar. "Geschieht das, so entsteht Zwang und Gängelband, Lähmung der Produktivität und Schematismus" (Petzelt)[169]. Das genetische Leitprinzip fordert eine eingehende Beschäftigung des Lehrers mit dem Unterrichtsgegenstand, es erfordert viel Unterrichtsvorbereitung; einen Stundenentwurf als Planung der Unterrichtsstunde *verbietet* es aber gerade. Lehrerbildung, die oftmals darin besteht, angehenden Lehrern solche Stundenentwürfe abzuverlangen, verfehlt ihre Aufgabe.

Die hier geforderte Unterrichtsvorbereitung beinhaltet allerdings eine viel tiefere Auseinandersetzung mit dem Gegenstand, als die angesprochenen Stundenentwürfe. (Schon das Wort zeigt an: Es ist nur eine Stunde im Blick; auch da wieder die Atomisierung des Unterrichtes.) Das Angebot eines nach Motivierung, Methodik und Begriffsbildung abgeschlossenen Gegenstandes, wie es Wittenberg fordert, ist erheblich mehr als die Bereitstellung eines Stundenverlaufs durch den Lehrer. Von Wagenscheins Realutopie ausgehend, setzten wir neben genetischen Unterrichtsabschnitten darlegende Ergänzungen voraus. Der dafür geforderte Lehrervortrag muß allerdings ausgearbeitet sein. Insofern er aber auch genetisch orientiert ist und sich nicht mit logischer Deduktion zufriedengibt, fordert auch er wieder jenes tiefe Eingelassensein auf und in den Gegenstand. In diesen darlegenden Unterrichtsabschnitten kann der Lehrer vorbildhaft zeigen, wie ein Mathematiker arbeitet, er kann damit zugleich wieder Ansporn geben für die nächste genetische Phase des Unterrichts. Der Schüler lernt in diesem darlegenden Unterrichtsabschnitt übrigens etwas, das er genauso lernen muß, wie das Folgen der durch den Gegenstand bei der Arbeit eröffneten Fragebahn, er lernt zu *hören*, sich der Führung in ein ihm neues Thema anzuvertrauen; neben dem Vertrauen in die Sache ist auch Vertrauen in den Lehrer nötig, sollen Erziehung und Unterricht gelingen.

Wie der Lehrer dem Schüler in einer Ausgewogenheit von Vertrauen und (freigebender) Distanz entgegentreten muß[170], so muß er andererseits durch seine Haltung ermöglichen, daß der Schüler Vertrauen zu ihm, in seine Führung haben kann.

Der Lehrer ist als Vorbild gefordert. Er soll den Schüler zum Lernen ermuntern. Angesichts dessen kommen wir zum Schluß auf die Weiterbildung des ("fertigen") Lehrers zu sprechen, indem wir nur zwei bescheidene Fragen stellen: Was liest der Lehrer noch? Was lernt der Lehrer noch?

c) Zum Lehrplan

Wenn auch der Lehrplan einen Rahmen für den Unterricht durch seine Auswahl von Gegenständen vorgibt, so muß der Unterricht doch vom Lehrer und seiner vorherigen Auseinandersetzung mit den Gegenständen in eigener pädagogischer Verantwortung gestaltet werden. Die Unterrichtsgestaltung, die das Los-binden des Schülers ermöglichen soll (Platon: Höhlengleichnis), darf nicht ihrerseits durch einen Lehrplan im Sinne der Curriculumtheorie fest-gestellt werden. Die für den Schüler geforderte Gestaltung des Mathematikunterrichtes, die sowohl dem Wesen der Mathematik als auch der kulturellen und erzieherischen Aufgabe der Schule gerecht werden kann, ist daher nur sehr begrenzt durch einen Lehrplan zu bestimmen. Zu fragen ist also: Was kann und soll ein Lehrplan festlegen, was darf er nicht festlegen und welche Aufgabe könnte er sonst noch haben?

Kanon

Die Bildungs- und Erziehungsziele der Schule geben die Wahl für die Gegenstände des Unterrichtes vor. Insofern diese Wahl für eine öffentliche Schule in ihrer Begründung und in ihrem Ergebnis öffentlich sein muß, insofern sie außerdem zu einem allgemein verbindlichen Grundkanon führen muß, damit der Schüler eine Verständigungsbasis als Ausgangsort für den Dialog in der (Kultur-)Gemeinschaft erhält, ist ein Lehrplan als Zusammenstellung des Kanons zentraler Lehrgegenstände erforderlich. Nicht festlegen darf dieser Lehrplan allerdings die Methode für den Unterricht dieser Gegenstände. Diese Methode wählt der Lehrer. Er wählt sie aber nicht beliebig, sondern gemäß den Geltungsbindungen seines Unterrichtes (er ist etwa an die Prinzipien der jeweils angesprochenen Wissenschaft gebunden), durch sie ist seine pädagogische Führung gebunden und insofern kann sie ihm nicht von außen vorgeschrieben werden: Marian Heitger weist immer wieder darauf hin, daß allein dieser hier angesprochene Begriff der Methode pädagogische Führung als dialogischen Unterrichtsprozeß aus Anlaß des Gegenstandes (Petzelt) ermöglicht, bei der der Schüler als Subjekt wirklich ernstgenommen wird.[171] Bildung kann nicht in einem technisierten Herstellungsprozeß erwirkt werden. In dieser Richtung bewegen sich aber die Versuche, eine Methode als Anleitung zu möglichst effizienter "Schülerbearbeitung" mit dem Ziel der Wissenserwirkung als Auftrag der Gesellschaft in Lehrplänen festzuschreiben.[172]

Wie sollen die Lehrgegenstände - orientiert an den Bildungs- und Erziehungszielen - für den Lehrplan ausgewählt werden? Wir wollen einige Hinweise dazu geben, wie unsere Überlegungen zur Bildungsaufgabe des Mathematikunterrichtes für diese Wahl fruchtbar werden. Dazu gehen wir vier von Wolfgang Fischer angegebene Kriterien für die Auswahl der Lehrgegenstände durch.[173]

Fischers erstes Kriterium ist "eine nicht bloß flüchtig-aktuelle, sondern zur Signatur von Gegenwart und naher Zukunft gehörende" *Bedeutung* des Gegenstandes. Damit ist für den Mathematikunterricht der ganze Umkreis dessen angesprochen, was wir unter Ermöglichung eines Laienurteils zusammengetragen haben. Fischer, der diese Kriterien nicht nur auf ein einzelnes Fach bezieht, sieht aus diesem ersten Kriterium die Legitimation für einen Unterricht über Politik und Demokratie erwachsen. Das zusammen gesehen mit unserer Folgerung stützt übrigens rückwirkend unsere Überlegungen zur Ermöglichung eines Laienurteils erneut ab.

Als zweites Kriterium gibt Fischer die Wichtigkeit, ja *Unerläßlichkeit* eines Gegenstandes *zum Begreifen eines Sachgebietes* an. Dieses Kriterium verweist auf die Fachdidaktik. Hier muß das Leitprinzip Genetischer Mathematikunterricht schon Grundlage der Auswahl werden, insofern ein Gegenstand für einen logischen Aufbau der Mathematik eine andere Funktion hat als für einen genetischen Aufbau. Fischer spricht das Begreifen an, verweist damit auf die genetische Seite. (Nach diesem Kriterium wäre etwa zu entscheiden, ob der Mittelwertsatz der Differentialrechnung zum Gegenstand des Unterrichts gemacht werden soll - obwohl wir diesen Fall entgegen üblichen Lehrplänen schon für zu speziell ansehen, als daß er im Lehrplan zu regeln wäre.)

"Drittens: zu lehren und zu lernen sind auch Gebiete und Themen, die gerade nicht irgendwie später brauchbar, verwertbar sind, vielmehr im Verweis auf unsere geschichtliche Herkunft, auf andere Kulturen, auf befremdliche Bewußtseinsleistungen den Schüler aus der Enge, Präg- und Sogkraft des umgebenden Horizonts herausführen und ihm sein Leben in der *exemplarischen Erschließung des Ganzen* (Hervorh. v. Verf.) zu bedenken geben können." Wir haben gesehen, wie dringend in dieser Beziehung gerade der Unterricht in Mathematik und Naturwissenschaften angesprochen ist. Aber dieses "Offenhalten", wie wir es nannten, ist auch ein Hinweis auf die Notwendigkeit anderer Fächer und muß etwa in der Verteilung der Unterrichtszeit auf die einzelnen Fächer auch den Mathematiklehrer vom "Fachegoismus" weg zu sorgfältigem Abwägen führen.

Schließlich spricht Fischer mit dem Kriterium der *Entwicklungsangemessenheit* des Schülers erneut einen Punkt an, der unter dem Leitprinzip genetischen Unterrichtes selbstverständlich für die Auswahl der Gegenstände für den Mathematikunterricht ist; wir gingen darauf ein. Unsere Forderungen zum Mathematikunterricht erweisen sich erneut als mit grundsätzlichen pädagogischen Erwägungen im Einklang. Es wird aber insbesondere deutlich, daß das Leitprinzip genetischen Mathematikunterrichtes keinesfalls erst den Lehrer für seinen konkreten Unterricht angeht. Es stellt seine Forderungen schon an den Lehrplan - und wie wir noch sehen werden, an den ganzen übrigen Rahmen der Schule, also das Schulsystem überhaupt.

Lebenssituationen / Gesellschaft

Nun ist zunächst vor einem Mißverständnis zu warnen. Das erste von Wolfgang Fischer angesprochene Kriterium hat mit der "Signatur von Gegenwart und naher Zukunft" *nicht* Lebenssituationen im Auge, die zu erheben wären und auf die hin der Schüler auszubilden wäre. Wir erwähnten die Fragwürdigkeit eines solchen Kriteriums mehrmals. Die Lebenssituationen des Schülers sind das Leben, das *er* (später) gestaltet, sind damit nicht planbar. Hinter der Forderung verbirgt sich oft ein direkter Anspruch der Gesellschaft an die Schule. Das sei an einem Beispiel erläutert. Um die Gegenstände für den Mathematiklehrplan der neugestalteten gymnasialen Oberstufe zu legitimieren, wurde von einem Kultusministerium argumentiert, Ziel des Unterrichtes sei eine Einführung in die Wissenschaft und eine Vorbereitung auf den Beruf. Um zu erfahren, welche Gegenstände dafür jeweils eine Rolle spielen, wurden die Universitäten und die Wirtschaft mit Hilfe von Fragebögen befragt. Da Mathematik letztlich an allen Stoffen gleich gut lehrbar ist, wurde bei der Auswertung die Berufsvorbereitung besonders berücksichtigt; dann wurden die Gegenstände nach der Häufigkeit der Nennung ausgewählt.[174] - Dazu ist zunächst anzumerken, daß bei der Beantwortung der Fragebögen u.U. zwei Antworten den gleichen Gegenstand aus sich ausschließenden Motiven forderten u.ä.: So kann man gar nichts legitimieren. Aber schlimmer ist, daß hier unverhohlen und pädagogisch unreflektiert Ansprüche der Gesellschaft an die Schule bzw. den Schüler herangetragen werden.

Gibt es also keine berechtigten Ansprüche der Gesellschaft? Es gibt nur einen: Den Anspruch an den Schüler, den Aufgaben, die ihm aus seiner Zugehörigkeit zu dieser Gesellschaft, als Glied der Gemeinschaft erwachsen, gerecht zu werden. Bildung muß ihm die Möglichkeit dazu schaffen, Schule muß diese Bildung ermöglichen. Damit ist aber Schule immer pädagogisch vom Schüler her zu denken und sie erfüllt dabei berechtigte Interessen der Gesellschaft von allein. Als Beispiel: Die Ermöglichung der Mündigkeit des Schülers verlangt, daß er an das in der Kultur einmal erreichte Niveau herangeführt wird; damit ist dem Interesse der Gesellschaft, hinter dieses Niveau nicht wieder zurückzufallen, von allein Genüge getan. Ein direkter, pädagogisch ungebrochener Anspruch der Gesellschaft birgt hingegen stets die Gefahr der Verhärtung und Reproduktion dieser Gesellschaft, während sie schon selbst ein Interesse an ihrer lebendigen Weiterentwicklung haben muß.

Dazu kommt, daß die direkte Einflußnahme der Gesellschaft meist ihr eigenes Ziel verfehlt: Das wird hervorragend beleuchtet durch das Beispiel der Neuen Mathematik, die nach dem Sputnik-Schock der Wirtschaft das geeignete technische Personal liefern sollte und die dann gerade von dieser Wirtschaft massiv kritisiert wurde. Wobei die Kritik zeigte, daß pädagogisch ausgerichteter Unterricht gerade die von der Wirtschaft kritisierten Folgen zu vermeiden imstande gewesen wäre. Übrigens weist eine Studie 1968, also gut zehn Jahre nach dem Sputnik-Schock und der folgenden Ausrichtung auf Erzeugung naturwissenschaftlichen Nachwuchses einen in den Industriestaaten Bundesrepublik Deutschland, USA, Großbritannien u.a. einheitlichen Trend der Abkehr der Schüler von den Naturwissenschaften nach.[175] Falls das stimmt: Eine nur zufällige Koinzidenz?

Was die Erhebung von Lebenssituationen uns aber lehren kann, ist die fortschreitend sich beschleunigende Veränderung unserer Gesellschaft und die daraus resultierende Notwendigkeit, der philosophischen Besinnung immer größeren Raum einzuräumen, damit sie dem Schüler eine Orientierung über möglichen Sinn bewußt gestalteter Veränderung ermöglicht.

Begrenzung

Grundsätzlich gefordert für die Festlegung des Lehrplanes ist äußerste Behutsamkeit. Alle Begründungsversuche für einen Lehrplan müssen in ihrer grundsätzlichen Überholbarkeit gesehen werden. Dem steht in der Praxis heute oft die Eigendynamik entgegen, die institutionalisierte Lehrplanentwicklung entfaltet. Das wird etwa beleuchtet durch die Forderung des Direktors einer solchen Institution nach einer "Didaktik für den Umgang mit Lehrplankritikern"[176]: Man sollte meinen, diese Didaktik sei in der Forderung nach sachlichem Dialog vorhanden! Denkt man an die Zeit Felix Kleins zurück, in der Lehrpläne von hervorragenden Mathematikern mit einem aus großem Engagement und sachlichem Interesse resultierenden tiefen Einblick in die ganze Weite der Problematik entworfen wurden, dann mahnt die heutige Praxis der bürokratisierten Erstellung von Lehrplänen durch Kommissionen, deren Mitglieder teilweise in gewissem Grade zufällig und ohne besonderes Interesse für diese Arbeit verpflichtet wurden, doppelt zur Zurückhaltung: Lehrpläne sollten so wenig wie eben noch verantwortbar festlegen!

Wir gingen von der Notwendigkeit eines Grundkanons von Gegenständen aus. "Unterrichtsgegenstand" ist dabei nicht eng zu sehen. Unterrichtsgegenstand kann z.B. die Ähnlichkeit sein, aber auch die Axiomatisierung. Darauf weist z.B. Wagenschein hin mit der Formulierung seiner "Funktionsziele" für den Physikunterricht, deren erstes lautet: "Erfahren, was in der exakten Naturwissenschaft heißt: verstehen, erklären, die Ursache finden".[177] Wenn die Entwicklung räumlichen Vorstellungsvermögens ein Ziel des Mathematikunterrichtes ist, dann kann zum Beispiel der Unterrichtsgegenstand "Schrägbilder" heißen, aber auch "Abbildung von Körpern": Je enger man eingrenzt, desto geringer ist die Chance, daß der Lehrer kraft seines Könnens und seiner Erfahrung (z.B. durch die von Freudenthal beschriebene Beobachtung der Lernprozesse der Schüler) einen für die jeweilige Situation und also das übergeordnete Ziel optimalen Unterricht gestaltet. Dabei ist stets zu bedenken, daß unser allgemeines Wissen darum, was ein Schüler an welchem Gegenstand lernt, nicht allzu groß ist; das Wissen eines Lehrers darüber, was sein Schüler in seinem Unterricht an einem Gegenstand lernen kann, mag demgegenüber größer sein. Wir sagten, Unterrichten sei eine Kunst. Manchem Lehrer gelingt es, in einem Gegenstand exemplarisch das Ganze sich spiegeln zu lassen, das ein anderer Lehrer nur an einem anderen Gegenstand zum Aufleuchten bringen kann. Ein Lehrer kann von einem Themenkreis unter Umständen derartig ergriffen sein, daß sich diese Ergriffenheit auf eine begeisterte Arbeit der Schüler überträgt und einem anderen Lehrer ergeht es mit einem anderen Themenkreis so, an dem genauso Grundsätzliches gelernt werden kann. Das Wie ist letztlich wichtiger als das Was: Lehrpläne dürfen nur möglichst wenig festschreiben.

Dem entgegen steht eine heute verbreitete Neigung zur Normierung. Fangen wir in der Oberstufe an. Vollrath sagt unter dem Thema "Verwaltung und Bürokratisierung von Ideen" zum "Normenbuch" für die Kollegstufe: "Dieses Normierungsstreben widerspricht nach meiner Auffassung dem Anspruch der Wissenschaftlichkeit, wie er für die Kollegstufe erhoben wird."[178] Das Normenbuch wurde vor allem im Hinblick auf das Abitur geschaffen. Eine falsch verstandene Forderung nach Chancengleichheit (die dann die Chance jedes Schülers, in seinem jeweiligen Unterricht optimal mögliche Förderung zu erfahren, gerade schmälert) in Verbindung mit dem Wunsch, den Unterricht juristisch überprüfbar zu gestalten, versucht auch den Unterricht der unteren Klassen zu normieren. Über das Problem einer ministeriellen Schulbuchzulassung entsteht dann z.B. ein massiver Druck der Schulbuchverlage auf die Ministerien, die Normierung auch über die Ländergrenzen hinweg zu fördern. Das führt zur paradoxen Situation, daß ganz verschiedene Lehrplankommissionen trotz erheblich verschiedener Begründungsansätze (sogar relativ detailliertere) gleiche Lehrpläne schaffen sollen.

Wir können diese Thematik hier nicht aufarbeiten. Es ging nur um Hinweise darauf, daß der Lehrplan immer wieder in der Gefahr steht, zuviel festlegen zu wollen, und inwiefern das pädagogisch bedenklich ist. Dabei geht der Wunsch nach weitgehender Festschreibung allerdings immer wieder auch von bequemen Lehrern aus. Unser ins Auge gefaßter Mathematikunterricht kann aber vom Lehrer nicht in Bequemlichkeit pädagogisch geführt werden.

Ein weiteres Argument für eine Normierung des Unterrichtes sei angeführt, da es wieder auf genetischen Unterricht verweist: Bei der heutigen lokalen Mobilität der Bevölkerung müsse gewährleistet sein, daß ein Schüler auch nach einem Schulwechsel den Anschluß bekomme. Wir halten dagegen: Für die Mitarbeit in der neuen Schule kommt es weniger auf "durchgenommenen Stoff" als auf erworbene Arbeitsmöglichkeit an: Spätestens beim neuen genetischen Themenkreis ist dann die Mitarbeit möglich. (Vgl. dazu die o. a. Erfahrung der Familie im Ausland.)

Aus dem Zusammenhang ist klar, wie radikal wir die Forderung nach pädagogischer Freiheit vertreten. Ihr kann mit einem Feigenblatt wie dem folgenden nicht Genüge geschehen: "Um der Gefahr der totalen Verplanung des Unterrichts, die jede spontane Regung unterdrückt und zu einem sturen Lernen auf vorgezeichneten Schienen führt, zu begegnen, wurden *Freiräume* geschaffen. Sowohl einzelne Stunden als auch einzelne Lernziele (und die auf sie bezogenen Inhalte, Operationen und Medien) sind mit einem Sternchen gekennzeichnet. Sie können weggelassen werden, wenn sich an anderer Stelle durch die spontane Entwicklung im Unterricht eine Vertiefung ergibt. Damit kann den Interessen sowohl der Schüler als auch des Lehrers Rechnung getragen werden."[179] Mit anderen Worten: Der bis in einzelne Stunden festgelegte Unterricht darf ab und zu eine Stunde lang ohne das Korsett geführt werden.

Beispiel Lehrplanarbeit Baden-Württemberg

Es bleibt die dritte Frage zu beantworten. Was könnten Lehrpläne sonst noch leisten? Lehrpläne könnten über ihren verbindlichen Teil hinaus Anregungen für den Unterricht geben durch die Formulierung von Bildungs- und Erziehungszielen oder durch Hinweise verschiedenster Art anläßlich der aufgeführten Gegenstände. Bei der 1982 in Baden-Württemberg laufenden Überarbeitung der Lehrpläne sollten solche Anregungen in die Lehrpläne aufgenommen werden. Wir wollen an einigen Beispielen zeigen, wie die Anregungen gegeben werden könnten. An der Diskussion dieser praktischen Lehrplanarbeit lassen sich unsere Forderungen an den Mathematikunterricht gleichzeitig mit der Lehrplanproblematik weiter verdeutlichen. (Der Verfasser war bei dieser Überarbeitung der Lehrpläne beratend tätig.)

Der Lehrplanentwurf für das fünfte Schuljahr des Gymnasiums sieht als verbindlichen Unterrichtsgegenstand vor: "Zahldarstellungen: Stellenwertsysteme (Potenzschreibweise), Römisches Zahlsystem"[180]. Vorgeschrieben sind also mindestens zwei Stellenwertsysteme. Dahinter steht (das Dogma), der Schüler könne das Typische am Stellenwertsystem, das er im fünften Schuljahr erkennen müsse, nur via Verfremdung durch ein anderes Stellenwertsystem erkennen. Alternative wäre, weit weniger detailliert nur den Gegenstand "Zahldarstellungen" vorzuschreiben, noch besser "Zahlen". Menninger zeigt in seinem Buch "Kulturgeschichte der Zahlen"[181], daß ungeheuer viele verschiedene Unterrichtsprozesse möglich sind, die alle Wesentliches zum Zahlbegriff und zur Zahldarstellung vermittelten. Wieviele Aspekte des Bündelns gibt es allein, wieviele geschichtliche Formen, denen solche Aspekte zugrunde lagen. Da wären Entwicklungen zu sehen von den umständlichen Rechenpfennigen über den eleganten jederzeit ohne Materie mitführbaren Algorithmus zurück zum Taschenrechner, der uns wieder zum Knecht eines materiallen Hilfsmittels machen kann, wenn wir nicht genügend Rechenfertigkeit erwerben. Allerdings wäre jeder Unterricht verschieden vom anderen und die Schüler hätten ein je anderes Wissen. Aber das schadet den Schülern nicht. (Wer sagt, daß die Lehrplankommission das "Richtige" auswählte?) Und braucht nicht auch die Gesellschaft dringend Vielfalt als Chance zur Lösung ihrer Aufgaben? Könnte nicht auch so Wissen trotz der fortschreitenden Wissensvermehrung erhalten bleiben - je andere Details durch je andere Menschen? Garantiert wäre trotzdem: Alle Schüler entwickelten ihren Zahlbegriff weiter und alle hätten ein Wissen um die Problematik der Zahldarstellung.

Also wäre unser Vorschlag, nur den Gegenstand "Zahldarstellung" festzulegen und einen Hinweis auf das zitierte Buch anzufügen - oder auf andere. Bezeichnend ist nun der Hinweis im zitierten Lehrplanentwurf: "Neben Zehner- und Zweiersystem kann ein drittes Stellenwertsystem bereichernd wirken." Statt den Lehrer zu neuen Möglichkeiten anzuregen, "verpflichtet" ihn dieser Hinweis noch mehr auf das entsprechende Dogma. Der Verfasser versuchte, ein Mindestmaß an Offenheit zu schaffen durch Abänderung des Hinweises in "es ist zu überlegen, ob neben Zehner- und Zweiersystem ein drittes Stellenwertsystem wirklich bereichernd wirkt"; die Kommission lehnte entschieden ab und beharrte trotz aller Gegenargumente (ohne eigene Argumente) auf ihrem Vorschlag.[182] Angesichts solcher Enge ist zu fragen, ob von der Kultusbürokratie verantwortete Lehrpläne - falls sie Lehrer beeinflussen - nicht eher falscher Bequemlichkeit Vorschub leisten, als Lehrer anzuregen. Wäre es da nicht besser, der Lehrer müßte allein mit den "Beunruhigungen" guter Vorschläge zum Mathematikunterricht von kompetenten Autoren leben? Wenn im Hauptschullehrplan (7.Sj.) "Verständnis des Kongruenzbegriffes[183] gefordert wird, statt des *Erwerbens* des Kongruenzbegriffes anläßlich und für das Verständnis eines Sachverhaltes, wenn im Gymnasiallehrplan (10.Sj.) Inhalt und Schreibweise verwechselt werden und ein logischer Aufbau in den Vordergrund geschoben wird durch "Die schrittweise Erweiterung des Potenzbegriffes bietet dem Schüler Einblick in den logischen Aufbau und Ausbau eines mathematischen Teilgebietes"[183], dann verspielt der Lehrplan damit die Chance, Lehrer anzuregen; indem er Fragwürdigkeiten zu verfestigen beiträgt, unterstreicht er den Zweifel an seiner Berechtigung.

Eine zweite Anregungsmöglichkeit ist in diesen baden-württembergischen Lehrplänen in Gestalt von Zielformulierungen vorgesehen, die jede Lehrplaneinheit auch in ihrer erzieherischen Relevanz beleuchten soll. Solche Formulierungen können auf den Bildungsauftrag des Mathematikunterrichtes vielfältig hinweisen. Ihre Diskussion ist vor allem geeignet, den Mathematikunterricht als Problem immer wieder offenzuhalten. Allein darin liegt schon ein Sinn des Versuchs, derartige Ziele zu formulieren. (Hier muß sich die Auswahl des Lehrplanes legitimieren können!) Wir geben einige Vorschläge für solche Zielformulierungen an, die zeigen, wie wichtig diese Diskussion ist. Die Formulierungen sind nicht wirklich frei entstanden, sondern als Vorschläge des Verfassers an die Revisionsgruppen schon an den vorgefundenen Verhältnissen gebrochen. (Sie sind außerdem oft unter Zeitdruck entstanden.) Die Differenz zu den daraus folgenden Vorschlägen der Revisionsgruppen ist desto beredter.[183]

Vorschlag: Natürliche Zahlen (5. Schuljahr, Gymnasium):

Durch vertiefte Beschäftigung mit den natürlichen Zahlen soll der Schüler mit den Zahlen, ihren Darstellungen und den vier Grundrechenarten ganz vertraut werden. Dabei soll neben der Sicherheit und Gewandtheit im Rechnen (auch Kopfrechnen), die Grundlage allen weiteren Unterrichts ist, der Schüler durch kombinatorische Fragestellungen in seinem Denken gelockert und für schöpferisches Tun angeregt werden. Er soll Freude an der Vielzahl von Lösungsmöglichkeiten bekommen und so zu ernsten eigenen Bemühungen finden.

Vorschlag der Revisionskommission:

Durch intensive Beschäftigung mit natürlichen Zahlen gewinnt der Schüler vertiefte Einsicht in den Zahlbegriff und in Zahldarstellungen. Dabei sind Sicherheit und Gewandtheit in den vier Grundrechenarten -auch beim Kopfrechnen- anzustreben. Bei geeigneten Problemstellungen soll der Schüler in seinem kombinatorischen Denken gefördert werden.

Vorschlag: Gleichungen und Ungleichungen (5. Schuljahr, Gymnasium):

Durch Probieren sollen einfache Gleichungen und Ungleichungen gelöst werden. Der Schüler soll dabei zu Ausdauer bei der Verfolgung eines Problems erzogen werden; die Freude über die gelösten vorherigen (leichteren) Aufgaben kann diese Ausdauer freisetzen. Begründung eines Urteils, Strenge gegenüber Behauptungen und überlegter und kompetenter Gebrauch der Muttersprache sind besonders durch die Formulierung von Problemen als Gleichungen oder Ungleichungen (Textaufgaben) zu entwickeln.

Vorschlag der Revisionskommission:

Der Schüler soll befähigt werden, einfache Fragestellungen in mathematische Form zu bringen. Die dabei auftretenden Gleichungen oder Ungleichungen werden durch gezieltes Probieren gelöst.

Vorschlag: Proportionalität (7. Schuljahr, Gymnasium):

Durch die Behandlung proportionaler und antiproportionaler Zuordnungen soll der Schüler erfahren, wie ein großer Kreis von Problemen mathematisch erfaßt und gelöst werden kann. Verschiedenste Darstellungsmöglichkeiten und Sicherheit in der Handhabung insbesondere des Dreisatz-Verfahrens sollen dem Schüler eine solide Grundlage geben einerseits für einen großen Aufgabenbereich aus dem täglichen Leben (insbesondere für die Prozentrechnung), andererseits für das Verständnis funktionaler Zusammenhänge überhaupt.

Vorschlag der Revisionskommission:

Unter den Größen der Umwelt sollen diejenigen erkannt werden, die proportional oder antiproportional zueinander sind. Diese Zuordnungen sollen mathematisch dargestellt, zugehörige Rechenverfahren sicher beherrscht und damit Aufgaben des täglichen Lebens bewältigt werden. Die zu ermittelnden Größen werden durch Überschlagsrechnungen abgeschätzt und die Lösungen unter Einsatz des Taschenrechners mit sinnvoller Genauigkeit bestimmt.

Vorschlag: Quadratische Gleichungen (9. Schuljahr, Gymnasium):

Über den für viele Anwendungen (nicht nur in der Mathematik) wichtigen Erwerb der Fähigkeit, quadratische Gleichungen sicher algorithmisch lösen zu können, hinaus erfährt der Schüler an diesem Inhalt, daß viele Probleme entgegen seinem seitherigen Eindruck nicht linear formulierbar sind. Er lernt außerdem die Vorteile des Nebeneinander von algebraischen und graphischen Methoden kennen.

Vorschlag der Revisionskommission:

Der Schüler muß sich Sicherheit im Lösen dieser Gleichungen als grundlegende mathematische Fertigkeit aneignen. Die erworbenen Fähigkeiten werden auf ausgewählte Probleme der Umwelt angewandt.

Vorschlag: Gleichungen und Ungleichungen (7. Schuljahr, Hauptschule):

Beim Lösen von Gleichungen und Ungleichungen soll der Schüler lernen, besonnen an ein Problem heranzugehen; er soll den Vorteil systematischen Vorgehens sehen. Daneben muß der Unterricht aber unbedingt auch der spontanen durch "geeignetes Hinsehen" möglichen Lösung Raum lassen. Durch die Möglichkeit der Probe ist das Gebiet hervorragend geeignet, den Schüler zu selbstkontrolliertem Handeln zu erziehen. Durch die Übersetzung von Umgangssprache in die algebraische Formulierung (und zurück) soll auch die Sprachfertigkeit des Schülers entwickelt werden.

Vorschlag der Revisionskommission:

Beim Lösen von Gleichungen und Ungleichungen erkennt der Schüler die Vorteile systematischen Vorgehens. Die Probe erzieht ihn zu selbstkontrolliertem Handeln. Die Fähigkeit zu formulieren und zu abstrahieren wird beim Übersetzen mathematischer Ausdrücke in die Umgangssprache und umgekehrt weiterentwickelt.

Das folgende Beispiel zeigt einen Vorschlag der Revisionskommission und seine zweite Fassung nach einer Diskussion mit dem Verfasser. Es geht um die Lehrplaneinheit Geometrie für das 5. Schuljahr der Hauptschule.

1. Vorschlag:

Geometrische Grundbegriffe kennen und mit ihrer Hilfe Flächen und Körper beschreiben. Abbildungsgeometrische Begriffe anwenden. Mit dem Geodreieck einfache Figuren zeichnen.

2. Vorschlag:

Durch verschiedene Arbeitsweisen wie Falten, Ausschneiden, Herstellen von Modellen und vor allem durch den Umgang mit Modellen werden geometrische Grundbegriffe gewonnen und das räumliche Vorstellungsvermögen geweckt und geschult. In vielfältigen Übungen lernt der Schüler mit dem Geodreieck sauberes und maßgenaues Zeichnen und gewinnt die Sicherheit, mit Freude und Mut auch anspruchsvollere Aufgaben der Abbildungsgeometrie auszuführen.

Die Differenzen sprechen für sich. Angesichts des von uns vorgestellten Mathematikunterrichtes wird eine geringere Differenz der Vorschläge des Verfassers zu diesem Unterricht deutlich, als die der Vorschläge der Kommissionen. Das sei ein Hinweis darauf, daß auch schon unter den gegebenen Umständen, unter Rahmenbedingungen, die nicht am Leitprinzip Genetischer Unterricht ausgerichtet und weitgehend überhaupt nicht pädagogisch gestaltet sind, ein Schritt in der richtigen Richtung getan werden kann. (Ja, es ist sogar aus der Differenz der beiden Vorschläge ein Hinweis auf die Notwendigkeit des genetischen Leitprinzips zu ersehen!) Um das weiter zu belegen, fügen wir Ausschnitte aus einem Vorschlag des Verfassers für die Ziele des fünften und sechsten Schuljahres aller drei Schularten (Hauptschule, Realschule, Gymnasium) an, der allerdings wieder Rücksicht nimmt auf die jeweiligen Vorschläge der Kommissionen, um nicht von vornherein verworfen zu werden. Der Vorschlag zeigt also nicht das letzte Ziel, wohl aber, mit welchen ersten Schritten begonnen werden kann.

5.2 Gleichungen und Ungleichungen

HS: Beim Lösen von Gleichungen und Ungleichungen durch gezieltes Probieren wird der Schüler zur Ausdauer in der Verfolgung einer Arbeit erzogen; der Erfolg bei der Lösung zunächst leichterer Aufgaben kann diese Ausdauer zunehmend freisetzen. Überlegter und kompetenter Gebrauch der Muttersprache wird durch die Übersetzung umgangssprachlicher Formulierung in mathematische Form (Gleichung) und umgekehrt entwickelt. Dabei erfährt der Schüler, daß die mathematische Formulierung das Lösen von Aufgaben erleichtern kann.

RS: (wörtlich wie HS)

Gym: Beim Lösen von Gleichungen und Ungleichungen durch gezieltes Probieren wird der Schüler zur Ausdauer in der Verfolgung eines Problems erzogen; der Erfolg bei der Lösung zunächst leichterer Aufgaben kann diese Ausdauer zunehmend freisetzen. Erste Ansätze zur Begründung eines Urteils und zur Strenge gegenüber Beweisführungen werden hier geschaffen. Überlegter und kompetenter Gebrauch der Muttersprache wird durch die Übersetzung umgangssprachlicher Formulierung in mathematische Form (Gleichung) und umgekehrt entwickelt. Dabei erfährt der Schüler den Vorteil einer mathematischen Fassung für die Lösung von Problemen.

5.3 Geometrie

HS: Durch Umgang mit Formen (Zeichnen von Mustern, Herstellen von Modellen ...) werden geometrische Grundvorstellungen und Grundbegriffe gewonnen, wird insbesondere das räumliche Vorstellungsvermögen gefördert. Dabei soll die Freude des Schülers an schönen Figuren geweckt werden; sein ästhetisches Empfinden und vor allem seine Fähigkeit zu sauberen und genauen Darstellungen sollen entwickelt werden. Seine schaffende Phantasie wird in Aufgaben zu den einfachen geometrischen Abbildungen gefördert.

RS u. Gym: (wörtlich wie HS)

6.2 Bruchzahlen in Bruchschreibweise

HS: Brüche gehören immer schon zur Erfahrungswelt des Schülers: Diese Erfahrungen werden geordnet und in die Zahlbereichserweiterung eingebracht. Die Beschränkung auf einfache Brüche hält den erweiterten Zahlenraum überschaubar und gibt dem Schüler den Mut zur Darstellung von Sachverhalten in Bruchschreibweise und zum Bruchrechnen.

RS: Brüche gehören immer schon zur Erfahrungswelt des Schülers: Diese Erfahrungen werden geordnet und in die Zahlbereichserweiterung eingebracht. An geeigneten Aufgaben lernt der Schüler den Nutzen der Bruchschreibweise kennen und übt sich in ihrer Anwendung.

Gym: Brüche gehören immer schon zur Erfahrungswelt des Schülers: Diese Erfahrungen werden geordnet und in die Zahlbereichserweiterung eingebracht. Vor allem in Hinblick auf die vielfältige (spätere) Verwendung ist es wichtig, daß der Schüler sicher und gewandt mit Brüchen arbeiten kann.

6.4 Größen

HS: Die Auswahl von Sachaufgaben aus verschiedenen Größenbereichen soll die Neugier des Schülers wecken, die zu entwickelnde Sicherheit im Umgang mit Größen ihn befähigen, Aufgabenstellungen des täglichen Lebens selbständig in angemessener Weise zu lösen. Zweckmäßige Überschlagsrechnungen bestätigen das Rechenergebnis und erziehen zur Bedachtsamkeit gegenüber der eigenen Lösung.

RS: Die Erkenntnis, daß das Rechnen mit Größen notwendigerweise das Runden beinhaltet, läßt Probleme und ihre Lösungen in neuer Sicht erscheinen. Ein sicheres Gefühl für Größenordnungen und Sicherheit im Umgang mit Größen werden entwickelt. Überschlagsrechnungen bilden die Grundlage zu einer Beurteilung der Ergebnisse.

Gym: Die Entwicklung eines sicheren Gefühls für Größenordnungen und die Sicherheit im Umgang mit Größen werden insbesondere als Grundlage aller Naturwissenschaft hier bereitgestellt. Die Lösung von Sachproblemen mit den zugehörigen Betrachtungen zum Runden, der Prüfung der Ergebnisse durch Schätzen und Überschlagen und einer

Einordnung der Ergebnisse in größere Zusammenhänge soll den Schüler zu einer kritischen Haltung gegenüber seinen Ergebnissen und ihrer Bedeutung erziehen.

Beispiel Neue Mathematik

Ein Argument gegen zu weitgehende Unterrichtsvorgaben durch Lehrpläne gewinnen wir durch die Betrachtung der Durchsetzung der Neuen Mathematik in der Schule. Dabei werden wir erneut auf die Notwendigkeit einer Orientierung am Leitprinzip Genetischer Mathematikunterricht verwiesen. Die Neue Mathematik mit ihrer Einführung der Mengensprechweise als Unterrichtsgegenstand, mit ihrer Überbetonung struktureller Aspekte bis hin zur expliziten Axiomatik ist tatsächlich so etwas wie "Schulmathematik", nämlich ein (willkürlicher) für die Schule eigens "hergestellter" Aufbau von Teilen der Mathematik. Die Widersprüche, die dabei auftreten, zeigen einmal mehr, daß es keine "Schulmathematik" geben kann. Es gibt die Mathematik, und es gibt pädagogische und fachdidaktische Prinzipien, die bei einer Hinführung der Schüler zur Mathematik zu beachten sind. Das Beispiel Neue Mathematik zeigt gleichzeitig, daß die inhaltliche Füllung des Lehrplanes, abgesehen vom tunlichst gering zu haltenden Umfang, auch grundsätzlich einer sehr ernsthaften, ausgewogenen und Tagesmoden entzogenen Diskussion bedarf.

In einem Referat der Tagung der Internationalen Mathematischen Unterrichtskommission (IMUK) in Wien im Sommer 1966 nahm H.G. Steiner für vorgestellte neue Inhalte des Mathematikunterrichts ausdrücklich in Anspruch, daß es sich dabei "keineswegs um eine bloße Modeströmung handelt."[184] Danach führte er als erstes Beispiel ein Venn-Diagramm zur Darstellung der Aussage an, daß durch zwei Punkte höchstens eine Gerade geht. Er sagte zu dieser Figur: "Sie führt, als Problem gestellt, den Schüler weg von der platten Identität der anschaulichen Geometrie zu einer mathematisierenden Einstellung und wird so wirksames Mittel für ein frühzeitiges strukturelles Verständnis der Geometrie."[185] Steiner wollte keine neue Mode, er wollte die Darstellung von Inhalten in neuer Form. Die Entwicklung hat inzwischen gezeigt, daß er eben doch einer Mode anheimgefallen war. Inzwischen würde niemand diesen Satz im Unterricht (etwa des 7. Schuljahres!) in dieser Form darstellen wollen, ja, es ist nicht einmal mehr verbreitet, diese (für die Schüler dieser Stufe) Trivialität überhaupt zu problematisieren. Steiner wollte eine neue Darstellung, wir sagten gleich eingangs, er habe neue Inhalte vorgestellt: Wenn eine Darstellung für einen Schüler so problemreich ist, wie das Bild

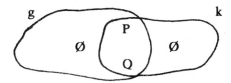

für den angegebenen trivialen Satz, dann *wird* sie zum Inhalt des Unterrichtes. Und die Schulbücher belehren darüber, wie weit die Mengenbetrachtungen Inhalt wurden.

Die von uns unter dem Leitprinzip Genetischer Mathematikunterricht gesammelten Kriterien hätten solche Verirrung verhindert, wie wir durch einige Bemerkungen zu dem zitierten Satz Steiners zeigen: Steiner bezeichnet die "anschauliche Geometrie" als "platte Idendität". Das ist eine völlige Mißachtung der Rolle, die die "anschauliche Geometrie" als Basis zahlreicher fruchtbarer mathematischer Theorien gespielt hat, eine völlige Mißachtung der Hilfe, die gerade eine geometrische Veranschaulichung für das Verständnis mathematischer Sachverhalte (also in Umkehrung von Steiners Vorschlag) spielt. Es ist bis heute nirgends gezeigt worden, wie der für die Mathematik in ihrer Entwicklung wichtige Ausgang von der anschaulichen Geometrie für eine Entwicklung der Schüler ersetzt werden könnte. Also muß der Unterricht von dieser Basis ausgehen und damit muß sie als festes Fundament erst einmal vom Schüler erworben werden. Nichts kann diesen Erwerb mehr stören, als eine Verfremdung, die ein "frühzeitiges strukturelles Verständnis" schaffen soll. Übrigens übersieht Steiner geflissentlich, daß der fragliche mathematische Satz eines der tiefen Axiome der Geometrie darstellt (Inzidenzaxiom: ohne dieses Axiom gibt es keine Halbebenen und damit keinen Winkelbegriff); angesichts dessen ist seine Darstellung zweitrangig. Der Satz wird aber erst auf einer "späten" Stufe zum Problem, er kommt hier nur durch eine Überbewertung struktureller Gesichtspunkte (Axiomatisierung der Geometrie) in den Unterricht. Vollends entlarvend ist der Wunsch, "frühzeitig" ein Verständnis zu schaffen durch ein "wirksames Mittel". Für genetischen Mathematikunterricht gibt es *keine Frühzeitigkeit*, sondern nur eine *Rechtzeitigkeit* als Prinzip, und es gibt *keine wirksamen Mittel*, da der Unterricht kein Prozeß technischer Herstellung von Schülerfähigkeiten ist. Frühzeitig könnte man mit Schülern Gruppentafeln ausfüllen lassen und ihnen den Unterschied zwischen Verknüpfungsgebilden mit und ohne Gruppeneigenschaft servieren (das "geht" spätestens im 5. Schuljahr) - mit der Folge, daß diese Schüler dann in der Mathematik eine leere formale Spielerei erblicken und in einem Alter äußerster Neugier versäumt wird, eine fruchtbare inhaltliche Basis zu legen. Schließlich ist Steiner mit diesem Satz einer für die Neue Mathematik typischen Verwechslung aufgesessen: der Verwechslung von strukturellem Verständnis und explizitem Herauslösen der Struktur. Letzteres ist eine spätere Stufe der Entwicklung. Es ist das alte Problem: Wenn die Abstraktion eine Leistung jedes Menschen ist, dann kann man sie einem Menschen nicht durch das Vorweisen eines Endproduktes eines Abstraktionsprozesses abnehmen.

Der Mathematikunterricht ist ständig auch in der Richtung sinnvoller neuer Darstellung der Mathematik zu überdenken, aber das muß im Horizont pädagogischer und pädagogisch legitimierter didaktischer Prinzipien geschehen!

Andelfinger und Nestle gehen in ihren Überlegungen zur Neuen Mathematik[186], die sie als "neue Schulmathematik" (sic!) als einen Beitrag zum "Lernen für morgen" verstehen, von einer Erhebung aus, bei der die in der Industrie tätigen Mathematiker befragt wurden, mit welchen Gebieten der Mathematik sie sich beschäftigen müssen. Wir wiesen schon auf die Irrelevanz solcher Erhebungen für den Unterricht hin. Zum Beispiel fragt eine solche Erhebung nicht danach, welche Gebiete der Mathematik als Unterrichtsgegenstand jene später benötigten erst (als Grundlage des Verstehenkönnens) ermöglichen! Die Erhebung zeigte, daß sich "40 % mit Fragen der (modernen) Analysis und Algebra, aber nur 2 % (!) mit (klassischer) Geometrie beschäftigen."[187] Das "aber" und das Ausrufezeichen hinter 2 % deuten schon darauf hin, daß die Autoren unseren eben gemachten Einwand voll vernachlässigen. Explizit wird das durch ihre Folgerung bestätigt:

"Die *moderne* Mathematik erscheint in der gegenwärtigen Situation als ein integrierender Bestandteil im wissenschaftlichen, industriellen und politischen Leben. Gerade die Positionen, die Schüler weiterführender Schulen später einnehmen, stehen in engem Kontakt mit dieser modernen Mathematik. *Es besteht daher die Notwendigkeit, die moderne Mathematik in ihrer Eigenart in das Bildungs- und Ausbildungsprogramm der Schule aufzunehmen.*"[188]
Nicht Grundlegung für und schließliche Hinführung zur "modernen Mathematik" wird also verlangt, sondern Übernahme dieses Endproduktes einer Entwicklung in den Unterricht (von Anfang an)!

In gewisser Analogie zu Steiner führen die Autoren nun zunächst aus, daß die Gegenstände des Mathematikunterrichtes im wesentlichen bleiben und nur in neuer Form im Unterricht auftreten sollten. Aber schon ihr Lehrplanvorschlag[189] deutet das Gegenteil an. Da werden zum Beispiel für das 5. Schuljahr als Gegenstände des Unterrichtes angegeben: Mengen / Menge und Teilmenge / Einfache Mengenoperationen und Operationsgesetze. Daß wir diesen Lehrplanvorschlag nicht falsch interpretieren, zeigt ein Blick in die Umsetzung dieser Gedanken zum Unterricht in ein Lehrbuch der Autoren[190]. Seitenlang ist dort die als neue Darstellung geforderte Form zum Inhalt des Unterrichts gemacht worden. Es tut schon weh, wenn man sieht, wie Venn-Diagramme "eingeübt" werden mit Mengen geometrischer Figuren, während eine wirkliche Beschäftigung mit diesen Figuren dem Schüler großen Gewinn bringen könnte. Ein Blick in das Buch zeigt, daß mit dieser Neuen Mathematik eine Stoffvermehrung in Form *zusätzlicher* (entgegen der erklärten Absicht!) Strukturbetrachtungen einhergeht. So muß der Schüler erst allerlei Beschäftigung mit "logischen Verknüpfungen" und mit der "Äquivalenz von Aussageformen" durchstehen, ehe er Gleichungen lösen darf. (Das korrespondiert der von Meschkowski zitierten Selbsttätigkeit *nach* Einübung der Strukturen.)

Und auch dieses Buch zeigt die Fragwürdigkeit der formalen Betrachtungen dadurch an, daß die Autoren ihren eigenen Formalismus nicht fehlerfrei handhaben können. Wir wollen die Aussage wenigstens mit einem Beispiel belegen: "Verknüpft man die beiden Aussagen A,B durch das Zeichen $\wedge$, so erhält man die Aussage $A \wedge B$."[191] Aussagen verknüpft man nicht durch ein Zeichen (für eine Verknüpfung), sondern durch eine Verknüpfung. Zeichen für Aussagen verknüpft man durch ein Zeichen für eine Verknüpfung zu einem Zeichen für eine Aussage. Der Satz des Buches rührt das alles zu einem unsinnigen Durcheinander. Der Schüler, der von sich aus (7./8. Schuljahr) beim Lösen von Gleichungen keinerlei Notwendigkeit zu solchen formal-logischen Betrachtungen sehen kann, bekommt diese nicht nur aufgezwungen, sondern man stellt sie ihm auch noch logisch fehlerhaft vor: Diese logisch fehlerhafte Betrachtung zur Logik sei nötig?

Die Neue Mathematik ging von einer Kritik am herkömmlichen Mathematikunterricht aus, in der der Vorwurf der logischen und begrifflichen Unsauberkeit eine zentrale Rolle spielte.[192] In Tat und Wahrheit aber drängt sie auf einer intuitiven Ebene gelassene begrifflich nicht mehr als für den Gegenstand nötig eingegrenzte Darstellungen teilweise zurück zugunsten von äußerlich exakt wirkenden, aber durch eine Fülle von Fehlern jeder Exaktheitsforderung Hohn sprechenden Darstellungen.

Als zweites Argument führen die Vertreter der Neuen Mathematik an, der traditionelle Mathematikunterricht verfehle "die charakteristischen mathematischen Ideen, die wesentlichen fundamentalen Vorstellungen".[193] Damit vergessen sie, daß es nicht nur fundamentale Strukturen, sondern auch fundamentale Inhalte gibt (aus unserem Zusammenhang ist klar, wie diese in der Mathematik grundsätzlich zweifelhafte Unterscheidung hier gemeint ist). Sie sagen "fundamentale Vorstellungen" und meinen etwa die von Bourbaki für ihre Darstellung als fundamental gewählten Vorstellungen der Gliederung der Mathematik. Für eine Nachentdeckung sind aber andere Vorstellungen fundamental als für eine elegante Darstellung des Endproduktes! "Es ist nur scheinbar paradox, daß die Mathematik des Gymnasiums durch eine äußerliche Ähnlichkeit mit moderner Mathematik ihrem Wesen nach *weniger* und nicht mehr mathematisch werden kann." sagt Wittenberg[194].

Die Neue Mathematik brachte größere Stoffülle und schon daher eine Verminderung der Eigentätigkeit des Schülers. (Über Elternkurse wurde oftmals die Tätigkeit des "Eintrichterns" noch auf die Eltern ausgedehnt.) Da viele Strukturbetrachtungen (als "späte" mathematische Aktivität) nicht mit Notwendigkeit der Arbeit an den Gegenständen (in einer "früheren" Phase) entspringen, wurde die Eigentätigkeit weiter eingeschränkt. (Vgl. unser Zitat Meschkowskis, der das bereitwillig hinnimmt.[195])

In (hoffnungslosem und sinnlosem) Wettlauf mit der Aktualität war ein Ziel der Neuen Mathematik ja die Steigerung des Sozialproduktes durch Ausbildung technischen Personals. Dieser unpädagogische Ansatz verfing sich aber auch in den Fallstricken der Gesellschaftswissenschaften. Wir sahen den Ausgang von Berufsfeldanalysen bei Andelfinger und Nestle. Solche Berufsfeldanalysen waren mitbestimmend für die Einführung von Mengenlehre und Strukturuntersuchungen. Doch "neuere Berufsfeldanalysen zeigen, daß die Mengenlehre und Strukturuntersuchungen im allgemeinen keine wichtige Rolle in der Praxis spielen".[196] Bezeichnend ist ein Ergebnis von H. Inhetveen, die die Neue Mathematik mit der "Meraner Reform" des Mathematikunterrichtes vergleicht: Die auf die Argumentation einzelner Persönlichkeiten (F. Klein) zurückgehende Meraner Reform, die nicht vordergründig an den Bedürfnissen der Industrie orientiert war, traf diese Bedürfnisse letztendlich erheblich besser, als die von den Bedürfnissen der Industrie ausgehende und über Behördenschwerfälligkeit und Wissenschaftsbetrieb eingeführte Neue Mathematik.[197] Wenn damit auch angesprochen ist, daß die Einführung der Neuen Mathematik nicht einfach Entschluß nach rationaler Argumentation war, dann ist hier der Platz, darauf hinzuweisen, daß für die bundesdeutschen Verhältnisse auch das Vorbild Amerika eine große Rolle spielte und auf den von Kline angeführten Tatbestand, daß viele Vertreter der Neuen Mathematik in den USA auch Vertreter ihrer eigenen wirtschaftlichen Interessen waren bei ihrer Propaganda für die Neue Mathematik und daß sogar Argumentation durch Pression bei ihrer Einführung ersetzt wurde.[198] Eine Untersuchung, die das Engagement von Vertretern der Neuen Mathematik mit ihrer Produktion von Materialien oder der Beförderung ihrer Karriere verglich, hätte da wohl auch bei uns manchen Hinweis auf Befunde des Kap. I zur Folge.

Die Gegenstände des Mathematikunterrichtes sollten im wesentlichen belassen werden, sagten die Vertreter der Neuen Mathematik (z.B. Andelfinger und Nestle, s.o.), sie sollten lediglich in moderner Darstellung im Unterricht zum Gegenstand werden. Konsequenterweise hätte die Neue

Mathematik keiner neuen Lehrpläne bedurft. Wie wir bei Andelfinger und Nestle beispielsweise sahen, wurden aber den Ausführungen zur Neuen Mathematik meist gleich Lehrplanvorschläge angefügt. Und schließlich wurde die Neue Mathematik über Lehrpläne eingeführt und damit z.B. auch ihre Verwechslung von Darstellung und Inhalt sanktioniert. Statt etwa mengentheoretische Sprechweisen dort, wo sie fruchtbar sind (und *nur* dort) intuitiv einzuführen und zu verwenden, wurde versucht, sie möglichst frühzeitig und möglichst oft zu verwenden, und so mußten sie zwangsläufig zum Inhalt werden. Der Vorstand der Deutschen Vereinigung für mathematische Logik und Grundlagenforschung der exakten Wissenschaften, der für die Mathematiker sprechen kann, die auf dem Gebiet der Mengenlehre forschen, warnte vor der Einführung der "Mengenlehre" in der Schule: "Die Mengenlehre ist eine wichtige mathematische Disziplin, die jedoch keineswegs im Zentrum des mathematischen Interesses steht ... Nach unserer Auffassung gehört es durchaus zu den Aufgaben des Mathematikunterrichts, den Schüler mit der heutigen mathematischen Sprache bekannt zu machen. Die notwendigen mengentheoretischen Sprechweisen sollten aber allmählich und zwanglos eingeführt werden, und zwar bei der Behandlung anderer mathematischer Stoffe ..."[199] Solche Stimmen und eine begleitende fundierte Argumentation vermochten nicht, die Festschreibung der "Mengenlehre" in Lehrplänen zu verhindern.

Nachdem wir die Neue Mathematik als Fehlweg erkannt haben (und ihr Verbündeter, der Trend, wendet sich - 1982 - auch mehr und mehr von ihr ab), stellen wir fest, daß Lehrpläne diesen Fehlweg möglich machten. Die Neue Mathematik ist ein allerstärkstes "gesellschaftliches" Argument gegen Lehrpläne. Gleichzeitig erwies sich die Kultusbürokratie, die ja auch durch die Aufgabe, "schlechten Unterricht", "negative Auswüchse" zu verhindern, für ihre Arbeit legitimiert wird, als nicht in der Lage, offensichtliche (und nicht etwa besonderer Schwierigkeit didaktischer oder pädagogischer Argumentation unterliegende) Fehler zu verhindern. Sie prüft Schulbücher - z.B. darauf, ob diese Neue Mathematik lehrplangemäß berücksichtigt ist - , aber sie ist nicht in der Lage zu verhindern, daß massenhaft Schulbücher mit sachlichen Fehlern benutzt werden. Das o.g. Buch (Andelfinger) mit angeführten Fehlern wurde von elf Kultusministerien nach entsprechendem Prüfverfahren ausdrücklich genehmigt. Ein sachlich einwandfreies Buch ohne Mengenlehre wäre kaum genehmigt worden. (Wir haben damit die Seite noch gar nicht angesprochen: Das Buch ist (in Berlin) sogar für die Hauptschule zugelassen worden mit seinen "logischen Verknüpfungen" u.ä.!)

Wir begannen mit der Notwendigkeit von Lehrplänen und enden bei der Unmöglichkeit, solche Lehrpläne durch Kultusbürokratien erstellen zu lassen durch die heute übliche Berufung von Kommissionen, deren Mitglieder nicht unbedingt von der Sache zu diesem Geschäft berufen sind. Die Gestaltung der Lehrpläne muß einer sachlichen Argumentation zurückgegeben werden. Viel ist schon gebessert, wenn Lehrpläne wirklich nur das festlegen, was wir als legitim herausgestellt haben.

d) Zum institutionellen Rahmen

Die Schulwirklichkeit wird neben allen Rahmenvorgaben immer durch das Wirken des Lehrers (nicht seine Wirkung!) zu gestalten sein. Da der personale Bezug zwischen Schüler und Lehrer die Basis für einen pädagogisch geführten Unterricht aus Anlaß der Lehrgegenstände (Petzelt) ist, müssen die äußeren Rahmenbedingungen stets in ihrer begrenzten Relevanz gesehen werden. Das wurde bei der Veränderung der Rahmenbedingungen in den letzten Jahrzehnten oft übersehen. Letztlich ist (wie überall) Ganzheit zu fordern: Das System Schule kann immer nur als Zusammenklang aller seiner gestaltenden Faktoren (nicht Summanden!) erfaßt werden. (Die heute übliche Änderung eines Faktors ohne Einbezug der Auswirkung dieser Änderung auf alle anderen Faktoren ist ein trauriges Beispiel irrationaler Enge.) Deswegen werden wir am Ende unserer Ausführungen zum Mathematikunterricht nicht für oder gegen eine der heute diskutierten institutionellen Formen ("Schulsysteme") plädieren. Wir wollen aber kurz andeuten, in welcher Richtung ein Schulsystem unter dem Leitprinzip Genetischer Mathematikunterricht entwickelt werden muß.

Gymnasium

Zuvor ist etwas dazu zu sagen, daß wir oft ausdrücklich auf das Gymnasium Bezug nahmen. Wittenbergs Beitrag zur Gestaltung des Mathematikunterrichts ist für das Gymnasium geschrieben. (Wir gehen jetzt zunächst von dem in Grundschule, Hauptschule, Realschule und Gymnasium gegliederten Schulsystem aus.) Wittenbergs Themenkreise sind Themenkreise für ein Gymnasium. Seine Themenkreismethode ist aber ein für alle Schulen fruchtbarer Ansatz. (Etwa "Der Zirkel" oder "Der Hausbau" könnten Themenkreise für Realschule oder Hauptschule sein.) Die Themenkreise als Unterrichtsprojekte aufgefaßt, können ja auch von viel "praktischeren" Ansätzen ausgehen.[200] Unsere Überlegungen zum Mathematikunterricht sprechen (nur) in einem Punkt speziell das Gymnasium an: Eine Heranführung an den Stand unserer Kultur auf dem Gebiet des Denkens muß auch einen Beitrag zu einer Lebensnähe leisten, zu dem nur ein gymnasialer Unterricht in der Lage ist, einer "Lebensnähe des mathematischen Unterrichts" als "Nähe zu jenem Leben natürlich, das für das Gymnasium verbindlich ist: nicht dem der zinstragenden Kapitalien, der gebremsten Raketen und der sich leerenden Schwimmbassins, wohl aber dem Leben jahrtausendealten forschenden und schöpferischen Bemühens der Menschheit." (Wittenberg spricht hier gerade die Bildungsfunktion der Mathematik an, die ihr schon Platon zuschreibt, sofern sie nicht auf gemeine Weise nach Krämerart betrieben werde. - Vgl.II.1b[201]) Dieser Beitrag, wie auch die Ermöglichung des von uns angeführten Laienurteils können von Haupt- und Realschule *so* nicht geleistet werden. (Hier ist gemeint: Mit Einschluß eines Einblickes in die Wissenschaften und einem Urteil über Wissenschaftlichkeit ist das nur im Gymnasium zu leisten.) Der Versuch, das dort zu leisten, würde notgedrungen gegen das genetische Prinzip verstoßen, er hätte eine Entwurzelung zur Folge statt einer von den Wurzeln ausgehende Weitung, eine Verfremdung ohne anschließende Einwurzelung auf anderer Ebene; er wäre nicht Ermöglichung von Bildung, sondern gerade deren Verhinderung.

Differenzierung

Von hier aus bekommen wir einen Hinweis auf Schulsysteme. Jedes Schulsystem muß für die Schüler, die dazu die Voraussetzung haben, einen Bildungsgang ermöglichen, den wir als gymnasial beschrieben und der die oben formulierte Aufgabe löst. Damit ist klar, daß kein Schulsystem auf eine Differenzierung verzichten kann. Wann und wie dabei die möglichen Wege getrennt werden, hängt von vielerlei sich gegenseitig beeinflussenden Faktoren ab.

Wenn die Schule insgesamt den Ausgang von den Phänomenen ernst nimmt, wenn sie dem schauenden Erfassen, dem Aneignen in der Bildlichkeit genügend Raum gibt, wenn sie - wie Platon es forderte[202] - praktisches Erlernen vor die theoretische Durchdringung setzt, dann kann eine Trennung der Wege verschiedener Schüler vielleicht gleichzeitig relativ spät und nach relativ fundierten Entscheidungen stattfinden.

Freudenthal wies auf die Vorteile einer späten Trennung des Weges hin in seinen Argumenten zum Lernen in inhomogenen Gruppen. Uns erscheint vor allem die Frage der Motivation hier entscheidend zu sein. Aber die Motivation hängt wiederum eng mit der Art des vorangegangenen Unterrichtes zusammen. Wir bekamen einen starken Hinweis darauf durch die Überlegungen zur "heuristischen Bequemlichkeit" und die Leistungen von Autodidakten. Eine Differenzierung muß einsetzen, wenn nicht mehr alle Schüler intensiv am Unterrichtsgeschehen (u.U. in je anderer Weise) teilnehmen können. "Die höchste Gabe neben der Aufrichtigkeit ist die Intensität" sagt Chargaff[203] und weist uns auf die erzieherische Aufgabe hin, Schüler zur Intensität (im Fühlen, Denken, Handeln) zu führen, damit sie sich später nicht im geschäftigen Leerlauf verlieren. Auch hier ist zu beachten: Ursprünglich lebt ein Kind ganz intensiv; die Schule zerstört das meistens, statt es zu pflegen.

Wenn die Schule die Verpflichtung hat, jedem Schüler zu der ihm möglichen Bildung zu verhelfen, wenn dazu aber Differenzierungen nötig sind, dann muß die Schule zunächst einmal jedem Schüler (und dem beobachtenden Lehrer!) Gelegenheit geben, zu erfahren, wo seine Möglichkeiten liegen. Das zeigt, daß die weit verbreitete Meinung, Schüler müßten im Laufe der Schulzeit schließlich zu einer Arbeitshaltung gebracht werden, schon von daher falsch ist (insoweit sie nicht das Aufdecken von schon Verschüttetem meint). Kinder müssen sich im Leben ja stets, je kleiner desto ernsthafter, mit den ihnen gegenübertretenden Gegenständen (nicht nur materiellen Dingen) auseinandersetzen, und sie können das in erstaunlicher Konzentration (Muttersprache!). Hier muß eine genetische Unterrichtsgestaltung von vornherein einsetzen; das heißt aber, daß der Schüler immer schon selbständig arbeitet. (Die darlegenden Phasen gemäß Wagenscheins Realutopie werden mit zunehmendem Alter mehr und mehr eingeschoben werden können.)

Fraglich ist, ob in der "Kurzstunden-Schule" überhaupt für *alle* Schüler Gelegenheit ist, in der geforderten Weise ihre Möglichkeiten zu erfahren. (Wagenschein: "Es gibt institutionelle Formen, die entscheidende pädagogische Erfahrungen mit Schülern unmöglich machen. Die Kurzstunden-Schule ist eine solche Institution."[204]) Das spricht für eine Erprobung neuer Schulsysteme bzw. für die längst überfällige ernsthafte Diskussion der Bildungsmöglichkeiten von Schulen der Reformpädagogik (Wagenschein), von Waldorfschulen o.ä..

Die heutigen Differenzierungskriterien in öffentlichen integrierten Gesamtschulen sind äußerst fragwürdig, und die heutige Misere eines Gymnasiums, in dem ein Großteil der Schüler an einem Unterricht über Gegenstände teilnimmt, zu denen er keine Beziehung zu entwickeln imstande ist, weise u.U. darauf hin, daß auch die überkommene Gliederung nicht (mehr?) richtig differenziert. Sinn aller Differenzierung kann nur sein, dem Schüler die Teilnahme an einem Unterrichtsprozeß zu ermöglichen, an dem er wirklich aktiv beteiligt ist. "Stützkurse" und "Förderunterricht" zeigen nur an, daß dieser Sinn verfehlt wurde. Indem solcher Förderunterricht dem Schüler dann oft ohne jede grundsätzliche Aufarbeitung der Problematik einen Zweitaufguß gerade des Unterrichtes anbietet, der beim ersten Mal versagt hat, verstärkt er nur die Misere. Eine Durchmusterung von Vorschlägen zu solchem Unterricht stützt nur wieder die Forderung nach Orientierung am Leitprinzip genetischen Unterrichtes, sie deckt andererseits auf, daß trotz unseres Wissens um gegenseitige Bedingtheiten verschiedener Fähigkeiten kaum Überlegungen dazu angestellt werden, wie verschiedene Schulfächer sich gegenseitig helfen könnten[205].

Aber die Enge von Schulfächern ist überhaupt ein Problem. Wir wiesen auf deren Zusammenhang mit dem Beispiel eines möglichen Beitrages des Kunstunterrichtes zur Relativierung Cartesianischen Denkens hin. Nehmen wir ein anderes Beispiel: Es gehört zum Menschen, daß er um seine

Vergangenheit bekümmert ist. Es wird aber kaum gelingen, den Geschichtssinn des Schülers zu fördern, wenn das allein dem Geschichtsunterricht überlassen wird. Auch der Mathematiklehrer muß dazu beitragen.

Wir gingen von Wittenbergs Vorschlägen aus und kamen auf die Notwendigkeit der Differenzierung. Wir wollen noch einmal von ihnen ausgehen und an einem Punkt belegen, daß wir immer den Mathematikunterricht für alle Schüler im Auge hatten. Gilt die Forderung nach Allgemeinbildung als Kriterium für die Auswahl der Gegenstände etwa für den frühzeitig einen Beruf ergreifenden Hauptschüler nicht? Doch und *gerade*. Es ist pädagogisch nicht zu rechtfertigen (und politisch in einer Demokratie allemal nicht), den Hauptschüler frühzeitig auf den Beruf hin zu schulen. Gerade wenn die Notwendigkeiten des Berufes früh nach ihm greifen, muß er seine Persönlichkeit früh gebildet haben, wenn weniger Zeit zur Bildung ist, muß ihr besonderes Augenmerk gewidmet werden. Das heißt nicht, daß seine späteren Lebensumstände nicht zu berücksichtigen wären, aber Algorithmen zu drillen für spätere Lebenssituationen, ist nicht der richtige Weg. (Widersinnig ist etwa die immer wieder erhobene Forderung, den Lehrplan der Hauptschule an den Eignungstests für die Lehrlingseinstellung zu orientieren.) Nun kommt sofort der Einwand, daß es aber nötig sei, gewisse Fertigkeiten zu erwerben (Rechnen lernen), und daß das in der Hauptschule wegen der begrenzten Gesamtzeit notgedrungen einen relativ großen Umfang annähme, daß es außerdem in der Hauptschule länger dauere als etwa im Gymnasium. Aber das zeigt doch nur, daß hier ein genetischer Unterricht doppelt gefordert und hier sogar am ehesten Zeit dazu ist. Allerdings muß man von dem Glauben lassen, Lernen sei Gewöhnung. Man muß dem Hauptschüler andere Tätigkeiten ermöglichen als dem Gymnasiasten, wenn er größere Schwierigkeiten beim Rechnenlernen hat; die gleichen Aufgabentypen nur in noch mehr Exemplaren vorzustellen, ist kein Weg.

Wir können die Differenzierungsproblematik hier nicht aushandeln. Wir sahen, daß das vom Leitprinzip Genetischer Unterricht her zu geschehen hätte. Schnelligkeit, Tiefe, Genauigkeit im Denken wären zum Beispiel weitere Beschreibungen von Schülerdispositionen, nach denen für einen fruchtbaren genetischen Unterricht (in der Fürsorge für den Schüler) zu differenzieren wäre. Von der Schülerdisposition her mögliche Zumutbarkeit bzw. Förderungsmöglichkeit durch Mathematik wäre Differenzierungsmöglichkeit der Mathematik, wäre Differenzierungskriterium vom Fach her. (Etwa: Wissenschaftliches Arbeiten im Gymnasium, explizite Mathematisierung auch in der Realschule, Vermittlung mathematischer Kulturtechniken oder Mathematik als Spiel in allen Schulen.) Wir schließen uns Wagenscheins Skepsis gegenüber Jahresklassen an[206], denn es gibt viel elastischere Einteilungen von Schülergruppen für die Bearbeitung eines Themenkreises; aber das zielt in eine ganz andere Richtung als die heute üblichen Kurssysteme anonymer Großschulen.

Eine alte, verantwortungsloserweise bis heute nicht berücksichtigte Forderung erwächst aus den Gedanken zum genetischen Unterricht, insbesondere aus der angeführten Real-Utopie Wagenscheins: Die unteren Schülergruppen (Klassen) müssen klein sein, nicht die oberen! Je besser der Schüler arbeiten kann, desto eher kann Unterricht in großen Gruppen stattfinden. Herkönnliche Schule verhindert durch große Klassen ernsthaftes Arbeiten, macht den Schüler unselbständig und will dann in den oberen Klassen diesen falschen Weg wieder rückgängig machen. Jeder Lehrer kennt diese Misere spätestens, wenn er eine Klasse tatendurstiger Schüler des fünften Schuljahres unterrichtet hat, die nach der Grundschule mit neuen Erwartungen in die weiterführende Schule kamen. Jeder weiß um die Misere; niemand ändert sie. Wenn aber als Folge unsinnigen Unterrichtes vermehrt Rechenschwächen festgestellt werden (1991), dann ruft man nach Therapie, statt den Unterricht zu verbessern. Vgl. Kap. I: Das gibt einer neuen Priesterkaste Brot und Macht.

Aufgabe

Das vordringliche Problem heutiger Schule ist, die geistige *Konsumhaltung* (d.i. eine spezielle Form des Fehlens einer Haltung!) zu verhindern (oder abzubauen), die in unserer durch den Konsum in *allen* Bereichen bestimmte Gesellschaft (vgl. * S.390) gefördert wird. Dazu ist nötig, radikal von der "Häppchenkost" wegzukommen, die die Schule bietet. Das muß inhaltlich, aber auch unterrichtszeitlich gesehen werden: Der vorgestellte genetische Mathematikunterricht kann auf Epochen, in denen sich der Schüler besonders stark auf ein Thema einläßt, nicht verzichten. Epochenunterricht ist damit eine pädagogische Forderung. Angesichts der Erfolge, die mit solchem Unterricht nachweislich möglich sind, und der

Kleinheit des organisatorischen Problems, ist es erstaunlich, wie wenig sich diese Forderung Gehör verschaffen kann. Konsumhaltung kann nur verhindert werden durch eine Erziehung und einen Unterricht, die den Schüler zur eigenen Leistung führen. Diese Leistung ist sachlich festzustellen. Notengebung ist das größte Hindernis dabei. Die Noten dokumentieren kraß, daß das Schulsystem seine Bildungsaufgabe bzw. die Möglichkeit der Ermöglichung von Bildung nicht ernsthaft ins Auge faßt und statt dessen an einem meßbaren Herstellungsprozeß orientiert ist. (Da ist der Bogen zu Kapitel I erneut geschlagen.) **Angesichts der äußersten Gefährdung unserer Welt dokumentiert sich hier eine grobe Verantwortungslosigkeit der Verantwortlichen.**

> *Immer wieder haben pädagogische Reformer - aber nicht nur diese - gefordert, vor dem Bekanntmachen mit den Begriffen die Sachen sprechen zu lassen, Tatbestände erfahren zu lassen, induktiv vorzugehen, vom Beispiel auszugehen, dem Lernenden Gelegenheit zu geben, auch aus Fehlern zu lernen, den Sinn des zu Lernenden zu begreifen. Immer wieder wurde in der Praxis der Schule dies alles nicht bedacht, wurde eingetrichtert, Unverstandenes auswendig lernen lassen, mit leeren Worten geklingelt, Stroh gedroschen.*[207]

Das hat mitgeholfen, unsere Gesellschaft an den Rand ihrer eigenen Vernichtung zu führen. Wir müssen entscheiden, ob wir so fortfahren wollen.

---

* Insofern Sucht (auch in vielen gemeinhin nicht wahrgenommenen Spielarten) die der Konsumgesellschaft zugehörige Daseinsweise ist, arbeitet Bildung ermöglichender genetischer Unterricht geradezu suchtprophylaktisch. Das zeigt übrigens, wie Lebensnähe nicht die platte vorgefundene Aktualität sondern die Möglichkeit gelingenden Lebens zum Ziel hat.

Hinweis auf Beispiele

Die folgenden Beispiele des Verfassers könnten zur Frage der Bewährung des Gedankens dieses Buches herangezogen werden.

Erziehungsziel Sorgfalt. In: Lehren und Lernen, 9. Jg., Heft 3, März 1983

Über den Hochmut der Umwelterziehung. In: öko päd, Nr. 4, Nov. 1984

Computer ---> Kompaß. *Eine Orientierungshilfe für Lehrer aller Fächer und interessierte Eltern.* Urbach 1986/1990

Herkömmliche Geometrie trotz Bildschirm? *Über körperliches Erleben und Grundlegung mathematischer Begriffe.* Stuttgart (Landesinstitut für Erziehung und Unterricht, Materialien, Heft M 14) August 1986

Des Kaisers neue Kleider der Erziehungswissenschaft - Vom relevanten Wissen zur leeren Information. In: I. Breinbauer, M. Langer (Hrsg.): Gefährdung der Bildung - Gefährdung des Menschen. Wien, Köln, Graz (Böhlau) 1987

Über Relevanz und Grenzen von Mathematisierungen. Buxheim (Polygon) 1992

Drei Beispiele zu fächerverbindendem Unterrichten. In: Der mathematische und naturwiss. Unterricht (MNU), 45. Jg., Heft 7, Oktober 1992

Ermöglichung von Allgemeinbildung im Mathematikunterricht. In: Arbeitskreis Mathematik und Bildung der GDM: Mehr Allgemeinbildung im Mathematikunterricht. Buxheim (Polygon) 1993

Körper bauen, darstellen, messen, berechnen. In: Lehren und Lernen, 19. Jg., Heft 4, April 1993

Situationen beim Bruchrechnen im 6. Schuljahr. Erscheint 1994 in: mathematik lehren (Heft "Lebendiger Mathematikunterricht").

Anmerkungen

- Folgende Abkürzungen für Zeitschriftennamen werden benutzt:
  MNU = Der mathematische und naturwissenschaftliche Unterricht
  MU = Der Mathematikunterricht
  VfwP = Vierteljahresschrift für wissenschaftliche Pädagogik

- Bei der zweiten Nennung eines Titels innerhalb eines Kapitels wird der Titel abgekürzt.

Kapitel I

1) *siehe dazu einen Horizont für alle Fächer in:*
   H. Köhler: Fragen nach der Wirklichkeit. Impulse für eine Pädagogik, die den Herausforderungen der Zeit nicht ausweicht. In: VfwP, 62. Jg., Heft 2/1986,
   und einen Aufriß speziell für den Mathematikunterricht in:
   H. Köhler: Mathematik als Bildungsaufgabe in der veränderten Welt. In: Zentralblatt für Didaktik der Mathematik (ZDM), 23. Jg., Heft 2, April 1991
2) A. Revuz: Moderne Mathematik im Schulunterricht. Freiburg (Herder) 1965, S.57
3) Wir brauchen für diese Arbeit einen möglichst weiten Begriff von Wirklichkeit. Wirklichkeit in diesem Sinne ist auch das Auseinanderfallen in zwei Wirklichkeiten (im engeren Sinne) gemäß dem folgenden Aufweis von Walter Schulz: "Es zeigt sich nun, daß die Welt der Wissenschaft und die alltägliche Lebenswelt einerseits aufs engste miteinander verflochten sind, daß sie aber andererseits gegensätzliche Strukturen aufweisen. Es ist nicht möglich, eine der beiden Wirklichkeiten als die wahre Wirklichkeit zu deklarieren. Die Dialektik, die zwischen beiden Welten waltet, schließt sich nicht zu einem Ganzen zusammen. Das besagt: es gibt kein einheitliches Weltbild mehr."

W. Schulz: Philosophie in der veränderten Welt.
Pfullingen (Neske) 1972, S.848
4) H. Köhler: Wo aber bleibt der Mensch? - Von der Cartesianischen Kürzungsregel und der Mathematisierung der Welt. In: VfwP, 60. Jg., Heft 3/1984

5) **Ch** = E. Chargaff: Das Feuer des Heraklit.
Stuttgart (Klett-Cotta) 1979
Pi = H. Pietschmann: Das Ende des naturwissenschaftlichen Zeitalters. Wien/Hamburg (Zsolnay) 1980
Tr = K. Traube: Müssen wir umschalten?
Reinbek b. Hamburg (Rowohlt) 1978
Glob = Global 2000. Der Bericht an den Präsidenten.
Frankfurt a.M. (Zweitausendeins) 1980

6) H. Lübbe: Legitimationskrise der Wissenschaft. in: IBM Deutschland (Hrsg.): Technik und Gesellschaft: Wachstum in Freiheit und Verantwortung. Stuttgart (IBM) 1978, S.64
7) Schulz: Philosophie ..., S.91ff/S.107f
8) A. Einstein: Mein Weltbild.
Frankfurt/Berlin/Wien (Ullstein) 1980, S.116
9) ebd., S.159   10) ebd., S.109
11) C.Fr.v. Weizsäcker: Deutlichkeit.
München/Wien (Hanser) 1978, S.168
12) C.Fr.v. Weizsäcker: Die Tragweite der Wissenschaft.
Stuttgart (Hirzel) ^{5}1976 Band I, S.106
13) Weizsäcker: Deutlichkeit, S.177
14) Weizsäcker: Die Tragweite ..., S.105
15) O. Becker: Größe und Grenze der mathematischen Denkweise. Freiburg/München (Alber) o.J., S.30
16) C.-F. Geyer: Einführung in die Philosophie der Antike.
Darmstadt (Wissenschaftl. Buchgesellschaft) 1976, S.46
17) H. Freudenthal: Vorrede zu einer Wissenschaft vom Mathematikunterricht. München (Oldenbourg) 1978, S.29
18) *vgl. dazu:* W. Holtzapfel: Erweiterung der Heilkunst.
Dornach (Philosophisch-Anthroposophischer Verlag) 1975
und: Soziale Hygiene Nr. 7: Vom Sinn der Kinderkrankheiten.
Bad Liebenzell (Verein für ein erweitertes Heilwesen) o.J.

19) W. Heisenberg: Der Teil und das Ganze.
München (Piper) ^{4}1972, S.185
20) Courant sagt: "Die intuitive Idee eines Kontinuums und eines stetigen Fließens ist völlig natürlich. Aber man kann sich nicht auf sie berufen, wenn man eine mathematische Situation aufklären will; zwischen der intuitiven Idee und der mathematischen Formulierung, welche die wissenschaftlich wichtigen Elemente unserer Intuition in präzisen Ausdrücken beschreiben soll, wird immer eine Lücke bleiben. ZENOs Paradoxien weisen auf diese Lücke hin.
Es war CAUCHYs Verdienst einzusehen, daß die mathematische Begriffsbildung die Beziehung zur ursprünglichen intuitiven Idee der stetigen Bewegung vermeiden kann und sogar muß."
R. Courant: Vorlesungen über Differential- und Integralrechnung. Erster Band. Berlin/Heidelberg/New York (Springer) ^{3}1969, S.46
21) W. Struve: Philosophie und Transzendenz.
Freiburg (Rombach) 1969, S.10
22) B.L.v.d. Waerden: Erwachende Wissenschaft.
Basel/Stuttgart (Birkhäuser) 1966, S.209ff
23) Schulintern (Stuttgart) Februar 1992
24) Süddeutsche Zeitung vom 5. 2. 1987
25) Der Spiegel Nr. 36/1980, S.184
26) ebd., S.178   27) ebd.
28) L. White in Tr 46
29) Interview in dem New Yorker Magazin "Omni", Mai 1979
30) B.de Spinoza: Untersuchung, wie man seinen Verstand verbessert und am besten zu wirklicher Erkenntnis kommt. In: H. Günther (Hrsg.): Wie man lebt und denkt. Frankfurt a.M. (Insel) 1978, S.100
31) Wir sprechen/Wir schreiben/Wir lesen. Freiburg (Herder) 1978, S.15
32) Kultusministerium Baden-Württemberg: Lehrplan Technik, Klassen 5 und 6, Hauptschule, Realschule, Gymnasium. Villingen (Neckar) 1977 (LPE 4)
33) *vgl. dazu etwa:* R. Affemann: Warum die antiautoritäre Erziehung scheitern mußte. In: Lehren und Lernen 6 (8/1980), S.3
34) Abschlußbericht der baden-württembergischen Expertenkommission "Neue Medien", Band I: Allgemeiner Berichtsteil, Leitsätze und Projektempfehlungen. Stuttgart Februar 1981, D 155
35) ebd., A 2   36) ebd., E 11
37) Schulintern Nr. 12, Stuttgart, Dezember 1992, S.4

38) Kultusministerium Baden-Württemberg: Lehrplan Erdkunde 11. Schuljahr, Gymnasium. Villingen (Neckar) 1977 (LPE 1)
39) Lübbe: Legitimationskrise ..., S.65
40) H. Köhler: Fragen nach der Wirklichkeit ... S.222.
41) A. Engel: Datenschutz durch Chiffrieren: Mathematische und algorithmische Aspekte. In: MU 25 (6/1979) S.44
42) E. Schütz: Bildung - Erwachsenenbildung: Ein Plädoyer für Bildung. In: VfwP 56 (3/1980), S.379
43) zit. nach: Der Spiegel Nr. 34/1980, S.153
44) Der Spiegel Nr. 35/1980, S.136
45) Schorndorfer Nachrichten, Waiblingen, 29.1.82
46) U. Pörksen: Plastikwörter. Die Sprache einer internationalen Diktatur. Stuttgart (Klett-Cotta) 1989, S.77
47) M. Heidegger: Vorträge und Aufsätze. Pfullingen (Neske), ^{4}1978, S.197
48) *wie weit wir diese "brave new world" bereits verwirklicht haben, weist Postman nach in:* N. Postman: Wir amüsieren uns zu Tode. Urteilsbildung im Zeitalter der Unterhaltungsindustrie. Frankfurt a. M. (Fischer) 1988
49) C.Fr.v. Weizsäcker: Die Einheit der Natur. München (Hanser) ^{2}1981, S.26
50) Max Thürkauf: Vom "Glauben an die Evolution. In: Zeitschrift für Ganzheitsforschung, (Wien) 28.Jg. IV/1984, S.149
51) *vgl.:* H. Pfeifer: Umwelt und Ethik. Kausale Therapie für Mensch und Erde? Karlsruhe (Landesanstalt für Umweltschutz) 1980, S.14
52) *vgl.:* Soziale Hygiene Nr. 45: Die gesunde Ernährung des Säuglings. Bad Liebenzell (Verein für ein erweitertes Heilwesen) 1980
53) Ch. Darwin: Autobiographie. Leipzig/Jena (Urania) 1959, S.80
54) *vgl. die Ausführungen des Autors in:* Wirtschaftsministerium Baden-Württemberg: Wortprotokoll über den Erörterungstermin zum GKN II Neckarwestheim. Manuskript, Stuttgart 1982
55) Nach L. Schenk-Danzinger stammt dieser oft wiederholte Satz von C.H. Spearman. Sie sagt dazu: "Intelligenz als solche ist nicht faßbar, wir erkennen sie nur an ihren Äußerungen, an den Leistungen. Diese Leistungen können wir messen, und scherzhaft meinte Spearman: 'Intelligenz ist das, was man mit dem Intelligenztest messen kann'." L. Schenk-Danzinger: Pädagogische Psychologie. Wien (Österreichischer Bundesverlag für Unterricht, Wissenschaft und Kunst) 1972,

S.103. Schenk-Danzinger verweist auf: C.H. Spearman: The Abilities of Man: Their Nature and Measurement. New York 1927

Bezeichnend ist übrigens, daß diese meßbaren Leistungen nicht durch eine "Konstitution" dessen, der sie erbringt, relativiert werden. Leistung wird hier nicht unbedingt pädagogisch als Leistung in Ansehung der Möglichkeiten des einzelnen Menschen gesehen.
Ob Spearmann den Satz nur scherzhaft meinte, sei dahingestellt. Später wurde er jedenfalls durchaus ernst gemeint. So sagt etwa Oerter:
"Die Definition einer Intelligenzleistung durch das erzielte Ergebnis eines Tests gestattet, die überaus schwierige Frage nach dem, was Intelligenz überhaupt ist, zu umgehen. Gute Tests messen mit hoher Zuverlässigkeit (reliability), werden also relativ wenig von Zufallsfaktoren und Irrtümern beeinträchtigt. Weiterhin hat das, was sie messen, einen bestimmten Voraussagewert für Leistungen und Erfolg im praktischen Leben (Validität). Man kann also sagen, daß solche Tests etwas Bestimmtes messen, nämlich bei ein- und derselben Versuchsperson immer wieder das gleiche. Weiterhin ist es sinnvoll, das, was der Test mißt, als Intelligenz zu bezeichnen, weil er offenkundig Leistungen erfaßt, die man auch in der Alltagssprache intelligent nennt. So betrachtet, erscheint die bekannte Formulierung nicht absurd: Intelligenz ist das, was der Test mißt. Intelligenz und geistige Leistungen werden nicht durch Beschreibung der beteiligten Funktionen und ihrer Wirkungsweise definiert, sondern durch den verwendeten Test bzw. die Testbatterie."
(Man beachte, daß Oerter sagte, der Test messe *etwas*, was man intelligent nennt; er folgert aber, als ob er gesagt hätte, der Test messe *das* (alles), was man intelligent nennt: Falscher logischer Schluß wegen mangelnder Beachtung der Quantoren.) Oerter weist auf Binet und Simon hin, die um die Jahrhundertwende schon das durchschnittliche geistige Niveau für verschiedene Altersstufen durch Testaufgaben gemessen hätten. Siehe:
R. Oerter: Moderne Entwicklungspsychologie.
Donauwörth (Auer) [5]1969, S.319

Meili und Steingrüber weisen darauf hin, daß Spearman 1927 als erster einen Faktor "g" (general) als geistiger Leistung zugrundeliegend

durch Test bestimmte. (Er habe dafür eigens die statistische Methode der Faktorenanalyse geschaffen.) Siehe:
R. Meili/H.-J. Steingrüber: Lehrbuch der psychologischen Diagnostik. Bern/Stuttgart/Wien (Huber) ^{6}1968, S.52f

Die ganze Konsequenz unseres Satzes wird in folgender Bemerkung deutlich, die erneut zeigt, wie sich die modernen Wissenschaften ihre Wirklichkeit selbst schaffen (siehe I.1.a "Modell", wo wir auf die "gemachten Dinge" der Physik hinwiesen):
"Um in die Fülle der beobachtbaren Unterschiede zwischen Individuen oder Gruppen von Individuen mit wissenschaftlichen Mitteln eine überschaubare Ordnung zu bringen, konstruiert sich die Psychologie ihren Gegenstand selbst, indem sie Begriffe, hypothetische Konstruktionen oder kurz Konstrukte schafft. Intelligenz, Neurotizismus, Extraversion oder Leistungsstreben sind z.B. solche Konstrukte, die sich auf bestimmte Fähigkeiten oder Fähigkeitsbereiche, Eigenschaften, Einstellungen von Individuen beziehen. Die Konzipierung von Konstrukten erfolgt nicht aufgrund subjektiver Evidenz, sondern vollzieht sich langsam durch ständige Beobachtung und Messung vom empirischen Sachverhalten." Siehe:
Heidelberger Autorengruppe: Steckbrief der Psychologie. Hrsg. von K. Rogge; Heidelberg (Quelle & Meyer) ^{3}1977, S.178f

56) H. Köhler : Des Kaisers neue Kleider der Erziehungswissenschaft. - Vom relevanten Wissen zur leeren Information. In: I. Breinbauer/ M. Langer: Gefährdung der Bildung - Gefährdung des Menschen. Festschrift für Marian Heitger zum 60. Geburtstag. Wien/Köln/Graz (Böhlau) 1987

57) H. Meschkowski: Mathematik als Bildungsgrundlage Braunschweig (Vieweg) 1965, S.41

58) Weizsäcker: Deutlichkeit, S.167

59) Darwin: Autobiographie, S.115f

60) Forderung des früheren Staatspräsidenten von Senegal, Senghor, beim Deutschen Ingenieurtag. Nach: Badische Neueste Nachrichten, Karlsruhe, 3.6.1981

61) *siehe dazu:* W. Böhm: Gefährdung der Bildung - Gefährdung des Menschen? Die (aktuelle) Antwort Romano Guardinis. In VfwP 63. Jg., Heft 3/1987

62) A.I. Wittenberg: Bildung und Mathematik. Stuttgart (Klett) 1963, S. 86
63) Synopsis für moderne Schulmathematik. Herausgegeben vom Delegierten der Ständigen Konferenz der Kultusminister bei der OECD. Frankfurt a.M./Berlin/Bonn (Diesterweg) o.J. (ca. 1961), Vorwort (Die Synopsis wurde 1974 neu aufgelegt!)
64) M. Eyth: Hinter Pflug und Schraubstock. Berlin (Vier Falken) o.J.
65) Robert Musil: Der Mann ohne Eigenschaften.
66) H. Köhler: Über den Hochmut der Umwelterziehung. In: öko päd, Nr. 4, November 1984. - *veränderte Fassung:* Umwelterziehung - der alte Hochmut im neuen Gewand; in: VfwP, 61. Jg., Heft 3/1985

Kapitel II

1) G. Kowol: Gleichungen. Eine historisch-phänomenologische Darstellung. Stuttgart (Freies Geistesleben) 1990

2) **vdW** = B.L.v.d. Waerden: Erwachende Wissenschaft. Basel/Stuttgart (Birkhäuser) 1966

Men	=	Menon	**Polt**	=	Politeia
Phai	=	Phaidon	**Soph**	=	Sophistes
Phil	=	Philebos	**Tim**	=	Timaios
Pol	=	Politikos			

bezogen auf die Platon-Ausgabe: G. Eigler (Hrsg.): Platon, Werke. Darmstadt (Wissenschaftliche Buchgesellschaft) (ab 1970)

3) O. Becker: Größe und Grenze der mathematischen Denkweise. Freiburg/München (Alber) o.J., S.70
4) O. Becker: Das mathematische Denken der Antike. Göttingen (Vandenhoeck & Ruprecht) 1957, S.10
5) H. Freudenthal: Mathematik als pädagogische Aufgabe. Stuttgart (Klett) ^{2}1977, Bd.1, S.13
6) O. Becker (Hrsg.): Zur Geschichte der griechischen Mathematik. Darmstadt (Wissenschaftl. Buchgesellsch.) 1965, S.XVI

7) *vgl. auch:* O. Becker: Grundlagen der Mathematik in geschichtlicher Entwicklung. (Suhrkamp) 1975, S.22f; text- und seitenidentisch mit: O. Becker: Grundl. der Mathematik. Freiburg/München (Alber) ²1964
8) Becker: Größe ..., S.74
9) ebd., S.69   10) ebd., S.71
11) *vgl.:* ebd., S.69ff
12) ebd., SS.96 und 76   13) ebd., S.9
14) Freudenthal: Mathematik ..., Bd.1, S.15
15) Becker: Zur Geschichte ..., S.XIXf
16) Becker: Größe ..., S.10f
17) Becker: Das mathematische Denken ..., S.72
18) W. Bröcker: Platos Gespräche. Frankfurt (Klostermann) ²1967, S.500
19) ebd., S.473   20) ebd., S.530
21) ebd., S.474   22) ebd.
23) ebd., S.276f   24) ebd., S.293
25) ebd., S.277
26) K. Reidemeister: Mathematik und Logik bei Plato. Leipzig/Berlin (Teubner) 1942, SS.9-12
27) A. Görland: Aristoteles und die Mathematik. Marburg (Elwert) 1899, S.9
28) C.-F. Geyer: Einführung in die Philosophie der Antike. Darmstadt (Wissenschaftl. Buchgesellsch.) 1978, S.38ff
29) A. Szabó: Anfänge des euklidischen Axiomensystems. In: Becker: Zur Geschichte ..., S.435, Erstveröffentlichung 1960
30) Becker: Größe ..., S.86
31) Szabó: Anfänge ..., S.379
32) ebd., S.450
33) Reidemeister: Mathematik ..., S.18
34) Szabó: Anfänge ..., S.389
35) ebd., S.391   36) ebd., S.437ff
37) Freudenthal: Mathematik ..., Bd.1, S.16
38) Szabó: Anfänge ..., S.411
39) ebd., S.415   40) ebd., S.417
41) ebd., S.395   42) ebd., S.397
43) ebd., S.448   44) ebd., S.448ff
45) ebd., S.448f
46) W. Schulz: Philosophie in der veränderten Welt. Pfullingen (Neske) 1972, S.91ff/S.107f

47) Szabó: Anfänge ..., S.449f
48) ebd., S.458
49) Becker: Zur Geschichte ..., S.XVIII
50) Aristoteles Metaphysik A 5, A 6.
    zit. nach: Becker: Grundlagen ..., S.107f
51) O. Toeplitz in: Becker: Zur Geschichte ..., S.52f, Erstveröffentlichung 1929
52) Görland: Aristoteles ..., SS.1,2,5,8f
53) J. Schurr: Zum Curriculum vermarkteter Bildung. In: VfwP 53(2/1977), S.179
54) Görland: Aristoteles ..., S.5
55) Bröcker: Platos ..., S.113
56) K. Reich: Einleitung. In: Platon: Menon. Hamburg (Meiner) 1972
57) Bröcker: Platos ..., S.113f
58) Becker: Grundlagen ..., S.109
59) Geyer: Einführung ..., S.54
60) a.a.O.
61) F. Copei: Der fruchtbare Moment im Bildungsprozeß. Heidelberg (Quelle u. Meyer) ^{9}1969, S.21
62) *vgl.:* E. Fink: Metaphysik der Erziehung im Weltverständnis von Plato und Aristoteles. Frankfurt (Klostermann) 1970, S.237ff
    und: W. Windelband: Geschichte der abendländischen Philosophie im Altertum. München (Beck) 1963, S.175
63) Görland: Aristoteles ..., S.203
64) ebd., S.197
65) Fink: Metaphysik ..., S.187
66) Görland: Aristoteles ..., S.14
67) zit. nach: G.A. Seeck (Hrsg.): Die Naturphilosophie des Aristoteles. Darmstadt (Wissenschaftl. Buchgesellsch.) 1975, S.XII
68) *vgl.:* Thompson in: Seeck: Die Naturphilosophie ..., S.10ff
69) *vgl.:* Thompson in: Seeck ..., SS.11 u.22f
    und: Windelband: Geschichte ..., S.183
    und: J.-M. Zemb: Aristoteles. Reinbek b. H. (Rowohlt) 1961, S.105ff
70) Randall in: Seeck: Die Naturphilosophie ..., S.236
71) ebd., S.236f   72) ebd., S.238
73) *vgl. dazu:* v. Fritz in: Seeck: Die Naturphilosophie ..., S.243ff
    und: Zemb: Aristoteles, S.100ff
    und: Windelband: Geschichte ..., S.186

74) *vgl.* v. Fritz in Seeck: Die Naturphilosophie ..., S.245
75) ebd., S.246
76) Wieland in: Seeck: Die Naturphilosophie ..., S.262
77) ebd., S.294
78) Windelband: Geschichte ..., S.167
79) ebd., S.179   80) ebd., S.177
81) ebd., S.180
82) Görland: Aristoteles ..., S.203
83) Windelband: Geschichte ..., S.180
84) ebd., S.181   85) ebd., S.176
86) ebd., S.180
87) Görland: Aristoteles ..., S.21
88) Moreau in: Seeck: Die Naturphilosophie ..., S.69f
89) Wieland in: Seeck: Die Naturphilosophie ..., S.256, bzw. v. Weizsäcker: Die Einheit der Natur. München (Hanser) ^{2}1981, S.433
90) Moreau in: Seeck: Die Naturphilosophie ..., S.69f
91) Wieland in: Seeck: Die Naturphilosophie ..., S.255
92) ebd., S.252
93) Dehn in: Seeck: Die Naturphilosophie ..., S.203
94) v. Weizsäcker: Die Einheit ..., S.432
95) Wieland in: Seeck: Die Naturphilosophie ..., S.264
96) Cherniss in: Seeck: Die Naturphilosophie ..., S. 175
97) Düring in: Seeck: Die Naturhpilosophie ..., SS.55 u.58
98) Seeck: Die Naturphilosophie ..., S.XIII
99) ebd., S.XVI
100) Thompson in: Seeck: Die Naturphilosophie ..., S.26
101) Bröcker: Aristoteles. Frankfurt a.M. (Klostermann) ^{4}1974, S.272
102) Fink: Metaphysik ..., S.192
103) ebd., S.219f
104) Windelband: Geschichte ..., S.199
105) Fink: Metaphysik ..., S.290
106) Zemb: Aristoteles, S.48

Kapitel III

1) E. Cassirer: Descartes, Lehre - Persönlichkeit - Wirkung.
   Stockholm (Bermann-Fischer) 1939, S.67f

2) Verwendete Abkürzungen:
   Disc = R. Descartes: Discour de la Methode.
   Hamburg (Meiner) 1960
   Med = R. Descartes: Meditationes de prima philosophia.
   Hamburg (Meiner) 1959
   Reg = R. Descartes: Regulae ad directionem ingenii.
   Paris (Libr.Philosoph. J. Vrin) 1959
   (Die römische Zahl gibt die jeweilige regula an)

3) zit. nach: H. Meschkowski: Einführung in die moderne Mathematik.
   Mannheim (Bibliogr. Institut) 1964, S.16
4) *vgl.:* C.F.v. Weizsäcker: Die Tragweite der Wissenschaft.
   Stuttgart (Hirzel) 1976, Bd.I, SS.206 und 212f
   und: Cassirer: Descartes ..., S.52
5) D.J. Marshall Jr.: Prinzipien der Descartes-Exegese.
   Freiburg/München (Alber) 1979
6) Cassirer: Descartes ..., S.54
7) ebd., S.18
8) W. Struve: Der andere Zug.
   Salzburg/München (Stifterbibliothek) 1969, S.132f
9) Marshall: Prinzipien ..., S.21f
10) Weizsäcker: Die Tragweite ..., S.211
11) Cassirer: Descartes ..., S.147
12) ebd., S.167
13) Stuttgarter Nachrichten, Stuttgart, 23.6.1981
14) Landwirtschaftsminister von Nordrhein-Westfalen, O. Bäumer, vor dem Ernährungsausschuß des Landtages (NRW) im Juni 1981
15) Weizsäcker: Die Tragweite ..., S.218f
16) W. Struve sagte: "Man kann nie mehr aus einem Text herauslegen, als man selbst hineinzulegen hat". [Bemerkung in der Vorlesung "Einfüh-

rung in das frühgriechische Denken (Vorsokratiker)" im SS 1975 an der Universität Freiburg.]
17) Weizsäcker: Die Tragweite ..., S.216
18) Cassirer: Descartes ..., S.166
19) *vgl.:* K. Traube: Müssen wir umschalten?
    Reinbek bei Hamburg (Rowohlt) 1978
20) J. Weizenbaum: Wir werden die nächsten 20 Jahre nicht überleben. Interview in: manager magazin, Hamburg, 7/1980, S.121. Weizenbaum formuliert schließlich: "Der chaotische Zustand im bedeutendsten Militärkommando der Welt war schon mehrmals dafür verantwortlich, daß Offiziere ihre Daumen den roten Knöpfen näherten. Wir müssen uns absolut darüber klar sein, daß diese Systeme letzten Endes doch nicht verantwortlich sein können. Nur Menschen können Verantwortung tragen oder zur Verantwortung gezogen werden."
21) M. Heidegger: Vorträge und Aufsätze.
    Pfullingen (Neske) ^{4}1978; Überwindung der Metaphysik S.95
    Wir beenden den Abschnitt mit diesem Zitat, das I. Frenzel so kommentiert: "Eine solche Aussage zeigt typisch ein Hauptmoment der anti-cartesianischen Kritik: die Abwertung des mit Descartes einsetzenden kritisch-rationalen Denkens und damit die Herabsetzung des neuzeitlichen Wissenschaftsgedankens." Diese simplifizierende Verkürzung stützt Frenzel dadurch, daß er statt "nicht gewußter ... Prozeß" (o.g. Ausgabe) "nicht bewußter ... Prozeß"
    zitiert in: Réne Descartes - Auswahl und Einleitung von Ivo Frenzel. Frankfurt a.M. (Fischer Bücherei) 1960, S.9
22) I.R. Schafarevitsch: Über einige Tendenzen in der Entwicklung der Mathematik. In: Jahrbuch der Akademie der Wissenschaften in Göttingen für das Jahr 1973
23) G. Kowol: Gleichungen. Eine historisch-phänomenologische Darstellung. Stuttgart (Verlag Freies Geistesleben) 1990
24) Weizsäcker: Die Tragweite ..., S.202
25) Cassirer: Descartes ...
26) ebd., S.25   27) ebd., S.172
28) ebd., S.154 29) ebd., S.160
30) ebd., S.142

Kapitel IV

1) Abkürzungen in diesem Kapitel:
   M = H. Freudenthal: Mathematik als pädagogische Aufgabe.
   Stuttgart (Klett), Bd.1, ²1977, Bd.2, 1973
   (Seitenzahlen durchnummeriert)
   V = H. Freudenthal: Vorrede zu einer Wissenschaft vom Mathematikunterricht. München (Oldenbourg) 1978
   D = A.I. Wittenberg: Vom Denken in Begriffen.
   Basel/Stuttgart (Birkhäuser) 1968
   B = A.I. Wittenberg: Bildung und Mathematik.
   Stuttgart (Klett) 1963

2) zit. nach: J.-M. Zemb: Aristoteles.
   Reinbek bei Hamburg (Rowohlt) 1961, S.48
3) A. Petzelt: Grundzüge systematischer Pädagogik.
   Freiburg (Lambertus) 1964, S.21f
4) ebd., S.211   5) ebd., S.212f
6) H. Köhler: Des Kaisers neue Kleider der Erziehungswissenschaft - Vom relevanten Wissen zur leeren Information. In: I.M. Breinbauer, M. Langer (Hrsg.): Gefährdung der Bildung - Gefährdung des Menschen: Perspektiven verantworteter Pädagogik. Festschrift für Marian Heitger zum 60. Geburtstag. Wien/Köln/Graz (Böhlau) 1987
7) *vgl.*: F.-D Ingenkamp: Zielerreichendes Lernen - Mastery Learning. Ravensburg (Otto Maier) 1979
8) *vgl.*: M. Heitger: Die Wiedergewinnung des Pädagogischen. In: M. Heitger (Hrsg.): Innere Schulreform: Reform für das Kind und seine Bildung. Wien (Herder) 1981, S.21
9) N. Chomsky: Review of Skinner. In: Language 35 (1959), S.26-58
10) H. Nickel: Entwicklungspsychologie des Kindes- und Jugendalters. Bern (Huber) 1974, S.28ff
11) H. Freudenthal: Didaktische Phänomenologie mathematischer Grundbegriffe. In: MU 23 (3/1977), S.62
12) ebd., S.65
13) H. Schupp: Mühlegeometrie. Paderborn (Schöningh) 1974

14) G. Büttner/H. Hensel u.a.: Biologische Medizin, Grundlagen ihrer Wirksamkeit. Heidelberg (Verl.f.Medizin) 1977, S.74
15) I.R. Schafarevitsch: Über einige Tendenzen in der Entwicklung der Mathematik. In: Jahrbuch der Akademie der Wissenschaften in Göttingen für das Jahr 1973
16) H. Köhler: Herkömmliche Geometrie trotz Bildschirm? Über körperliches Erleben und Grundlegung mathematischer Begriffe. Stuttgart (Landesinstitut f. Erz. u. Unterr., Materialien M 14) 1986, Gekürzte Fassung in: mathematik lehren, Heft 17, August 1986, S.4
17) Synopsis für moderne Schulmathematik. Herausgegeben vom Delegierten der Ständigen Konferenz der Kultusminister bei der OECD. Frankfurt a.M./Berlin/Bonn (Diesterweg) o.J. (ca. 1961), Vorwort
18) Petzelt: Gründzüge ..., S.34
19) A. Brandstetter: Die Abtei. Salzburg/Wien (Residenz) ^{3}1979, S.123
20) *vgl. dazu W. Schwendenweins Besprechung von:* W. Laatz: Ingenieure in der Bundesrepublik Deutschland. In: VfwP 56 (4/1980), S. 521f
21) *vgl. dazu auch:* I.B.S. Haldane: Über die richtige Größe der Lebewesen. In: Mathematiklehrer 2-1981, S.8. Haldane geht auf die Abhängigkeit der Größe von Tieren von der Schwerkraft, der Oberflächenspannung des Wassers usw. ein.

Kapitel V

1) H. Freudenthal: Mathematik als pädagogische Aufgabe. Stuttgart (Klett), Bd.1, ^{2}1977, Bd.2, 1973
2) Wir bestreiten nicht, daß vielen solche Urteile nicht möglich sind. Wir behaupten hier nur, daß (im Gymnasium) naturwissenschaftlich gebildete Nicht-Naturwissenschaftler solche Urteile müßten fällen können.
3) *vgl. dazu das Memorandum amerikanischer Mathematiker (u.a. Courant, Pólya, Wittenberg) in:* M. Kline: Warum kann Hänschen nicht rechnen? Weinheim/Basel (Beltz) 1974, S.141
4) *etwa Courant und Stoker in:* Kline: Warum ..., S.152 bzw. S.155
5) Kline: Warum ..., S.149

6) ebd., S.154, *vgl. auch* die aus gleicher Befürchtung stammende Forderung nach einem Sinn der mathematischen Forschung durch Schafarevitsch und das Beispiel Kowols in III.2d "Be-sinnung".
7) ebd., SS.156 u.158
8) *vgl. etwa:* L. Wendt: Ernährungsschäden als Ursachen von Gefäßerkrankungen und Rheuma. In: Naturheilpraxis (4/1982), S.502
   siehe auch: R. Bircher: Gesünder durch weniger Eiweiß.
   Bad Homburg v.d.H. (Bircher-Benner) 1980
   oder: R. Bircher: Geheimarchiv der Ernährungslehre.
   Bad Homburg v.d.H. (Bircher-Benner) 1980
9) *vgl. dazu auch:* Cl. Menze: Wissenschaft und Schule - Zur Wissenschaftsorientierung als Problem der Schule.
   In: VfwP 56 (2/1980), SS.177-188
10) W. Fischer: Zur Legitimation des Pädagogikunterrichts an Schulen.
    In: VfwP 53 (4/1977), S.415f
11) B.de Spinoza: Untersuchung, wie man seinen Verstand verbessert und am besten zu wirklicher Erkenntnis kommt. In: H. Günther (Hrsg.): Wie man lebt und denkt. Frankfurt a.M. (Insel) 1978
12) A. Kimpfler: Am Ätherischen vorbeiblicken; Naturwissenschaftliche Grenzprozesse. In: Lebendige Erde 3/1982, S.104f
13) *vgl. etwa:* A.M.K. Müller: Zur Grundlagenkrise der Medizin. In: G. Büttner/H. Hensel u.a.: Biologische Medizin. Heidelberg (Verl.f. Medizin) 1977
14) H. Sachsse: Was ist naturwissenschaftliche Bildung? In: MNU 29 (5/1976), S.260ff
15) H. Jonas: Das Prinzip Verantwortung.
    Frankfurt a.M. (Insel) 1979
16) Seattle: Wir sind ein Teil der Erde.
    Olten/Freiburg (Walter) 1982
17) C.F.v. Weizsäcker: Kernenergie. Vortrag im Wissenschaftszentrum Bonn, 1978, Abdruck in: C.F.v. Weizsäcker: Deutlichkeit.
    München/Wien (Hanser) ^{2}1979, vgl. S.70f
18) *dazu:* B. Heller: Gibt es Naturgesetze? In: MNU 35 (3/1982), S.148
19) *vgl. dazu B. Heller (ebd.), und etwa:* Chr. Gerthsen: Physik.
    Berlin/Heidelberg/New York (Springer) 1966
    oder: R.W. Pohl: Einführung in die Physik.
    Berlin/Göttingen/Heidelberg (Springer) 1955

20) M. Wagenschein: Naturphänomene sehen und verstehen.
    Stuttgart (Klett) 1980, S.192
21) ebd., S.28   22) ebd., S.98
23) ebd., S.23
24) vgl. dazu die Ausführungen des Verfassers (S. 3518ff, insbesondere SS.3591 bis 3598) im Protokoll des Wirtschaftsministeriums Baden-Württemberg zur Anhörung 1981/82 im Genehmigungsverfahren für das Kernkraftwerk GKN II Neckarwestheim. Stuttgart 1982.
25) *vgl.*: Henning Köhler: Jugend im Zwiespalt.
    Stuttgart (Freies Geistesleben) 1990, S.79
26) E. Chargaff: Das Feuer des Heraklit.
    Stuttgart (Klett-Cotta) 1979, S.232
27) G. Merckens: Zur Pflege der Schwarzen Johannisbeeren.
    In: Lebendige Erde 2/1982, S.12 (Gartenrundbrief)
28) A. Petzelt: Grundzüge systematischer Pädagogik.
    Freiburg (Lambertus) 1964, S.34f
29) W. Oberschelp: Zum Verhältnis von Mathematik, Informatik und Philosophie. In: Schriftenreihe des IDM 16/1977. Bielefeld (Universität) 1977
30) D. Rudloff: Romanisches Katalonien.
    Stuttgart (Urachhaus) 1980, S.32f
31) J. Schurr: Zur absoluten Normativität des Gewissens.In: VfwP 58 (1/1982), S.6
32) Der Spiegel Nr.36/1980, S.25f
33) Schorndorfer Nachrichten, Waiblingen, 16.1.82
34) Pestalozzi: Nach uns die Zukunft. München (Kösel) 1979
35) *vgl. dazu:* M. Heitger: Wider den vermeintlichen Gegensatz von Mitmenschlichkeit und Sachlichkeit ...In: VfwP 56 (4/1980), SS.411-446
36) *vgl. zur Frage Wertgemäßheit/Sachlichkeit:* W. Tröger: Voraussetzungen und Aufgaben einer Werterziehung in der Schule. In: VfwP 58 (1/1982), S.86
37) A. Rényi: Dialoge über Mathematik.
    Basel/Stuttgart (Birkhäuser) 1967, S.57
38) H. Konrad: Sprache und Nähe als ein Problem von Sprache und Bildung. In: VfwP 57 (4/1981), S.423
39) Th. Ballauf: Über die pädagogische und didaktische Bedeutung der Sprache in der Geschichte der Pädagogik.
    In: VfwP 57 (4/1981), S.375

40) G.W.F. Hegel: Grundlinien der Philosophie des Rechts. Hamburg (Meiner) ^{4}1967, § 41ff; zit. nach: H. Sachsse: Was ist naturwissenschaftliche Bildung. In: MNU 29 (5/1976), S.265
41) O.Becker: Größe und Grenze der mathematischen Denkweise. Freiburg/München (Alber) o.J., S.160
42) ebd. S.11
43) Rényi: Dialoge ..., S.53
44) H. Köhler: Mathematik - Menschen erschaffen einen Spiegel der Welt. Eine Antwort auf die Frage "Wozu haben wir Mathematikunterricht?" für Schüler allgemeinbildender Schulen und ihre Eltern. Stuttgart (Landesinstitut für Erz. u. Unterr., Materialien M 13) 1985
45) H. Poincaré: Die mathematische Erfindung. In: G. Ulmann (Hrsg.): Kreativitätsforschung. Köln (Kiepenheuer und Witsch) 1973, S.227
46) H. Nägerl u.a.: Über die Schwierigkeiten von Studienanfängern der Medizin beim Transfer einfacher mathematischer Regeln. In: Didaktik der Mathematik 3 (2/1975), SS.150-158
47) W. Schaumann: Ziele der Qualitätsforschung. In: Lebendige Erde 2/1982, S.54ff
48) Der Spiegel Nr. 35/1980, S.133f
49) Der Spiegel Nr. 36/1980, S.21
50) Petzelt: Grundzüge ..., S.20

51) Abkürzung: **Pe** = Petzelt: Gründzüge ...

52) W. Lietzmann: Methodik des mathematischen Unterrichts. Heidelberg (Quelle & Meyer) ^{4}1968
53) J. Schurr: Verantwortete Verantwortung. In: VfwP 56 (1/1980) S.52f
54) *zum Begriff der pädagogischen Führung vgl.:* M. Heitger: Pädagogische Führung. In: M. Heitger (Hrsg.): Pädagogik. Darmstadt (Habel) o.J. (ca. 1972), SS.61-92
55) J. Schurr: Zur absoluten Normativität des Gewissens. In: VfwP 58 (1/1982), S.10
56) ebd., S.11
57) *vgl.:* "Land verstieß gegen Haushaltsrecht - Rechnungshof: Schwerwiegende Verstöße der Stuttgarter Regierung ..." In: Schorndorfer Nachrichten, Waiblingen, 16.9.1981
58) *vgl.* die Vorgaben für die Lehrplanrevision des Ministeriums für Kultus und Sport Baden-Württemberg, Stuttgart 1981, an deren Formu-

lierung die Oberschulamtspräsidenten beteiligt waren. In: Landtag von Baden-Württemberg, Drucksache 8/1268, 27.4.81, S.30 (Gemeinschaftskunde)
59) *vgl.:* "Rüge für Oberschulämter" In: Schorndorfer Nachrichten, Waiblingen, 14.10.81
60) Lambacher-Schweizer: Wahrscheinlichkeitsrechnung und Statistik. Stuttgart (Klett) 1977
61) *vgl. dazu:* M. Heitger: Über das Lehren und Lernen. Wien (Institut für Erziehungswissenschaften) 1980
62) J. Schurr: Zum Curriculum vermarkteter Bildung. In: VfwP 53 (2/1977), S.175
63) H. Köhler: Herkömmliche Geometrie trotz Bildschirm? Über körperliches Erleben und Grundlegung mathematischer Begriffe. Stuttgart (Landesinstitut f. Erz. u. Unterr., Materialien M 14) 1986, gekürzte Fassung in: mathematik lehren, Heft 17, August 1986, S.4
64) A.I. Wittenberg: Vom Denken in Begriffen. Basel/Stuttgart (Birkhäuser) 1968, S.104f
65) W. Struve: Der andere Zug. Salzburg/München (Stifterbibliothek) 1969, S.199
66) R. Guardini: Die Technik und der Mensch. Briefe vom Comer See. Mainz (Grünewald) 1981
67) F. Merker: Pädagogische Einsichten im Spätwerk Martin Luserkes. In: Informationen zur Erziehugns- und Bildungshistorischen Forschung. 1981, Heft 15/16, S.287ff
68) M. Wagenschein: Der Vorgang des Verstehens. Pädagogische Anmerkungen zum mathematisierenden Unterricht. In: MNU 26 (7/1973), S.386
69) M. Wagenschein: Rettet die Phänomene! In: MNU 30 (3/1977), S.132
70) H. Freudenthal: Mathematik, die uns angeht. In: Mathematiklehrer 2-1981, S.5
71) *vgl.:* Frühes Lernen und Einschulungsalter. Stellungnahme des Bundes der Freien Waldorfschulen, Stuttgart 1970
72) H. Freudenthal: Didaktische Phänomenologie mathematischer Grundbegriffe. In: MU 23 (3/1977), S.64ff
73) ebd., S.66
74) H. Bauersfeld: Subjektive Erfahrungsbereiche als Grundlage einer Interaktionstheorie des Mathematiklernens und -lehrens. In: Inst. f.

Did. d. Mathem. Bielefeld (Hg.): Lernen und Lehren von Mathematik. Köln (Aulis; IDM Bd. 6) 1983
75) G. Pólya: Vom Lösen mathematischer Aufgaben. Basel/Stuttgart (Birkhäuser) 1967, Bd.2, S.159
76) *vgl. dazu etwa:* R. Fischer/G. Malle: Fachdidaktik Mathematik. Wien (Institut für Erziehungswissenschaften) 1980, S.93
77) *vgl. dazu:* E. Schuberth: Die Modernisierung des mathematischen Unterrichts. Stuttgart (Freies Geistesleben) 1971
78) Diskussion des Verfassers mit der Revisionskommission Mathematik Gymnasium im Ministerium für Kultus und Sport Baden-Württemberg, Stuttgart 4.5.1982
79) R. Steiner: Die Erziehung des Kindes vom Gesichtspunkte der Geisteswissenschaft. Dornach (Steiner-Nachlaßverwaltung) 1969, S.36
80) Entwurf der Revisionskommission Mathematik Gymnasium, Stand Mai 1982
81) Palzkill/Schwirtz: Die Raumlehrestunde. Ratingen (Henn) 1971, S.18
82) J. Schönbeck/H. Schupp (Hrsg.): Plus, 6. Schuljahr. Paderborn (Schöningh) 1982, S.24
83) Ratschlag, den der Verfasser während seiner Referendarausbildung zum Mathematiklehrer erhielt.
84) H. Konrad: Sprache und Nähe als Problem von Sprache und Bildung. In: VfwP 57 (4/1981), S. 422
85) Wagenschein: Naturphänomene ..., S.137
86) zit. nach: Kline: Warum ..., S.192
87) W. Heisenberg: Physik und Philosophie. Stuttgart (Hirzel) 1978, S.196
88) Martin Wagenschein am 15. 11. 1983 in einem Brief an den Verfasser
89) Hestermeyer u.a.: mathematik 2. Bochum (Kamp) ca. 1976
90) Hestermeyer u.a.: mathematik 3. Bochum (Kamp) ca. 1977
91) Neunzig/Sorger: Wir lernen Mathematik, Arbeitskarten 3. Sj. Freiburg (Herder) 1977
92) R. Schmidt u.a.: Mathematik, Denken und Rechnen 3. Braunschweig (Westermann) 1976
93) Hestermeyer u.a.: Mathematik 4. Bochum (Kamp) ca. 1977
94) Daumenlang/Rabenstein: Stufen der Mathematik 4. Bamberg (Buchners) und Freising (Sellier) 1974
95) Andelfinger/Nestle: Mathematik M-5. Freiburg (Herder) 1976
96) Hahn/Dzewas: Mathematik 5. Braunschweig (Westermann) 1977
97) Kusch/Aits: Mathematik Klasse 5. Essen (Girardet) 1975

98) Nordmeier u.a.: Westermann Mathematik, Neubearbeitung 6. Schuljahr. Braunschweig (Westermann) 1976
99) Wörle: BSV Mathematik, Arithmetik 1 mit Geometrie. München (Bayerischer Schulbuchverlag) 1977
100) Dittmar u.a.: Inzidenz- und Abbildungsgeometrie. Hamburg (Handwerk und Technik) 1975
101) Degen: Analysis 1. München und Paderborn (Blutenburg und Schöningh) 1977
102) Konrad: Sprache und Nähe ..., S.425
103) zit. nach: O. Toeplitz: Die Entwicklung der Infinitesimalrechnung. Berlin/Göttingen/Heidelberg (Springer) 1949, Vorwort
104) F. Copei: Der fruchtbare Moment im Bildungsprozeß. Heidelberg (Quelle & Meyer) ^{9}1969, S.21
105) Wagenschein: Naturphänomene ..., S.229
106) ebd., S.238
107) Copei: Der fruchtbare ..., S.109
108) Dienes/Golding: Methodik der modernen Mathematik. Freiburg (Herder) 1970
109) E. Guhl: Die Variations- und Variabilitätsprinzipien von Dienes. / H. Köhler: Anregung zu einer weiterführenden Reflexion. Beides in: Lehren und Lernen 3 (3/1977), S.15ff
110) A.I. Wittenberg: Bildung und Mathematik. Stuttgart (Klett) 1963, S.72
111) G. Pólya: Die Heuristik. In: MU 10 (1/1964), S.8
112) ebd., S.9
113) F. Denk: Bedeutung des Mathematikunterrichtes für die heuristische Erziehung. In: MU 10 (1/1964), S.41
114) Pólya: Vom Lösen ..., Bd.2, S.159
115) ebd., S.161   116) ebd., S.185f
117) Denk: Bedeutung ..., S.38f
118) ebd., S.39   119) ebd., S.37
120) M. Wagenschein: Vertrauen und Distanz. In: M. Wagenschein: Ursprüngliches Verstehen und exaktes Denken. Stuttgart (Klett) 1965, S.435
121) R. Stowasser: Über Stofforganisation und Werkzeuggebrauch im Geometrieunterricht. In: MU 22 (3/1976), S.6
122) M. Wagenschein: Der Vorgang ..., S.388

123) A. Revuz: Moderne Mathematik im Schulunterricht.
   Freiburg (Herder) 1965, S.52
124) Dietrich Dörner: Die Logik des Mißlingens.
   Reinbek b. H. (Rowohlt) 1989
125) M. Wagenschein: Verstehen lehren.
   Weinheim/Basel (Beltz) ^{6}1977, S.12
126) zit. nach: Wagenschein: Verstehen ..., S.12
127) Wagenschein: Verstehen ..., S.12
128) Wagenschein: Naturphänomene ..., S.266
129) Kline: Warum ..., S.57
130) Wagenschein: Naturphänomene ..., S.47
131) B.L.v.d. Waerden: Die "genetische Methode" und der Mittelwertsatz der Differentialrechnung. In: Praxis der Mathematik 22 (1980), S.52f
132) Artmann/Törner: Lineare Algebra.
   Göttingen (Vandenhoeck & Ruprecht) 1980
133) G. Kowol: Gleichungen. Eine historisch-phänomenologische Darstellung. Stuttgart (Freies Geistesleben) 1990
134) D. Markert: Aufgabenstellen im Mathematikunterricht.
   Freiburg/Basel/Wien (Herder) 1979
135) G. Pólya: Vom Lösen mathematischer Aufgaben.
   Basel/Stuttgart (Birkhäuser) Bd.1 ^{2}1979, Bd.2 1967
136) G. Pólya: Wie lehren wir Problemlösen.
   In: Mathematiklehrer 1-1980, S.4
137) H. Meschkowski: Mathematik als Bildungsgrundlage.
   Braunschweig (Vieweg) 1965
138) H. Meschkowski: Mathematik als Grundlage. Ein Plädoyer für ein rationales Bildungskonzept. München (dtv Nr.4130) 1973
139) H. Lenné: Analyse der Mathematikdidaktik in Deutschland.
   Stuttgart (Klett) 1969, S.64f
140) Wagenschein: Naturphänomene ..., S.236
141) Wagenschein: Der Vorgang ..., S.390
142) Lenné: Analyse ..., S.92f
143) H. Siemon: Ein geometrisches Beispiel zum problemorientierten Unterricht. In: MU 22 (3/1976), S.78
144) Lenné: Analyse ..., S.94
145) E. Röhrl: Von der prinzipiellen Schädlichkeit der Schulbücher.
   In: Mathematiklehrer 1-1980

146) M. Simon: Didaktik und Methodik des Rechnens und der Mathematik. München ²1908, S.53f
147) ebd., S.37   148) ebd., S.56
149) K. Kießwetter: In die Zukunft gedacht: Aufgaben und Probleme, Hoffnungen und Erwartungen in Zusammenhang mit der Förderung von mathematisch besonders begabten Schülern. in: Zentralblatt für Didaktik der Mathematik 4/1986, S.134
150) H. Schmitt: Vademecum für empörte Eltern. Zürich (Interfrom) 1977, S.44
151) Kline: Warum ..., S.202
152) Meschkowski: Mathematik als Bildungsgrundlage, S.121
153) ebd., S.123
154) R. Descartes: Discour de la Methode. Hamburg (Meiner) 1960, S.113
155) ebd., S117
156) O. Wilde: Der glückliche Prinz. Stuttgart (Reclam) 1980, S.3
157) Wagenschein: Naturphänomene ..., S.18ff
158) Kline: Warum ..., S.162
159) ebd., S.202
160) C.F.v. Weizsäcker: Deutlichkeit. München/Wien (Hanser) 1978, S.158
161) Wagenschein: Naturphänomene ..., S.24
162) Freudenthal: Mathematik ..., S.295ff
163) B. Andelfinger/F. Nestle: Wege zu einer neuen Schulmathematik. Freiburg/Basel/Wien (Herder) 1967, S.31f
164) Rényi: Dialoge ...
165) Die Skizze entstand im Mai 1981 als Erläuterung für eine Antwort auf eine Projektanfrage der "Arbeitsstelle für Lehrplanentwicklung und -koordination des Landes Rheinland-Pfalz", Bad Kreuznach.
166) Ausarbeitung für das Ministerium für Kultus und Sport Baden-Württemberg, 27.3.1980
167) Der viel zitierte und bildungspolitisch wirksame Satz, der etwa hieß "Gebt mir eine Gruppe Kinder, und ich mache aus ihnen ganz nach Wunsch ...", lebt zwar in seinen Wirkungen fort, aber so unbewußt, daß diejenigen, die ihn ziterten, heute nicht mehr wissen, wer ihn (wo) sagte. Fragen Sie einmal danach!
168) Wagenschein: Vertrauen ..., S.435
169) Petzelt: Grundzüge ..., S.219

170) *vgl.:* Wagenschein: Vertrauen ...
171) M. Heitger: Anmerkungen zum Methodenbegriff Alfred Petzelts in seiner Bedeutung für den Begriff der Pädagogischen Führung. In: VfwP 53 (3/1977), SS.349-356
172) *vgl. dazu auch:* M. Heitger: Das Bildungssystem im Sapnnungsfeld zwischen öffentlicher Erwartung und pädagogischem Auftrag. In: VfwP 55 (2/1979), SS.121-135
und: M. Heitger: Die Wiedergewinnung des Pädagogischen.In: M. Heitger (Hrsg.): Innere Schulreform. Wien (Herder) 1981, SS.9-24
173) W. Fischer: Über die pädagogische Freiheit des Lehrers und das elterliche Erziehungsrecht. In: VfwP 54 (3/1978), S.418
174) Kultusministerium Baden-Württemberg bei einer Fortbildungstagung für Mathematiklehrer (gymnasiale Oberstufe) am 10.11.1975 im Mathematischen Forschungsinstitut in Oberwolfach.
175) L. Hoffmann / M. Lehrke: Eine Untersuchung über Schülerinteressen an Physik und Technik. In: Zeitschrift für Pädagogik 32. Jg., 1986, Nr. 2, S.190
176) Der Direktor der "Arbeitsstelle für Lehrplanentwicklung und -koordination des Landes Rheinland Pfalz" (Forster) bei einem "Lehrplangespräch" am 11./12.6.1980 in Stuttgart
177) Wagenschein: Naturphänomene ..., S.185ff
178) H.J. Vollrath: Rettet die Ideen. In: MNU 31 (8/1978), S.454
179) Planungsgruppe 2. Ulmer Modell - Projektgruppe "Naturlehre - Curriculum": Curriculum "Koordiniert - integrierte Naturlehre für das 5. bis 7. Schuljahr" - Unterrichtseinheit: "Der Mensch verändert den Kreislauf des Wassers." In: Lehren und Lernen 2 (11/1976), S.5
180) Revisionskommission Mathematik Gymnasium des Ministeriums für Kultus und Sport Baden-Württemberg: Lehrplanentwurf Mathematik Gymnasium 5. Schuljahr, Stand: April 1982
181) K. Menniger: Kulturgeschichte der Zahlen. Breslau (Hirt) 1934
182) Sitzung am 4.5.1982 im Ministerium für Kultus und Sport in Stuttgart
183) Alle Vorschläge stammen aus der Lehrplanarbeit der Revisionskommissionen des Ministeriums für Kultus und Sport Baden-Württemberg der ersten Jahreshälfte 1982. Es handelt sich um drei verschiedene Kommissionen für Hauptschule, Realschule und Gymnasium.

184) H.G. Steiner: Elementare moderne Algebra. In: Die Neugestaltung des Mathematikunterrichtes an den höheren Schulen. Stuttgart (Klett) 1969, S.48
185) ebd., S.50
186) Andelfinger/Nestle: Wege ...
187) ebd., S.55   188) ebd.
189) ebd., S.102ff
190) Andelfinger: Mathematik, Algebra 1. Freiburg (Herder) ^{8}1971
191) ebd., S.84
192) Lenné: Analyse ..., S.83
193) ebd.
194) Wittenberg: Bildung ..., S.55
195) *vgl.* unter V.2.b (Persönlichkeitsbildung), bzw. Anm. 128
196) H. Inhetveen: Die Reform des gymnasialen Mathematikunterrichtes zwischen 1890 und 1914. Bad Heilbrunn (Klinkhardt) 1976, S.240
197) ebd.
198) Kline: Warum ..., S.116ff
199) Stellungnahme zur Mengenlehre in der Schule.
In: MNU 26 (6/1973), S.374
200) *vgl. dazu* das Projekt "Planung eines Schwimmbades" in: H. Köhler: Kooperative Ergänzung schulartspezifischer Mathematikdidaktik. In: Lehren und Lernen 6 (5/1980), S.60f
und weitere Beispiele unter "Hinweis auf Beispiele"
201) Wittenberg: Bildung ..., S.86
202) J. Dolch: Lehrplan des Abendlandes.
Darmstadt (Wissenschaftl. Buchgesellsch.) 1982, S.28ff
203) Chargaff: Das Feuer ..., S.237
204) *vgl.* Wagenschein: Verstehen .., S.91
205) *vgl. dazu als Beispiel:* Kommission zur Erstellung von "Handreichungen für Fördermaßnahmen im Fach Mathematik": Handreichungen für den Förderunterricht im Fach Mathematik Klasse 6. In: Landesstelle für Erziehung und Unterricht (Hrsg.): Schriftenreihe Lehren und Lernen, Heft 26, Mai 1982. Villingen (Neckar)
206) Wagenschein: Naturphänomene ..., S.84
207) L. Fertig: Zeitgeist und Erziehungskunst.
Darmstadt (Wiss. Buchgesellsch.) 1984

Literatur

(Weitere Literatur und eine Zuordnung zu den einzelnen Kapiteln entnimmt man den Anmerkungen.)

O. Becker: Größe und Grenze der mathematischen Denkweise.
Freiburg/München (Alber) o.J.

O. Becker (Hrsg.): Zur Geschichte der griechischen Mathematik.
Darmstadt (Wissenschaftl. Buchgesellsch.) 1965

W. Bröcker: Aristoteles.
Frankfurt a.M. (Klostermann) ^{4}1974

W. Bröcker: Platos Gespräche.
Frankfurt a. M. (Klostermann) ^{2}1967

E. Cassirer: Descartes, Lehre - Persönlichkeit - Wirkung.
Stockholm (Bermann-Fischer) 1939

E. Chargaff: Das Feuer des Heraklit.
Stuttgart (Klett-Cotta) 1979

F. Copei: Der fruchtbare Moment im Bildungsprozeß.
Heidelberg (Quelle & Meyer) ^{9}1969

R. Descartes: Discour de la Methode.
Hamburg (Meiner) 1960

R. Descartes: Meditationes de prima philosophia.
Hamburg (Meiner) 1959

R. Descartes: Regulae ad directionem ingenii.
Paris (Libr. Philosoph. J.Vrin) 1959

H.-D. Ebbinghaus: Einführung in die Mengenlehre.
   Darmstadt (Wissenschaftl. Buchgesellsch.) 1977

H. Freudenthal: Mathematik als pädagogische Aufgabe.
   Stuttgart (Klett) Bd.1 ^{2}1977, Bd.2 1973

H. Freudenthal: Vorrede zu einer Wissenschaft vom Mathematikunterricht. München (Oldenbourg) 1978

Global 2000. Der Bericht an den Präsidenten.
   Frankfurt (Zweitausendeins) 1980

A. Görland: Aristoteles und die Mathematik.
   Marburg (Elwert) 1899

R. Guardini: Die Technik und der Mensch.
   Mainz (Grünewald) 1981

M. Heidegger: Vorträge und Aufsätze.
   Pfullingen (Neske) ^{4}1978

W. Heisenberg: Der Teil und das Ganze.
   München (Piper) ^{4}1972

M. Heitger (Hrsg.): Pädagogik.
   Darmstadt (Habel) o.J.

M. Heitger: Über das Lehren und Lernen.
   Wien (Institut für Erziehungswissenschaften) 1980

H. Hermes: Einführung in die mathematische Logik.
   Stuttgart (Teubner) 1963

H. Jonas: Das Prinzip Verantwortung.
   Frankfurt a.M. (Insel) 1979

E. Jünger: Der Waldgang.
Frankfurt a. M. (Klostermann) 1952

M. Kline: Warum kann Hänschen nicht rechnen?
Weinheim/Basel (Beltz) 1974

H. Köhler: Über Relevanz und Grenzen von Mathematisierungen. Anregungen zur Ermöglichung von Bildung im Mathematikunterricht - Beispiel Stochastik. Buxheim (Polygon) 1992

H. Konrad (Hrsg.): Pädagogik und Wissenschaft.
Kippenheim (Verl. Information Ambs) 1981

H. Konrad (Hrsg.): Pädagogik und Anthropologie.
Kippenheim (Verl. Information Ambs) 1982

A. Koyre: Descartes und die Scholastik.
Bonn (Cohen) 1923

G. Kowol: Gleichungen. Eine historisch-phänomenologische Darstellung.
Stuttgart (Freies Geistesleben) 1990

H. Lenné: Analyse der Mathematikdidaktik in Deutschland.
Stuttgart (Klett) 1969

D.J. Marshall Jr.: Prinzipien der Descartes -Exegese.
Freiburg/München (Alber) 1979

H. Nickel: Entwicklungspsychologie des Kindes- und Jugendalters.
Bern (Huber) 1974

A. Petzelt: Grundzüge systematischer Pädagogik.
Freiburg (Lambertus) 1964

H. Pfeifer: Umwelt und Ethik. Kausale Therapie für Mensch und Erde?
Karlsruhe (Landesanstalt für Umweltschutz) 1980

H. Pietschmann: Das Ende des naturwissenschaftlichen Zeitalters.
Wien/Hamburg (Zsolnay) 1980

Platon: Werke. Hrsg. v. G. Eigler
Darmstadt (Wissenschaftl. Buchgesellsch.) ab 1970

U. Pörksen: Plastikwörter. Die Sprache einer internationalen Diktatur.
Stuttgart (Klett-Cotta) 1989

G. Pólya: Vom Lösen mathematischer Aufgaben.
Basel/Stuttgart (Birkhäuser) Bd.I ^{2}1979, Bd.II 1967

K. Reidemeister: Mathematik und Logik bei Plato.
Leipzig/Berlin (Teubner) 1942

A. Rényi: Dialoge über Mathematik.
Basel/Stuttgart (Birkhäuser) 1967

H. Sachsse: Kausalität - Gesetzlichkeit - Wahrscheinlichkeit.
Darmstadt (Wiss. Buchgesellsch.) ^{2}1987

E. Schuberth: Die Modernisierung des mathematischen Unterrichts.
Stuttgart (Freies Geistesleben) 1971

W. Schulz: Philosophie in der veränderten Welt.
Pfullingen (Neske) 1972

G.A. Seeck (Hrsg.): Die Naturphilosophie des Aristoteles.
Darmstadt (Wissenschaftl. Buchgesellsch.) 1975

K. Traube: Müssen wir umschalten?
Reinbek bei Hamburg (Rowohlt) 1978

B.L.v.d. Waerden: Erwachende Wissenschaft.
Basel/Stuttgart (Birkhäuser) 1966

M. Wagenschein: Naturphänomene sehen und verstehen.
Stuttgart (Klett) 1980

M. Wagenschein: Verstehen lehren.
Weinheim/Basel (Beltz) ^{6}1977

C.Fr.v. Weizsäcker: Deutlichkeit.
München/Wien (Hanser) 1978

C.Fr.v. Weizsäcker: Die Tragweite der Wissenschaft.
Stuttgart (Hirzel) Band I, ^{5}1976

W. Windelband: Geschichte der abendländischen Philosophie im Altertum. München (Beck) 1963

A.I. Wittenberg: Vom Denken in Begriffen.
Basel/Stuttgart (Birkhäuser) 1968

A.I. Wittenberg: Bildung und Mathematik.
Stuttgart (Klett) 1963

Reihe: Bildungsraum Schule

<u>1. Band:</u>

Hartmut Köhler

Über Relevanz und Grenzen von Mathematisierungen

Anregungen zur Ermöglichung von Bildung im Mathematikunterricht
- Beispiel Stochastik

<u>2. Band:</u>

Arbeitskreis Mathematik und Bildung der GDM

Mehr Allgemeinbildung im Mathematikunterricht

<u>3. Band:</u>

Hartmut Köhler

Bildung und Mathematik in der gefährdeten Welt

Annäherungen an die Wirklichkeit